JOAQUIM DE ALMEIDA

LUIS NICOLAU PARÉS

Joaquim de Almeida
A história do africano traficado que se tornou traficante de africanos

Copyright © 2023 by Luis Nicolau Parés

Grafia atualizada segundo o Acordo Ortográfico da Língua Portuguesa de 1990, que entrou em vigor no Brasil em 2009.

Capa
Alceu Chiesorin Nunes

Imagem de capa
Évremond de Bérard

Preparação
Angela Vianna

Índice remissivo
Luciano Marchiori

Revisão
Angela das Neves
Clara Diament

Dados Internacionais de Catalogação na Publicação (CIP)
(Câmara Brasileira do Livro, SP, Brasil)

Parés, Luis Nicolau
    Joaquim de Almeida : A história do africano traficado que se tornou traficante de africanos / Luis Nicolau Parés. — 1ª ed. — São Paulo : Companhia das Letras, 2023.

    Bibliografia.
    ISBN 978-85-359-3494-6

    1. Almeida, Joaquim de 2. Comerciantes de escravos – História 3. Escravidão – História 4. Tráfico de escravos – África – História I. Título.

23-169620	CDD-306.362096

Índice para catálogo sistemático:
1. Tráfico de escravos : História social   306.362096

Cibele Maria Dias – Bibliotecária – CRB-8/9427

Todos os direitos desta edição reservados à
EDITORA SCHWARCZ S.A.
Rua Bandeira Paulista, 702, cj. 32
04532-002 — São Paulo — SP
Telefone: (11) 3707-3500
www.companhiadasletras.com.br
www.blogdacompanhia.com.br
facebook.com/companhiadasletras
instagram.com/companhiadasletras
twitter.com/cialetras

A Elisée Soumonni e Olabiyi Babalola Yai

Sumário

Lista de abreviaturas 9

Prefácio 11

1. A carta de alforria: Entre a escravidão e a liberdade 27
2. Registros de batismo, irmandades e outras redes 62
3. As motivações para o retorno à África 95
4. O comércio miúdo dos luso-africanos (1838-42) 129
5. O comércio graúdo (1838-44) 170
6. A Costa da Mina em transição 204
7. O catolicismo e a grande família africana 248

Epílogo — A morte e o espólio 288

Apêndices 301
Agradecimentos 318
Notas 322
Bibliografia 382
Lista de imagens 406
Índice remissivo 409

Lista de abreviaturas

AAL Arquivo do Arcebispado de Luanda, Luanda
ACMS Arquivo da Cúria Metropolitana de Salvador, Salvador
AHI Arquivo Histórico do Itamaraty, Rio de Janeiro. Coleções Especiais
AHMS Arquivo Histórico Municipal de Salvador, Salvador
AHN Archivo Histórico Nacional, Madri
AHU Arquivo Histórico Ultramarino, Lisboa
AINSRBS Arquivo Igreja Nossa Senhora do Rosário da Baixa de Sapateiros, Salvador
AMNE Arquivo do Ministério dos Negócios Estrangeiros, Lisboa
AN Archives Nationales, Paris
ANTT Arquivo Nacional da Torre do Tombo, Lisboa
APA Arquivo da Paróquia de Agoué, Agoué
Apeb Arquivo Público do Estado da Bahia, Salvador
APP Arquivo da Paróquia do Pilar, Ouro Preto
APPN Arquivo da Paróquia de Porto Novo, Porto Novo
APU Arquivo da Paróquia de Uidá, Uidá
ASCMB Arquivo da Santa Casa de Misericórdia da Bahia, Salvador
Asma Arquivo da Société des Missions Africaines, Roma

BBRIC Brasil, Bahia, Registros da Igreja Católica, 1598-2007
BICP Biblioteca Igreja Conceição da Praia, Salvador
BN Biblioteca Nacional, Rio de Janeiro
BNL Biblioteca Nacional de Luanda, Luanda
CRL Cadbury Research Library, Birmingham
FPV Fundação Pierre Verger, Salvador
HCPP House of Commons Parliamentary Papers, Londres
Semu Secretaria Estado da Marinha e Ultramar
STP São Tomé e Príncipe
TNA The National Archives, Kew; FO: Series Foreign Office
TSTD The Trans-Atlantic Slave Trade Database
WMMSA Wesleyan Methodist Missionary Society Archive, Londres

Prefácio

Em 23 de janeiro de 2010 ministrei uma palestra bastante singular. Aconteceu em Agoué, pequena vila localizada no litoral da República do Benim, na África Ocidental. O encontro fazia parte de uma série de conferências organizada pelo historiador beninense Elisée Soumonni, em universidades de Benim, Togo e Gana, em que eu deveria falar sobre os processos de identidade coletiva dos africanos no Brasil durante o período da escravidão. A palestra em Agoué, porém, era distinta, respondia a um convite pessoal de Marina de Almeida Massougbodji, cardiologista, ex-ministra da Saúde do Benim e boa amiga de Soumonni. Tratava-se de apresentar à comunidade da família Almeida alguns documentos achados nos arquivos da Bahia sobre o seu ancestral Joaquim de Almeida, um dos muitos libertos africanos que, na primeira metade do século XIX, voltaram do Brasil e se instalaram naquela localidade, deixando vasta descendência.

Para minha surpresa, o que esperava ser uma pequena reunião familiar resultou num evento midiático, com a presença do alto clero católico, do chefe supremo dos templos vodum, de eminentes estudiosos e das câmeras da televisão estatal. O grosso da audiência, porém, congregava membros da família de Zoki, variação fonética local de Joaquim, assim como de outras duas coletividades que partilham o mesmo patronímico: a família fundada pelo iorubá Antônio de Almeida, com casa principal na vizinha cidade de Uidá, e a família do mina Félix de Almeida, com sede na também vizinha cidade de Pequeno Popo (Aneho). Os três ramos basilares da grande comunidade dos Almeida (há ainda outros) são aparentados não por laços biológicos, mas pelo vínculo histórico dos seus fundadores com o capitão negreiro de origem pernambucana Manoel Joaquim de Almeida, lembrado localmente pelo nome de "Manoelo". Joaquim e Antônio foram seus escravos na Bahia e, uma vez libertos, herdaram dele o patronímico. Felix, que até onde sei nunca esteve no Brasil, foi apadrinhado por Monoelo, e por esse motivo também usava o sobrenome.

Os Almeida encontram-se hoje espalhados por toda a África Ocidental, desde o Senegal até o Gabão, mas concentrados no Benim e no Togo, com suas casas matrizes, como falei, em Agoué, Uidá e Pequeno Popo. Eles fazem parte dos agudás, as ditas famílias "brasileiras" formadas pelos descendentes dos mercadores portugueses e brasileiros que fixaram residência na costa africana durante o período do tráfico de escravos, os descendentes dos seus agregados, assim como os libertos que, como Joaquim e Antônio, voltaram da Bahia e de outros lugares do Brasil, em especial após a Revolta dos Malês, em 1835, e se juntaram aos demais. Os agudás são, portanto, um grupo social heterogêneo, com diversidade de origens e hierarquias internas, mas, por seu contato com os modos "civilizados" dos "brancos", foram desde cedo diferenciados dos povos autóctones. Dessa distinção cultural se beneficiaram para reforçar vantagens políticas e econômicas, constituindo uma elite local perpetuada ao longo das gerações. Na atualidade, vários de seus membros são bem-sucedidos empresários, médicos, advogados, líderes políticos, imãs, padres.

A palestra mencionada aconteceu sob uma grande lona erguida para a ocasião, num descampado vizinho à casa matriz de Joaquim de Almeida, no mesmo lugar onde, nos anos 1840, ele teria erigido uma capela sob a invocação do Senhor Bom Jesus da Redenção, em memória de uma irmandade católica de homens pretos, com o mesmo nome, que existia em Salvador, na Bahia. O pioneirismo de Joaquim na difusão do catolicismo em solo africano, com antecedência de quase duas décadas à chegada das primeiras missões europeias, é um relato do qual os Almeida se orgulham.[1] De fato, como vim a saber depois, minha anfitriã tinha sua própria agenda política naquela palestra; ela queria dar visibilidade à história do seu tataravô como introdutor do catolicismo na região e, de passagem, testar seu poder convocatório entre parentes e seguidores. Ao que parece, aquele evento inaugurou uma série de encontros celebrados a cada janeiro em Agoué, agregando todos os ramos da família de Almeida, auspiciados pelo "ancestral primeiro", Manoelo, o capitão negreiro pernambucano.

Este livro é um desdobramento da conferência e se enreda de forma inevitável na complexa política da memória contemporânea das famílias agudás. É uma tentativa de examinar, numa abordagem diacrônica, a trajetória de vida de Joaquim de Almeida e seu círculo social desde 1830, quando ele conseguiu se alforriar, até 1857, ano do seu falecimento. Um dos objetivos principais é mapear, num contexto atlântico que conecta Brasil, Cuba e África Ocidental, as redes comerciais dos libertos africanos, atentando para sua inserção, em especial, no tráfico de escravos internacional, atividade que naquele período já tinha sido declarada ilegal no Brasil, como resultado do avanço político dos movimentos abolicionistas, mas que, na verdade, continuava a pleno vapor na clandestinidade.

Os viajantes ingleses que então circulavam pela Costa da Mina — nome pelo qual os portugueses designavam o litoral que se estende do castelo de São Jorge de Elmina, na atual Gana, até o rio Lagos, na Nigéria — logo notaram que vários dos libertos africanos retornados do Brasil se haviam envolvido no tráfico de escravizados.[2] De fato, até meados do século XIX, essa economia possibilitou a sobrevivência de muitos deles e permitiu a uns poucos, como Joaquim de Almeida e outros mercantes portugueses e brasileiros, acumular fortunas consideráveis. Pode-se arriscar dizer que o capital produzido pelo criminoso contrabando de gente foi responsável pela emergência, na primeira metade do século, da elite agudá na Costa da Mina e pelo financiamento de boa parte do extraordinário patrimônio arquitetônico, hoje bastante arruinado, dos sobrados de estilo brasileiro que se levantam por todo o litoral, desde Acra até Lagos.

Não faltam autores, na já extensa literatura sobre os agudás, que apontem para o vínculo existente entre a prosperidade material desse grupo e o tráfico, porém pouco se sabe sobre a natureza concreta dos seus negócios — em parte, é bem verdade, porque se tratava de uma atividade clandestina. Um dos desafios que instigou a pesquisa para este livro foi compreender de forma mais pormenorizada aquela economia marítima que, além dos cativos, envolvia várias outras mercadorias, atentando para o comércio miúdo do pequeno mercador, e não apenas para o lucro do grande traficante. Em última instância, me interessava desvendar de que modo cálculos e interesses comerciais condicionavam e motivavam decisões coletivas, como o movimento migratório de retorno à África.

Também almejava entender melhor de que maneira a atividade mercantil interagia com as práticas culturais e como esses dois âmbitos da vida social se fertilizavam mutuamente. Manuela Carneiro da Cunha tinha examinado como, na segunda metade do século XIX, a lusofonia e a afiliação católica reforçavam as dinâmicas identitárias da comunidade mercantil dos libertos retornados a Lagos. Inspirado e instigado por esse trabalho, meu desafio foi indagar como os dois planos, o identitário-cultural e o econômico, se articulavam, e fazer isso para a primeira metade do mesmo século, quando o tráfico ainda era o principal motor comercial. Pretendia decifrar como processos associativos gerados em torno da prática religiosa, como os rituais de batismo, redundavam em alianças e redes de confiança propícias ao sucesso de empresas mercantis atlânticas bastante arriscadas.[3]

Joaquim de Almeida não é uma personagem desconhecida na historiografia do tráfico atlântico de escravos, nem na literatura sobre os agudás. Pierre Verger o menciona no clássico *Fluxo e refluxo do tráfico de escravos entre o golfo do Benim e a Bahia de Todos os Santos*, dedicou-lhe um capítulo em *Os libertos: Sete caminhos na liberdade de escravos* e publicou o seu testamento, escrito em 1844, na Bahia, quando Joaquim estava no auge de sua carreira e prestes a voltar à África de vez.[4] Como em tantas outras frentes, Verger abriu o caminho e talvez já tenha falado o essencial do que é contado neste livro.

Contudo, ao longo do processo da pesquisa tive acesso a um variado leque de novas fontes, algumas delas preservadas no Arquivo Público da Bahia, como inventários post mortem, habilitações de passaporte, registros notariais, processos cíveis. Acessei outras ainda através de recursos on-line, como os registros eclesiásticos de Salvador ou a documentação oficial britânica sobre o tráfico de escravos. Um acervo especialmente rico, até hoje pouco explorado pelos historiadores do tráfico, é a série FO/315, preservada em The National Archives, em Kew (Reino Unido). Lá se conservam os documentos originais apreendidos pelos cruzadores britânicos a bordo dos navios negreiros, incluindo notas comerciais e correspondência pessoal dos comerciantes luso-africanos.

Do lado da Costa da Mina, além da bibliografia secundária, foi importante a pesquisa realizada no Arquivo Histórico Ultramarino de Lisboa, no Fundo São Tomé e Príncipe, que preserva a correspondência das autoridades portuguesas relativa ao porto de Uidá (Ajudá).

Também foram de extrema relevância os livros de batismo preservados nas paróquias de Agoué e Uidá, cujo acesso inicial obtive por mediação dos contatos estabelecidos na já referida palestra.[5] A metodologia que consiste em fornecer às famílias agudás cópias dos documentos achados nos arquivos da Bahia sobre os seus ancestrais facilitou o diálogo com elas, favorecendo o acesso à sua memória oral e, em alguns casos, aos arquivos guardados no âmbito doméstico. Esse proceder inaugurado em Agoué, cruzando, num nível intercontinental, a historiografia do arquivo e a etnografia da memória, foi desenvolvido de maneira sistemática no projeto Famílias Atlânticas: Redes de Sociabilidade entre Bahia e Benim, Século XIX, coordenado em colaboração com Elisée Soumonni e a historiadora norte-americana Lisa Earl Castillo, entre 2012 e 2014.[6]

Essa abordagem, combinando fontes de arquivo e fontes orais, se mostrou bastante inovadora e mais produtiva do que era possível antecipar, fornecendo novos dados e pistas interpretativas sobre a trajetória de Joaquim de Almeida e seus parceiros. No entanto, vale notar que lidar com africanos — por si mesmos silenciados na documentação — engajados numa atividade ilícita — cuja principal preocupação era não deixar rastro — constitui um desafio historiográfico bastante arrojado, propenso a inevitáveis lacunas e sujeito a ser aprimorado por futuras pesquisas e revisões.

Existem já vários relatos biográficos sobre os traficantes de escravos mais influentes que operavam naquele período da ilegalidade, tanto na Bahia como na Costa da Mina.[7] No entanto, se a historiografia baiana sobre a escravidão tem abordado, nos últimos anos, o tema dos libertos que se tornaram proprietários de escravos, são ainda raros os estudos que tratam dos libertos africanos que, em maior ou menor grau, se engajaram no mercado do tráfico, não só como membros da classe trabalhadora marítima, mas como compradores, vendedores e até empresários.[8] Não me refiro aqui à participação das elites africanas no comércio atlântico de gente, tema que foge ao escopo deste livro, mas ao envolvimento dos que conseguiram se emancipar do jugo da escravidão no Brasil. Vários autores escreveram sobre alguns desses indivíduos, como o nagô João de Oliveira, liberto em Recife e negociante na praça da Bahia na segunda metade do século XVIII; o jeje Luís Xavier de Jesus e o nagô Antônio Xavier de Jesus, senhor e escravo, respectivamente, que se sucederam na condução desse negócio na primeira metade do oitocentos; ou o nagô islamizado Rufino, cozinheiro em navios negreiros, que também se envolveu em pequena escala no comércio atlântico de gente no período do tráfico ilegal. Contudo, fora outras referências esparsas ao tema na bibliografia, esses comerciantes e empreendedores africanos não foram ainda objeto de reflexão mais aprofundada.[9]

O fato de alguém que sofreu o cativeiro, uma vez emancipado, se tornar senhor de escravizados pode surpreender — embora, numa sociedade escravocrata como a baiana, fosse o caminho quase obrigatório dos poucos afortunados que, uma vez alforriados, conseguiam prosperar economicamente. Ora, um liberto se envolver no comércio atlântico de pessoas é mais complicado de decifrar. Hoje em dia, que tanto se fala em políticas de reparação para as populações afrodescendentes, uma temática dessa ordem resulta não apenas polêmica e inconveniente, mas corre o risco de ser mal interpretada e manipulada ideologicamente. Por outro lado, uma historiografia que, desde os anos de 1980, vem privilegiando uma compreensão dos africanos como sujeitos autônomos, com iniciativa e capacidade de decisão, de ascensão social e mobilização política, não deve negligenciar o estudo dessas figuras, apesar do incômodo moral que ele possa representar. Apresso-me a sublinhar, e isso não pode ser esquecido, que se tratava de indivíduos extraordinários, no sentido literal do termo, de exceção à regra. Constituíam, assim, uma minoria dentro do que já era a minoria dos emancipados. Mas sua participação no comércio marítimo fazia deles uma minoria cosmopolita que incluía, amiúde, os mais abastados e poderosos entre os libertos.

O exemplo do alufá Rufino, biografado por João José Reis, Flávio dos Santos Gomes e Marcus Joaquim de Carvalho, operando no mesmo período que Joaquim de Almeida, nos permite entender a maneira pela qual os libertos podiam entrar no mundo clandestino do tráfico atlântico e lucrar, de forma ocasional, com o pequeno comércio negreiro.[10] O percurso de Joaquim de Almeida também ilustra esse processo de cooptação profissional, mas, para além disso, seu caso desponta por ele ter conseguido entrar no círculo dos atores mais poderosos e se beneficiar do grande negócio. Embora Joaquim não fosse um capitalista, quando escreveu seu testamento em 1844 declarou entre seus bens a posse de 36 escravos em Havana, vinte em Pernambuco e nove na Bahia. A distribuição geográfica dessa considerável fortuna indica a conectividade hemisférica do tráfico no chamado período da "segunda escravidão" e situa Joaquim como um verdadeiro empreendedor atlântico.[11]

Vale a pena insistir: o tráfico de escravos transoceânico foi uma empresa capitalista essencialmente branca, a serviço dos interesses escravagistas de uma classe senhorial euro-brasileira. A prosperidade de um africano como Joaquim é apenas indicativa de frestas abertas na sociedade escravagista e problematiza a noção de uma estratificação hierárquica rígida e estanque. Mas, de modo algum, esses casos fazem supor qualquer abalo no regime de desigualdade de classe e de raça preestabelecido. Também não se trata de sugerir que a ascensão social estivesse ao alcance de todo aquele que almejasse progredir ou que fizesse parte das possibilidades postas para os negros mais audazes e intrépidos. Não acho que fosse o caso. A mobilidade social, mediada e controlada através de promoções, favores e outros subterfúgios paternalistas, mais ou menos benevolentes, constituía uma válvula de escape que perpetuava as relações de dependência e impedia a subversão da hierarquia vigente. Em outros termos, a assimilação e a reprodução da cultura senhorial por parte dos libertos, mesmo a partir de outros significados e intenções, constituíam-se a salvaguarda inadvertida da estrutura da dominação.[12] O tema de como o oprimido pode introjetar e recriar, nos seus próprios termos, a ideologia hegemônica, para tornar-se ele mesmo um opressor, subjaz à biografia de Joaquim e às preocupações deste livro.

Verger caracterizou Joaquim de Almeida como um exemplo de abrasileiramento e acomodação, sobretudo por sua devoção católica, mas também sinalizou como, no seu retorno à África, é perceptível a persistência de valores e práticas africanas, em especial em relação ao projeto de formação de uma grande família poligâmica.[13] Essa ambiguidade e a oscilação, em que a aparente apropriação e mimese dos modos ocidentais emascaram uma postura heterodoxa e transgressora, fazem parte da modernidade atlântica que estava se configurando naquele período e da qual africanos como Joaquim participaram ativamente.

No contexto das revoluções políticas de início do século XIX, coincidindo no Brasil com o giro constitucional do Império a partir de 1823 e o processo formativo do Estado, a nacionalidade ou a pertença à nação constituíam a expressão ou a condição da liberdade dos seus cidadãos.[14] No entanto, a libertos africanos como Joaquim não era reconhecido esse direito; sendo relegados à condição de estrangeiros, e sem "proteção legal em seu país de origem", eles viraram, de fato, apátridas.[15] Esse processo de exclusão inerente à modernidade política oitocentista explicaria, em parte, o movimento migratório de retorno à África e a paralela promoção de redes transnacionais de troca, cooperação e confiança. A "comunidade atlântica" de que falam Robin Law e Kristin Mann, embora resultado do comércio marítimo e de interesses financeiros envolvendo atores de várias nacionalidades, foi alentada e revigorada pela participação dos libertos africanos — os que voltaram, assim como os que ficaram —, que nela acharam novas possibilidades de relacionamento e inclusão.[16] Para os sujeitos diaspóricos, essas dinâmicas transnacionais atlânticas podem ter operado como uma alternativa oblíqua à comunidade nacional, oferecendo aos apátridas um espaço para expressar a sua liberdade. Ao mesmo tempo, o investimento na formação de uma grande família, nos moldes das chefias africanas, também podia encobrir propostas de autonomia política e de identidade coletiva na contramão dos modelos de nação e de família ocidentais. A trajetória de Joaquim de Almeida, assim, se move nas margens dos projetos de cidadania e de pertença nacional que estavam sendo construídos no período. Em última instância, ele é emblemático da figura do "africano atlântico", conforme expressão de James Sweet, ou ainda, apelando para o conceito de "ladinização" proposto por João José Reis, um "ladino atlântico", aquele sujeito que transitava entre culturas, destacando sua atitude camaleônica, pragmática, talvez oportunista, se abrasileirando ou se africanizando de forma estratégica, segundo a conveniência.[17] Se ele foi transgressor ou revolucionário, provavelmente o foi à revelia de si mesmo.

Como escravizado que se tornou "empresário", ou escravizado que se tornou "burguês", Joaquim seria um candidato idôneo para se pensar a chamada *global bourgeoisie*, tema caro à atual história social global, preocupada com a emergência de uma classe média na periferia dos impérios e dos centros de poder do capitalismo ocidental.[18] Ele poderia ser considerado, com efeito, pioneiro de um embrião de classe média africana, se interpondo entre o rei e seus súditos, antecipando a penetração colonial europeia na África, como às vezes se têm caracterizado os agudás. Poderia ainda se enquadrar na categoria dos "indivíduos incomumente cosmopolitas", cujas vidas globais e pitorescas oferecem à chamada história microglobal roteiros amenos e efetivos para "revelar as forças globais através do prisma da experiência individual".[19] Certamente é um prato cheio para a história do Atlântico negro ou do Atlântico moderno, como queira.

As possibilidades interpretativas são variadas, mas a inter-relação entre a escala macro do Atlântico e a escala micro da trajetória individual, entre a história atlântica e a micro-história, foi um dos desafios mais instigantes deste livro.[20] A inserção e articulação de uma biografia particular no contexto da era das revoluções, das lutas antiescravistas no espaço atlântico, da emergência do capitalismo industrial, do debate político sobre cidadania e igualdade de direitos no âmbito do Brasil imperial e do Ocidente, não são tão evidentes, e há quem diga que são um contrassenso teórico e metodológico. Com certeza, a narrativa da trajetória individual, na sua concretude, seu detalhe e particularidade, revelando motivações, intenções, valores e escolhas, atinge um nível de humanidade da realidade social que uma análise estrutural nunca poderia alcançar. Esta é uma de suas maiores virtudes. Por outro lado, o contra-argumento clássico, retomado pelos estudos macroestruturais da "segunda escravidão", é questionar o valor de representatividade do caso singular em relação às dinâmicas coletivas, estatisticamente repetitivas, que se processam na longa duração e para além do tempo biográfico.[21]

Uma tática de compromisso seria lançar mão do "jogo de escalas", a alternância sistemática entre o texto e o contexto, em que ambas as esferas se retroalimentam, cada uma ajudando a entender e interpretar o seu reverso. Outro recurso consistiria em introduzir na análise *escalas intermediárias* entre o indivíduo e o coletivo, entre a *agency* e a estrutura,[22] examinando, em especial, as redes sociais em que a personagem está inserida, tentando situá-la num entorno de relações que permitam transcender a experiência individual em epifenômeno do coletivo. É preciso, porém, conceber essas relações não como dadas e estáveis, mas como mutáveis e transformadoras, em densidade e intensidade, sujeitas a mediações, hierarquias, regimes de controle e passíveis de serem interrompidas, quebradas.[23] O interesse em mapear as dinâmicas relacionais e associativas que conectavam e moviam Joaquim e seus parceiros perpassa toda a narrativa deste livro. Essa abordagem foi reforçada pelo uso da metodologia conhecida como "ligação nominativa", que consiste no cruzamento de distintas séries documentais com o intuito de identificar os nomes das pessoas que aparecem associadas a um determinado indivíduo.[24]

Obviamente o recurso ao formato biográfico não é nenhuma novidade. Nas duas últimas décadas temos assistido a uma proliferação inusitada de biografias no campo da história atlântica e dos estudos afro-americanos que tem levado a se falar em um novo paradigma biográfico (*biographical turn*).[25] Por outro lado, há hoje um consenso sobre os riscos da "ilusão biográfica" e da falácia de interpretações teleológicas que atribuem significado e direção a eventos passados em função de outros posteriores, ou seja, uma espécie de anacronismo ou miragem provocada pela ilusão de linearidade e unidade pressuposta na trajetória de vida.[26] Também, como já se disse, a temporalidade da biografia é arbitrária e pode dificultar a compreensão de mudanças que ocorreram numa outra escala temporal. Apesar desses riscos, no caso de Joaquim, o formato biográfico foi se impondo de maneira progressiva e inevitável, mesmo diante dos meus esforços iniciais para privilegiar o conceito de "biografias coletivas" e de ensaiar nessa direção.[27]

O que se impôs foi a exigência de clareza narrativa e eficiência comunicativa. A biografia, e com maior acuidade no caso que nos ocupa, é necessariamente a conexão entre pontos distantes e isolados, tecendo pontes sobre grandes vazios de memória. Às vezes penso que a melhor metáfora da história é a materialidade do documento carcomido pela traça, sujeito à erosão do tempo. O que resta são fragmentos de frases, de palavras de caligrafia obtusa, rasuradas, ilegíveis, buracos, silêncios, esquecimentos que o leitor preenche com seu saber contextual e um pouco de imaginação. Como quer que seja, o formato biográfico se apresentou, no final, como a melhor estratégia narrativa para tentar uma "integração descritiva", capaz de encadear de forma persuasiva sequências de ações expressivas e de alargar a compreensão de determinados eventos e experiências.[28]

Este livro é também uma colcha de retalhos de alguns trabalhos já publicados entre 2014 e 2017, oscilando entre a intertextualidade e o autoplágio. Alguns parágrafos foram transcritos na íntegra, outros, traduzidos, na maioria das vezes reescritos de modo a se integrarem na narrativa e acompanharem as mudanças interpretativas surgidas ao longo da pesquisa. O capítulo 2 retoma um trecho do artigo "Milicianos, barbeiros e traficantes numa irmandade católica de africanos minas e jejes (Bahia, 1770--1830)"; os capítulos 3, 4 e 5 devem muito a um artigo escrito e reescrito várias vezes, intitulado "Entre Bahia e a Costa da Mina, libertos africanos no tráfico ilegal". O capítulo 7 traduz partes do texto "Afro-Catholic Baptism and the Articulation of a Merchant Community, Agoué, 1840-1860".[29]

Para concluir este prefácio, devo retomar o tema da excepcionalidade de Joaquim de Almeida. Há vozes na militância negra que argumentam que discutir casos particulares de ascensão social não é politicamente estratégico, pois esses relatos inibem a consciência coletiva da realidade do racismo e da memória do escravismo. Elas sugerem, ao contrário, a necessidade de se refletir sobre as lutas cotidianas e continuadas dos coletivos socialmente invisibilizados. Na minha opinião, o normal ou comum repetitivo, próprio das minorias (ou maiorias) silenciadas, e o excepcional dos que fogem ao padrão não precisam ser colocados como opções narrativas antagônicas, mas podem e talvez devam ser pensados como esferas complementares e mutuamente esclarecedoras.

Edoardo Grendi, o teórico da micro-história, cunhou o sugestivo oximoro do "excepcional normal". Se entendi bem o que ele propõe, usando as fontes históricas como "testemunhos indiretos", qualquer documento aparentemente excepcional pode resultar, na realidade, "excepcionalmente normal" e ser, portanto, *revelador*, fornecendo chaves de leitura para decodificar o que, se fosse analisado apenas do ponto de vista da repetitividade dos fatores, ficaria oculto. Ou seja, um comportamento mais ou menos generalizado pode permanecer invisível na documentação precisamente por sua condição de normalidade, e, assim, o texto que o registrasse teria, ao mesmo tempo, um caráter excepcional e normal. O que à primeira vista aparece como insólito, extraordinário ou contingente poderia ser considerado sintoma de uma "normalidade" alternativa, de uma série de regularidades escondidas aos olhos da historiografia convencional.[30]

Se redimensionarmos a noção de documento, de Grendi, para a experiência de vida de um africano como Joaquim de Almeida, não há para onde correr, pois se trata de um percurso existencial fora do ordinário. Todavia, é possível argumentar que, para além do indivíduo particular, sua trajetória de vida traz à luz os (ou é reveladora dos) aspectos discretos da conduta própria de um coletivo de "ladinos atlânticos",[31] sujeitos diaspóricos, duplamente deslocados — da África para o Brasil e do Brasil para a África —, culturalmente cosmopolitas, letrados, camaleônicos, que, rejeitando valores morais absolutos, aproveitaram e abriram frestas num sistema estruturalmente opressor. Apesar da adversidade, da violência e da criminalidade que governavam o seu mundo de trabalho, souberam compartilhar projetos e reconstituir comunidades nas quais reinavam. Nesse sentido, a excepcionalidade de Joaquim de Almeida abre uma janela privilegiada para vislumbrar o universo silenciado de sua gente.

1. A carta de alforria: Entre a escravidão e a liberdade

A ASSINATURA DA CARTA DE ALFORRIA: UM ATO SINGULAR

Numa quarta-feira, 30 de junho de 1830, na parte alta da cidade de Salvador da Bahia, na rua Direita de Santo Antônio Além do Carmo, o pardo Zacarias da Conceição desceu da cadeira de arruar e foi bater à porta de um sobrado contíguo à igreja de Nossa Senhora da Conceição do Boqueirão. O primeiro andar ficava alguns degraus acima do nível da calçada, com três janelas de peitoril envidraçadas; no segundo andar, outras quatro janelas envidraçadas menores; ao rés do chão, mais três janelas para ventilar o subsolo, morada dos cativos.

A preta Maria, de nação angola, abriu a porta e convidou o escrivão Zacarias a entrar. Na sala situada no nível intermediário aguardava o dono da casa, o capitão Manoel Joaquim de Almeida, homem pardo, de 39 anos de idade. Atrás dele, o africano Joaquim, seu escravo, com vinte e tantos anos, e, junto às janelas, cochichando, as duas testemunhas, Nicácio de Araújo Góes e Francisco de

Andrade Alves. Após as devidas apresentações, o amanuense colocou sobre a mesa de jacarandá um tinteiro, uma pena metálica e desdobrou um fólio manuscrito que trazia numa sacola de couro. Todos sabiam o motivo da reunião e os detalhes estavam acertados: quando o preto Joaquim entregou ao capitão um feixe de papel-moeda com a quantia de 600$000 réis, o escrivão circulou a carta de liberdade para ser assinada pelos presentes, à exceção do recém-liberto. Finalizado o ritual da firma, Joaquim esboçou a sombra de um sorriso.

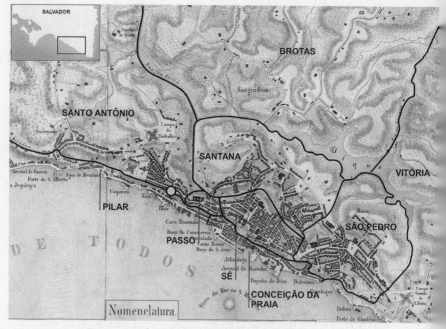

MAPA 1: *Freguesias da cidade de Salvador da Bahia de Todos os Santos. O círculo indica a residência de Manoel Joaquim de Almeida.*

Aquele ato circunspecto, realizado no âmbito privado da casa, não era, porém, suficiente para conferir legalidade ao documento.

A cultura notarial que sustentava o aparato colonial da América de raiz ibérica, materializada na instituição dos cartórios e tabelionatos, exigia a transcrição da carta de alforria no correspondente livro de notas e a assinatura do tabelião para dar fé à autenticidade do ato, ao qual as testemunhas outorgavam o caráter público.[1]

Assim, no dia seguinte, 1º de julho, véspera do sétimo aniversário da independência da Bahia, o capitão de mar Almeida levou o papel do seu liberto ao cartório do tabelião Manoel Pinto da Cunha, na mesma freguesia de Santo Antônio, ficando a carta registrada, na folha 80 do atual livro nº 233, depositado no Arquivo Público da Bahia, conforme abaixo se detalha.[2]

Carta de liberdade do escravo Joaquim, nação jeje [1830]

Digo eu Manoel Joaquim de Almeida que entre os bens de que sou legítimo senhor e possuidor, aceitos em face de todos, livres e desembargados, tenho bem assim um escravo de língua geral por nome Joaquim, o qual pelos bons serviços prestados e por, ao fazer e assinar desta, receber do dito a quantia de seiscentos mil-réis em moeda corrente, o forro como de fato forrado o tenho de hoje para todo e sempre e poderá ir para onde muito quiser e lhe parecer, sem que meus herdeiros e sucessores lhe possam contrariar a dita liberdade que a gozará como se de ventre livre nascesse, [em razão] do presente título que lhe confiro, peço e rogo as Justiças de Sua Majestade Imperial e Constitucional, de um e outro foro, a façam cumprir e a mandar cumprir e guardar como lá se contem e declara e, se para sua validade faltar alguma cláusula ou cláusulas, as tenho por expressas, como se de cada uma fizesse menção, e para seu título mandei passar a presente pelo senhor Zacarias da Conceição que como testemunha se assignasse e eu me assignei com meu sinal costumado, na Bahia, aos 30 de junho 1830 = Manoel Joaquim de Almeida // como testemunha que esta escrevi, Zacarias da Conceição = como testemunha, Nicácio de Araújo Góes // como testemunha, Francisco de Andrade Alvarez // ao escrivão Cunha, Bahia, a 1º de julho 1830 = subscrevi // Reconheço as letras acima serem dos próprios por se parecerem com outras que dos mesmos tenho visto em tudo semelhantes, Bahia, de julho 1º 1830. Eu Manoel Pinto da Cunha tabelião a escrevi // Está com o sinal público em testemunho de verdade, Manoel Pinto da Cunha = Está conforme a própria conferi, concertei, subscrevi e assinei com outro oficial companheiro na Bahia ao 1º de julho 1830. Eu Manoel Pinto da Cunha tabelião subscrevi

Manoel Pinto da Cunha

Salvador Estevão Barboza

Os livros de notas abrangem registros de transações de compra e venda de imóveis (casas, terras, engenhos), procurações, hipotecas, empréstimos e evidenciam o papel estratégico da escrita como instrumento de poder do Estado para sancionar e legitimar a propriedade privada. Curiosamente, na Bahia, esses livros em raras ocasiões incluem nas suas páginas escrituras de compra e venda de escravizados, transações registradas em livros separados junto à Câmara Municipal.[3] Contudo, os livros de notas guardam milhares de cópias de cartas de alforria, cujos originais eram preservados com extremo zelo por seus possuidores. Tratava-se de textos de um valor intrínseco inestimável, capazes de fixar, no tempo e para sempre, na grafia de suas palavras, o ato singular da outorga da liberdade, um bem imaterial, abstrato, intangível, mas com profunda incidência sobre as possibilidades de ação dos nomeados. Embora a obtenção da liberdade fosse sempre uma conquista do alforriado, formalmente era uma prerrogativa que o senhor exercia sobre o seu bem. Na sociedade escravocrata, o ritual burocrático de inscrição textual dessa transferência marcava uma transição radical entre dois status civis, em princípio excludentes.

No âmbito legal, a escravidão consistia num regime de propriedade que outorgava ao possuidor o direito à exploração da força de trabalho do escravizado e, caso necessário, sua venda, doação, aluguel, hipoteca ou qualquer outro uso ao qual os bens ou coisas estavam sujeitos. Nesse sentido, a carta de alforria implicava a renúncia ("de hoje para todo o sempre") a esse domínio ou poder sobre a vida alheia. Contudo, em qualquer de suas modalidades, fosse ela gratuita, condicional ou por compra, a carta de alforria não deixava de envolver algum tipo de acordo transacional. Inclusive a gratuita, aquela que, na aparência, respondia à generosidade e ao altruísmo do senhor, levava implícita alguma expectativa de retribuição. Era outorgada pelos "bons serviços prestados", ou imaginada como uma dádiva, um favor, "pelo amor que lhe tenho", mas que, em última instância, devia redundar em obediência e lealdade. Como tem sido apontado pelos estudiosos do tema, a "concessão" da alforria era um instrumento de barganha que, sob o feitio da proteção paternalista, respondia a uma sociabilidade de troca de favores e obrigações. Conforme a expressão de Manuela Carneiro da Cunha, "não se emergia livre da escravidão, mas dependente".[4]

Havia também as cartas de alforria condicionais, que deixavam o escravizado num limbo legal. Calcula-se que, no Brasil, entre 30% e 40% das cartas de alforria eram desse tipo, ou seja, concediam a liberdade com restrições, como acompanhar e prestar serviços ao senhor ou à senhora até a morte destes. Ela era uma forma de contrato que prolongava o trabalho forçado, sob a ilusão de se gozar de livre-arbítrio. Na mesma linha, existia o regime de coartação, que sujeitava o desfrute da plena liberdade ao pagamento de uma determinada quantia num prazo preestabelecido. No interstício entre a outorga da carta e o momento em que se cumpria a condição, o indivíduo ficava em suspenso, num território de ambiguidade legal, liberto, mas ainda sujeito ao jugo da escravização.[5]

A maioria das cartas de alforria, contudo, era paga, comumente em moeda e, ocasionalmente, com outro escravizado. Acumular o pecúlio necessário podia demorar anos de árduo trabalho e de subterrâneas negociações para fixar o preço e conseguir a anuência do senhor, até alcançar a "graça" almejada. A expectativa e o anseio pela obtenção da liberdade eram utilizados pela classe senhorial como instrumento de controle e incentivo para estimular a produtividade. Mas, desde o momento em que o escravizado era capaz de negociar sua emancipação e pagar por ela — nesse caso a dimensão contratual ou transacional resulta evidente —, pode-se arguir que a alforria, tanto quanto uma concessão senhorial, era uma conquista ou aquisição incontestável do liberto ou da liberta.[6]

A carta de alforria era a garantia legal que possibilitava o acesso a um lugar social de direito, o direito do liberto de "ir para onde bem quiser e lhe parecer" ou de "viver para si", de receber dinheiro por exercer um trabalho, de comerciar sem prestar contas a ninguém, de comprar bens imóveis. Porém, numa sociedade rigidamente hierarquizada e racializada, o corpo negro era marca indelével de um passado vinculado à escravidão, o que logo levantava suspeita e receio aos olhos das autoridades. Sabemos que para o liberto a condição de liberdade era jurídica e socialmente precária, frágil, instável, dúbia, sujeita a todos os tipos de interpretação e perigo, em particular o risco da reescravização. Bastava a ameaça dessa possibilidade para gerar seus efeitos.[7]

Embora a tradição liberal pós-Revolução Francesa estabeleça uma nítida oposição conceitual e uma separação radical entre liberdade e escravidão — lembremos da famosa reflexão de Hegel sobre a dialética entre dominação e escravidão, em que um extremo só se ativa semanticamente ou toma consciência de si por oposição à sua antítese —, no foro íntimo da subjetividade e na experiência da prática social, a relação entre ambos os polos resulta bem mais imbricada, ambivalente, fluida e paradoxal, precisamente pela ambiguidade e precariedade legal da liberdade sugerida em parágrafos anteriores.[8] A implosão dessa dicotomia conceitual expressa-se de forma dramática na instituição romana do *servus vicarius* (o "escravo do escravo"), ou, de modo inverso, do escravizado que, com o beneplácito de seu senhor, chegava a ser proprietário de escravos, um caso atípico, mas não infrequente na sociedade escravocrata soteropolitana.[9] Essa contradição em termos ou oposição jamais resolúvel salienta a intrincada "coimplicação", para usar o conceito do filósofo Lluís Duch, entre escravidão e liberdade.[10]

Os sentidos e as experiências da liberdade, moldados por trajetórias de vida específicas e complexas interações sociais, eram necessariamente múltiplos e variáveis. A alforria era percebida e compreendida de forma distinta por quem nasceu e viveu sempre escravizado, por quem nasceu livre e depois foi escravizado, por quem a recebeu de forma gratuita ou por quem vivia coartado. No foro íntimo da experiência subjetiva e no cotidiano das relações interpessoais de dominação e submissão, sobretudo nas cidades, não era impossível para o livre viver como escravizado e até para o escravizado viver como livre, embora a segunda possibilidade fosse sempre mais complicada. A escravização era, assim, uma condição que ia além da sua dimensão legal, da imposição violenta do trabalho forçado, ou do desenraizamento social, incidindo também no nível psicológico da alienação da vontade pessoal.

A relação entre senhor e escravizado era com frequência distante, mediada por feitores ou capatazes, fundada numa assimetria de poder inerente, mantida e manifesta por meio de diversos graus de violência, explícita ou implícita. Contudo, em alguns casos, com destaque para o contexto urbano, o convívio laboral ou doméstico prolongado podia favorecer relações de interesse mútuo e vínculos afetivos que, sem excluir o conflito, criavam dependências e lealdades recíprocas. A relação entre o capitão Manoel Joaquim de Almeida e seu liberto Joaquim de Almeida parece ter sido desse tipo. Embora eu não tenha achado evidência conclusiva prévia à assinatura da carta de alforria aqui transcrita que relacione seus nomes de forma direta, há indícios que permitem imaginar as condições em que a alforria foi acordada.

Um primeiro fator a considerar para decifrar a outorga em junho de 1830 é que Manoel Joaquim de Almeida tinha retornado à Bahia havia pouco, após talvez um período prolongado de residência na Costa da Mina. Seis meses antes, em 6 de janeiro, ele estava em Lagos, carregando 310 africanos na escuna *Nossa Senhora da Guia*, capturada logo depois pelos cruzadores britânicos e enviada a Serra Leoa para julgamento. Na corte mista anglo-brasileira de repressão ao tráfico, em Freetown, o capitão da nau declarou que Manoel Joaquim de Almeida era o "agente em Lagos de Joaquim José de Oliveira", proprietário do navio e principal destinatário dos cativos na Bahia.[11]

O português Joaquim José de Oliveira era um dos mais poderosos armadores e traficantes do momento na praça da Bahia. Entre 1810 e 1830, foi proprietário de dezessete navios que realizaram 44 viagens à África, 26 na década de 1810 e dezoito na década de 1820.[12] Senhor de dezenas de escravos, Oliveira pertencia à elite local, morava num palacete e, além do tráfico atlântico, tinha negócios na navegação de cabotagem e na construção.[13] Um dos seus navios era a galera *São Benedito*, na qual o capitão Manoel Joaquim deixou a Bahia em junho de 1827, sinalizando que a relação entre ambos datava pelo menos daquele período. O Trans-Atlantic

FIGURA 1. *Navio negreiro capturado pelos cruzadores britânicos na baía do Benim. HMS* Black Joke *dispara contra o brigue espanhol* El Almirante, *1829.*

Slave Trade – Database (TSTD) informa que a *São Benedito* regressou ainda naquele ano, com um carregamento de 533 cativos, mas não achei nenhum registro que prove essa suposição.[14]

Seja como for, Manoel Joaquim de Almeida aparece de novo na Bahia no fim de 1828, conforme indica a concessão da carta de alforria a Rufina, filha de sua escrava nagô Rosa, em outubro. Também uma nota, escrita antes de dezembro, atesta sua presença na cidade. Nela o capitão se escusava diante de um protegido seu por não poder intermediar a recomendação de um emprego porque "ainda nada tenho por certo sobre o meu destino".[15] Depois disso perdemos a pista dele no Brasil. É provável que durante 1829 e até o início de 1830, conforme indica a carregação da escuna *Nossa Senhora da Guia*, ele cambiasse a função de capitão pela de feitor em terra, comprando cativos no porto de Lagos, a serviço de Joaquim José de Oliveira. Essa mudança de ocupação talvez fosse motivada pelo desfecho malsucedido de três viagens realizadas em anos anteriores, no *Minerva* (1824), no *Paquete da Bahia* (1825) e no *Príncipe da Guiné* (1826), todos navios capturados pelos cruzadores ingleses.[16] Outro fator que pode ter influenciado foi o anúncio, em 1826, da iminente proibição do tráfico atlântico e o cálculo de que, naquela conjuntura, era mais vantajoso — leia-se, rentável — atuar na costa africana.

A CONVENÇÃO ANGLO-BRASILEIRA DE 1826 E A DEMOCRATIZAÇÃO DO TRÁFICO

A historiografia da escravidão brasileira convencionou datar o início do período ilegal do tráfico de escravos transatlântico em novembro de 1831, com a promulgação da Lei Feijó-Barbacena. Essa etapa, porém, foi inaugurada, sob pressão britânica, com a assinatura de um primeiro tratado anglo-português em 1810, proibindo à Coroa lusitana a aquisição de cativos ao norte do equador, excetuando suas possessões na Costa da Mina. O acordo foi ratificado e ampliado para a totalidade dos territórios ao norte do equador nos tratados anglo-portugueses de 1815 e 1817.[17] Nas primeiras décadas do século XIX, os debates parlamentares e memórias políticas sobre a oportunidade de abolição do tráfico refletiam uma variedade de posicionamentos, amiúde motivados por lógicas contraditórias. Os argumentos clássicos a favor do tráfico defendiam a necessidade de mão de obra para preservar a economia das plantações de cana-de-açúcar e, de forma crescente, de café, no sul do país, e a lógica civilizatória que sustentava que a escravização do africano o livrava da selvageria e do despotismo em sua terra nativa e o levava à conversão cristã, e, portanto, à redenção. Os argumentos contrários, em sintonia com o movimento abolicionista internacional, defendiam, com base no direito natural, a humanidade do africano, acusando os advogados do escravismo de atentar contra as leis da justiça e da religião.[18]

O lento avanço das forças da liberdade resultava de pressões e barganhas políticas. Em troca do reconhecimento inglês da independência do Brasil, na convenção anglo-brasileira de novembro de 1826, o governo imperial se comprometeu a declarar, no prazo de três anos, o tráfico de escravos um ato criminoso e a proibi-lo de forma definitiva em toda a sua extensão atlântica. Esse acordo foi referendado pela Inglaterra em 13 de março de 1827 e, portanto, tecnicamente entrou em vigor em 13 de março de 1830, embora a Lei Feijó-Barbacena só fosse referendada no Parlamento brasileiro em 7 de novembro de 1831.[19] Essa lei proibia a entrada de novos escravizados em território brasileiro, assim como — o que era novidade em relação à legislação anterior — condenava os importadores e impunha-lhes penas, fossem eles traficantes ou compradores.[20]

A data de 13 de março de 1830, marcando o fim da legalidade do tráfico, era conhecida entre os comerciantes atlânticos e as autoridades brasileiras e inglesas. Não por acaso, nesse período, voltaram da Costa da Mina vários navios com uma quantidade extraordinária de passageiros, marinheiros, cozinheiros, barbeiros e comerciantes, alguns com claro envolvimento no tráfico, entre eles, como vimos, o capitão Manoel Joaquim de Almeida.[21] Esse movimento de retorno sugere uma percepção generalizada de que o negócio ia sofrer algum tipo de interrupção, como de fato ocorreu.

O anúncio, no fim de 1826, da iminente proibição do comércio atlântico gerou uma corrida sem precedentes por escravos na Bahia e no Brasil.[22] Embora os números sejam incompletos e devam ser tratados com cautela, as estimativas levantadas pelo TSTD mostram um claro aumento dos cativos desembarcados em Salvador entre os anos de 1826 e 1830. De modo geral, o TSTD calcula que entre 1821 e 1835 chegou à Bahia um total de 102 570 escravizados. Dividindo esse período em três quinquênios, percebe-se que houve um claro aumento (de mais de 100%) do quinquênio 1821-5, com 28 346 escravizados, para o quinquênio seguinte, de 1826-30, com 57 524 escravizados, e um abrupto declínio a partir de 1831, com 16 700 (Tabela 1). Isso significa que no período entre 1826 e 1830 chegaram pouco mais de 11 500 escravizados por ano.

TABELA 1
ESCRAVIZADOS DESEMBARCADOS NA BAHIA 1821-35

ANOS	ÁFRICA OCIDENTAL	ÁFRICA CENTRAL	TOTAIS
1821-5	5405	22 941	28 346
1826-30	4797	52 727	57 524
1831-5	13 066	3634	16 700
TOTAIS	23 268	79 302	102 570

FONTE: TSTD

O TSTD, no entanto, incorre em séria distorção ao distinguir entre africanos ocidentais e africanos centrais, pois estima serem os escravizados originários da África Central 79 302, contra 23 268 africanos ocidentais. Essa desproporção se deve ao fato de que a maioria de embarcações que iam à procura de escravos zarpava da Bahia com passaportes para Molembo ou Cabinda (Tabela 2), portos africanos situados ao sul do equador, mas essa era apenas uma estratégia para enganar as autoridades (e as estatísticas). Na realidade, muitos desses tumbeiros, desviando seus rumos, embarcavam os escravizados na Costa da Mina, em contravenção aos acordos anglo-portugueses de 1815 e 1817, que interditavam o tráfico ao norte do equador.[23]

TABELA 2
PEDIDO DE ALVARÁ DE LICENÇA PARA NAVEGAR, 1826

DATA	TIPO DE EMBARCAÇÃO	NOME	PROPRIETÁRIO	DESTINO
2 jan.	bergantim	*Bahia*	José Cerqueira Lima	Molembo
20 jan.	escuna	*Carllota*	José Cerqueira Lima	Molembo
10 abr.	bergantim	*Henriqueta*	José Cerqueira Lima	Molembo
7 jun.	escuna	*Heroína*	Manoel Cardozo dos Santos	Molembo
4 jul.	—	*Caridade*	Vicente de Paula Silva	—
12 jul.	escuna	*Victoria*	José Cerqueira Lima	Molembo
12 jul.	escuna	*Carllota*	José Cerqueira Lima	Molembo
5 ago.	brigue	*Vitória*	Vicente de Paula Silva	Molembo
5 ago.	hiate	*Esperança*	Vicente de Paula Silva	Molembo
12 ago.	galera	*Maria da Gloria*	Joaquim José de Oliveira	Molembo/ STP*
17 ago.	escuna	*Santa Efigênia*	Joaquim José de Oliveira	Molembo/ STP
3 out.	bergantim	*Henriqueta*	José Cerqueira Lima	Molembo
5 out.	sumaca	*S. João Voador*	José de S. Paio	STP
10 out.	escuna	*Nova Viagem*	Vicente de Paula Silva	Molembo/ STP
21 out.	escuna	*1ª Rozalia*	Manoel Francisco Moreira	Molembo/ STP
4 dez.	escuna	*Carllota*	José Cerqueira Lima	Molembo

*Ver Lista de abreviaturas, p. 9.

FONTE: Apeb, Polícia do Porto, Embarcações, maço 3176.

Como bem alertou Pierre Verger, solicitar passaportes para Molembo e Cabinda a fim de depois rumar para a Costa da Mina era apenas uma das várias estratégias utilizadas pelos negreiros baianos. Outras consistiam em fraudar a arqueação dos navios para carregar mais escravizados do que o permitido, ou solicitar passaportes duplos para a mesma embarcação, um para fazer o tráfico lícito de escravos ao sul do equador, o outro (com o nome de um vaso diferente) para fazer o comércio lícito de outras mercadorias (azeite de dendê, ouro, marfim, panos) na Costa da Mina, ao norte do equador. Assim, a partir de 1827, vários tumbeiros baianos foram apresados pelos ingleses ao norte do equador, mesmo sem escravos a bordo, por levar passaportes irregulares.[24]

A Tabela 2 indica também os nomes de alguns dos proprietários de navios negreiros mais poderosos daquele momento, destacando-se José Cerqueira Lima (listado com sete viagens e quatro navios), Vicente de Paula Silva (com quatro viagens e quatro navios), Manoel Cardozo dos Santos, Manoel Francisco Moreira e o nosso já conhecido Joaquim José de Oliveira (com duas viagens e dois navios). Outros importantes proprietários de navios negreiros que não aparecem na tabela eram o deputado José Alves da Cruz Rios e Antônio Pedroso de Albuquerque.

Assim, ao contrário do que sugerem as estatísticas do TSTD (Tabela 1), a maioria dos cativos que chegavam à Bahia na década de 1820 era de africanos ocidentais, mormente de nação nagô (termo também registrado como *anagô*, *anagonu*, no século XVIII), como eram conhecidos na Bahia os africanos falantes das línguas iorubás. Essa afirmativa vem corroborada por fontes documentais daquele período, como os inventários post mortem. Por exemplo, na cidade de Salvador, nas duas primeiras décadas do século XIX, os nagôs constituíam 12,8% da população escrava africana, enquanto nas três décadas seguintes (1821-50) eles passaram a constituir 43,2% dos escravizados africanos.[25]

A entrada maciça de grupos iorubás na Bahia estava correlacionada à crescente oferta de escravizados nos portos de Porto Novo, Badagri e, em especial, Lagos, gerada pelo colapso do reino de Oyó. A crise nesse poderoso reino vinha se alastrando desde o fim do século XVIII. Do norte chegou a guerra religiosa do islã, com o jihad dos fulanis, iniciado em 1804, a partir de Gobir, e que resultaria mais tarde na formação do califado de Sokoto; mas havia também forças disruptivas internas. Em 1817 a revolta de escravos incitada por Kakanfono Afonjá e a secessão final do reino de Ilorin mergulharam a Corte em contínuas intrigas e conflitos faccionais. A partir da década de 1820 a antiga ordem de Oyó tinha desabado. Os egbás expulsaram os militares e os *ilari* de Oyó do seu território, abrindo na região da savana um corredor norte-sul estratégico para as rotas do litoral. Em 1823, o rei daomeano Guezo também se libertou do julgo do *alaafin*, ou rei de Oyó, e utilizou o corredor dos egbás para incursões militares. Nesse clima de instabilidade social e crescente descentralização política, os senhores da guerra aproveitavam para predar aldeias à procura de escravizados, com razias periódicas e incursões mais ou menos severas. A "era da confusão", como foi batizada por John Peel, gerou distintas migrações de refugiados que levaram à criação de cidades como Abeokuta ou Ibadan. O *alaafin* testemunhou a destruição da sua capital em 1835, sob o ataque dos senhores de Ilorin.[26]

Essas dinâmicas do interior tiveram seus efeitos no litoral. De modo geral, intensificaram um processo, já em andamento desde o último quartel do século XVIII, de deslocamento da atividade dos portos negreiros para a região oriental da Costa da Mina, com destaque para Lagos. Nesse porto, e na região como um todo, constata-se, entre 1826-30, um aumento substancial tanto da quantidade de escravizados exportados quanto de seu preço, assim como um drástico declínio na primeira metade da década de 1830. Conforme números levantados por Kristin Mann, no quinquênio 1821-5 saíram de Lagos 17 727 escravizados, no quinquênio 1826-30 esse total aumentou para 31 776, com uma queda no quinquênio seguinte para 16 336.[27] Como nota a autora, o momento de crescimento e prosperidade coincidiu com o reinado do *obá* Osinlokun (1821-9) e o declínio, com o reinado do seu filho Idewu Ojulari (1829-35), convidado por seus notáveis a deixar o trono e assim acabar com seu governo imerso na recessão.[28] No contexto iorubá, esse convite com frequência exigia o posterior suicídio do rei, comportamento ritualizado que formava parte da cultura política local.

Os anos em que Manoel Joaquim transitou por Lagos, entre 1827 e o início de 1830, correspondem, portanto, a um período de intensa atividade no setor do tráfico. Coincidiam, assim, uma demanda baiana gerada pela expectativa da iminente clausura do tráfico atlântico e a oferta gerada pelas guerras intestinas na iorubalândia. A minha hipótese é de que foi o fluxo maciço de escravizados e o mercado aquecido que permitiram a alguns africanos investir em atividades relacionadas a esse comércio ou delas se beneficiar.

Durante o período do tráfico ilegal que se inaugurava, iriam aumentar a riqueza e o poder dos grandes investidores capitalistas, aqueles opulentos mercadores que recebiam honrarias nos salões da alta sociedade. Na Bahia, um número reduzido de comerciantes, como Antônio Pedroso de Albuquerque, Joaquim José de Oliveira, José Cerqueira Lima e o deputado José Alves da Cruz Rios, na década de 1830, e seu filho Joaquim Alves da Cruz Rios e Joaquim Pereira Marinho, na década de 1840, concentrou o controle da importação clandestina de escravizados. A verdadeira propriedade dos navios negreiros era amiúde encoberta sob o nome de terceiros, mas, entre 1842 e 1851, apenas quatro mercadores eram responsáveis por mais da metade das 143 viagens conhecidas, e Pereira Marinho tinha interesse sobre um quarto desse total.[29]

Contudo, também é verdade, como nota David Eltis, que, em paralelo a essa concentração do capital, a partir dos anos 1830 cresceu o número de firmas ou sociedades dedicadas ao tráfico, permitindo a participação de uma pluralidade de acionistas menores.[30] Na década de 1840 também aumentou o número de pequenos comerciantes que viajavam com suas mercadorias e escravos por conta e risco próprios.[31] Assim, a prática de um navio transportar cativos de vários carregadores para vários consignatários teria crescido no período do tráfico ilegal.

Embora se trate de um exemplo relativamente tardio, o caso da escuna *Santa Anna*, capturada pelos ingleses em Lagos, em 1844, ilustra essa dinâmica. Uma lista de 311 escravizados embarcados foi encontrada a bordo. Duzentos deles, ou 64%, pertenciam a apenas três carregadores, sendo o mais importante deles o capitão de mar, naquele então feitor ou administrador de um entreposto escravista, André Pinto da Silveira, um bom amigo de Manoel Joaquim de Almeida. Porém, os demais 111 foram carregados por 34 pessoas, à razão de 3,2 escravos por carregador. Já entre os consignatários na Bahia, três deles deviam receber mais da metade dos cativos: João da Costa Junior (105), Joaquim Pereira Marinho (cinquenta) e Joaquim Alves da Cruz Rios (28), mas os demais 128 deviam ser repartidos entre outras 37 pessoas, à razão de 3,4 por cabeça.[32] Ou seja, embora houvesse uma concentração na parte superior da pirâmide, observava-se um paralelo alargamento na base. Conforme David Eltis, essa relativa popularização do tráfico — que, aliás, já vinha acontecendo desde o último quartel do século XVIII, com o desmantelamento dos monopólios mercantilistas das nações europeias — teria se acentuado no período de ilegalidade.[33] A minha hipótese, insisto, é de que a participação dos pequenos negociantes africanos foi favorecida, em boa medida, por essa conjuntura de clandestinidade que, no caso da Bahia, já vigorava desde a década de 1810. Os traficantes

FIGURA 2. *Transporte de escravizados a bordo de um navio negreiro.*

africanos não apenas aproveitaram, mas contribuíram para essa "democratização" do comércio e propiciaram sua continuidade.

As mudanças trazidas pela clandestinidade também afetaram os carregamentos humanos. Movidos pela cobiça e talvez favorecidos pela oferta no mercado africano, os traficantes incrementaram nos seus fretes a proporção de crianças, que eram mais fáceis de transportar e ocupavam menor espaço, aumentando assim o lucro. A sobrecarga dos tumbeiros degradou ainda mais as abjetas condições da viagem, com um acréscimo considerável da taxa de mortalidade. Manuela Carneiro da Cunha detalha que, a partir de 1830, "os navios que iam à costa do Benim diminuíam suas provisões e água potável para disfarçar seus propósitos e aumentavam ao máximo o carregamento de escravos. A mortalidade de escravos na travessia teria nessa época aumentado para 24 por cento". Para o Brasil como um todo, estima-se um aumento de 8%, no período

1811-30, para 20% no período 1831-50.³⁴ O problema se estendia aos barracões de cativos ao longo da costa africana, onde as vítimas do tráfico eram amontoadas em condições sub-humanas.

OS ANOS DA ESCRAVIDÃO E OS "BONS SERVIÇOS PRESTADOS"

Retomando a carta de alforria antes transcrita, Manoel Joaquim de Almeida dizia possuir "um escravo de língua geral por nome Joaquim a quem pelos bons serviços prestados, e por ao fazer e assinar desta receber do dito a quantia de 600$000 réis em moeda corrente, o forro [...]".³⁵ Quais seriam esses "bons serviços prestados"? Teriam a ver com ele ser um "escravo de língua geral"? A resposta a essas questões pode ajudar a elucidar como Joaquim, na sua condição de cativo, conseguiu acumular 600$000 réis em moeda corrente para pagar sua carta de alforria.

Em 1830, na Bahia, o valor de um africano *novo*, ou seja, recém-chegado, sendo ele homem adulto, era estimado em torno de 320$000 réis, e, se fosse um escravo ladino, já com experiência nas manhas da sociedade brasileira, podia ser avaliado em até 400$000 réis.³⁶ O fato de Joaquim pagar um valor bem superior à média do mercado é indicativo de quanto o senhor prezava suas qualidades pessoais e/ou profissionais. A transação sugere que Joaquim não era um escravo qualquer e que seu senhor não estava disposto a renunciar a ele de forma ligeira, até talvez porque ele soubesse que o cativo tinha condições, e o forçou a pagar caro.

Meses antes da alforria, Joaquim tinha se envolvido em algum negócio com o também africano Geraldo Rodrigues Pereira, de quem falarei adiante, resultando numa dívida do segundo com o primeiro de 260$000 réis. Ou seja, no início de 1830, além dos 600$000 réis pagos pela alforria, Joaquim era ainda credor de outros 260$000 réis. A acumulação desse capital estava provavelmente associada aos "bons serviços prestados" ao seu patrão, embora pudesse provir também de negócios próprios.

Sabemos da profissão do senhor, velho lobo do mar, capitão de navios negreiros que em catorze anos, de 1814 a 1827, tinha realizado catorze viagens atlânticas, navegando meses a fio, de um porto a outro, levando rolos de fumo e pipas de cachaça, e trazendo de volta centenas de corpos acorrentados, nas condições mais abjetas e degradantes. Ele formava parte do pool de capitães negreiros da praça da Bahia, um segmento social respeitado, imprescindível para a engrenagem do comércio marítimo. Além de navegantes eles eram negociantes. Podiam cooperar, organizar viagens conjuntas e recorrer a um esprit de corps para se ajudar mutuamente, mas havia também rivalidade e competição. Nomes como Caetano Alberto da França, André Pinto da Silveira, Manoel Cardozo dos Santos, Antônio Narciso, Manoel Joaquim de Almeida formavam parte de um círculo seleto de capitães que trabalhavam para os principais comerciantes negreiros da praça da Bahia.

Tudo leva a crer que Joaquim andou embarcado na tripulação do senhor, pois era comum os capitães de mar irem acompanhados de alguns dos seus escravos, mas não sei ao certo desde quando ou com que frequência ele participou dessas viagens. Na verdade, bem pouco se conhece da vida de Joaquim como escravizado. Dispõe-se apenas de alguns registros de testemunhos orais e inferências de conjecturas mais ou menos razoáveis. Com base em depoimentos coletados na colônia do Daomé na primeira metade do século XX, os padres franceses Isidore Pélofy e Jean Pierucci sustentam que, na Bahia, Joaquim foi tanoeiro, isto é, fabricava ou consertava pipas, cubas, barris, o que é um cenário verossímil, sendo este um dos ofícios com demanda no mundo da navegação e do comércio de aguardente, azeite e outras mercadorias. Pélofy diz ainda que Joaquim acompanhava seu senhor nas viagens à Costa da Mina vendendo aguardente e tabaco da Bahia em troca de gente.[37] Cabe supor que ele combinava seus serviços a bordo com outros em terra, assistindo seu senhor nas feitorias africanas ou nos cais e armazéns do porto da Bahia.

O fato de Joaquim ser identificado como "escravo de língua geral" talvez ofereça um possível indício de suas atividades, mas para isso cabe indagar os múltiplos significados que essa expressão adquiriu ao longo do tempo. Na primeira metade do século XVIII, nas Minas Gerais, a expressão "língua geral" se popularizou para designar a língua franca falada pelos escravizados de nação mina, conforme mostra a *Obra nova da língua geral de Mina*, publicada em 1741 por Antônio da Costa Peixoto.[38] Assim, em 1756, nos registros de batismo de Vila Rica (Ouro Preto), vários cativos aparecem rotulados "de nação mina de língua geral".[39] Em 1748, quando o mahi Francisco Alves de Souza chegou ao Rio de Janeiro, encontrou na irmandade de Santo Elesbão e Santa Ifigênia "pretos minas de várias nações daquela costa, a saber dagome, maqui, zanno, agolin, sabaru, *todos de língua geral*".[40] Esses povos falantes da língua geral — fons (dagomé), zanus (zanno), agonlis (agolin), mahis (maqui) e savalus (sabaru) — eram todos do interior, viviam afastados do litoral. A partir da análise do vocabulário de Antônio da Costa Peixoto, Olabiyi Babalola Yai defende que a "língua geral" teria uma base fon, com "absorção de traços lexicais e gramaticais de outras línguas do grupo gbe", como o gungbe, mahigbe, hulagbe etc.[41]

Os especialistas têm debatido se essa língua franca reflete um processo de crioulização, resultado do encontro multicultural dos povos minas no contexto da escravização brasileira, ou se a simbiose linguística teria corrido em paralelo na própria África.[42] Cabe supor que, com o avanço das conquistas do Daomé sobre o litoral a partir da década de 1720, as incursões periódicas do seu exército em territórios vizinhos (adja, agonli, mahi, gun, hueda, hula, aizo) e a movimentação dos cativos, mas também por meio de trocas nos mercados, de alianças de parentesco e recrutamento militar, algum tipo de língua veicular tenha emergido para facilitar a comunicação no interior do reino e em suas áreas de influência. Consistente com esse raciocínio, no final do século, Archibald Dalzel, em *The History of Dahomey*, informava que a língua dos daomeanos era "a que os portugueses chamam *língua geral*, falada não apenas no Daomé, mas em Uidá e outros estados dependentes e também no país Mahi e vários lugares vizinhos".[43]

Em 1788, o diretor da fortaleza de Uidá reclamava das guerras e desordens do Daomé com os portos vizinhos que estavam prejudicando o suprimento dos "escravos língua geral", mostrando não apenas o uso da expressão nos circuitos lusófonos da costa como também sua aplicação para tipificar uma determinada classe de escravizados.[44] Um francês que por ali andou alguns anos antes explicava que os portugueses comerciavam cativos fons, *judaiques* (huedas), aladas e mahis, evitando adquirir os nagôs. Essa predileção pelos falantes de línguas gbe sugere uma possível lógica para o uso da denominação "língua geral" como forma inclusiva de designar os escravos preferidos.[45]

Na Bahia, a expressão "língua geral" já aparece em 1765, no livro do Banguê, relativo ao enterro de escravos.[46] Contudo, ela é mais visível na primeira metade do século XIX, constando em cartas de alforrias, testamentos, anúncios de jornal, habilitações de passaporte.[47] A historiadora Maria Inês Cortes de Oliveira nota que a denominação "aparece em alguns registros substituindo a 'nação' ou a região de procedência de escravos", e cita a escrava "Thereza, língua geral".[48] Amiúde, porém, a expressão sucede os nomes de nação mina ou jeje, reiterando o vínculo setecentista, mas qualificando e restringindo a abrangência dessas categorias com alguma especificidade. Por exemplo, encontrei, datada de 1803, uma carta de alforria concedida a Cecília, "escrava de nação mina língua geral"; e, em 1813, uma crioula obteve sua liberdade oferecendo em troca "uma escrava nova nação jeje língua geral". A ocorrência mais tardia que conheço é de 1834, e trata-se da carta de liberdade de Francisco, "gêge língua geral".[49] Todavia, em 1824, um jornal baiano denunciava a fuga da escrava "Maria Francisca, de nação gêge, língua geral, e também fala língua nagô".[50] Ou seja, a língua geral não se confundia com a nagô e continuava associada aos falantes das línguas gbe do Daomé e imediações.

Parece razoável supor que a língua geral, enquanto idioma de contato nascido do encontro intercultural, era aprendida como segunda língua, como complemento do falar materno. Conforme a classificação dos linguistas, não se trataria de uma língua crioula (crioulo ou *créole*), funcionando como primeiro idioma dos nativos, mas um *pidgin*, um jargão suplementar, aprendido nas cidades, no exército, nos mercados, lá onde interagiam grupos diferentes. O domínio da língua geral seria, assim, um indicador de trânsito por centros urbanos cosmopolitas, com destaque para os portos do tráfico, e sinalizaria certo grau de exposição ao contato multicultural. Minha suposição é de que, na Bahia oitocentista, "língua geral" não denotava apenas uma competência linguística, uma identidade de nação ou uma região de procedência, mas podia ser também um marcador de certo grau ou possibilidade de "ladinização". Se no Brasil colonial o ladino era aquele africano que falava português e tinha adquirido os hábitos e costumes do branco, o "língua geral" era aquele que tinha comprovada destreza comunicativa, mesmo que interafricana, trânsito multicultural e alguma instrução, valores positivos que o distinguiam do cativo de origem rural e sinalizavam sua capacidade de "ladinização".[51] Em 1814, por exemplo, um jornal anunciava a venda de duas "negras meias ladinas que sabem de costura alguma coisa, de idade de catorze a quinze anos, de língua geral"; e, no ano seguinte, "um moleque, língua geral, de dezesseis a dezoito anos de idade, cozinheiro".[52]

Joaquim era natural da aldeia de Hoko, no país Mahi, região montanhosa no interior, ao norte do reino do Daomé, na margem ocidental do rio Ouemé. Era membro da família Azima, e sua primeira língua devia ser, assim, o mahigbe.[53] Hoko, porém, está situada entre o reino iorubá de Sabé, a leste, e o reino de Savalu, a oeste, cuja população reclama ascendência protoiorubá. Nesse contexto, é provável que Joaquim falasse também nagô ou iorubá, sendo o poliglotismo uma virtude bem conhecida entre os africanos ocidentais. Contudo, o domínio da "língua geral" indicaria contato dele ou de seus parentes com os centros urbanos do Daomé, inclusive os portos do litoral onde se desenvolvia o tráfico e também era a língua geral falada. Se o aprendizado inicial pode ter acontecido no país Mahi natal, seu aperfeiçoamento deve ter ocorrido durante o cativeiro, quando Joaquim andou embarcado com seu senhor.

A fluência em "língua geral" e talvez em outras línguas africanas (mahigbe, nagô, fongbe, gunbge), além do português, pode ter lhe permitido exercer a função de "língua" ou intérprete nas transações de compra e venda entre os mercadores africanos e seu senhor. A função de tradutor era estratégica para negociar e exigia um alto grau de confiança e entendimento entre o mediador e o traduzido.[54] Contudo, o conhecimento da língua geral também pode ter servido a Joaquim para assumir funções de controle e vigilância, instruindo e transmitindo ordens aos escravizados, tanto a bordo como nos armazéns e barracões em que eles eram depositados antes do embarque ou após o desembarque.

Memória para Onim,* escrita por um traficante espanhol,

---

* O nome Onim era utilizado, até meados do século XIX, para designar a ilha e a cidade que os europeus chamavam de Lagos e os iorubás de Eko.

descreve os protocolos envolvidos no embarque de escravizados naquele porto, em 1830, período em que Manoel Joaquim ali atuou como feitor. Além dos tributos cobrados pelo rei e pelos chefes locais, ou cabeceiras, e dos custos dos remadores e pilotos das canoas que transportavam os cativos aos navios, o texto lista as despesas com as instalações e os diversos trabalhadores necessários para o funcionamento de uma feitoria. Estas incluíam (entre parênteses, o valor): a casa (6 onças), o barracão (1 onça), o tronco e os tronqueiros (6 onças), o moço grande (3 onças), o ladrador (3 onças), o *comboyador* (3 onças), o porteiro (2 onças), o lava-pratos (2 onças), o aguadeiro (2 onças), o moço do barracão (2 onças), pagando ainda, "toda semana, catorze *toquens* de búzios a cada moço, à exceção do moço grande, que recebia cinco galinhas (mil búzios)".[55]

No total, *Memória para Onim* lista oito cargos engajados na procura, vigilância e manutenção do carregamento humano prévio ao embarque, embora faltem ainda figuras imprescindíveis, como o escrivão, o cirurgião ou, na sua falta, o barbeiro. Este último cargo, geralmente assumido por africanos, comportava, além de barbear, diversas funções terapêuticas, como a aplicação de sangrias, visando a saúde dos cativos. Se o tronco era o cepo em cujos olhais se metia o pé ou o pescoço do escravizado para castigá-lo ou torturá-lo, o tronqueiro (*tronquero* no original em espanhol) era o carcereiro, cuidando da vigilância. O moço grande seria o principal responsável pela "casa" onde o feitor realizava as negociações de compra e venda. O "ladrador" era quem "procurava os cativos" e, portanto, intermediava com os fornecedores locais.[56] O *comboyador*, como aparece em espanhol, devia ser o chefe que escoltava os comboios de cativos até a praia, e o porteiro, aquele que guardava a cancela do armazém ou feitoria. Joaquim pode ter exercido qualquer dessas tarefas, mas, como "escravo de língua geral", não é impossível que tenha atuado como "ladrador", ou como serviçal do feitor Manoel Joaquim, como moço grande. Contudo, ainda não achei evidência direta de sua presença em Lagos nos meses anteriores à alforria, quando seu senhor esteve engajado no carregamento da escuna *Nossa Senhora da Guia*.

Abro aqui um parêntese para tocar em outro assunto que diz respeito a quando e como Joaquim teria sido escravizado. De novo me socorrem nesse quesito as tradições orais. A última viúva de Behanzin (o rei daomeano deposto pelas tropas francesas em 1894), antes de falecer aos 106 anos, contou aos descendentes da família Almeida que seu ancestral Joaquim fora vendido pelo irmão mais velho, Bibi Sokpa, quando aquele tinha entre oito e doze anos. Nesse tempo, reza a narrativa, todos se envolviam no tráfico, e, quando havia epidemias, secas ou fome, as crianças eram enviadas do interior à praia para serem vendidas. Já os descendentes de Bibi Sokpa relatam outra história menos comprometedora. Segundo eles, Bibi Sokpa era caçador de elefantes e matou um que estava destroçando as roças de Abomé, a capital do reino daomeano. Para recompensá-lo, o rei Adandozan solicitou a "Manoelo" (Manoel Joaquim de Almeida), que lá estava comerciando, que levasse Bibi Sokpa ao Brasil para trabalhar como seu feitor. Bibi, alegando estar já velho e cansado, ofereceu o irmão caçula para que tomasse seu lugar e aprendesse o negócio. Nessa versão, Joaquim teria chegado ao Brasil na condição de livre, o que parece questionável, dada a existência de uma carta de alforria a indicar o contrário.[57]

Apesar das diferenças, ambas as versões coincidem na afirmativa de que Joaquim saiu do país Mahi ainda moço, no tempo do rei Adandozan.[58] Esse monarca foi deposto por seu meio-irmão, o rei Guezo, em 1818, o que colocaria a escravização de Joaquim numa data anterior a esse ano. Achei, de fato, um registro de batismo, de 4 de setembro de 1814, ocorrido na freguesia de Santo Antônio Além do Carmo, em Salvador, onde morava Manoel Joaquim de Almeida, de um "Joaquim, adulto, escravo de Manoel Joaquim". Foi padrinho Manoel de Freitas, crioulo e solteiro. Sem ser prova definitiva, a coincidência dos dois nomes naquela freguesia é significativa.[59]

A cronologia das viagens de Manoel Joaquim, porém, sem invalidar a hipótese, lança alguma dúvida. Ele zarpou do porto da Bahia, em 8 de junho de 1814, como mestre do bergantim *Boa Hora*, no que seria sua primeira viagem conhecida como capitão. O destino declarado era Cabinda, mas, como se viu, naquele período não era incomum alegar um porto ao sul do equador para depois rumar para a Costa da Mina. Com bom vento, uma travessia de Cabinda à Bahia podia ser realizada em três semanas. Assim, embora pouco usual, era tecnicamente possível uma viagem de ida e volta em pouco menos que três meses. O próprio Manoel Joaquim, em 1817, realizou outra viagem de ida e volta a Cabinda em três meses e quatro dias.[60]

Todavia, o proprietário do navio, Domingos José de Almeida Lima, só anunciou que tinha para vender, "no armazém das Pedreiras, duzentos e tantos escravos de Cabinda, bons, vindos por sua conta no brigue *Boa Hora*", em 21 de outubro, um mês e meio depois da hipotética chegada no início de setembro.[61] Esse seria o período da quarentena prévia ao desembarque ou o tempo de que a carregação humana precisou para se recuperar da viagem no armazém, antes da venda. Nessa hipótese, Joaquim teria sido privilegiado com um desembarque imediato, e o seu batismo, em setembro, podia encobrir um subterfúgio para driblar a quarentena.

Por outro lado, se Joaquim foi efetivamente escravizado em 1814, isso significa dizer que ele foi um dos primeiros cativos comprados pelo capitão Manoel Joaquim, e que permaneceu em condição servil por mais de quinze anos. Essa cooperação profissional de longa data com certeza envolveu uma relação de mestre e aprendiz, não apenas no que tange às diversas tarefas de controle e movimentação dos cativos, mas no que se refere à dimensão comercial dos cálculos e negociações da compra e venda, pois Joaquim acabou inserido, pela mão do seu senhor e favorecido por sua habilidade multilinguística, na rede mercantil da praça de Salvador. Aliás, ele acabou dominando também a escrita — elemento fundamental para sua futura ascensão comercial —, cujo aprendizado sugere um tempo de dependência e anuência senhoriais prolongado. A relação laboral, temperada pelo convívio em alto-mar, enfrentando adversidades de distinta índole, pode ter contribuído para criar um senso de camaradagem ou de lealdade mútua, inclusive laços afetivos, pouco habituais nas relações de sujeição servil.

OS TRATOS COM GERALDO RODRIGUES PEREIRA E A COMPRA DA LIBERDADE COM O TRABALHO DO TRÁFICO

Como já indiquei, em algum momento de 1829 ou início de 1830, ainda na condição de escravizado, Joaquim teve tratos com o africano Geraldo Rodrigues Pereira, que veio logo a falecer, em 15 de março de 1830. No processo do seu inventário, já no mês de outubro, a viúva reconhecia uma dívida de 260$000 réis contraída pelo defunto marido com Joaquim de Almeida e, para resolver o impasse, lhe propunha uma "causa de ação de libelo".[62] Infelizmente não encontrei rastro desse processo legal, mas a conexão e os negócios entre Geraldo e Joaquim merecem nossa atenção.

Geraldo Rodrigues Pereira era um preto de nação mina, provavelmente da região de Pequeno Popo. Fora escravizado do influente João Ferreira de Bittencourt Sá.[63] Em 1809, já liberto, recebeu uma patente de ajudante de entrada e assalto na freguesia da Conceição da Praia, ou seja, foi capitão do mato no porto onde desembarcava a maioria dos escravizados. Talvez dessa época tenha lhe ficado o gosto de andar a cavalo e usar esporas de prata, que ainda conservava na hora da sua morte. Em 1814 se casou com uma crioula bem remediada, Maria Angélica do Coração de Jesus, de dezenove anos, filha de um abastado comerciante jeje.[64] Mas pouco depois de contrair núpcias, em 1816, Geraldo viajou para reger uma feitoria em Lagos.

Nessa empreitada, teve por parceiro o jovem pernambucano e capitão de mar André Pinto da Silveira, nome que reaparecerá nesta narrativa em várias ocasiões. Ambos foram contratados pelos negociantes baianos Domingos José de Almeida Lima e Antônio Ferreira Coelho, que tinham se associado aos espanhóis Pedro e Santiago Cuesta y Manzanal, sediados em Havana. Com a proibição da importação de africanos ocidentais no Brasil desde 1815, os baianos queriam vender seu tabaco em Lagos e suprir o mercado cubano de escravizados. Porém, a parceria baiano-cubana durou pouco, e em 1818 André e Geraldo eram dispensados dos seus serviços. O africano só reaparece na documentação baiana em 1823, após cinco anos de silêncio. Imagino que, tirando uma rápida viagem de ida e volta à Bahia no fim de 1817, ainda sob as ordens de Lima e Coelho, Geraldo ficou em terra africana, articulando redes comerciais que, em anos posteriores, lhe permitiriam acumular sua fortuna.[65] Ele contava, por exemplo, entre os amigos do *obá* Osinlokun de Lagos, que reinou entre 1821 e 1829, referido como "o seu amigo Reis Pontam".[66]

De volta ao Brasil já independente e imperial, Geraldo passou a morar na freguesia do Pilar, onde permaneceu por sete anos até sua morte, em março de 1830. Em meados da década de 1820 ele já era um próspero mercador, com vários escravizados, entre eles um tanoeiro e um barbeiro, ofícios requisitados nas lides do comércio marítimo, além de um "moço do serviço doméstico". Com eles viajou à Costa uma última vez em 1826.[67] No entanto, os dois últimos anos de sua vida, coincidindo com a eclosão do tráfico no fim da década, parecem ter sido especialmente frutíferos. Ao redigir seu testamento, em fevereiro de 1830, ele mencionava uns quinze cativos de sua propriedade, mas dez deles (66% do conjunto) tinham sido batizados entre 1828 e 1829, sinalizando a chegada recente.[68] Aliás, ele recebeu um carregamento substancial no início de 1829, que lhe permitiu, entre abril e setembro, emprestar 4,2 contos de réis a dois casais (que para tal hipotecaram mais de quinze escravizados) e comprar uma morada de casa de sobrado por outros três contos de réis.[69] Essa quantia de mais de sete contos de réis equivaleria ao valor de 24 escravizados novos, sendo esse investimento apenas o benefício limpo do negócio. Caso se somem os seis cativos que batizou naquele ano àqueles que teve de vender para custear o frete e outras despesas, num cálculo grosseiro, é possível estimar que foi necessária a venda de pelo menos quarenta escravos. Essas operações prosperaram até lhe render, no final da vida, um monte-mor de mais de 33 contos de réis. Conforme os cálculos realizados por Katia Mattoso sobre as fortunas baianas, essa quantia situaria o africano Geraldo Rodrigues Pereira entre os 15% mais ricos da Bahia.[70]

Quando se considera a economia do tráfico como uma estrutura de várias posições ou funções hierarquizadas, indo dos donos de navio, armadores e grandes investidores, no topo, passando pelos comerciantes e investidores medianos, consignatários, sobrecargas,[71] capitães e feitores, no nível intermediário, até chegar à base da força de trabalho assalariada dos marinheiros, tanoeiros, barbeiros, grumetes, pode-se dizer que Geraldo foi galgando posições até se colocar entre os dois primeiros níveis da pirâmide. Cabe aqui invocar a distinção feita por um capitão inglês entre os "comerciantes" (*traders*) e os "intermediários" (*brokers*), ou seja, entre aqueles que incorriam em risco financeiro, ora absorvendo perdas, ora lucrando, e os agentes comissionados que mediavam as transações em nome dos comerciantes.[72] Nesse sentido, Geraldo deixou de ser um "intermediário", cobrando uma porcentagem por seus serviços, para se converter num "comerciante" que arriscava capital próprio.

Não por acaso, no seu testamento, Geraldo solicitava missas para Antônio Ferreira Coelho e Domingos José de Almeida Lima, notórios donos de tumbeiros e armadores de diversas expedições atlânticas nas duas primeiras décadas do século.[73] Lembremos que Domingos José de Almeida Lima era o dono do *Boa Hora*, que contratou o jovem mestre Manoel Joaquim de Almeida, em 1814, e que, com Ferreira Coelho, foi o patrono de Geraldo na feitoria de Lagos, entre 1816 e 1818. A cooperação com esses mentores capitalistas e a formação de redes comerciais associadas começaram a se articular na década de 1810 e se consolidaram na década de 1820. Nesse momento, Geraldo testava os limites de sua autonomia liderando suas próprias iniciativas.

Em 12 de agosto de 1829, Geraldo assinou um contrato mercantil e formou uma "companhia" própria com o conterrâneo, o jeje Inocêncio de Araújo Santana, barbeiro curador, morador também na freguesia portuária do Pilar. Nessa "companhia", Geraldo detinha uma participação de três quartas partes, e Inocêncio, apenas uma quarta parte. Ou seja, Geraldo e seu sócio tentavam ocupar o espaço dos comerciantes investidores. Destaco a relativa autonomia e a capacidade associativa dos africanos nos moldes jurídicos e contratuais de praxe para o exercício do comércio, talvez um dos vetores do seu sucesso. Semanas após a formalização do contrato, o liberto Inocêncio e o escravo mina Bento Rodrigues, o "moço do serviço doméstico" de Geraldo, viajavam para a Costa da África. Consta de Bento um passaporte emitido em 12 de setembro. Com toda probabilidade, a intenção da viagem era operacionalizar um novo carregamento de cativos.

Com efeito, no inventário post mortem de Geraldo, o primeiro testamenteiro e inventariante, o capitão João Pereira de Araújo França, outro notório traficante, mestiço e futuro vereador na Câmara de Salvador, declarou haver, entre os bens do defunto, além dos quinze escravizados declarados no testamento, "mais quinze escravos novos, em que o casal tem sociedade com Inocêncio de Araújo Santana".[74] O fato de serem escravos novos delata a chegada recente. Com toda probabilidade, esses cativos eram os mesmos que o também barbeiro e parceiro de Inocêncio, o mina Antônio de Araújo Santana, afirmava ter remetido, nesse período, da Costa da África, na escuna *Diligência*. Ele dizia ter enviado por sua conta e risco "vários" escravos consignados a Geraldo Rodrigues Pereira, dos quais um lhe pertencia.[75] A única viagem do *Diligência* compatível com a cronologia desses eventos chegou do rio Congo à Bahia, em 4 de dezembro de 1829, com 402 escravos.[76] Ao que tudo indica, essa procedência seria fictícia, como acontecia com frequência naquele período.

No processo do inventário aparecem ainda mais seis moleques *novos*, não mencionados no testamento, todos marcados a ferro, três deles avaliados tardiamente "em razão de se acharem ainda no armazém quando se dera princípio ao mesmo inventário".[77] Os outros quinze escravos novos da "sociedade" ficaram, no início, com a viúva, mas foram depois distribuídos entre vários compradores, na sua maioria africanos. Um foi para o já citado Antônio de Araújo Santana, confirmando ser aquela partida de quinze cativos os "vários" enviados por ele meses antes. Outro foi entregue pelo testamenteiro ao mina Manoel Pereira Lopes, o padrinho de Geraldo. Pelo menos dois dos escravizados eram de nação nagô, e uma cativa era de nação mondobi, sinalizando que o *Diligência* teria passado pela Costa da Mina, se é que alguma vez foi para o rio Congo.[78]

Em definitivo, o que transparece dessas informações é que,

no fim de 1829, os dois barbeiros, Inocêncio e Antônio de Araújo Santana, com o serviçal Bento, enviaram da Costa da África, consignados a Geraldo, pelo menos 21 cativos novos. Parte deles chegou no *Diligência*, e os demais provavelmente em outro navio, pois a divisão da carga em várias viagens era uma estratégia recorrente para minimizar o risco em caso de apresamento.

Uma vez finalizada a operação, o cativo predileto de Geraldo, Bento Rodrigues, retornava de Lagos, agora descrito como "mercador", no brigue *Trafalgar*, em 29 de março de 1830, poucos dias depois do falecimento do seu senhor, que o libertara por verba testamentária.[79] Dois meses depois, em 18 junho, talvez após tomar conhecimento da morte do seu sócio na Bahia, regressava Inocêncio Araújo Santana, acompanhado do seu escravo José. Voltavam de Uidá na galera *São Benedito*, a mesma que Manoel Joaquim de Almeida comandara em 1827.[80] Foi nesses primeiros meses de 1830 que o capitão Manoel Joaquim de Almeida também regressou de Lagos.

É nesse contexto das atividades da "companhia", na passagem de 1829 para 1830, que devemos situar a dívida gerada por Geraldo Rodrigues Pereira com Joaquim de Almeida. Embora não exista evidência direta para sustentar a hipótese, não é descabido pensar que Joaquim tivesse prestado algum serviço nas operações de embarque ou desembarque das carregações. A parceria profissional e a amizade que Joaquim iria manter nos anos seguintes com Inocêncio e Antônio de Araújo Santana reforçam essa hipótese. Assim, a ligação de Joaquim com os parceiros africanos permite supor que a atividade do tráfico esteve na base do acúmulo de pecúlio que lhe possibilitou não apenas comprar sua liberdade meses depois, pela considerável soma dos 600$000 réis, mas ser credor de um dos africanos mais prósperos da cidade.

Tudo indica, portanto, que Joaquim conseguiu o capital para comprar sua alforria pelo seu envolvimento nas demandas do tráfico. Se, de maneira geral, posso concordar com a afirmação de que, na relação escravista, ao contrário da relação de trabalho assalariado, "a pessoa do trabalhador toma a forma da mercadoria", resulta mais difícil aceitar a redução do tráfico de escravizados, enquanto parte integrante do regime de produção, a um mero "mercado de trabalhadores", negando-lhe sua dimensão paralela de mercado de trabalho. Concordo, porém, com o historiador Dale Tomich quando insiste na necessidade de compreender as "relações sociais através das quais o trabalho humano é organizado" para desvendar a natureza da economia escravagista.[81]

Ao ser inserido de forma compulsória na dinâmica desse comércio pelo senhor, Joaquim ficou obrigado a participar da (e contribuir para a) violenta maquinaria da escravização, a mesma que possibilitou sua transição para a liberdade. Isso pressupõe um alto grau de eficiência e sucesso nas tarefas para as quais foi incumbido, o que, por sua vez, facilitava o seu paralelo empreendedorismo, levando à prática e executando, ainda na condição de escravizado, iniciativas e acordos que lhe permitiram acumular o suficiente para comprar sua alforria. Mas essa dinâmica paradoxal, em que o trabalho do escravizado servia, ao mesmo tempo, para escravizar seus semelhantes e para alcançar a liberdade, comportava um nível de contradição interna que comprometia uma compreensão absolutamente negativa da condição da escravatura, pois ela permitia, em última instância, transcender a si mesma. Um outro assunto é saber até que ponto os efeitos colaterais dessa ambiguidade levaram Joaquim à indiferença moral e a uma progressiva falta de empatia com a dor alheia.

Se, como vimos no início do capítulo, havia na sociedade escravocrata brasileira uma ambiguidade legal que questionava uma distinção muito nítida e impermeável entre o status civil do escravizado e o do liberto, o lugar intermediário e radicalmente ambivalente do oprimido que era colocado na posição de opressor implicava uma relativização ainda maior dessa fronteira. A insensibilidade à violência e à degradação humana do sistema escravista, provavelmente desenvolvida como mecanismo psicológico de defesa, aliada à astúcia e à malandragem requeridas para sobreviver num meio adverso e opressivo, temperadas por um espírito empreendedor, com forte ambição material, constituiriam traços de personalidade que explicariam, em parte, a continuidade de Joaquim na atividade do tráfico após comprar sua liberdade. Obviamente não há como atingir sua subjetividade e sensibilidade para conhecer suas disposições e motivações, ou os significados morais que ele podia atribuir à escravidão ou a sua liberdade recém-conseguida, mas a conjuntura de relações sócio-históricas que rodearam o momento de sua alforria e que tentei aqui expor pode ajudar a circunscrever as possibilidades interpretativas. Era como se o próprio meio que o havia escravizado o tivesse preparado e conduzido, de forma quase inevitável, para dar continuidade àquele mundo de exploração criminosa, como se a liberdade legal não o redimisse da escravização profissional.

2. Registros de batismo, irmandades e outras redes

DINÂMICAS ASSOCIATIVAS: IRMANDADES
COMO GRUPO CORPORATIVO

Às portas da capela do Corpo Santo, na freguesia de Nossa Senhora da Conceição da Praia, nos cais da Cidade Baixa da Bahia, uma dúzia de libertos africanos, com capas brancas e murças de tafetá roxas, tendo presa à esquerda uma pequena cruz de juro por armas, de metal branco, sustentava o andor com a imagem do Senhor Bom Jesus das Necessidades e Redenção, obra-mestra, se dizia, de Francisco das Chagas, mais conhecido pela alcunha de O Cabra. A figura do Redentor, coberta com uma túnica de veludo roxa, bordada de diademas de prata, carregava uma pesada cruz de madeira, também marchetada de prata, que lhe curvava o corpo. Sob a coroa de espinhos e a peruca de compridos cabelos castanhos se escondia o rosto belamente talhado, olhos de vidro, lábios entreabertos e uma barbicha de cachos ondulados e espirais, que lhe conferiam uma expressão de barroco e extático sofrimento.

A procissão para honrar o Bom Jesus da Redenção era celebrada anualmente em 3 de maio, e a data não era aleatória, pois marcava o dia da Santa Cruz, das Cruzes, da Bela Cruz ou da Vera Cruz. Associada a festas pagãs em louvor à deusa romana Flora, a data correspondia também a uma das mais antigas solenidades litúrgicas da Igreja católica, já celebrada em Jerusalém no tempo do imperador romano Constantino, "baseada na exaltação do triunfo de Cristo sobre a morte". Nesse dia era comum celebrar festas e romarias, enfeitando os cruzeiros dos largos e das praças, as cruzes das pontes, fontes, porteiras e currais com flores que, segundo a crença popular, espantavam os maus espíritos e assombrações e defendiam contra doenças, conflitos e malfeitores.[1]

Assim, o compromisso da Irmandade do Bom Jesus das Necessidades e Redenção (doravante IBJNR) estipulava que a procissão, "como é estilo", devia visitar "sete cruzes, as quais estarão ornadas" — entende-se, com flores —, "dispostas à distância, em pontos decentes".[2] As sete cruzes celebravam o dia da Santa Cruz mas rememoravam também os "sete passos", ou etapas do calvário, no caminho do Gólgota. Nessas cruzes, os mais devotos refletiam sobre as sete frases ditas por Jesus antes de morrer, o seu encontro com Verônica, que limpou suas mãos, Cirineu, que o ajudou a carregar a cruz, além de Maria, que o acompanhou até o último momento. A simbologia da cruz, com toda a sua polissemia, tanto africana como cristã, permeava os significados que os libertos atribuíam a uma devoção que, para além de suas raízes católicas, expressava de forma pungente a vitória e redenção sobre todos os sofrimentos, especialmente a escravidão e a morte. Não por acaso a insígnia daquela irmandade de libertos era uma cruz.

Na primeira metade do século XIX, a Irmandade da Redenção era uma das três principais confrarias católicas de africanos em Salvador, com a de Nossa Senhora do Rosário da Baixa de Sapateiros e a de São Benedito, no convento de São Francisco.[3] Se a imagem da Virgem, na sua qualidade de Nossa Senhora do Rosário, evocava o universo do amparo e consolo maternal, e a de São Benedito, o santo etíope que subtraía comida do convento para distribuí-la entre os pobres, mobilizava pela solidariedade e identidade racial, a imagem do Cristo carregando o madeiro e a narrativa da via-crúcis ecoavam entre os pretos o périplo que levava do calvário à redenção, da escravidão à liberdade. O simbolismo podia ser percebido de forma mais ou menos consciente, mas devia estar latente na participação ritual dos pretos na irmandade.

A historiografia há muito tem reconhecido a importância das irmandades leigas de homens pretos como espaços fundamentais de sociabilidade africana na América portuguesa.[4] As irmandades de homens pretos, organizadas em volta de uma imagem erguida em altar de igreja ou capela, são conhecidas por sua atenção à festa anual para o santo de sua devoção e pela assistência nos ritos mortuários dos seus integrantes. A festa, com toda sua pompa e parafernália, organizada em volta da procissão pública da imagem, com missa, música, foguetes e comida, propiciava um cenário ideal para a exposição social, para tecer e articular velhas e novas relações. No outro extremo, a assistência àqueles padecendo algum infortúnio, juntando esforços sobretudo para providenciar um enterro digno, era outra grande preocupação das agremiações. O cortejo fúnebre e o enterro eram rituais que também criavam e reforçavam a sociabilidade dos envolvidos.[5]

A vantagem das irmandades é que elas ofereciam aos pretos espaços de autogestão e relativa autonomia administrativa. Embora os postos de escrivão e tesoureiro nas mesas diretoras fossem amiúde ocupados por brancos e os capelães vigiassem e fiscalizassem as atividades dos africanos, as reuniões periódicas na sacristia ou em outras dependências da igreja expressavam uma progressiva territorialização africana dos espaços hegemônicos. Como associações, as confrarias estavam organizadas em torno de uma estrutura bem definida e hierarquizada, normatizada no compromisso com eleições anuais e renovação dos quadros, mas também com a formação de grupos que se perpetuavam na direção em períodos mais ou menos longos. As irmandades constituíam, assim, espaços de poder para as tomadas de decisão de diversas ordens que, longe do religioso ou como um dos seus lados menos visíveis, incidiam sobre o mundo material e do dinheiro, envolvendo desde a potencial ajuda para alforriar um escravizado até o aluguel, compra e venda de imóveis e outros bens patrimoniais da instituição.

Inicialmente instituída como devoção, em 1774, e com compromisso aprovado em Lisboa em 1778, a IBJNR agregava alguns dos libertos africanos mais prósperos da cidade de Salvador. Desde os primórdios até a década de 1830, sua mesa diretora esteve em mãos de africanos jejes e minas, embora pudesse acolher, em número pequeno, irmãos de outras nações. Entre seus membros contavam-se milicianos do terço dos Henriques, capitães de entradas e assaltos, comerciantes de secos e molhados, mercadores atlânticos, muitos barbeiros, donos de bandas de música de barbeiros, marinheiros. A maioria era liberta e dona de escravos. Participavam também as mulheres, africanas do partido alto, várias casadas com irmãos da confraria.[6] A IBJNR reunia, assim, o setor relativamente mais próspero da comunidade africana de São Salvador, mas isso não impedia que a associação passasse por problemas econômicos. A precariedade parece ter sido a condição de sua existência.

Por exemplo, em 25 de novembro de 1830, um irmão da confraria, José Marques de Oliveira, emprestava à IBJNR a quantia de 397$405 réis, valor que esta devia "de ceras", ou seja, de velas, ao sr. João Pinto de Cerqueira. Com esse empréstimo a irmandade evitava a ameaça de uma execução judicial de embargo. Quem recebeu o dinheiro em metal e registrou a escritura de débito, obrigação e hipoteca foi o procurador legal da irmandade, o sr. João

Barboza de Oliveira. Bom negociante, o credor iria cobrar juros pelo empréstimo, embora a Igreja condenasse essa prática.[7]

O jeje José Marques de Oliveira residia na freguesia da Conceição da Praia, perto da igreja do Corpo Santo, onde estava sediada a irmandade. Era barbeiro e se casou com a jeje Joaquina Maria da Conceição.[8] Na década de 1810, já forro, estabeleceu relações de compadrio com outros africanos jejes envolvidos no comércio atlântico, como Luis Xavier de Jesus e José Antônio d'Etra.[9] Sua ascensão econômica se produziu na década seguinte, quando passou a embarcar com o capitão André Pinto da Silveira, inicialmente como "barbeiro" e depois como seu "criado".[10]

Além de barbear seu patrono e de atender à saúde dos cativos, como vários dos barbeiros que trabalhavam nos tumbeiros, José Marques aproveitou para investir no comércio de gente, especialmente a partir de 1826, com o anúncio da proibição do comércio atlântico. Em 1827 comprou, com sua mulher, uma casa de adobe no Rio Vermelho por 60$000 réis e, em 1828, outra, sita à rua Santo Antônio da Mouraria, por 300$000 réis.[11] Em outubro desse ano viajou de novo à Costa da África com seu escravo Victor.[12] Já de volta, em maio de 1830, comprou outra morada de casas térreas na rua de baixo de São Bento, na freguesia de São Pedro, pela quantia de dois contos de réis.[13] Esse crescente investimento imobiliário sugere que as mercadorias trazidas da África renderam bom lucro. Foi nesse momento que ele saldou a dívida da sua irmandade.

Como foi sugerido acima e já comentei com maior detalhe em outra parte, a irmandade acolhia alguns africanos envolvidos no comércio atlântico, se beneficiando, de uma forma ou de outra, do tráfico de escravizados, a atividade mercantil mais lucrativa do momento.[14] Geraldo Rodrigues Pereira, por exemplo, era irmão da IBJNR e, no seu testamento, ao fornecer a lista das irmandades a que pertencia, a nomeia em primeiro lugar, legando-lhe uma quantia de 25$000 réis, a maior de todas, sinalizando a hierarquia de sua preferência.[15]

Embora fosse comum os libertos participarem de várias irmandades, a IBJNR, por estar localizada no porto, parece ter congregado um número não usual de africanos implicados na economia atlântica, levantando a possibilidade de a instituição ter fornecido uma rede de apoio a alguns dos seus membros nas atividades do nefando comércio. De resto, era o que acontecia também com os traficantes brancos, que podiam ser membros de irmandades em Luanda, Benguela, Rio de Janeiro, Salvador e Recife, como modo de auxiliar-se nos negócios atlânticos. O envolvimento de africanos da IBJNR no tráfico aparecia já na década de 1790, com alguns irmãos minas viajando para Benguela, no pico da exportação negreira naquele porto, e se prolongou ao longo da primeira metade do século XIX, até o fim do período do tráfico ilegal. Se alguns irmãos podem ter participado em pequena escala, e outros podem ter se beneficiado apenas de forma indireta, como receptores ou mediadores, havia ainda outros, como Geraldo Rodrigues, que investiam mais pesado. Nesse último nível, obviamente, a rede mercantil excedia o círculo dos africanos da irmandade e se inseria num circuito socioeconômico maior, que atravessava barreiras de etnia, cor e nacionalidade. Contudo, a perpetuação desses interesses comerciais ao longo de várias gerações confere à irmandade um caráter típico dos grupos corporativos.

Diante das representações das irmandades de homens pretos como agremiações preocupadas com a assistência aos enfermos, a organização das exéquias e a alforria de seus membros, a IBJNR aparece como uma sociedade efetivamente de ajuda mútua, mas orientada, sobretudo, para satisfazer os interesses dos mais poderosos dentre eles. A conversão dos africanos à devoção católica tem sido interpretada como exemplo de abrasileiramento cultural, e a adoção dos modos das elites brancas pode ter sido uma forma de acessar mais depressa respeitabilidade e mobilidade social. Mas a conversão não se limitava à espiritualidade ou à cultura e dizia respeito, em especial, à réplica de um modus operandi de ordem econômica, à inserção na dinâmica do mercado e do trabalho e, quando possível, à sua máxima expressão na época, naquele porto, que era o tráfico de gente. Obviamente isso não significa dizer que todo irmão chegava a esse extremo.

Em termos morais, a adesão dos libertos ao cristianismo não impunha, aparentemente, qualquer tipo de remorso ou constrição relativa à sua ligação com o infame comércio. Ao contrário, a "conversão" parece ter funcionado como um pré-requisito, uma marca de prestígio que legitimava o envolvimento numa economia diferenciada. Aliás, lembremos que a conversão dos pagãos africanos ao catolicismo e a salvação de suas almas eram uma das lógicas apregoadas pelos escravagistas para justificar o tráfico negreiro, arguindo que a escravização era um passaporte para a cristandade. Assim, a tática de se apropriar das maneiras católicas favorecia a interlocução e negociação desses africanos com capitães de navio, armadores ou sócios capitalistas brancos, pardos, brasileiros, portugueses. Sob esse olhar, o catolicismo pode ser interpretado como condição necessária para a inserção não apenas na vida colonial, mas sobretudo numa comunidade mercantil atlântica.

Nesse sentido, além da dimensão religiosa, as irmandades mais bem-sucedidas podiam chegar a funcionar como sociedades de caráter capitalista. Cabe observar que, em um termo que acompanhava o compromisso original da IBJNR, datado de 13 de abril de 1776, os irmãos se obrigavam a prestar contas à Provedoria dos Resíduos e Capelas e a não reeleger tesoureiro, nem "darem dinheiros a juros".[16] A imposição desse termo, alinhada aos preceitos da doutrina católica, sugere que a agiotagem, ou a especulação com o fluxo financeiro, era uma das dinâmicas que as autoridades pretendiam controlar. Nas contas das irmandades poucas vezes emergem despesas fora dos custos das festas e dos enterros, mas desconfio que existisse o que hoje chamaríamos de um "caixa" que permitia capitalizar outros investimentos. Na década de 1830, por exemplo, a irmandade emprestou 200$000 réis a Luiz de Campos Souza, que, além de ter servido como presidente da agremiação, se dedicava a enviar carregações à Costa da Mina em troca de escravizados, sempre em número reduzido.[17]

Os interesses comerciais e corporativistas que o associativismo da irmandade proporcionava se perpetuaram no tempo. Cada nova geração de libertos foi, de algum modo, formada pela precedente. Cabe, assim, colocar em relevo a importância da transmissão intergeracional de saberes, conhecimentos e estratégias comerciais. O aprendizado e a reprodução cultural, de maneiras de fazer e de se associar, comportavam transformações, adaptações e inovações, mas sempre a partir de legados que esses africanos valorizavam e de que cuidavam.

Foi dessa irmandade que Joaquim de Almeida emprestaria o nome para batizar a capela católica que levantou em Agoué, na década de 1840. Não achei ainda prova documental que confirme a pertença de Joaquim à IBJNR na Bahia, mas o fato de escolher o nome do Bom Jesus da Redenção como patrono de sua devoção e do projeto de missionação em terras africanas é um indício forte dessa pertença. Provavelmente foi na irmandade afro-baiana que ele aprendeu sobre o potencial agregador das instituições católicas, em particular sobre a capacidade de criar alianças a serviço de interesses comerciais, o que inspirou a sua reprodução em Agoué, como veremos no capítulo 7. Além das procissões e cortejos do Bom Jesus da Redenção, a outra grande instituição católica que possibilitava a articulação de redes de sociabilidade africana relativamente autônomas era o ritual do batismo, com suas relações de apadrinhamento e compadrio.

JOAQUIM NA PIA BATISMAL COM SEUS PARCEIROS
(1830-5)

Era uma segunda feira, 5 de setembro de 1831. Salvador estava ainda sob os efeitos dos tumultos populares antilusitanos ocorridos após a abdicação de d. Pedro I, em abril. Tinha passado pouco mais de um ano desde a alforria de Joaquim de Almeida. O reverendo padre coadjutor Antônio José Pio de Santa Eulália aguardava paciente no topo das escadarias que subiam à igreja de Nossa Senhora do Pilar, matriz da freguesia homônima. Era ainda cedo da manhã quando ali compareceu o grupo de uma dúzia de africanos e africanas acompanhados de dez dos seus cativos, incluindo três crianças de colo. O padre convidou a comitiva a se congregar em frente ao batistério, enquanto o vigário encomendado, Feliciano Luiz de Almeida, identificava senhores, padrinhos e os futuros batizados.

O primeiro a ser ungido com óleo, a provar o sal e a ter a testa aspergida com água benta foi André, um bebê de poucos meses de idade, filho da africana hauçá Henriqueta Joaquina do Bomfim. O padrinho, que segurava o círio, era o barbeiro jeje Inocêncio de Araújo Santana, que a seguir batizou dois dos seus escravizados, a africana adulta Luiza e um bebê de nove meses, Anastásio. Este último, conforme ficou registrado no assento batismal, ficou alforriado naquele ato, por ordem do seu senhor, que assumiu como padrinho, ao mesmo tempo que, em reciprocidade, a hauçá Henriqueta Joaquina assumia como madrinha. O padrinho de Luiza foi o também barbeiro jeje Benedito Fernandes Galiza. À continuação, este batizou três dos seus cativos, dois adultos, Domingos, nagô, e Joaquina, africana, e uma criancinha de nove meses chamada Rafael, sem constar o nome da mãe. Foi padrinho dessa criança José Pereira, provavelmente José Pereira da Paixão, outro barbeiro jeje, bom amigo de Galiza. Três outros libertos africanos batizaram ainda seus escravizados adultos, um crioulo e dois nagôs. Para encerrar a cerimônia, foi a vez de Joaquim de Almeida, que batizou quem talvez fosse o seu primeiro cativo, um homem chamado João, de nação nagô, que, com o tempo, se converteu num fiel parceiro do senhor. Dessa vez quem atuou como padrinho foi o já referido Benedito Fernandes Galiza.[18] Comprova-se, assim, como vários dos senhores foram padrinhos dos escravizados dos seus amigos e conterrâneos, criando entre eles estreitos laços de reciprocidade.

Como as irmandades, a prática do sacramento batismal foi replicada de forma ampla pelos africanos na sociedade colonial, em parte forçada pelos padres da Igreja e pelos senhores, em parte respondendo aos interesses de sociabilidade dos próprios africanos. Os escravizados provenientes das regiões de Congo e Angola podiam chegar ao Brasil já batizados. Caso contrário, conforme prescreviam as Ordenações Filipinas, os senhores tinham o prazo de um ano para fazê-lo. Esperava-se, nesse período, que os cativos recém-chegados fossem catequizados, aprendendo alguma reza e os rudimentos da doutrina cristã. A disposição era cumprida com relativa consistência, o que permite muitas vezes aventurar o período de desembarque de um africano a partir da data do seu registro de batismo.[19] A presença de cinco escravizados nagôs no referido batismo indica a nação africana que naquele início da década de 1830 esquentava o mercado baiano.

O sacramento batismal podia ser reinterpretado, a partir de valores culturais africanos, como um ritual iniciático ou de passagem.[20] Por outro lado, o ato estabelecia vínculos de parentesco espiritual entre o batizado e o padrinho, e sobretudo entre os compadres, criando laços estratégicos de afetividade, dependência e cooperação. Aliás, ante o conceito do compadrio como a relação entre os pais e os padrinhos, caberia cunhar o neologismo "consenhorio" para se referir à relação entre o padrinho e o senhor, no caso do batismo de um escravizado, em que muitas vezes os pais estavam ausentes e o senhor assumia o papel de "pai" simbólico.[21] Nesse sentido, no exemplo da igreja do Pilar, mais do que relações de compadrio, o que estava se articulando era uma rede de obrigações mútuas entre "consenhores".

As relações entre o batizado, os pais, o padrinho e a madrinha e o senhor eram muito variáveis, e, embora às vezes fossem formais e sem maiores consequências, amiúde orientavam relações hierárquicas, de proteção ou dependência mais ou menos duradouras e socialmente significativas. A escolha dos padrinhos e madrinhas podia responder à iniciativa dos vários atores envolvidos (o senhor, a mãe, o próprio batizado, caso fosse adulto, ou os membros do seu círculo social), mas o padrinho também podia escolher os afilhados. Em qualquer caso, na primeira metade do oitocentos, os libertos africanos mais prósperos eram chamados repetidamente para atuar como padrinhos dos cativos recém-chegados ou dos filhos crioulos de mulheres escravizadas. Nesse caso, pode-se pensar no padrinho como aquele indivíduo que instruía e orientava o africano boçal nas manhas da sociedade escravista.

Por exemplo, em junho e setembro de 1828, duas senhoras fizeram batizar de vez, cada uma, sete escravizados nagôs. O batismo coletivo não era novidade, o curioso é que os grupos fossem apadrinhados por apenas uma pessoa cada um, no caso, Antônio Caetano Coelho e José Pereira da Paixão. Eles eram libertos de nação jeje e vão aparecer, repetidamente, em companhia de Joaquim de Almeida, tanto na Bahia como em Agoué, envolvidos no ilícito comércio da escravização, o que sugere que seus papéis de padrinhos encobriam algo mais do que um simples vínculo espiritual.[22] Uma hipótese é de que eles foram chamados pelas senhoras para atuar como "feitores" dos novos cativos ou "para iniciar os recém-chegados nos costumes da escravidão".[23] Outra suspeita é de que o fenômeno de grupos de escravos africanos batizados por um único padrinho seja sintomático do aquecimento do tráfico naquele final da década de 1820.

De igual modo, os africanos podiam utilizar a instituição batismal para criar redes de seguidores e dependentes que, em última instância, redundavam em prestígio e visibilidade social. Um número elevado de afilhados contribuía para a formação dos "grandes homens" que, na tradição da África Ocidental, conforme ensina Karin Barber, emergem a partir do maior ou menor número de seguidores que conseguem atrair.[24] Assim, o ritual do batismo propiciava a articulação de redes clientelistas e a configuração de distintas dinâmicas de poder e controle social no seio da população afro-brasileira.

Outra possibilidade, no caso dos senhores africanos, é pensar que o batismo, para além de estabelecer alianças intra-africanas e redundar em prestígio social, mascarasse um interesse mais pragmático de deixar um registro escrito da propriedade escrava. A vulnerabilidade e a precária autonomia do liberto na sociedade escravocrata encontrariam no assento de batismo um instrumento legal para provar a posse do bem.[25] O expressivo número de senhores hauçás, em princípio um povo islamizado, participando do ritual católico nas décadas de 1820 e 1830 seria um indício dessa estratégia. É verdade que muitos hauçás foram escravizados pelo jihad lançado em 1804 pelos fulanis por considerá-los praticantes de um islã misturado, impuro, e isso explicaria sua permeabilidade ao rito católico. Porém, eles possuíam uma longa tradição comercial e o domínio da escrita, e vários prosperaram, apesar da adversidade, tornando-se senhores de escravizados que logo batizavam.

De um ponto de vista historiográfico, o registro de batismo é uma fonte muito rica para mapear e identificar as redes sociais dos africanos. No exemplo aqui apresentado aparecem algumas das pessoas com quem Joaquim de Almeida se relacionava. Mas, antes de batizar um escravo de sua propriedade em 1831, Joaquim já era chamado para apadrinhar vários indivíduos, indicando sua crescente visibilidade social.

O primeiro caso que encontrei data de outubro de 1830, poucos meses depois de ele obter sua alforria. Na ocasião, Joaquim apadrinhou um cativo de Vitorino dos Martyres Graves, dono de uma feitoria em Lagos. Chamava-se Emiliano, de nação nagô, e, como o seu senhor e o padrinho, acabaria envolvido no comércio atlântico.[26] No ano seguinte ao batismo do Pilar, em 1832, Joaquim apadrinhou pelo menos três mulheres, uma menina crioula e duas cativas nagôs.[27] Esses registros permitem mapear o movimento residencial de Joaquim, que morou por um tempo na freguesia do Passo antes de se fixar na rua dos Quinze Mistérios, no bairro de Santo Antônio, vizinho do seu senhor.[28]

Um dos batismos mais significativos para se visualizar a rede social de Joaquim aconteceu em 7 de outubro de 1832, na freguesia de Santana, uma das mais densamente povoadas por africanos. Naquela ocasião se reuniram na pia batismal várias das personagens já citadas. Joaquim aparece como senhor de uma nova escravizada adulta, Benedita, apadrinhada por Inocêncio Araújo Santana. Por sua vez, Joaquim foi padrinho do crioulo Aniceto, filho de Isabel, ambos cativos de Antônio de Araújo Santana. O padrinho da mãe foi o jeje Bento Martins da Costa.[29] Também estava presente o compadre de Joaquim, Benedito Fernandes Galiza, que apadrinhou outros dois escravos de Antônio Araújo Santana. Igualmente concorreu o já mencionado Antônio Caetano Coelho, batizando Paulo, filho crioulo de sua cativa Justina.[30]

Ou seja, os africanos Joaquim, Inocêncio, Antônio, Benedito, Bento e Antônio Caetano reforçavam sua amizade e as presumíveis relações profissionais com vínculos rituais de "consenhorio" formalizados através do batismo. A essas alianças se acrescentavam laços de caráter étnico — pois todos eram jejes ou minas e deviam se comunicar na língua geral — e também laços criados pela proximidade residencial, pois vários deles moravam em ruas próximas, nas freguesias do Pilar e de Santo Antônio, e sabemos que na sociabilidade africana vizinho era "como parte da família".

É provável que *alguns* desses pretos forros, homens ainda jovens e sem trabalho formal, se aproximassem, até certo ponto, do tipo social, prevalente no imaginário da classe senhorial, do "preto-mina liberto 'sedutor de escravos'", de que fala Sidney Chalhoub referindo-se à Corte do Rio de Janeiro.[31] Esse estereótipo associaria o africano ocidental (juntando aqui minas, jejes e nagôs) àquele preto astuto, enrolado, ocioso, vadio, que recusava o trabalho agrícola e vivia de atividades ilícitas, como pilhagens, roubos de escravos ou tráfico de gente. O referido grupo pode ter circulado pelos ambientes mais marginais da cidade e decerto se movimentava na ilegalidade e em certa cultura da malandragem, mas, ao mesmo tempo, eles eram forros relativamente bem-sucedidos, donos de escravos, com longa traquinagem nas artimanhas da sociedade baiana, e parte do seu sucesso se devia à habilidade de transitar e negociar com a classe senhorial e, provavelmente, com as autoridades policiais.

Se em 1831 e 1832 encontrávamos Joaquim na pia batismal com seus parceiros africanos, no dia 2 de julho de 1834 ele aparece em companhia dos amigos brancos do seu patrono, o pardo Manoel Joaquim de Almeida. Naquele buliçoso dia do aniversário da independência da Bahia, eles foram à residência de Joaquim Coimbra de Andrade, no bairro de Santo Antônio, onde todos eram vizinhos. O anfitrião, escrivão do juizado de paz da vizinha freguesia do Passo, e um amigo dele batizavam seus filhos em casa, um deles apadrinhado por Manoel Joaquim.[32] A seguir, foi o turno dos cativos, três dos quais foram apadrinhados por Joaquim.[33] A ordem hierarquizada da cerimônia e o lugar subalterno reservado ao liberto são significativos; mas a presença de

Joaquim no ambiente das reuniões dos brancos é digna de destaque e um indicativo de suas habilidades sociais. A inserção dele nos círculos frequentados por seu patrono é o complemento da aliança com seus conterrâneos jejes. Aliás, essa dupla articulação, vertical e horizontal, de classes sociais se apresenta como chave para entender o seu sucesso e a ascensão econômica.

Em mais um episódio de paternalismo, o mesmo padrão de complementaridade com o senhor foi reiterado em abril de 1835. Naquela ocasião, Manoel Joaquim de Almeida apadrinhou Emília, filha natural de um casal misto composto de um militar, o pardo Joaquim Antônio da Silva Godinho, e uma crioula, Alexandrina Francisca da Conceição. A seguir, na mesma cerimônia, o preto Joaquim apadrinhou Felicidade, uma escrava nagô do casal.[34] Neste caso em que os pais não eram brancos, Joaquim acabou por galgar posições apadrinhando, algum tempo depois, um dos filhos do casal.[35]

Para concluir o exame da rede social de Joaquim de Almeida inscrita nos registros de batismo, cabe notar como sua relação de "consenhorio" com o jeje Benedito Fernandes Galiza, estabelecida em 1831, foi ampliada anos depois para uma relação de compadrio. Com efeito, Benedito acabou contraindo núpcias com a hauçá Henriqueta Joaquina do Bomfim, também presente no batismo de 1831, e o casal escolheu Joaquim como padrinho dos três filhos legítimos que tiveram: em novembro de 1835, ele apadrinhou Manoel; um ano depois, por procuração apresentada pelo crioulo Marcelino dos Santos Lima, apadrinhou Francisco, com duas semanas de nascido; e em momento posterior, Justina.[36] Essa recorrência da escolha de Joaquim para apadrinhar todos os filhos delata proximidade, confiança e expectativas que o casal depositava nele.

Identifiquei ainda outros três afilhados de Joaquim, somando, entre 1830 e 1838, um total de dezesseis indivíduos, entre cativos e filhos legítimos, somatório que, sem ser excepcional (havia libertos africanos na Bahia com mais de trinta afilhados), dá a medida do seu crescente prestígio social.[37] Cabe mencionar ainda o mahi Agostinho de Freitas, que, numa carta dirigida a Joaquim, o chamava de "meu padrinho", mas nesse caso o tratamento não derivava de um laço batismal, mas de Joaquim ter atuado como testemunha ou padrinho no casamento dele.[38] Como será visto, Agostinho foi uma figura muito próxima de seu "padrinho" ou mentor.

BATISMO CATÓLICO E ALIANÇAS ATLÂNTICAS

As alianças criadas pelo rito batismal acabaram por ter uma abrangência atlântica. Para mostrar essa dinâmica, proponho examinar o caso de Pedro Pinto da Silveira, ou Pedro Codjo Landjekpo, como era mais conhecido na Costa da Mina. A primeira notícia que se tem dele é o registro de batismo, em 3 de fevereiro de 1833, celebrado na igreja da Sé. Pedro teve por padrinho André Pinto da Silveira, o já mencionado capitão negreiro, enquanto o advogado e deputado Antônio Pereira Rebouças, genro do capitão e futuro pai do famoso abolicionista André Pinto Rebouças, "tocou a coroa" de Nossa Senhora.[39] A presença desses dois pardos apadrinhando um africano sinaliza a excepcionalidade do evento. Aliás, como foi dito, os cativos deviam ser batizados pouco tempo após sua chegada no Brasil. Nessa circunstância, o fato de Pedro ser descrito como "forro" na hora do batismo indicaria que ele se libertou com uma rapidez inusitada, se é que foi efetivamente escravizado.

A singularidade desse batismo encontra alguma explicação na ascendência familiar de Pedro. No registro batismal ele é identificado como jeje, mas documentos ingleses posteriores o identificam como "mina" ou, mais especificamente, como "nativo de

Pequeno Popo". Essa aldeia, localizada no atual Togo, era o principal porto do reino de Glidji (também conhecido como Guen), onde o comércio escravagista florescia na virada do século XIX. As tradições orais e os documentos da década de 1860, a despeito de certas contradições, são unânimes em reconhecer Pedro Pinto ou Pedro Codjo como descendente do rei de Glidji e neto de Sekpon, o *aputaga*, ou chefe responsável por supervisionar as operações de embarque de cativos na praia de Pequeno Popo, também chamada de Aneho (Figura 3). Ou seja, Pedro Pinto da Silveira era membro da aristocracia local que controlava o tráfico em Glidji.[40]

À luz dessa informação é possível sugerir a hipótese de o capitão André Pinto da Silveira ter levado o jovem Pedro para a Bahia não como escravizado, mas com o fim de instruí-lo nos afazeres do comércio, sendo o vínculo espiritual do apadrinhamento a equação escolhida para formalizar uma relação que, no fundo, era de caráter político-econômico. Também o capitão Manoel Joaquim de Almeida, o senhor de Joaquim, apadrinhou e deu nome, em Pequeno Popo, a Pedro Félix de Almeida, outro membro da família real de Glidji, filho de uma prima do próprio Pedro Pinto (Figura 3). Este Pedro Félix de Almeida aparentemente nunca viajou à Bahia, mas o caso reforça a hipótese de esse tipo de aliança entre os traficantes brasileiros e os membros das elites locais ser uma prática relativamente comum.[41] Esses nativos falavam as línguas da região e podiam garantir o sucesso do recrutamento e embarque de cativos.

O baiano Francisco Félix de Souza, aquele que viria a ser o principal traficante de escravos na Costa da Mina sob o título de Chachá, no início de sua carreira também morou em Pequeno Popo e se instalou na vizinha aldeia de Adjido, em terras cedidas pelo rei de Glidji.[42] Antes da queda do rei daomeano Adandozan, em 1818, ele casou-se com Ahosi, uma princesa da família real de Glidji, filha da irmã da mãe de Pedro Pinto, com quem teve os fi-

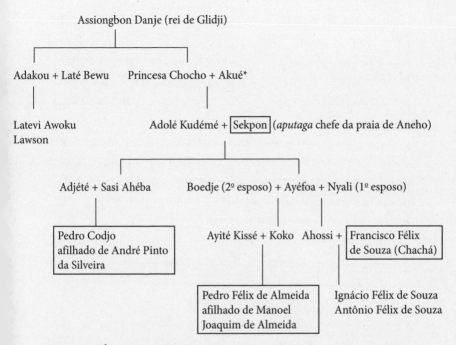

FIGURA 3. *Árvore genealógica (parcial) do rei de Glidji.*

* Akué teve uma filha, Djidjiabou, que se casou com Francisco Félix de Souza e gerou Isidoro Félix de Souza.

lhos Antônio e Ignácio, e ainda com outra mulher dessa coletividade familiar, Djidjiabou, de quem nasceu Isidoro, que sucederia o pai como segundo Chachá (Figura 3).[43]

Percebe-se, assim, que o apadrinhamento de Pedro por parte de André Pinto da Silveira implicava a aliança com uma família aristocrática que, através da associação com Francisco Félix de Souza, estendia sua rede de influência para além de Pequeno Popo, até Uidá, o principal porto de embarque na região. Aliás, uma função adicional do batismo era dar nome cristão ao parceiro africano para ele obter passaportes e outros papéis exigidos no negócio do tráfico.

Entre 1834 e 1835, logo após o batismo de Pedro, seu padrinho, André Pinto, aparece como proprietário de pelo menos uma escuna e consignatário de vários navios suspeitos de envolvimento no comércio ilícito. Naquele momento, as autoridades inglesas o descreviam "como agente e correspondente na Bahia de Francisco Félix de Souza".⁴⁴ Ou seja, o capitão negreiro tinha galgado posições no esquema do tráfico, alternando suas atividades de agente e consignatário com as de investidor e armador. Para além dessa importante mudança, cabe destacar as alianças políticas dos comerciantes baianos com os mercadores da Costa da Mina, incluindo membros das elites locais africanas. O jovem Pedro permaneceu na Bahia, a princípio sob a tutela do padrinho, pelo menos três anos, até fevereiro de 1836, quando realizou uma primeira viagem à Costa da África.⁴⁵

Não era apenas Pedro que se beneficiava dessas alianças atlânticas. Alguns dos filhos mestiços de Francisco Félix de Souza viajaram para a Bahia naquele mesmo período para serem educados e instruídos nas lides do comércio. Ignácio e Francisco (Chico) estavam na Bahia pelo menos desde 1821, Isidoro, desde 1826, e Antônio, desde 1835.⁴⁶ Esses são alguns dos laços sociais que articulavam as conexões mercantis, sociais e culturais através do Atlântico, em especial entre a África Ocidental e a Bahia, e que Robin Law e Kristin Mann chamaram de "comunidade atlântica".⁴⁷ Porém, como indica Roquinaldo Ferreira em relação ao contexto angolano, "o financiamento do tráfico ilegal não foi a única dimensão" dos laços dessa comunidade atlântica, que também podia incluir a formação educacional, a busca de tratamento médico ou outras formas de investimento e de negócios.⁴⁸

Em qualquer caso, o que interessa apontar nesse momento é que instituições católicas, como as irmandades e o rito batismal, foram instrumentais para a criação de redes sociais e o reforço da cooperação comercial entre africanos e entre estes e seus parceiros não africanos. A ênfase na dimensão sociológica e na funcionalidade associativa da prática religiosa não deve minimizar a possibilidade de os africanos experimentarem a devoção e a conversão católica de forma sincera e emocionalmente profunda. Contudo, em muitos casos, mais do que uma conversão radical, que apagava as crenças do passado, o que parece ter prevalecido entre os africanos foi uma dinâmica de afiliação a distintas práticas rituais percebidas como recursos espirituais eficientes, fosse para evitar o infortúnio, fosse para potenciar a fortuna.[49]

Essa religiosidade cumulativa, baseada principalmente na *participação* ritual e orientada para a resolução dos problemas deste mundo, com uma tendência ao hibridismo cultural e à superposição ou justaposição de crenças, deve ter sido bastante generalizada. No entanto, o afro-catolicismo — que, para usar a expressão de Otávio Velho, podemos caracterizar como uma forma de "cristianismo paganizado" — estava longe de ser a mera imitação externa da liturgia cristã.[50] Foi, ao contrário, uma apropriação seletiva de práticas sociais específicas, de acordo com as visões de mundo dos africanos e respondendo a suas expectativas e necessidades pragmáticas. Em muitos casos, tratava-se de adotar um código percebido como necessário para garantir a inserção num universo social que permitiria a almejada ascensão político-econômica.

Esse envolvimento estratégico, através da prática nas instituições católicas, o que em alguns casos poderia ser considerado quase uma "religião sem fé" ou uma "religião secular", foi uma experiência inicialmente desenvolvida e testada no Brasil.[51] A experiência de Joaquim de Almeida como padrinho, na Bahia, ensinou-lhe a utilidade de cerimônias de batismo para desenvolver parcerias e potenciar sua mobilidade social. Essas experiências afro-católicas, aprendidas no alvorecer de sua alforria, foram fundamentais para organizar o projeto de liberdade e o retorno à África de Joaquim e seu entorno. Na sua transferência atlântica essas práticas e instituições religiosas sofreram mudanças importantes que serão comentadas adiante, no capítulo relativo ao afro-catolicismo brasileiro em terras africanas.

O REGISTRO DE BATISMO COMO PROVA:
O PROCESSO-CRIME DE CIPRIANO NAGÔ

Joaquim de Almeida teria aprendido as lides do negócio negreiro ainda cativo, na década de 1820, com seu senhor, mas também em contato com vários libertos africanos, seus conterrâneos minas e jejes, como Geraldo Rodrigues Pereira e Inocêncio de Araújo Santana. Alguns desses personagens continuaram a acompanhá-lo uma vez emancipado, na década seguinte, como demonstra a sua rede de compadrio. O episódio que passo a expor permite explorar em mais detalhe essa transição do cativeiro à liberdade e seu continuado engajamento no tráfico atlântico, no momento em que a lei de 7 de novembro de 1831, conhecida como Lei Feijó, proibia o tráfico em toda a extensão atlântica, declarava livres todos os escravizados vindos de fora do Império e ainda impunha penas aos importadores, fossem eles os traficantes ou os compradores que adquiriam de forma consciente cativos de contrabando.

O caso de Cipriano está documentado num processo-crime achado pelo historiador Jaime Rodrigues e comentado por ele para discutir o tema da precariedade da liberdade dos africanos naquele período.[52] Com efeito, a escravização ilegal era um dos principais riscos que enfrentava a população negra no Brasil oitocentista, pois, a priori, as autoridades julgavam que qualquer negro era escravizado até provar o contrário, confirmando-se emancipado ou nascido livre.[53] Por outro lado, foram muitos os africanos desembarcados após 1831 e mantidos no cativeiro de forma fraudulenta. Aqueles que conseguiam demonstrar essa condição eram libertados, ficando sob a tutela do Estado, submetidos a um regime de trabalho forçado por um período de catorze anos. Eram conhecidos, de forma eufemística, como "africanos livres".[54]

Nesse contexto se situa o caso de Cipriano, um moleque africano de nação nagô que afirmava ter sido escravizado após 1831, reclamando sua condição de "africano livre", enquanto Joaquim de Almeida alegava tê-lo comprado em 1827, quando o tráfico atlântico ainda era permitido ao sul do equador. Esse era um contencioso entre a liberdade e a propriedade, como bem sintetiza Jaime Rodrigues.[55] Vejamos as principais informações disponíveis.

Em 28 de fevereiro de 1834, na barra da vila de Rio Grande, na província do Rio Grande do Sul, numa vistoria de rotina a bordo da escuna *São José Triunfante*, recém-chegada da Bahia, o segundo-tenente da armada nacional José Moreira Guerra achou Cipriano, de dezesseis anos mais ou menos, e Ana, também de nação nagô, de 22 anos, ambos com "sinais de lanhos pelo rosto". O tenente decidiu apreendê-los, sob suspeita de serem "africanos há pouco tempo chegados", e, conforme previa a lei, os entregou ao juiz de paz do distrito. Após serem interrogados, ficou demonstrada a condição de escravizada de Ana, que estaria no Brasil havia mais de seis anos — e depois disso ela some da documentação. Cipriano, porém, declarou ter chegado à Bahia havia apenas nove luas, desembarcando de noite, na freguesia do Pilar, de um navio de dois mastros cujo nome ignorava. Acrescentou ter "tido três senhores: o primeiro um negro jeje, o segundo um cigano e o terceiro que ignora o qual [o] deu ao capitão do barco que o trouxe" para o Rio Grande do Sul, e que "o primeiro senhor o vendeu ao segundo, com medo de ver que ele era escravo novo". Para reforçar seu argumento, Cipriano especificou saber "pouca língua brasileira", não ser batizado e "saber rezar [o] pouco que lhe ensinou o primeiro senhor".[56]

O capitão do *São José Triunfante*, Joaquim José de Souza, declarou ter embarcado Cipriano munido de um passaporte legal em que ele figurava como "escravo ladino" de Joaquim de Almeida, o referido "negro jeje" e único senhor, sendo os outros dois apenas intermediários.[57] Cipriano foi depositado pelo juiz de paz junto a um negociante local. No início de maio, porém, um tal Antônio José Lopes apresentava documentação vinda da Bahia em que Almeida reclamava a propriedade do cativo, com testemunhos escritos que, de forma consistente, corroboravam a alegação.

Dizia Joaquim de Almeida possuir Cipriano "desde o ano 1827 que andando [a] navegação da Costa o houve por carregação [e o] remeteu para esta província na escuna *Umbelina* por sua conta e risco e como se desgostou do dito escravo o remeteu para o Rio Grande do Sul". Explicava ainda que Cipriano era "muito esperto e que[,] supondo [que] ficaria forro[,] diz no Rio Grande que era novo a fim de ver se por essa forma fica liberto". Lopes, o pretendido receptador e vendedor do cativo no Rio Grande do Sul, insistia em que Cipriano era "muito ladino", oficial de barbeiro, e que seu dono quis vendê-lo "em consequência de prevaricação".[58] As declarações anexas eram de três brancos, portugueses ou "brasileiros adotivos", moradores no Cais das Amarras, em Salvador, que "vivem de seu negócio", os quais reiteravam, de forma sistemática, a versão de Joaquim sobre a compra de Cipriano em 1827 e de sua chegada no *Umbelina*.[59]

O veleiro é descrito ora como escuna (*schooner*), ora como patacho ou brigue (*brig*), o que coincide com a lembrança de Cipriano de ter desembarcado de um navio de dois mastros (Figura 4). Mais adiante no processo, outra testemunha informou que o capitão do *Umbelina* era "o finado Cardozinho", e, com efeito,

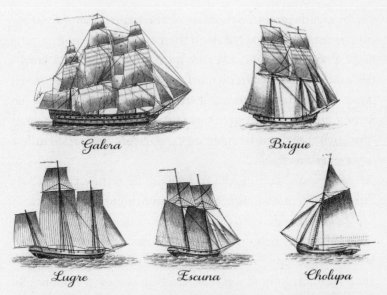

FIGURA 4. *Diversos tipos de embarcação utilizados no tráfico atlântico de escravizados, distinguidos pelo velame e conjunto de mastros.*

João Cardozo dos Santos foi dono e capitão do veleiro, porém não há qualquer evidência de uma viagem desse navio em 1827. Consta apenas uma em 1829, saindo em setembro da Bahia e regressando dois meses depois, e outra em 1830, que acabou em Serra Leoa apresada pelos ingleses.[60] A ausência de provas sobre a viagem de 1827 levanta as primeiras suspeitas.

Quando recebeu a documentação da Bahia reclamando a propriedade de quem ele julgava ser um africano "boçal", ou recém-chegado, o promotor público de Rio Grande, Carlos Antônio da Silva Soares, não duvidou em denunciar Joaquim de Almeida por contrabando, conforme o caput 4, artigo 3 da lei de 7 de novembro de 1831 e o artigo 179 do Código Criminal.[61] O promotor ainda requereu: "que se proceda a novo exame no referido preto para melhor se conhecer a falsidade com que alegou ter ele vindo antes da proibição do infame tráfico da escravatura".⁶² Quatro residentes locais, entre eles o tenente da armada que apreendeu Cipriano e o negociante com quem ficou depositado, corroboraram ser ele escravizado novo, e não ladino, com base em seu pouco domínio da língua brasileira, embora entendesse o que lhe mandavam fazer no serviço doméstico. Dois deles mencionaram, "por ouvir dizer", que o senhor de Cipriano era "um preto barbeiro na cidade da Bahia".⁶³

A suposta identificação de Joaquim de Almeida como barbeiro é de interesse, pois não consta em nenhuma outra fonte. O fato de Lopes ter descrito Cipriano como "oficial de barbeiro" talvez resultasse da tentativa de sinalizar sua condição de ladino, e poderia ter "contaminado" a informação sobre a suposta profissão do senhor, embora o inverso também seja cabível. Contudo, "barbeiro", naquele contexto, podia ser um significante aberto para se referir às várias atividades associadas aos africanos ladinos.

Fosse como fosse, em 12 de julho de 1834 foi ditada sentença de prisão contra Joaquim de Almeida.⁶⁴ Isso acontecia semanas depois daquele batismo em Santo Antônio Além do Carmo em que ele circulava nos salões dos amigos brancos de seu patrono. Essas conexões lhe possibilitaram uma boa assessoria jurídica, pois em 2 de agosto foi remetida ao Rio Grande uma declaração em que Joaquim de Almeida se dizia ciente de ter sido declarado réu. Porém, anexava um novo documento que provava serem falsas as declarações de Cipriano e requeria o "mandado de levantamento do depósito do escravo e que seja ele entregue ao procurador do suplicante".⁶⁵ Esse documento era a transcrição do registro de batismo de Cipriano, datado em 10 de janeiro de 1829, o que, a princípio, derrubava o argumento do esperto ladino.

> Certifico que revendo o livro que serve para se fazerem os assentos dos baptizamentos deste Curato da Sê Catedral, nele a f. 325 acho o

> assento do teor e maneira seguinte = Aos dez de janeiro de 1829 nesta igreja da Sê batizei solenemente e pus os Santos Óleos a Cyprianno nação nagô escravo de Joaquim d'Almeida, foi padrinho Manoel Francisco morador na vila de Cachoeira e tocou a coroa de Nossa Senhora João Manoel Pereira [ilegível] Sé da Bahia 28 junho 1834. Cura João Thomas de Souza.[66]

Cabe notar de novo a importância do assento de batismo como sucedâneo de título de propriedade sobre o escravizado. Daí o interesse adicional dos senhores em batizar seus cativos. Há, porém, nesse caso, um pequeno problema. Consultadas cópias digitalizadas dos livros originais da freguesia da Sé, não achei qualquer registro datado em 10 de janeiro de 1829. A folha 325 coincide com os assentos de batismo realizados em 7 e 8 de fevereiro de 1829, assinados pelo mesmo cura João Thomas de Souza, mas sem rastro de Cipriano. Aliás, na freguesia da Sé se batizavam poucos africanos, e, morando o senhor em Santo Antônio, o normal seria batizar Cipriano nesta freguesia. Tudo leva a crer que o documento foi forjado e com a anuência do padre da Sé, pois a assinatura da transcrição confere com a dos livros de batismo.[67]

Constata-se então que o ladino esperto não era o cativo Cipriano, mas o senhor Joaquim de Almeida, que conseguiu com falsidade documental burlar a Justiça, na tentativa de escapar da acusação e reaver seu cativo. O incidente mostra as manhas fraudulentas e a corrupção que, com a conivência e até a cooperação das autoridades — no caso, eclesiásticas —, permitiam a continuidade do tráfico, apesar de sua proibição.[68]

A nova prova, porém, não impediu que, em 4 de setembro de 1834, os autos do processo seguissem para a cidade da Bahia, "para serem apresentados, na primeira ocasião, aos jurados". Há nesse ponto do processo uma interrupção de oito meses, até se reiniciar em 5 de maio de 1835, com uma acareação conduzida na residência do juiz de paz do 1º distrito da Sé, José Mendes da Costa Coelho. Nesse intervalo, Cipriano foi remetido a Salvador e recolhido na cadeia do Aljube, à espera da resolução do seu caso.[69]

A acareação entre senhor e escravizado, apesar de várias contradições, aporta informações interessantes sobre Joaquim de Almeida naqueles anos.[70] Ele reiterou a posse de Cipriano desde 1827, o batismo em 1829, e insistiu na sua profissão de "oficial de barbeiro". Por sua vez, Cipriano reiterou sua chegada recente ao Brasil, que não era batizado e que "o seu ofício era carregar lenha e fazer outros serviços na rua". Especificou que "quem lhe disse que era forro porque veio há pouco tempo da sua terra foi um seu parente no Rio Grande", dando a entender que, no momento de sua apreensão a bordo do *São José Triunfante*, ainda não estava ciente de suas possibilidades legais. Alterando declarações prévias, também detalhou que "quem lhe ensinou a rezar em casa de seu senhor […] foi o seu parceiro João, cuja nação ignora". Com certa probabilidade, tratava-se de João, nagô, aquele escravo batizado por Joaquim em 1831.

Cipriano foi confrontado com as perguntas de outros dois amigos de Joaquim, o negociante francês Miguel João Fidel, de 24 anos, e o latoeiro brasileiro Francisco da Costa Franco, de 22 anos. O primeiro questionou sobre as ocasiões em que "há mais de três anos[,] ia caçar com seu senhor à Quinta dos Lázaros e em diversos matos". Cipriano, astuto, não caiu na cilada, e respondeu "que era verdade ir à caça com ele[,] testemunha[,] e seu senhor, porém que não há tanto tempo". Costa Franco insistiu na participação nas caçadas, inquirindo depois se Cipriano não estivera alguns dias trabalhando de caixeiro "na venda de seu senhor à rua dos Quinze Mistérios", ao que Cipriano se esquivou de novo, alegando não conhecer as ruas da cidade, embora antes tivesse declarado "fazer serviços na rua".

Demonstrando seu poder de mobilização, Joaquim apresentou outras cinco testemunhas que reiteraram os principais fatos de sua arguição. Manoel José Barboza Guimarães, um português com casa de "consignação de vender escravos" no Taboão, tinha "relações há muitos anos" com Joaquim. Antes de ser embarcado para o Rio Grande do Sul, Cipriano fora depositado no seu armazém por um mês, à espera de achar comprador. Mudando a narrativa inicial, Guimarães afirmou que, em 1827, Cipriano "foi comprado na Costa da Mina por uma carregação encarregada a um preto barbeiro da amizade do suplicante [Joaquim]". Outra das testemunhas, o sapateiro e marinheiro Francisco José de Oliveira, de nação jeje, também disse que Cipriano viera "da Costa da Mina remetido por um barbeiro da amizade do suplicante a quem este entregou uma carregação".

Esses depoimentos de 1835 questionam as declarações enviadas ao Rio Grande em 1834, segundo as quais o próprio Joaquim, "andando [à] navegação da Costa", comprara Cipriano e o remetera para a Bahia.[71] Se fosse certo que Joaquim tinha navegado para a Costa em 1827, isso corroboraria a hipótese de ele ter acompanhado e colaborado com seu senhor, Manoel Joaquim de Almeida, quando, naquele mesmo ano, este se deslocou para Lagos (ver capítulo 1). Caso contrário, Joaquim estaria na Bahia, despachando carregações para a Costa e recebendo em troca escravizados remetidos por um barbeiro africano de sua amizade. O leitor com boa memória lembrará que em 1829 os barbeiros Inocêncio e Antônio de Araújo Santana estavam em Lagos despachando cativos para Geraldo Rodrigues Pereira. Seja como for, se acreditarmos na história de Joaquim, parece confirmado que ele se dedicava, por sua conta e risco, à compra e venda de gente ainda na condição de cativo, pois, como vimos, só se alforriou em 1830. Ele seria, assim, um dos casos excepcionais de "escravos donos de escravos", indicativos de uma relação privilegiada com seu senhor.[72]

Mas qual seria o motivo para ele tentar silenciar sua viagem à Costa? Desconfio que tenha a ver com o artigo 7 da lei de 7 de novembro de 1831, que estipulava: "Não será permitido a qualquer homem liberto, que não for brasileiro, desembarcar nos portos do Brasil debaixo de qualquer motivo que seja. O que desembarcar será imediatamente reexportado".[73] Se o júri se convencesse de que Cipriano fora importado depois de 1831, a afirmativa de que tinha sido remetido da Costa por seu senhor inculpava este, para além do crime do tráfico, pelo delito de entrada ilegal no país, com o sério risco de deportação. Supondo que Joaquim estivesse se desdizendo e silenciando o fato de ter comprado Cipriano em terras africanas, por temor às consequências legais, a própria retratação seria um indício de ele ter, com efeito, viajado à Costa, fosse já em 1827, como ele queria, ou em data posterior a 1831.

Cabe notar que naquele momento do juízo, em maio e junho de 1835, os africanos libertos estavam sendo vítimas de uma feroz e indiscriminada campanha de deportação, causada pela repressão consequente à então recém-sufocada Revolta dos Malês. A insurgência africana, acontecida em janeiro, disparou o pânico da elite branca e foi reprimida com severas medidas contra os libertos, entre as quais a deportação. O juiz e chefe de polícia Simões, responsável pelo julgamento de Almeida, foi um dos principais artífices dessa campanha e, naquele mesmo período, estava perseguindo outros africanos suspeitos de envolvimento no tráfico. De fato, o "escravo" Cipriano consta no rol dos culpados da revolta, "por supor-se fugido do Rio Grande do Sul", embora ele não participasse da insurgência por já estar retido no Aljube.[74] Tratarei em detalhe a questão das deportações dos libertos no próximo capítulo, mas pode-se imaginar, nesse contexto, a apreensão de Joaquim de Almeida e seu afinco para se livrar daquela denúncia de contrabando humano.

Todavia, as declarações das testemunhas no processo permitem inferir dados sobre a mobilidade residencial e os negócios de Joaquim. No período do suposto batismo de Cipriano, em 1829, Joaquim teria morado por algum tempo com o marinheiro Francisco José de Oliveira, na ladeira do Carmo, na freguesia do Passo. Por volta de 1832, já liberto, mudou-se para a freguesia de Santo Antônio, na "rua dos Quinze Mistérios", onde passou a ser vizinho do seu conterrâneo, o barbeiro jeje José Pereira da Paixão, aquele que servira de padrinho nos batismos coletivos de 1828. Uma intimação do juiz de direito constante no processo, no entanto, identifica o logradouro de Joaquim como "rua dos Adobes, com venda à [es]quina do Boqueirão".[75] De fato, a rua dos Adobes, a rua dos Quinze Mistérios e a ladeira do Boqueirão convergem numa encruzilhada (Figura 5) onde, cabe supor, estavam localizadas, no mesmo prédio, a venda e a morada de Joaquim.

FIGURA 5. *Sobrado na esquina da rua dos Adobes com a rua dos Quinze Mistérios e a ladeira do Boqueirão, possível morada e venda de Joaquim de Almeida.*

O português José Francisco Gomes Magarão, caixeiro de armazém no mercado de Santa Bárbara, na Cidade Baixa, declarou que Cipriano andava com Joaquim pela freguesia da Praia, "pelos armazéns, comprando caixas de sabão e outros gêneros para a venda do suplicante seu senhor que é na rua dos Quinze Mistérios". Tratava-se quase com certeza de sabão da costa, ou sabão negro importado da Costa da Mina, feito com azeite de dendê e manteiga de karité, utilizado para hidratar a pele e para rituais de limpeza e descarrego no candomblé. Outra testemunha informou que Cipriano "se ocupava algumas vezes em vender bacalhau em um tabuleiro", indicando que a venda era de secos e molhados. Outros declarantes disseram que ele trabalhara "alguns dias de caixeiro na sua venda" e que Joaquim o despachara para o Rio Grande "em razão de se fazer tolo quando o quis aplicar a caixeiro da sua venda". Todavia, no final da acareação, o escrivão registrou, por requerimento de Joaquim de Almeida, assinante do documento também, que Cipriano "disse que seu senhor sabia escrever, resposta que deu quando o juiz [lhe] perguntara". A insistência de Joaquim em fazer constar por escrito o seu letramento é digna de menção.[76]

Essas informações indicam que o recém-liberto Joaquim combinava a criminosa importação atlântica de gente com o comércio de gêneros alimentícios e produtos de uso cosmético e religioso. Comprava nos armazéns da Cidade Baixa e vendia, a retalho, na Cidade Alta. Dono de venda e traficante, seu gosto pela caça é outro traço notório. Lembremos que a memória oral de seus descendentes no Benim sustenta que seu irmão mais velho era caçador de elefantes. Embora escravizado ainda moleque, não é impossível que Joaquim guardasse algum tipo de lembrança dessa atividade familiar. No país Mahi, as confrarias dos caçadores têm grande prestígio social e estão sob os auspícios do orixá

Ogum ou seu equivalente, o vodum Gu.[77] Como veremos mais adiante, Joaquim tinha devoção por essa entidade.

Mas voltemos ao processo-crime. Após a acareação celebrada em maio, o juiz de direito, com alçada de chefe de polícia, Antônio José Simões convocou um júri popular de 23 pessoas que, em 16 de junho de 1835, "por maioria, não achou matéria para a acusação" e julgou "absolvido e livre desta acusação o réu Joaquim de Almeida, preto africano liberto".[78] A seguir, Joaquim e algumas testemunhas foram notificados para se apresentarem ao conselho de acusação a fim de ratificar o processo. Dias depois Joaquim solicitou tirar do Aljube o moleque Cipriano, de cuja sorte se perdeu a pista.

Ao que tudo indica, triunfou a propriedade sobre a liberdade. Mas Joaquim não poupou esforços para se livrar da acusação de envolvimento no tráfico. Os três negociantes brancos, "brasileiros adotivos", que declararam a seu favor em 1834 foram insuficientes e não impediram que fosse declarado réu. No ano seguinte, ele teve que ativar mais sete testemunhas, incluindo todo o espectro social e étnico-racial da Bahia: um francês, dois portugueses, dois brasileiros, um branco e outro pardo, e dois africanos, vários deles seus vizinhos. A possível falsificação do registro de batismo envolveria subornos ou agrados que, bem como a assessoria jurídica, supõem custosos dispêndios. O sucesso final do africano indica, porém, seu poder de articulação.

Embora a evidência não seja conclusiva, pois há contradições em ambos os lados, o meu palpite é de que o moleque Cipriano era, efetivamente, um escravo novo e que sucumbiu às poderosas forças da lógica da propriedade e dos interesses dos escravagistas. Conta a lenda que a conspiração da Revolta dos Malês e o seu financiamento se travaram na igreja dos Quinze Mistérios, onde, em 1832, também foi fundada a Sociedade dos Desvalidos. Joaquim morava ao lado, no entanto não contava entre os conspiradores e insurgentes; ele emerge como um habilidoso e pragmático camaleão, como um esperto ladino, um "língua geral", conhecedor da intrincada dinâmica da sociedade escravocrata, manipulando e tirando partido dela em benefício próprio.

3. As motivações para o retorno à África

A POLÍTICA DE DEPORTAÇÕES E A PERSEGUIÇÃO
AOS TRAFICANTES AFRICANOS

O carcereiro bateu com força a caneca de latão nas grades enferrujadas. O preto Antônio Caetano Coelho acordou sobressaltado e sentiu a fome de novo. Era o mês de maio e ele continuava preso na cadeia da Relação, no úmido subsolo do Paço Municipal, enquanto aguardava sua deportação para a Costa da África. Como centenas de outros africanos, Coelho foi vítima injustificada da caça às bruxas que se seguiu à Revolta dos Malês, acontecida nas ruas de Salvador na noite de 24 para 25 de janeiro de 1835.[1] Entretanto, lá fora, tramitava a acareação no processo-crime contra seu parceiro Joaquim de Almeida, acusado de contrabando de escravizados. Se os libertos eram suspeitos por si sós, eles estavam agora no olho do furacão.

O regime político da Bahia foi sobressaltado por repetidos levantes de escravos desde o início do século, mas a insurgência de 1835 foi uma das maiores acontecidas numa cidade das Amé-

FIGURA 6. *Paço Municipal, Salvador, em cujo subsolo ficava a cadeia da Relação, onde foram presos alguns dos insurgentes da Revolta dos Malês.*

ricas e, pela farta documentação que suas devassas deixaram, uma das mais bem estudadas.[2] Liderada por alufás — nome iorubá para designar os imãs ou sacerdotes islâmicos —, ela mobilizou, em Salvador e no Recôncavo baiano, centenas de africanos, tanto escravizados como libertos, na sua maioria nagôs, mas com presença de outros grupos islamizados, como os hauçás, bornus e fulanis. Ao contrário, é notória a quase nula participação de jejes, angolas e crioulos. Os líderes da revolta tinham planejado tomar primeiro as ruas de Salvador para depois contagiar a insurgência pelos engenhos do Recôncavo, mas na véspera do dia 25 a conspiração foi delatada pela companheira de um dos envolvidos, e quem deu aviso às autoridades foi seu vizinho, o nosso conhecido André Pinto da Silveira, um dos maiores traficantes negreiros naquele momento.[3] A inesperada denúncia precipitou o início da revolta e sua violenta repressão, com dezenas de mortos e feridos, muitos presos e inúmeros fugidos, escondidos nos matos e nos porões dos sobrados.

Avivando a memória do que sucedera décadas antes no Haiti, a Revolta dos Malês acordou o medo atávico que as elites brancas tinham da insurgência negra e desencadeou uma repressão imediata e contundente. Nas semanas seguintes, as tropas inspecionaram casas, lojas e tendas, sobretudo as dos libertos africanos, à procura de qualquer indício que delatasse um potencial suspeito. Bastava achar uma arma branca, uma bolsa de mandinga contendo rezas com caracteres arábicos ou um anel como os usados pelos insurgentes para ser imediatamente detido. Essa onda repressiva entupiu as cadeias e as fortalezas da cidade de centenas de africanos, embora apenas 314 deles tenham sido formalmente acusados e julgados. Destes, quatro foram condenados à pena de morte na forca, no último momento convertida em fuzilamento; dezesseis foram sentenciados à prisão, oito a galés (trabalho forçado), 45 a receber açoites em praça pública e 34 à deportação.[4]

A ação punitiva dos tribunais foi reforçada com a promulgação de nova legislação pela Assembleia Legislativa da província da Bahia que complicava a vida cotidiana e o livre movimento dos africanos. A iniciativa mais notória foi a lei nº 9, de maio de 1835, que obrigava os libertos a pagarem impostos anuais e lhes interditava a aquisição de bens imóveis. Outra medida da mesma lei, mais dramática, decretava a deportação de qualquer liberto suspeito de ameaçar "nossa segurança", sem precisar das "formalidades de provas legais de culpabilidade". De fato, a lei vinha sancionar uma prática que estava sendo aplicada desde março, com o recolhimento na cadeia da Relação de dezenas de presos a serem deportados.[5]

As autoridades nacionais e estrangeiras viam o degredo dos libertos como uma medida preventiva saudável. O presidente da província, Francisco de Souza Martins, em março de 1835, afirmava que era preciso "fazer sair do território brasileiro todos os africanos libertos perigosos para nossa tranquilidade".[6] Em setembro, o cônsul e aquarelista inglês William Gore Ouseley, embora considerasse a política "extremamente arbitrária e uma violação direta da Constituição e das leis do país, num momento de perigo público e sob aplicação controlada, pode ser momentaneamente útil".[7] No início de 1836, passado um ano da revolta, o novo presidente da província, Francisco de Souza Paraíso, congratulava-se pela política de deportação e seus efeitos colaterais:

> O resultado imediato desta medida [a deportação] foi a partida voluntária de muitos outros africanos. Muitos mais preparam-se para deixar nosso território. Assim, mais de setecentos passaportes foram fornecidos por este governo durante esses poucos últimos meses para africanos que se retiraram para seu próprio país. O mal foi seriamente diminuído e o temor de uma nova insurreição é agora menos justificado.[8]

O cotidiano de vigilância, violência e detenções arbitrárias, acrescido da ameaça de deportação, afetando em especial os libertos, levou muitos deles a querer abandonar o país. Os livros de habilitação de passaportes da polícia do porto, mesmo incompletos, são claros nesse aspecto. Em anos anteriores, no período entre julho de 1828 e novembro de 1830, foram solicitados 207 passaportes para a Costa da África, perfazendo uma média anual de 83 solicitações. Já entre janeiro de 1835 e o fim de 1837, essa média se multiplicou por cinco, chegando a 404 pedidos anuais.[9] Esse pico migratório foi uma consequência incontestável da repressão pós-revolta, mas o medo e a perseguição policial não afetaram todos os grupos africanos por igual.

TABELA 3

COMPARATIVO DE OBTENÇÃO DE CARTAS DE ALFORRIA E HABILITAÇÕES DE PASSAPORTE PARA A COSTA DA ÁFRICA ENTRE A POPULAÇÃO AFRICANA, SALVADOR, 1802-37

NAÇÃO	CARTAS DE ALFORRIA ENTRE 1802-37		PASSAPORTES ENTRE 1835-7	
	nº	%	nº	%
Nagôs	679	32,4	134	30,0
Hauçás	174	8,3	94	21,0
Bornus	50	2,4	41	9,0
Tapas	81	3,9	27	6,0
Barbas	13	0,6	4	0,9
Minas	194	9,2	36	8,0
Jejes*	545	26,0	84	19,0
Outros/África Ocidental**	62	3,0	7	1,6
África Central***	292	14,0	19	4,2
TOTAL	2090	100,0	446	100,0

* "Jejes" inclui mundubis, savalus, mahis, cotocolis, dagomés e outros.
** "Outros/ África Ocidental" inclui benins, calabares, camarões, gabões.
*** "África Central" inclui angolas, congos, cabindas, benguelas, monjolos, cassanges, moçambiques e outros.

FONTE: Para as cartas de alforria, Mann e Andrade, Projeto Alforrias; cf. Apeb, Judiciário, Livros de notas 224-300, 1828-52.[10] Para os passaportes: Apeb, Colonial, Livro de passaportes 5883.[11]

Entre as diversas nações ou grupos étnicos que participaram desse êxodo, destaca-se a compreensível maioria dos nagôs, por ser o grupo majoritário tanto entre os insurgentes como, naquele momento, entre os africanos libertos da Bahia. Eles constituíam por volta de 30% dos viajantes africanos, numa proporção ligeiramente inferior àquela que tinham entre os libertos. Por outro lado, os grupos mais islamizados, como os hauçás, bornus e tapas, apresentam porcentagens entre os viajantes muito acima de sua proporção entre a população liberta de Salvador. Por exemplo, o grupo dos hauçás, que constituía 8,3% dos libertos, perfazia, no entanto, 21% dos passageiros. Esse notável afastamento de sua média indica que o vetor religioso, ou seja, o medo da perseguição anti-islâmica, seria uma das lógicas subjacentes à escolha do retorno. De fato, a simples posse de "papéis com letras arábicas" era motivo de prisão e provável deportação.

De forma inversa, observa-se que a porcentagem dos africanos centrais (angolas, cabindas, congos) entre os passageiros estava bem abaixo da sua média entre os libertos da cidade, sugerindo que esse grupo achou pouca motivação no movimento migratório para a África Ocidental. Por último, os jejes e os minas também não parecem ter sentido uma urgência ou pressão especial para abandonar o país, sendo suas porcentagens entre os viajantes inferiores a suas proporções entre os libertos. Sabemos que "mina" era uma categoria guarda-chuva para designar africanos ocidentais de modo geral, incluindo nagôs também, mas boa parte deles era falante de línguas gbe e, portanto, parentes dos jejes. Nesse sentido, jejes e minas constituíam cerca de um terço da população africana liberta e por volta de um quarto dos retornados. É sobre as motivações desse notável contingente de viajantes, que não teve participação expressiva na insurgência nem atendia à lógica da persecução religiosa, que me interessa refletir.

Em 11 de maio de 1835, dois dias antes da promulgação da lei nº 9, e em clara sintonia com ela, a Assembleia Legislativa da Bahia passava uma representação à Assembleia Geral Legislativa do Rio de Janeiro. Nela propunha-se: a) o estabelecimento de uma colônia "em qualquer porto da África" para repatriar os libertos; b) estabelecer com o Uruguai e as províncias do rio da Prata um convênio para proibir, nos seus portos, a entrada de "colonos" africanos, estratagema utilizado pelos traficantes para importar escravizados; c) a "completa interrupção de qualquer comércio entre nossos portos e os da África Ocidental e Oriental".[12]

Observa-se nessas medidas que, em paralelo à deportação ou "repatriação" dos libertos africanos, reivindicava-se, de novo e para agrado dos ingleses, a interrupção do tráfico atlântico prescrita pela Lei Feijó, de 1831. Nos debates parlamentares, as vozes favoráveis à abolição do tráfico, guiadas pelo temor da ameaça que supunha uma população com alta densidade africana, não eram novidade e se escutavam desde antes da independência. De fato, nos primeiros anos da Regência, sob o comando político dos liberais moderados e após a promulgação da Lei Feijó, houve uma genuína tentativa de barrar o contrabando, expressa numa queda brusca da importação de cativos. Como aponta Tâmis Parron, "o número de africanos introduzidos entre 1831 e 1834 equivaleu a 6% do total de importação para os vinte anos da ilegalidade". Contudo, o esforço durou pouco, e a partir de 1835 o tráfico negreiro recuperou fôlego com rapidez, sem atingir, porém, os níveis do período anterior a 1831.[13]

Os poderosos interesses escravagistas dos cafeicultores brasileiros, que Chalhoub chama "a força da escravidão", ditaram, em grande medida, a política do jovem Estado nacional. Após o tumultuado início da Regência, os conservadores moderados ou regressistas se reorganizaram no que viria a ser o partido saquarema, revitalizando a agenda escravista e promovendo tentativas de revogar a lei de 1831. Em 1837, até os liberais moderados arriscaram um compromisso legislativo que referendava a criminalização dos traficantes atuantes em águas brasileiras, mas eximia de penas os fazendeiros compradores de mão de obra introduzida de forma ilícita. Essas propostas não vingaram, mas são indicativas da pressão política que exerciam os defensores do contrabando humano. A agenda favoreceu a montagem de um complexo sistema de corrupção que, permeando todos os níveis da sociedade, conseguia invisibilizar e burlar a lei de 1831. A tolerância e conivência das autoridades brasileiras com a escravização ilegal de centenas de milhares de africanos recém-importados se chocavam, porém, com o já mencionado medo das revoltas. Essa contradição interna nos posicionamentos da classe senhorial, se debatendo entre a segurança pública e a necessidade de mão de obra nos engenhos de açúcar e, de forma crescente, nas fazendas de café do Sudeste do país, se alastrava havia décadas e se perpetuaria até a interrupção final do tráfico atlântico em 1850.[14]

Em 1835, porém, após a Revolta dos Malês, a agenda da segurança nacional contra a ameaça do levante negro voltava a ser prioritária e, naquele momento, relegava a segundo plano os imperativos agrícolas. Assim, o momento era favorável aos ferrenhos defensores do fim da importação de escravizados, como o presidente da província, Francisco de Souza Paraíso, que, não obstante, tratava os africanos de "esses bárbaros, nosso inimigo necessário"; um exemplo diáfano do já referido campo de forças em tensão.[15] Também a imprensa baiana aproveitava o momento para denunciar o desembarque clandestino de cativos no seu litoral, a permissividade das autoridades e a impunidade dos traficantes.[16] O que interessa sublinhar é que a Revolta dos Malês concorreu para envigorar as vozes dos que condenavam o tráfico negreiro, na forma de notícias de jornal e projetos de lei, tanto no nível provincial como no nacional.[17] Assim, a simbiose entre os interesses dos que queriam acabar com o contrabando e os que defendiam repatriar os libertos acabou por produzir uma vítima preferencial, por assim dizer: o liberto africano passível de ser associado às redes do tráfico. Estes passavam a ser suspeitos e acusados por via dupla.

Na abertura do capítulo, comentei a prisão do jeje Antônio Caetano Coelho. Até onde sei, ele era um liberto remediado, morador na ladeira do Taboão, dono de cativos, sem qualquer envolvimento conhecido na insurgência. Ele pode ter sido uma vítima colateral da repressão policial, preso de forma arbitrária ou acidental, mas seus contatos talvez o incriminassem. Coelho andava com Joaquim no meio das redes do tráfico, e desconfio que, quando este último foi processado por contrabando, Coelho entrou na mira da polícia. Ele, porém, conseguiu escapar ao cerco repressivo e, em outubro daquele ano, andava solto, solicitando passaporte para a Costa da África, mas houve casos com pior desfecho.[18]

O de Luiz Xavier de Jesus, um próspero traficante de nação jeje, é bem conhecido da historiografia. Seu nome consta também na lista da cadeia da Relação entre aqueles que aguardavam a deportação. As razões para sua detenção permanecem obscuras, mas o chefe de polícia Antônio Simões da Silva, o mesmo que supervisionara o juízo contra Joaquim de Almeida naqueles meses, foi implacável. Após vários meses de prisão, em novembro de 1835 Luiz Xavier de Jesus foi embarcado na goleta *Maria Damiana* para a Costa da África sem que houvesse qualquer inquérito.[19] Um ano depois, tentou obter o perdão das autoridades, mas o chefe de polícia se mostrou novamente inflexível, alegando

> [...] motivos fortes [...] comunicados por *pessoas sérias e de conceito que depunham contra ele como suspeito* de sabedor e conivente na dita insurreição [dos malês], de consentir, por exemplo, em sua casa reuniões de africanos, da nação daqueles que mais se distinguiram nela, e além de outras razões, a sua má conduta em algumas pequenas revoluções aparecidas anteriormente nesta cidade, pela qual *sempre mostrou o ódio que tinha a certas classes de pessoas deste país.*[20]

Ele pagou caro seu ressentimento contra as tais "certas classes de pessoas", "sérias e de conceito", que, ao que parece, andavam atrás de sua fortuna. Apesar de repetidas tentativas, Luiz Xavier de Jesus não conseguiu voltar à Bahia.

Outro caso conhecido é o dos irmãos Thomé José Alves e Domingos da Silva, nagôs e forros, ambos filhos de Francisca da Silva, a lendária sacerdotisa Iyá Nassô, fundadora do candomblé da Barroquinha, em Salvador. Thomé foi preso em fevereiro, quando a polícia achou no sobrado em que residia, na rua do Passo, "um pedaço de couro cosido com polegada e meia", em cujo interior havia "um papel escrito com caracteres arábicos". Domingos foi detido semanas depois, no mesmo local, acusado pelos vizinhos de liderar, com seu irmão, grandes ajuntamentos de "pretos nagôs e pretas, dançando e cantando baixo a sua língua", muito provavelmente aludindo a algum ritual de candomblé. Eles foram condenados a oito anos de galés.

A mãe, Francisca da Silva, recorreu à Assembleia Legislativa Provincial da Bahia em março de 1836 e, em maio, ao imperador, e conseguiu comutar a pena de galés pela deportação. Na primeira petição afirmava que seus filhos haviam sido presos com base em "falsas delações de seus inimigos" e prometia abandonar o Brasil, custeando a viagem e se comprometendo a nunca mais voltar, "não porque seja a isso coagida por alguma ordem superior, mas por não querer sujeitar-se a ver-se comprometida em qualquer ocasião por pessoas que lhe sejam desafetas".[21] Essa nova alusão aos anônimos "inimigos" e pessoas "desafetas" de sua família não deve passar desapercebida. Além da possível intolerância religiosa causada por sua devoção aos orixás, vale lembrar que seu marido, José Pedro Autran, tinha estreita relação com a rede comercial atlântica, naquele momento na mira das autoridades.[22]

Esses indícios deixam entrever que várias das deportações e viagens "voluntárias" de retorno à África que se seguiram à Revolta dos Malês não respondiam a um envolvimento direto na insurgência ou à persecução religiosa contra o islã, mas estavam relacionadas a intrigas tramadas contra os libertos mais abastados, causadas por enredos políticos, invejas e interesses econômicos.

Entre estes, os suspeitos de envolvimento no tráfico de escravizados, como já sugeri, parecem ter sido alvos prioritários.

O diplomata inglês Ouseley reconhecia que, naquele contexto de desconfiança e insegurança, "a suspeita" ou a acusação passível de determinar a deportação podia ser "facilmente exacerbada". Mencionava ainda a possibilidade de que as denúncias emascarassem interesses escravistas, porque corria o rumor de que muitos dos degredados, depois de embarcados, eram sujeitos à reescravização. Segundo ele, após alguns dias em alto-mar, a embarcação fretada para conduzir os deportados encontrava outro navio, para onde os negros eram transferidos à força, "como foi confirmado". A primeira embarcação regressava então "informando que fora apresada por piratas em alto-mar, e todos os passageiros tomados". O diplomata especulava que os africanos reescravizados eram vendidos em Havana ou desembarcados de novo no Brasil. Para ele,

> [...] resulta evidente que algumas pessoas estão interessadas em identificar negros suspeitos — os proprietários e capitães dos navios, que estão concertados com os piratas, ou aqueles que atuam como piratas, assim como muitos outros que, direta ou indiretamente, participam dos benefícios dessas empreitadas.[23]

Esse argumento foi invocado de forma ardilosa pelo cônsul interino britânico na Bahia para justificar sua interferência na partida do navio inglês *Nimrod*, fretado no fim de 1835 por dois libertos jejes, Antônio da Costa e João Monteiro Viega, para transportar 185 negros para a Costa da África.[24] O cônsul interino queria cobrar uma taxa por passageiro, mas, ante a oposição dos proprietários ingleses, passou a dificultar a viagem, alegando que estaria encobrindo o transporte ilegal de escravizados sob a bandeira inglesa.[25] Para convencer seus superiores da hipótese do risco de reescravização, o cônsul escrevia: "É notório aqui que os maiores negociantes de escravos na Bahia são as pessoas de cor e os pretos libertos ricos".[26] A afirmação de que os mestiços (pessoas de cor) e os africanos (pretos) eram os "maiores negociantes" era claramente falsa e estava enviesada pelo interesse em incriminar os africanos organizadores da viagem. Porém, o termo "notório" é sintomático de um conhecimento, mais ou menos público, do envolvimento de africanos no comércio de escravizados. Ou seja, os libertos, além de perseguidos por participar da importação ilegal de escravos, eram também acusados de organizar as viagens de retorno dos deportados para reincidir no delito.

Semanas depois da promulgação da lei nº 9, em 30 julho de 1835, a polícia apreendeu várias armas num brigue mercante chegado da Costa e numas barcaças velhas do porto que serviam de armazém.[27] Essa descoberta reacendeu o alarme. Em agosto e setembro falava-se de uma nova insurgência africana na cidade, e a polícia recebeu ordem de redobrar os esforços para prender e deportar qualquer liberto suspeito, agora com todo o peso da lei.[28] Ouseley, o diplomata inglês, confirmava que desde setembro escutava "rumores de que uma outra pretendida insurreição dos negros tem levado o governo provincial a atuar com dupla intensidade para enviar todos os libertos negros [para] fora do país".[29] Com efeito, em 13 de outubro, o patacho *Defensor Feliz* zarpou para a Costa com seis degredados, e no dia 21, o brigue *Funchalense*, com três. Em 12 de novembro foi a vez da goleta *Maria Damiana*, fretada pelo governo brasileiro, com 148 deportados, entre eles Luiz Xavier de Jesus; e no dia 15 partiu a escuna *Anibal e Oriente*, com um número indefinido.[30] Os contrabandistas africanos, colocados de sobreaviso pela prisão de Luiz Xavier de Jesus e de Antônio Caetano Coelho, e sabendo dos preparativos desses vários navios, devem ter ficado alarmados, sentindo a ameaça da nova arremetida policial.

Essa conjuntura, aliada à provável presença no porto de algum navio prestes a partir para a África Central, gerou uma inusitada corrida à procura de passaportes. Entre 24 de outubro e 3 de novembro de 1835, no intervalo de dez dias, vários dos nossos conhecidos contrabandistas solicitaram passaporte para Luanda e Benguela, portos bem conhecidos pela impunidade completa em relação ao tráfico. Entre eles estavam: Inocêncio de Araújo Santana, Antônio de Araújo Santana, José Pereira da Paixão, Bento Martins da Costa, José Marques de Oliveira, Joaquim de Almeida e o recém-liberado Antônio Caetano Coelho. A solicitação, por parte desses jejes e minas, de passaportes para a África Central — região desconhecida para a maioria deles — num período tão curto é extraordinária e não parece responder a uma simples vontade de retorno às origens africanas.[31] O súdito português Joaquim Pereira Marinho, um dos principais importadores de escravizados na Bahia, também solicitou passaporte para Angola na mesma época.[32]

Aquela viagem conjunta nunca aconteceu, embora alguns deles tenham deixado a Bahia no período. Por exemplo, Antônio Caetano Coelho, em 4 de novembro, nomeava Joaquim de Almeida seu bastante procurador, e três semanas depois este alforriava, em nome daquele, o cativo Paulo, cabinda.[33] Ou seja, naquela altura Coelho já estava ausente da cidade, porém Almeida ficou. A maioria do grupo, mesmo assim, solicitava novos passaportes meses depois, desta vez para a Costa da África. Joaquim de Almeida em 7 de março, Inocêncio Araújo Santana em 22 de abril e José Marques de Oliveira em 13 de abril e 17 de dezembro de 1836, o que sugere a recorrente dificuldade de achar navios para realizar a travessia atlântica.[34]

A procura simultânea por passaportes dessa rede de traficantes no fim de outubro e início de novembro de 1835 delata sua intenção de fugir às pressas e seu medo da deportação. Joaquim de Almeida em particular acabava de ser absolvido da acusação de contrabando do escravo Cipriano e tinha motivos para preocupação, pois devia estar sob o radar da polícia. Reitero: apesar de sua sabida conivência com o tráfico ilegal, as autoridades brasileiras passaram a alinhar a campanha de repatriação dos libertos à legislação antitráfico prevista na Lei Feijó, de 1831. Se entre a camada senhorial havia uma percepção generalizada de que os libertos eram uma classe de gente perigosa, a intensificação das vozes favoráveis à interrupção do contrabando colocou os libertos envolvidos nessa atividade num lugar de redobrada vulnerabilidade, ou pelo menos assim deixa entrever sua conduta. Não estou sugerindo que houvesse um plano explícito da polícia direcionado especificamente contra eles, mas, naquela conjuntura, corriam um risco maior em caso de apreensão. Sendo assim, pode-se aventurar a hipótese de que a potencial repressão brasileira aos contrabandistas africanos funcionou como um vetor adicional na lógica multifacetada do retorno pós-revolta, sobretudo em relação ao grupo dos jejes e minas.

AS MULHERES DO ENTORNO SOCIAL DE JOAQUIM E SEU PÉRIPLO ATLÂNTICO

Entre os dias 10 e 26 de setembro de 1836, quase dois anos após a Revolta dos Malês, um grupo de cerca de quarenta pessoas, a maioria da vizinhança social de Joaquim de Almeida e Antônio Caetano Coelho, solicitava passaportes para a Costa da África. A sequência de eventos que levou da tentativa de fuga dos traficantes para Angola, em outubro de 1835, a essa viagem de 1836 envolvendo mulheres, crianças e agregados sugere a maturação de um projeto de retorno coletivo, controlado pelos próprios atores e não mais forçado pelo acaso das circunstâncias.

Nos meses anteriores, Joaquim de Almeida parece ter realizado uma viagem preparatória aos "portos da África, a tratar de seu negócio", talvez no brigue brasileiro *Gloria*, como indica a já mencionada tramitação de passaporte em 7 de março de 1836.[35] Antes de embarcar, porém, como já fizera em novembro com Paulo, cabinda, Joaquim libertou a preta Constança, hauçá, atuando como procurador bastante do seu senhor, o também hauçá Vicente Xavier, que estava na "Costa de África para onde foi mandado desta cidade por ordem superior", ou seja, mais uma vítima do programa de deportação que se seguira à revolta.[36] A participação de Joaquim como mediador atlântico para produzir cartas de alforria expressa sua capacidade de assessoramento legal nos cartórios, assim como sua alternância em atividades que propiciavam, a depender do vento, ora a escravização ora a emancipação.

Seis meses depois, em setembro, Joaquim estava de volta à Bahia, mas com a intenção de se ausentar de novo, pois no dia 30 desse mês foi o turno de ele nomear procuradores bastantes na cidade. Os escolhidos foram José Pereira da Silva, Antônio de Oliveira Alves e, não por acaso, seu patrono, Manoel Joaquim de Almeida.[37] A confiança depositada em seu antigo senhor indica a continuada cooperação e amizade entre ambos. O preparo dessa viagem coincide com a mencionada solicitação de passaportes para o grupo de mulheres, crianças e agregados do entorno social de Joaquim, sugerindo sua participação na organização da empreitada.

Embora o livro de habilitação de passaportes da polícia apresente uma lista de nomes sem conexão aparente, salvo alguns poucos registros que especificam relações de filiação ou dependência, a pesquisa em outras séries documentais, como os registros de batismo, permitiu identificar suas relações. Aquelas pessoas não eram todas parentes, nem necessariamente organizaram a viagem juntas, mas decerto a maioria se conhecia, e o vetor étnico, com um número significativo de mulheres jejes, pode ter favorecido a cooperação. A solicitação consecutiva de passaportes, em pouco mais de duas semanas, sugere a pretensão de viajar no mesmo navio, ao que tudo indica o brigue brasileiro *Aliança*, de 190 toneladas, comandado pelo capitão José da Conceição. Com uma carregação de tabaco e de fazendas de algodão, o barco levava uma tripulação de 23 pessoas e, ainda, entre os passageiros, quatro africanos deportados. O *Aliança* zarpou do porto de Salvador entre 5 e 10 de outubro de 1836.[38]

Viagens coletivas em grupos que excediam a família nuclear não eram infrequentes nos três anos seguintes à Revolta dos Malês. Conhecemos o grupo de Maria da Glória de São José e Antônio Pereira dos Santos, em maio de 1836, e o de Francisca da Silva e José Pedro Autran, em outubro de 1837.[39] Esses dois coletivos eram sobretudo nagôs, enquanto o grupo que pretendo examinar a seguir era predominantemente jeje. De fato, mais do que um grupo coeso, tratava-se de três subgrupos interconectados, envolvendo relações de consanguinidade, aliança e senhorio. Eles podem ter sido encabeçados por mulheres, entre as quais destaco Ifigênia da Cruz, Thereza Caetana de Jesus e Thomazia de Souza Paraíso, as duas primeiras jejes, a última mina (ver Tabela 4).

Nos anos a vir, essas três mulheres aparecem na cidade de Agoué, na Costa da Mina, no entorno de Joaquim de Almeida: Ifigênia da Cruz como sócia em empreitadas mercantis atlânticas, Thereza Caetana como provável aliada na construção da capela católica sob a invocação do Senhor da Redenção e Thomazia como primeira "esposa" e cabeça feminina da coletividade familiar Almeida. Poderíamos assim falar, para efeitos de caracterização esquemática, de Ifigênia como a parceira comercial, Thereza Caetana como a parceira religiosa e Thomazia como a parceira sentimental ou afetiva. Passo a apresentá-las no intuito de melhor entender a rede feminina em que se movimentava Joaquim.

TABELA 4
HABILITAÇÃO DE PASSAPORTES PARA A COSTA DA ÁFRICA DO ENTORNO
SOCIAL DE JOAQUIM DE ALMEIDA, 10-26 SET. 1836

		SUBGRUPO 1	
10 set.	Ifigênia da Cruz	jeje	
10 set.	Rosa da Cruz	nagô	Liberta de Ifigênia da Cruz, viaja com seu filho
	Damião	crioulo	Menor de um ano, filho de Rosa da Cruz
10 set.	Luzia da Cruz	nagô	Liberta de Ifigênia da Cruz
10 set.	Maria Luiza	preta	
		SUBGRUPO 2	
20 set.	Thereza Caetana de Jesus	jeje	Viaja em companhia de uma filha e duas crianças
	Bernardina Gomes do Nascimento	crioula	Filha de Thereza Caetana de Jesus
	Angélica	crioula	Menor criada por Thereza Caetana de Jesus
	João	crioulo	Menor criado por Thereza Caetana de Jesus
20 set.	Francisca Floriana do Rosário	jeje	Irmã de Thereza Caetana de Jesus
	Esperança	jeje	Agregada de Francisca Floriana
20 set.	Caetana Maria	jeje	Viaja em companhia de uma sobrinha e três filhas de criação
	Faustina	crioula	Sobrinha de Caetana Maria, doze anos
	Maximiana	crioula	Menor criada por Caetana Maria
	Lucia	crioula	Menor criada por Caetana Maria
	Jacinta	crioula	Menor criada por Caetana Maria

SUBGRUPO 2			
20 set.	Augusto Antônio Gonçalves	tapa	Compadre de Manoel Guilherme Cardozo
20 set.	Nicolau Ferreira da Motta	jeje	
23 set.	João Luiz Ferreira	jeje	Viaja "a fim de tratar de sua saúde" em companhia de dois escravos
	Joaquim		Escravo de João Luiz Ferreira
	Josefa		Escrava de João Luiz Ferreira
24 set.	Manoel Guilherme Cardozo	EUA	Marido de Thereza Caetana de Jesus, "súdito dos Estados Unidos de América septentrional"
SUBGRUPO 3			
26 set.	Thomazia [de Souza Paraíso]	mina	
26 set.	José Pereira da Paixão	jeje	Parceiro de Joaquim de Almeida
26 set.	Anna Roza	jeje	Liberta de Thomazia
26 set.	Felippa de Souza	crioula	Liberta de Thomazia
26 set.	Maria	nagô	
26 set.	Simõa Gomes da Costa	crioula	

FONTE: Apeb, Colonial, Livro de passaportes 5883, fls. 166v-70.

Ifigênia da Cruz era de nação jeje, talvez originária de Dassá.[40] No Brasil, ela parece ter ficado solteira, e só lhe conheço dois filhos nascidos tardiamente em Agoué.[41] Em 1828, já liberta, foi madrinha de um escravo de Luiz de Campos Souza, aquele pequeno traficante integrante da IBJNR, com quem possivelmente tinha algum negócio.[42] Em junho de 1830, na freguesia da Conceição da Praia, Ifigênia aparece num batismo coletivo com a liberta Luiza Francisca Gonçalves, também de nação jeje e sua vizinha. Ifigênia batizou uma cativa chamada Roza, nagô de 22 anos, enquanto Luiza batizou Maria, jeje de oito anos, e Felicidade, nagô de trinta anos. O padrinho desta última, o hauçá Manoel Joaquim Ricardo, era um próspero negociante envolvido no comércio atlântico.[43] Em cartas posteriores, em 1839, Manoel Joaquim Ricardo informaria a Ifigênia estar tomando conta de "sua irmã" Luiza. Esse apelativo denotaria laços de parentesco biológico entre as duas mulheres, e, de fato, no seu testamento, Luiza declara ter três irmãs, Francisca, Constança e outra na Costa da África, identificada pelo nome africano Atipé, que suponho seja a mesma Ifigênia.[44] Contudo, não cabe excluir a possibilidade de essa irmandade ser um tratamento afetivo ou até um indício de vínculos religiosos. Seja como for, a relação triangular entre Ifigênia, Luiza e Manoel Joaquim seria mais um exemplo da proximidade e cooperação entre jejes e hauçás.

Quando, em 10 de setembro de 1836, Ifigênia da Cruz solicitou passaporte para a Costa da África, o fez em companhia de outras três mulheres. Uma era Roza da Cruz, já liberta e usando o nome da sua patrona, com seu filho Damião, alforriado na pia batismal no ano anterior, e o irmão gêmeo Cosme, que faleceria logo depois. Outra das viajantes era a nagô Luiza da Cruz, mais uma liberta de Ifigênia, emancipada em 1827. Sobre a terceira mulher, Maria Luiza, nada consegui averiguar.[45]

O segundo subgrupo, que suponho liderado por Thereza Caetana de Jesus, africana de nação jeje, solicitou passaportes em 20 de setembro, embora seu marido, Manoel Guilherme Cardozo, tenha pedido habilitação quatro dias depois. Eram dez mulheres e quatro homens, a metade do grupo era de crianças. Thereza Caetana viajava na companhia de sua filha Bernardina, duas filhas de criação e sua irmã, a jeje Francisca Floriana do Rosário.

Esta, por sua vez, ia acompanhada de Esperança, sua "agregada", liberta e da mesma nação.[46] Caetana Maria era a quarta mulher adulta e viajava com sua sobrinha e outras três crianças, evidenciando um claro projeto de investimento na geração mais nova e na continuidade grupal. Entre os homens figurava o tapa Augusto Antônio Gonçalves, compadre de Manoel Guilherme Cardozo, o marido de Thereza.[47]

Thereza Caetana de Jesus devia ser uma devota afro-católica, pois gostava de santinhos, escapulários e relíquias. Numa carta datada de 1840, quando ela já estava em Agoué, seu genro, o jeje Jorge Nabuco de Araújo, lhe remetia "um par de bentinhos de Nossa Senhora do Monte do Carmo".[48] O remetente fazia ainda um comentário importante: "Soube da sua notícia do bom serviço que a senhora tem feito ao Senhor Bom Jesus da Redenção, eu recomendo muito e muito que não se afaste nunca desta devoção".[49] O trecho sugere que Thereza estava por trás do projeto liderado por Joaquim de Almeida para levantar uma igreja em Agoué sob os auspícios do Senhor da Redenção.

Conforme um censo de 1835, Thereza Caetana morava maritalmente com Manoel Guilherme Cardozo, na companhia de duas agregadas e três escravizadas africanas, na travessa de São Bento, na freguesia de São Pedro, um bairro de maioria branca e parda.[50] Nesse documento, Manoel Guilherme, casado, com cinquenta anos de idade, é identificado como "inglês". Na sua solicitação de passaporte consta como "súdito dos Estados Unidos de América septentrional" e, num registro de batismo de 1830, como "preto natural da América inglesa, casado", morador à rua da Preguiça. A presença de um negro norte-americano, com nome lusófono, casado com uma africana jeje em Salvador não deixa de ser intrigante.[51] Numa segunda carta dirigida a Thereza Caetana em 1840, o crioulo Ignácio Vieira informava-lhe: "Já fui [à igreja de] São Francisco e já mandei dizer uma missa pela alma do defunto meu amigo Manuel Guilherme Cardozo". Ou seja, Cardozo faleceu na costa africana pouco depois de desembarcar, e a viúva teria encomendado aquela missa em Salvador.[52] Por fim, cabe indicar a proximidade social da família de Thereza Caetana e sua irmã Francisca Floriana do Rosário com a jeje Esmeria Maria do Nascimento, a "mana" de Antônio Caetano Coelho, sinalizando a conexão deste com aquele grupo de viajantes.[53]

Acompanhando o grupo de Thereza Caetana, quem solicitou passaporte, em 23 de setembro, foi o jeje João Luiz Ferreira.[54] Esta é uma personagem complexa. Ele era um velho amigo de Manoel Guilherme Cardozo e essa não era a primeira vez que viajavam juntos, pois, em 23 de janeiro de 1829, ambos solicitaram passaporte para a Costa da Mina, Manoel Guilherme na condição de "criado" de um branco baiano. Os dois pretos regressaram de Lagos em março do ano seguinte, sendo identificados nessa ocasião como cozinheiros. Aliás João Luiz Ferreira retornava com um escravo e uns meses depois batizava mais quatro cativas de sua propriedade.[55] Ele foi um daqueles africanos que, em outubro de 1835, tinha solicitado passaporte para Angola na tentativa de fuga dos traficantes, aliás, num registro consecutivo ao de Joaquim de Almeida, sugerindo sua proximidade social.[56] Quase um ano depois, João Luiz tentava sua sorte de novo, especificando que viajava "a fim de tratar de sua saúde, levando em sua companhia dois escravos", algo pouco usual entre os libertos.[57] O interessante é que naquele mesmo período ele exercia a função de chefe religioso do sítio Dagomé, um importante candomblé de nação jeje situado nas terras da Fazenda Batefolhas, na freguesia de Santo Antônio. Ele tinha assumido a direção do terreiro em 1834.[58] Como devoto dos voduns, voltar à Costa para tratar da saúde sugere algum tipo de expectativa na eficácia das terapias autóctones ou talvez apenas um anseio de acabar seus dias na terra ancestral.

Duas semanas depois de solicitar o passaporte, "prevendo

seguir viagem para os portos daquele reino" (da África) e talvez intuindo a gravidade da doença, João Luiz redigiu o testamento e nele declarava possuir seis escravos "entre machos e fêmeas", um oratório de imagens, alguns cordões, botões e galantarias de ouro. Demorou alguns meses e em agosto de 1837 João Luiz veio a falecer. O testamento foi aberto em Salvador, mas não há menção a o óbito ter acontecido na costa africana, ficando a dúvida se ele chegou a embarcar.[59]

O terceiro subgrupo do coletivo jeje em apreço solicitou passaporte no dia 26 de setembro e estava constituído por um único homem, o nosso já conhecido José Pereira da Paixão, o vizinho e fiel amigo de Joaquim de Almeida, e cinco mulheres, entre as quais a liberta "Thomazia", de nação mina. Sem dúvida tratava-se da mesma Thomazia de Souza Paraíso, nomeada segunda herdeira no testamento de Joaquim de Almeida anos depois e lembrada pela memória oral da família como sua parceira sentimental. A identificação resulta não apenas da presença de José Pereira da Paixão, que desconfio viajasse como "escudeiro" da companheira do amigo, mas também, entre os acompanhantes solicitantes de passaporte, da jeje Ana Roza e da crioula Felipa de Souza, ambas libertas de Thomazia de Souza Paraíso.[60]

Como foi dito, não consta que Joaquim tenha tirado passaporte com esse grupo, mas decerto viajou naquele período. Além de nomear procuradores bastantes em setembro, em 13 de novembro apadrinhou, por procuração, ou seja, in absentia, Francisco, com duas semanas de vida, filho legítimo de seus amigos, o jeje Benedito Galiza e a hauçá Henriqueta Joaquina do Bomfim.[61] Se Joaquim embarcou no mesmo navio que Thomazia, talvez o *Aliança*, não posso afirmar, mas sem dúvida eles planejaram a viagem juntos como parte de um projeto coletivo mais amplo.

Mas quem era Thomazia? Ela é identificada como de nação mina, denominação que, neste caso, acredito não fazer referência à genérica Costa da Mina, mas à região de Pequeno Popo, perto de Agoué. Ela também é identificada como jeje no testamento de Joaquim. Relatos do século XX a identificam pelo nome de Mino — tratamento usado para mulheres de respeito, que em fongbe significa "nossa mãe" —, e dizem que era membro da família do rei daomeano Adandozan, ou uma de suas esposas. Acrescentam que Thomazia foi escravizada pelo rei Guezo, após este se apossar do trono em 1818, como vingança por Adandozan ter escravizado sua mãe.[62]

O registro de batismo de "Thomazia, adulta, jeje, cativa de Francisco de Souza Paraíso", em junho de 1821, parece corroborar essa cronologia. Seu senhor fez fortuna no tráfico negreiro, organizando pelo menos 27 viagens atlânticas entre 1788 e 1816, e chegou a ser tesoureiro da Alfândega da Bahia. Ele era o patriarca de um poderoso clã que morava na freguesia de Santo Antônio Além do Carmo, onde possuía diversos imóveis. Francisco tinha um filho homônimo que foi presidente da província da Bahia entre março de 1836 e novembro de 1837, período em que Thomazia abandonou o país, mas dificilmente teria ele sido seu senhor, pois estava ausente da cidade quando ela foi batizada. Outros filhos do patriarca, Ana, Francisca e João Francisco (este também envolvido no tráfico), possuíam sobrados na vizinha e pequena freguesia do Passo, e não podemos excluir a possibilidade de que, uma vez liberta, Thomazia tenha ficado agregada na proximidade deles por algum tempo.[63]

Sua escravização foi relativamente curta. Em 1825, já forra, Thomazia batizou sua cativa de nação angola chamada Felicidade, de quarenta anos, e, em 1829, outra de nação jeje chamada Ana, de trinta anos.[64] Ela foi liberta de forma gratuita, pelos bons serviços prestados, em outubro de 1834, sendo identificada na carta como Ana Roza.[65] A concessão da liberdade gratuita denota uma relação afetiva entre as partes. De fato, como indiquei, Ana Roza acompanharia sua senhora na viagem de 1836.

Thomazia só conseguiu se afastar do círculo senhorial mudando-se para a região do Barbalho tardiamente, em 1834. Entre fevereiro e março do mesmo ano, tentou comprar uma casa na Quitanda do Capim, mas não deu certo. No mês seguinte, porém, comprou morada na rua Direita de São José dos Bem Casados, no alto da ladeira da Água Brusca. Era uma morada modesta, de pedra e cal, com sala fechada, dois quartos, cozinha e quintal, mas dá para imaginar o senso de independência e liberdade que lhe proporcionou.[66]

FIGURA 7. *Detalhe de vista e da cidade da Bahia de Todos os Santos, com a igreja de São José dos Bem Casados (29, em destaque), entre o forte do Barbalho (30) e a antiga fonte do Baluarte (34) na ladeira da Água Brusca.*

Talvez tenha sido nesse período que seu relacionamento com Joaquim de Almeida se consolidou, caso em que o logradouro dos "bem casados" teria sido propiciatório. Vale lembrar que

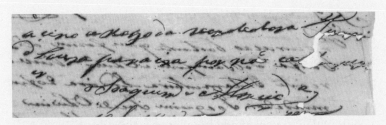

FIGURA 8. *Assinatura de Joaquim de Almeida na venda da casa de Thomazia, 1835. "Assina a rogo da vendedora [Thomazia] de Souza Paraizo por não [saber escrever] Joaquim de Almeida."*

naquele momento Joaquim estava sendo processado no caso do escravo Cipriano. Em novembro de 1835, com Almeida já absolvido da acusação de tráfico ilegal, e dias depois de ter solicitado passaporte para Benguela, Thomazia vendeu uma segunda casa na ladeira da Água Brusca por 800$000 réis. Quem assinou a rogo da vendedora, por não saber escrever, foi o próprio Joaquim.[67] Não seria impensável que o dinheiro, em papel-moeda, fosse levantado para bancar a escapada dele da Bahia.

Como vimos, essa fugida para Angola não prosperou e passou-se quase um ano até eles concretizarem a viagem conjunta. Antes de solicitar passaporte, em agosto de 1836, Thomazia vendeu a casa de São José dos Bem Casados por 1 conto de réis, dinheiro que lhe permitiria custear a viagem e organizar a nova vida. Desta vez quem assinou por ela foi o pardo Gonçalo dos Santos Pereira, de Cachoeira, o mesmo que atuara como testemunha de Joaquim no caso Cipriano, sinalizando a presença, na sombra, do companheiro e amante.[68]

A demorada análise dos viajantes que solicitaram passaporte em setembro de 1836 permite visualizar a importância estratégica que as mulheres tiveram no sucesso do retorno à África naquele período, um movimento migratório que, para muitas delas, constituía uma segunda diáspora. A reprodução de práticas culturais, como a devoção afro-católica, no caso de Thereza Caetana, ou a devoção aos voduns, no caso do pai de terreiro João Luiz Ferreira, foi essencial na dinâmica de agregação e coesão do grupo. Mas o protagonismo feminino, em particular no cuidado e educação das crianças e na integração dos dependentes, garantia a continuidade da coletividade em termos de recursos humanos. As figuras de Joaquim de Almeida e talvez de Antônio Caetano Coelho como chefes patriarcais e epicentros da rede orquestraram e garantiram as atividades comerciais fundamentais para o sustento do grupo, embora várias das mulheres também tivessem autonomia econômica e contribuíssem com a dinâmica produtiva. Seja como for, a migração e reinstalação de suas "casas" e "nobres famílias" em terras africanas só foi possível e só poderia funcionar a partir dessa cooperação da rede feminina.

A LÓGICA COMERCIAL DO RETORNO E AS ESTRATÉGIAS ADAPTATIVAS DO TRÁFICO ILEGAL

Como a análise anterior permite vislumbrar, o retorno dos libertos africanos incluiu indivíduos e grupos motivados por razões muito variadas e complexas. Escapar à perseguição religiosa foi obviamente um motor determinante no grande pico do retorno, entre 1835 e 1837. Contudo, é preciso lembrar que apenas os libertos com um certo capital podiam optar pelo retorno e que essa não era uma alternativa para quem queria, mas para quem podia. O frete dos passageiros para a Costa da África oscilava entre os 40$000 réis por cabeça, pagos pelo governo para os deportados embarcados na *Maria Damiana*, e os 50$000 réis pagos pelos retornados "voluntários" no caso do *Nimrod*.[69] Ou seja, um casal com duas crianças e um agregado devia investir por volta de 250$000 réis, o que correspondia ao valor de um escravo a preço de mercado em 1835.[70]

Por outro lado, as acusações e intrigas políticas que estimularam as deportações e o exílio de figuras como Luiz Xavier de Jesus, Francisca da Silva, seus filhos e Antônio Caetano Coelho pareciam atingir em especial aqueles libertos economicamente mais bem posicionados. Como expoentes da possibilidade de ascensão social do africano, eles parecem ter sido percebidos como uma ameaça ao establishment senhorial e passaram a ser vítimas estratégicas da perseguição das autoridades. Naquele contexto de confusão e falsas delações, o medo de perder os bens acumulados durante anos de árduo trabalho por causa de uma deportação arbitrária teria levado alguns daqueles libertos a querer salvar os móveis antes da queima, escolhendo um exílio "voluntário" e preventivo.[71]

No entanto, para além da lógica imediatista da fuga diante do perigo, podem ter operado outras dinâmicas enraizadas em processos de maior profundidade temporal. A falta de horizonte para as aspirações políticas (e existenciais) daquela geração de libertos mais bem-sucedidos constituía um contexto que não pode ser negligenciado. A legislação antiafricana promulgada após a Revolta dos Malês vinha, de fato, culminar e exacerbar um processo de discriminação étnico-racial de longa data.

A Constituição de 1824, escrita no recém-proclamado Império, não reconhecia para os libertos africanos a nacionalidade brasileira, evidenciando que não havia qualquer espaço político para sua inclusão como cidadãos. A inexistência de estados africanos que lhes assegurassem cobertura legal ou uma identidade nacional reconhecida no plano internacional lhes negava inclusive os direitos concedidos aos estrangeiros no Brasil e os colocava, como bem aponta Manuela Carneiro da Cunha, na condição de *apátridas*.[72] Na modernidade liberal do século xix, a identidade nacional ou a pertença à nação passou a ser a garantia fundamental da liberdade e dos direitos à cidadania. Como mencionei no prefácio, a ausência ou negação dessa pertença nacional constituía uma ameaça à liberdade dos apátridas e pode ser considerada uma força que propiciou tanto o movimento migratório de retorno como a criação de redes de pertença transnacionais. Nessa perspectiva, os nacionalismos africanos elaborados na diáspora podem ser pensados como tentativas dos excluídos de cultivar espaços de liberdade alternativos.

O contexto político da década de 1830 foi, na Bahia, especialmente conturbado. Com a abdicação de Pedro I e o início da Regência, em abril de 1831, gerou-se grande instabilidade social. Sucederam-se diversos movimentos insurgentes caracterizados ora pelo antilusitanismo, ora pelo federalismo, ou inspirados pelo liberalismo radical do partido dos exaltados. Essa instabilidade se prolongou até a repressão da Sabinada, em 1838, quando os conservadores-centralistas (aliando o partido dos moderados e dos restauradores) conseguiram impor sua autoridade. Contudo, nenhuma das revoltas daquele tumultuado início do Império incluía o liberto africano no projeto nacional.

Não apenas isso, a lei de 7 de novembro de 1831 interditava a entrada de libertos africanos no Brasil e comprometia sua mobilidade no país. Entre outras mudanças, em 1831 a Regência acabou também com as milícias do período colonial (que reconheciam os interesses pessoais e regionais) e constituiu a Guarda Nacional, que, com o movimento político conhecido como Regresso Conservador, sentou as bases de um exército nacional. Assim, as instituições tradicionalmente ocupadas pelos libertos, como as milícias negras, foram desmanteladas.[73]

Em definitivo, o pequeno setor dos africanos que tinham acumulado certos bens no período colonial, incluindo militares, comerciantes, alfaiates, sapateiros, mestres de obra, marceneiros e outros profissionais, apesar da tímida ascensão econômica, vinha sofrendo uma asfixia política que não lhes permitia vislumbrar qualquer futuro promissor. Não é descabido pensar que, por causa dessa marginalidade ou ostracismo social, alguns dos mais bem-sucedidos optassem pelo exílio, motivados por aspirações mais ou menos encobertas de promoção sociopolítica.

Por outro lado, cabe supor que a falta de reconhecimento de direitos políticos, a ambiguidade do seu status legal e a ausência de qualquer perspectiva de mudança levassem alguns daqueles apátridas africanos a se engajar em atividades ilícitas associadas ao tráfico ilegal, um espaço suficientemente caótico e fora da ordem para que se pudesse lucrar alguma coisa. A clandestinidade constituía um lugar de subversão e contestação, e sobretudo de oportunidade comercial que os libertos mais prósperos e aqueles mais necessitados não deixaram de aproveitar.

Assim, se a tentativa dos traficantes de fuga da Bahia em 1835 teve um caráter reativo ante a ameaça de prisão e deportação, a subsequente decisão, em 1836, de engajar no êxodo as mulheres e as crianças conferia à empreitada um caráter mais meditado e propositivo, sugerindo um projeto coletivo à procura de maior liberdade e autodeterminação. Contudo, para além de escapar da ameaça real de perseguição política e judicial na Bahia, as motivações que levaram o entorno social de Joaquim de Almeida e Antônio Caetano Coelho a migrar devem ter conjugado também uma lógica de ordem econômica, ligada às vantagens comerciais que o deslocamento geográfico podia comportar. Para entender esse cálculo é preciso considerar a nova conjuntura e as transformações que o tráfico atlântico de escravizados vinha sofrendo com a progressiva intensificação da repressão inglesa.

Após o acordo anglo-brasileiro de 1826, que culminou na Lei Feijó, os ingleses continuaram a pressionar, no contexto internacional, para acabar com o tráfico atlântico. Ao tempo que aboliam a escravidão no Império Britânico em 1833, assinavam convenções em 1831 e 1833 com a França, às quais aderiram, nos anos seguintes, diversas nações europeias.[74] Nessa campanha foram decisivos o tratado anglo-espanhol de junho de 1835 (em negociação desde 1826) e a declaração unilateral dos ingleses de agosto de 1839, conhecida como Equipment Act (ou Palmerston Act), relativa ao tráfico português. Esses acordos permitiam aos cruzadores britânicos apreender navios negreiros sob bandeira espanhola ou portuguesa, mesmo sem escravizados a bordo, bastando a presença de equipamentos como madeira para a construção de cobertas entre conveses, correntes, grilhões, aguada ou alimento em excesso, sugerindo o nefando comércio.[75] A conjunção da ilegalidade com o risco de penas por pirataria e, sobretudo, as perdas econômicas causadas pelo aumento da apreensão de tumbeiros geraram nos traficantes uma cadeia de reações, ou "estratégias de adaptação", que resultou numa mudança estrutural da maquinaria do comércio negreiro.

Essas adaptações afetaram, em primeiro lugar, o modo de funcionar dos navios, que, a fim de contornar a vigilância britânica, recorreram ao uso de bandeiras estrangeiras ou a conjuntos de passaportes duplos.[76] A partir da promulgação do Equipment Act, quando essa estratégia deixou de ser operativa, os contrabandistas passaram a desenvolver operações coordenadas com a participação de duas embarcações. A primeira descarregava as mercadorias lícitas e retornava com lastro, tudo na legalidade, a segunda, o tumbeiro propriamente dito, chegava mais tarde, às vezes meses depois, possibilitando aos feitores, no ínterim, realizar o escambo e juntar o carregamento de gente, que podia então ser embarcada em questão de horas.[77]

Também houve vários ajustes operacionais em terra, dos quais, neste momento, dois merecem nossa atenção. O primeiro é o que John Reid chamou de processo de "descentralização" ou

FIGURA 9. *Embarque de escravizados pela barra na África Ocidental.*

"dispersão geográfica".[78] Pela reputação de grandes portos de escravizados, Uidá e Lagos estavam sob intensa vigilância britânica. Isso levou os traficantes a favorecer pontos de embarque alternativos, como Pequeno Popo, Grande Popo, Agoué ou Godomey.[79] É nesse contexto que a escolha de Agoué como principal ponto de assentamento de Joaquim de Almeida e seu grupo após a viagem de 1836 deve ser entendida. Era uma localização estratégica, perto o suficiente de Uidá, onde o comércio ainda estava sendo conduzido, e longe o bastante para minimizar a vigilância inglesa e, até certo ponto, a influência e o controle do rei Guezo do Daomé. Tratarei dessa questão adiante.

Uma segunda estratégia de adaptação estava ligada à primeira. A descentralização ou dispersão geográfica dos pontos de embarque exigiu mais pessoal trabalhando em terra. Eram necessários espiões para controlar os movimentos dos cruzadores britânicos, assim como comboieiros e canoeiros para conduzir os cativos pela lagoa costeira e depois carregá-los a bordo dos tumbeiros.[80]

Como bem apontou Eltis, no contexto da clandestinidade, a figura que adquiriu maior importância estratégica foi a do feitor responsável pelo carregamento. O capitão do navio, que, no período da legalidade, costumava passar meses negociando o escambo nos diversos portos, perdeu protagonismo diante do agente comercial, que agora atuava em terra. Somente este, longe da vigilância marítima inglesa, dispunha de autonomia suficiente para assegurar o ajuntamento dos cativos e dos mantimentos da viagem e para garantir a complexa logística do embarque, que devia ser realizado em questão de horas, em locais estratégicos, mobilizando dezenas de carregadores e canoeiros. Assim, visto o alto risco de os tumbeiros serem apresados, a responsabilidade da viagem atlântica foi separada da responsabilidade do embarque e desembarque.[81]

O papel dos feitores nos portos africanos — alguns enviados pelas companhias americanas, outros, cada vez mais numerosos, atuando de forma independente — ganhou destaque na clandestinidade. Minha compreensão é que Joaquim de Almeida e seus colaboradores estavam cientes dessa crescente demanda laboral e que ela esteve por trás das motivações que impulsionaram a sua migração à Costa da Mina. Embora as estratégias adaptativas dos traficantes tenham ficado mais evidentes após o Equipment Act de 1839, elas vinham sendo elaboradas e testadas desde as proibições de 1815-7 e foram intensificadas com o tratado anglo-espanhol de 1835. Portanto, a nova conjuntura do tráfico ilegal não pode ser esquecida como variável subjacente ao planejamento da viagem de 1836.

Sumariando, o argumento deste capítulo reconhece que as motivações que levaram os libertos africanos e seus descendentes a abandonar o Brasil após a Revolta dos Malês foram muito variadas, e que, para além da perseguição religiosa, o momento foi aproveitado pelas autoridades para se desfazer de uma "classe de gente", os libertos africanos, percebidos como uma ameaça à segurança nacional. Por outro lado, pesavam as redes clientelistas e relações paternalistas dos patronos com seus libertos e o papel fundamental que essa mão de obra jogava no funcionamento da cidade. Naquela conjuntura, porém, falavam mais alto as vozes que advogavam pela expulsão dos africanos. Tentei arguir que na campanha de deportações que se seguiu, intensificada por um clima de intrigas e falsas delações, os libertos mais abastados e, entre eles, aqueles envolvidos, de maneira direta ou indireta, no tráfico de escravos eram alvos, senão preferenciais, pelo menos inescapáveis. Essa perseguição veio a exacerbar a histórica asfixia política dos libertos africanos no jovem Império e levou vários deles a um desterro "voluntário", na busca tanto de maior liberdade e autodeterminação política quanto de melhores condições de vida. Para um número expressivo daqueles que tinham inserção no comércio atlântico, a escolha do retorno envolveu também um cálculo de ordem material, tendo em vista mudanças na estrutura do tráfico na costa africana.

Nessa perspectiva, sustentei que a repressão ao tráfico de escravizados no Brasil e na África Ocidental desempenhou um papel adicional e complementar na lógica do retorno. Apesar dos subornos e da cumplicidade das autoridades com os desembarques ilegais, o negócio do tráfico estava comprometido pela vigilância da armada nacional no litoral brasileiro e pela criminalização dos traficantes, em que pese a dificuldade para sua implementação. Na primeira metade da década de 1830 o tráfico baiano havia enxugado e estava perdendo lucratividade. Já na Costa da Mina, os mercadores e feitores luso-africanos, apesar dos obstáculos criados pela Marinha inglesa, tinham maior liberdade e, portanto, maior expectativa de lucro no embarque de escravizados e outras mercadorias para os mercados do Brasil e, sobretudo naqueles anos, de Cuba. As novas oportunidades profissionais e comerciais criadas pelas estratégias de adaptação do tráfico ao contexto da clandestinidade parecem ter orientado a decisão de Joaquim de Almeida e outros, como Antônio Caetano Coelho e Inocêncio de Araújo Santana. Trocar a buliçosa vida urbana de um dos principais portos do Atlântico, a cosmopolita Salvador, pela vida pacata das aldeias do litoral africano, deslocando o centro de gravidade de suas redes familiares e de negócios, não era uma decisão fácil. Só a combinação das múltiplas forças, motivações, expectativas e projetos confere alguma lógica ao retorno coletivo. A escolha de Agoué e Uidá como principais bases operacionais será analisada a seguir.

4. O comércio miúdo dos luso-africanos (1838-42)

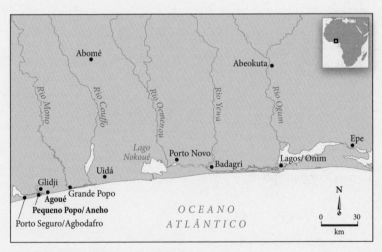

MAPA 2. *Costa da Mina, século XIX.*

UMA COMUNIDADE TRANSLOCAL: ENTRE A FIXAÇÃO TERRITORIAL E A MOBILIDADE

Impelida pelo vigor dos remos, a comprida canoa montou sobre a onda que estava se formando e, após surfar uns instantes na sua crista, foi propulsada, veloz e com leveza, até encalhar na areia da praia. Thomazia de Souza Paraíso logo aprestou-se a desembarcar e botou os pés descalços em terra, com alívio e fruição, depois de atravessar a perigosa barra de Agoué, após semanas em alto-mar e anos no outro lado do Atlântico. Na praia aguardavam dezenas de pessoas, concentradas desde o alvorecer, quando o brigue *Aliança* foi avistado no horizonte. O transporte dos demais passageiros, seus baús, embrulhos, pacotes, caixas, barris, fazendas, rolos de tabaco, iria se prolongar ao longo do dia, em meio ao alvoroço gerado pelo reencontro com os parentes da Bahia desembarcados nos meses e semanas anteriores.

A não ser por meio de exercícios de imaginação, a chegada dos colonos "brasileiros" em Agoué é impossível de se reconstruir com precisão. O livro *Escola da Missão Católica de Agoué, 1874--1914*, escrito de forma retrospectiva pelos missionários franceses após 1914, evoca, na abertura, o histórico da cidade, com destaque para a memória do desembarque de Joaquim de Almeida à frente de um grupo de "libertos batizados".

1821 - Os minas de Pequeno Popo chegam a Agoué.

1835 - Joachim d'Almeida, antigo escravo mahi, chega do Brasil com alguns libertos batizados. Construiu uma capela em Zokikome: capela de Nosso Senhor Bom Jesus da Redenção. Faleceu em 12 de maio de 1857. Com Joachim d'Almeida ou depois dele vieram:
1 - Agostinho de Freitas (Fonkome)
2 - Francisco da Silva Pereira (++ 26 fevereiro 1858, Kpota)

3 - *Francisco José Gonçalves* (*++1908, Fonkome*)
4 - *José Santana da Souza* (*++1874, 80 anos, Fonkome*)
5 - *Wencesláo Ribeira*
6 - *Thomé Carlos* (*Haussakome*)
7 - *Antônio Manoel da Silva* (*Fonkome*) *e seu filho Thomé* (*++1912*)
8 - *Manuel Maceido* (*++1912, Fonkome*)
9 - *Ricardo Amadie*
10 - *Maria Clara do Remédio*
11 - *Felicianna Teresia de Jesus* (*Fonkome*) *com sua filha Prudentia* (*++1903*) *e sua neta Venussa* (*++1916*)
12 - *Louis d'Almeida*
13 - *Tobias* (*casado legitimamente*)
14 - *Pedro João Fernandez da Cruz* (*casado legitimamente em Pernambuco*)
15 - *Manoel dos Reis* (*++1892, Diata*)
16 - *José Pereira da Paixão* (*Zokikome*)
17 - *Eleutherio da Silva Vasconcellos* (*Fonkome*)*[1]

A memória dos missionários sublinha, por motivos óbvios, o cristianismo dos colonos, assim como a construção da capela. As lembranças na vizinha vila de Pequeno Popo, registradas nos anos 1930, contam que os "chefes" de Zoki Zata (Joaquim) na Bahia deram-lhe "muitas dádivas em mercadorias do tráfico e em ouro (como recompensa pelos seus bons anos de trabalho). Eles ainda lhe confiaram alguns escravos libertos para retorná-los a sua terra natal. Zoki e seus seguidores fundaram o bairro de Zokikomé em Agoué".[2] Depoimentos orais da família de Almeida explicam que, "para construir a capela, Joaquim trouxe as pedras de Angola", pois não havia pedra em Agoué, e que a comitiva de

* Entre parênteses, as datas de óbito e o bairro de residência.

"libertos batizados", ao pisar solo africano, teria fincado uma cruz na praia, para marcar aquele momento inaugural.³

O que a memória coletiva, em seus vários relatos, evoca como um único evento encobriria a chegada de vários e sucessivos grupos de colonos, sobretudo ao longo de 1836. Sabemos que em 2 de abril desse ano vários passageiros do *Nirmrod* desembarcaram em Agoué, entre eles os "dois negros" que fretaram o navio, Antônio da Costa e João Monteiro Viegas, mas também os jejes Agostinho José de Freitas (nº 1 na lista dos missionários franceses), José Santana de Souza (nº 4), Manoel Macedo (nº 8) e Eleutério da Silva Vasconcellos (nº 17).⁴ Em maio, ou talvez junho, podem ter desembarcado alguns passageiros do brigue *Gloria*, incluídos Joaquim de Almeida, na sua primeira viagem "exploratória", Antônio Manoel da Silva (nº 7) e três mulheres aparentadas: a africana Feliciana Thereza de Jesus, sua filha crioula, Prudência Thereza de Jesus, e sua neta cabra, Venussa Thereza de Jesus (nº 11).⁵ No início de novembro deve ter chegado o grupo do *Aliança*, descrito no capítulo anterior, com Ifigênia da Cruz, Thereza Caetana de Jesus, Thomazia de Souza Paraíso e José Pereira da Paixão (nº 16).⁶

A aldeia de Agoué, situada entre o litoral e a lagoa interiorana, na atual fronteira entre o Benim e o Togo, foi fundada em 1821 ou 1823 por um grupo dissidente da vizinha vila de Pequeno Popo, liderado por Komlagan.⁷ Formava parte, portanto, do reino dos guens ou "minas", com capital em Glidji, um composto heterogêneo de grupos autóctones como os hulas e os uatchis, misturados de forma progressiva com refugiados vindos da Costa do Ouro no século XVII, como os anes ou os fantes. Politicamente descentralizados, os guens, com seu principal porto em Pequeno Popo, parecem ter funcionado como um agregado de aldeias relativamente autônomas, entre as quais Agoué. Em 1831, um viajante espanhol informou que essa vila formava "uma pequena república presidida por uma espécie de *duunvirato*, com dois represen-

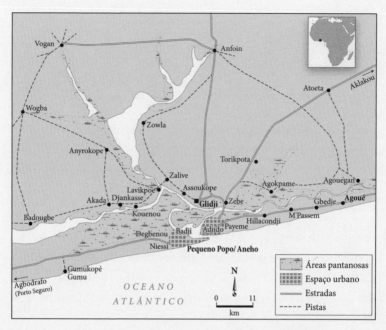

MAPA 3. *A região do reino de Glidji, séculos XIX e XX (detalhe).*

tantes, um chamado *Amangá* [Komlagan?] e outro *Fío*, cujos mandos são hereditários". Dizia ainda que daquele lugar se extraíam "muitos escravos e marfim".[8]

Embora a história local afirme que os "retornados" brasileiros começaram a chegar em Agoué em 1835, um viajante alemão registrou, em 1831, a presença de pelo menos um africano chamado Aité que falava português e tinha passado muito tempo na Bahia. Era o "moço grande", principal serviçal e conselheiro do cabeceira local, identificado, por sua vez, como "João Coparan", "filho do rei". Ambos residiam em casas de dois andares, técnica arquitetônica indicativa da influência cultural brasileira.[9] Ou seja, a presença de retornados do Brasil na Costa da Mina foi anterior ao êxodo que se seguiu à Revolta dos Malês. De fato, talvez fos-

133

FIGURA 10. *Agoué, vista do mar, desenho produzido por volta de 1870.*

sem os africanos — que trabalhavam nos navios negreiros e no comércio atlântico já antes de 1835, e que conheciam a geografia do litoral e tinham contatos na região — que orientassem a escolha do lugar de retorno para muitos dos que pretendiam escapar da Bahia.

A presença dos portugueses na Costa da Mina data do século xv, mas sua fixação na região, em torno do forte de São João Baptista de Ajudá, em Uidá, só se consolidou no século xviii. No entanto, a partir das primeiras décadas do século xix, a coordenação das atividades do tráfico intensificou o influxo de mercadores brasileiros e portugueses que passaram a residir em várias aldeias costeiras. Um caso bem conhecido é o do baiano Francisco Félix de Souza, que, chegando como escrivão do forte português, ainda no final do século xviii, passou a transitar entre Uidá, Pequeno Popo e Badagri, virando, na década de 1830, o mais poderoso traficante da região. Esses mercadores foram "um fator importante na vida do litoral e prepararam o terreno para o estabelecimento dos ex-escravos". Mesmo que muitos libertos buscassem regressar a suas regiões de origem, o argumento de que a escolha do lugar de retorno estava ligada à preexistência do comércio atlântico e, em particular, do tráfico resulta persuasivo.[10]

Em consonância com essa ideia, entendo que foi a afluência dos mercadores lusófonos estabelecidos na Costa da Mina e suas redes de parentesco que atraiu e permitiu acolher as sucessivas levas de retornados. No início, os libertos que participavam no tráfico e tinham informação sobre as possibilidades comerciais e as pessoas influentes na região podem ter feito a mediação, orientando esses imigrantes. A progressiva agregação dos retornados africanos e suas famílias na vizinhança social dos comerciantes brasileiros e portugueses foi configurando uma nova e complexa identidade coletiva: a dos "portugueses" ou "agudás", só mais tarde referidos como "brasileiros". Inclusive alguns libertos e comerciantes vindos de Cuba, pela proximidade cultural e linguística entre o espanhol e o português, foram assimilados nesse coletivo.[11] Tratava-se de um grupo heterogêneo do ponto de vista social, nacional e racial, mas que passou a ser diferenciado dos autóctones por sua lusofonia, os "costumes de branco" e, em grande medida, o catolicismo.

Os agudás, aliás, constituíam uma comunidade translocal que se distribuía em rede ao longo da Costa da Mina, em cidades como Acra, Pequeno Popo, Agoué, Grande Popo, Uidá, Porto Novo, Badagri e Lagos. Este último porto, conhecido sobretudo como Onim na época, era um dos entrepostos mais importantes do comércio atlântico, mas sujeito a continuada instabilidade política. Como vimos no capítulo 1, na década de 1830 a região interiorana da iorubalândia seguia vitimizada pela impunidade dos senhores da guerra, consequência do colapso político do reino de Oyó. Sob o controle político do vizinho reino do Benim, o *obá* de Lagos, Idewu, viveu um período de recessão econômica que resultou em sua destituição em 1835. Devia ser sucedido pelo meio-irmão, o príncipe Kosoko, mas lutas intestinas levaram ao trono outros três *obás*, antes de este, em 1845, retornar do exílio e cumprir suas pretensões políticas.[12] Lagos acolhera desde longa data e de forma recorrente mercadores da praça da Bahia, e tentou estabelecer relações diplomáticas com o Brasil em várias ocasiões. O porto virou o principal enclave do tráfico na região ao longo da década de 1840. No entanto, a formação de uma colônia de retornados brasileiros só se consolidou claramente a partir da segunda metade do século, com o bombardeio inglês de Lagos, a deposição de Kosoko em 1851 e a presença cada vez mais influente dos britânicos, que culminou na instauração de um protetorado em 1861.[13]

Outra cidade da parte oriental da Costa da Mina, Porto Novo, que desde 1846 acolhia o proeminente mercador Domingos José Martins, só passou a abrigar retornados africanos em número significativo a partir da década de 1850.[14] Badagri, entre 1838 e 1845, recebeu várias centenas de saros, parte dos quais migrou para Abeokuta, no interior. Os saros eram antigos cativos, resgatados a bordo dos navios negreiros pelos cruzadores britânicos e emancipados em Serra Leoa. Eles migravam de volta para a Costa da Mina, convertidos ao protestantismo e falando inglês, após serem educados nas missões anglicanas, metodistas e wesleyanas. Em Badagri, os retornados "brasileiros" chegaram só mais tarde, na década de 1850.[15] Ainda outros desses libertos e suas famílias migraram para cidades no litoral ocidental, como Acra, em Gana, ou Lomé e Pequeno Popo, no Togo.[16] Apesar dessa progressiva dispersão geográfica, na década de 1830, sobretudo após o pico migratório de 1835-7, a maioria dos retornados "brasileiros" se concentrou em duas cidades litorâneas: Uidá e Agoué.

Uidá, ou Ajudá, era o principal centro comercial e porto de embarque do poderoso e militarizado reino do Daomé, então sob o comando do rei Guezo, entronizado em 1818 após a deposição do seu meio-irmão Adandozan. O reino do Daomé foi a potência hegemônica na Costa da Mina desde a década de 1720, quando conquistou os reinos de Alada e Uidá no litoral. Com a declaração inglesa do fim do tráfico atlântico em 1807 e o progressivo abandono dos fortes inglês, francês e português em Uidá, o reino experimentou um severo declínio econômico. Essa crise seria um dos principais fatores a explicar a deposição do rei Adandozan, que, no entanto, tinha se esforçado para assegurar o monopólio do comércio com Portugal através de duas embaixadas enviadas em 1805 e 1810.[17]

Para se diferenciar de seu antecessor e legitimar a usurpação do trono, o rei Guezo investiu numa estratégia militarista que lhe permitiu, em 1823, se libertar da sujeição tributária ao reino de Oyó, naquele momento em plena fragmentação política, o que contribuiu para revitalizar a economia do Daomé.[18] Guezo também agraciou Francisco Félix de Souza, com quem se diz que tinha feito um pacto de sangue para jurar fidelidade mútua, com o título de Chachá, lhe conferindo a administração comercial do porto de Uidá.[19] A crescente duração e ostentação das cerimônias dos Costumes, celebradas anualmente na capital Abomé em honra aos antepassados reais, são um indício do lucro que o tráfico ilegal com Brasil e Cuba ainda lhe aportava, e isso apesar da intensificação da vigilância dos cruzadores britânicos.[20]

A comunicação entre o Daomé e a Bahia foi bastante fluida no reinado de Guezo. Seguindo os passos dos seus antecessores, por volta de 1820, o monarca enviou uma embaixada organizada pelo Chachá e liderada por seu tio Amussú.[21] Anos depois, em 1835, há notícias em Salvador de um "Dom Jozé, nação gege, embaixador de Agoumés", talvez o mesmo "Joze de Guezou" que solicitou passaporte para "os portos d'África" no mês de julho daquele ano.[22] Nesse contexto, não é impensável que, além da interlocução oficial com as autoridades imperiais, houvesse circulação de informações e mensageiros entre os comerciantes e libertos africanos na Bahia e suas contrapartes na costa africana, comunicação favorável à escolha do Daomé como destino prioritário.

Voltando aos retornados, não há conhecimento, para aquele período, da existência de títulos de propriedade fundiária ou de contratos de arrendamento de terras no Daomé, fenômeno que, no entanto, se tornaria extremamente importante na segunda metade do século XIX. Os forasteiros recém-chegados, seguindo uma prática de longa data, precisavam obter licença dos chefes locais, os *ayinon*, ou donos da terra, para se instalar e passar a morar no lugar, geralmente em troca de algum tributo. No porto daomeano de Uidá, cabia ao rei Guezo conceder esse direito e receber os "costumes" ou impostos anuais, mas era o Yovogan, o "chefe dos brancos" e seu representante político local, quem outorgava a permissão.[23] O Chachá, porém, parece ter atuado como anfitrião dos imigrantes vindos do Brasil, distribuindo-lhes terras nas imediações de sua residência. Por isso, ele foi nomeado pelas autoridades baianas para assinar o comprovante do desembarque dos deportados na goleta *Maria Damiana*, documento que devia provar que eles não tinham sido reescravizados.[24]

A vila de Uidá estava constituída por uma série de bairros, chamados *kome* pelos autóctones e *towns* (cidades) pelos ingleses, cada um sob o controle de um cabeceira. Em 1849, o oficial inglês Frederik E. Forbes listava a "cidade francesa", a "cidade inglesa", a "cidade portuguesa", a "cidade do Chachá (Ajudá)", a "cidade do mercado" e "algumas cidades de africanos libertos".[25] Três desses bairros tinham se formado no século XVIII em volta dos fortes francês, inglês e português (este conhecido como *sarame*), e neles residiam famílias que trabalhavam como serviçais dos europeus. O bairro do Chachá, em torno de sua residência, também conhecido como Blezil (Brasil), limitava-se com o bairro Maro, um daqueles constituído por "africanos libertos".

A maioria dos imigrantes instalados em Maro era nagô, originários de cidades como Oyó, Ijexa, Ofá, Boma, Abeokuta, Iseyin; mas havia também nupes (tapas, na língua iorubá), da região ao norte do rio Níger, e bornus, de Kanike ou Kerri-Kerri, perto do lago Tchade. Várias famílias eram praticantes do islamismo, e nesse bairro foi construída a primeira mesquita da cidade. Aliás, o seu primeiro imã foi Joaquim da Silva Lisboa, Baba Olougbon, vindo da Bahia em 1836. Outras famílias de libertos se instalaram nos bairros Zomai e Blezil, e mais tarde em Boya-Ganve, bairro fundado em 1838 pelo chefe daomeano Boya.[26] José Pedro Autran e Francisca da Silva, por exemplo, citados no capítulo anterior, receberam permissão do Boya para se instalar nesse bairro.[27]

TABELA 5
FAMÍLIAS DE LIBERTOS AFRICANOS VINDOS DO BRASIL EM UIDÁ

BAIRRO	NOME DA FAMÍLIA/ FUNDADOR	ORIGEM	NAÇÃO	PASSA-PORTE	RELIGIÃO
Maro	Joaquim da Silva Lisboa Olougbon	Ofá	nagô	1836	islamismo
Maro	Marcolino Dias da Conceição [Odé]	Boma/ Igbomina	nagô	—	—
Maro	Ahmidou	Ibadan	nagô	—	islamismo
Maro	Tobias [Barreto] Brandão	—	jeje	1835	—
Maro	Oguidan	Kerri--Kerri	bornu	—	—
Maro	Dangana [Moreira]	Bida	tapa	—	—
Maro	Joaquim das Neves	—	hauçá	1835	islamismo/ catolicismo
Maro	Ahi	Abeokuta	nagô	—	—
Maro	Ângelo Custódio das Chagas	Kanike	bornu	1835	catolicismo
Maro	Da Matta	Boma/ Igbomina	nagô	—	—

BAIRRO	NOME DA FAMÍLIA/ FUNDADOR	ORIGEM	NAÇÃO	PASSA-PORTE	RELIGIÃO
Maro	Marcos [Borges Ferraz]	Ofá	nagô	1860s	islamismo/ catolicismo
Maro	Américo	Iseri	nagô	—	—
Maro	[Guilherme] Martins do Nascimento*	—	crioulo	1842	catolicismo
Boya--Ganve	Antônio de Almeida, Olufade	Iseyin	nagô	—	catolicismo
Boya--Ganve	Vilaça Kilofé [José Pedro Autran]	Ijexa	nagô	1837	catolicismo
Blézil	Diogo [Machado]	—	tapa	1835	—
Blézil	Pedro Pinto da Silveira [Codjo]*	Pequeno Popo	mina	1850s	—
Zomai	João Antônio do Rego	Kanike	bornu	1840	islã
Sogbadji	Sabino Vieira*	—	tapa	—	—

* Com casa também em Agoué.
FONTES: Reynier, "Ouidah", pp. 41-6, 56, 66; Law, *Ouidah*, pp. 180-2; Castillo e Parés, "Profils biographiques", pp. 51-74.

Embora a Tabela 5 inclua coletividades familiares que chegaram em períodos posteriores à década de 1830, comprova-se que em Uidá se instalaram poucos retornados de nação jeje. Já Agoué, situada a 47 quilômetros a oeste de Uidá, parece ter sido um dos locais mais cobiçados pelos regressados dessa nação. Fundada no início da década de 1820, em 1835 a aldeia devia ser um pequeno povoado de poucas centenas de habitantes, pois em 1843, anos depois da instalação dos colonos brasileiros, era descrita como uma "cidade de segunda classe", com uma população entre 1500 e

1600 habitantes.[28] Era, porém, uma povoação politicamente descentralizada, o que pode ter atraído os imigrantes, favorecendo o seu crescente cosmopolitismo.

Cabe supor que as famílias de retornados brasileiros tiveram que negociar com o rei de Glidji, o cabeceira Komlagan e outros chefes locais, talvez por intermédio do "moço grande" — como vimos, um retornado que lá morava em 1831 — para obter permissão e delimitar os distintos lugares de assentamento. A residência de um grupo familiar consistia em um conjunto habitacional para o chefe, suas mulheres, os filhos destas e suas mulheres, agregados, escravizados, sendo o espaço contornado, em geral, por um muro ou cerca. Não há como saber se, já naquele primeiro momento, a casa de Joaquim de Almeida foi levantada com dois andares, mas um dos seus apelidos, Azata, em língua fon significa "teto" ou "laje", aludindo a essa característica arquitetônica dos "brasileiros".[29] Além da área construída, a concessão territorial compreendia a ocupação de terras para exploração agrícola, em geral situadas do outro lado da lagoa interiorana, na região de Agouégan (Mapa 3). Como veremos, a partir da década de 1840, as plantações de palmeiras de dendê passaram a constituir um complemento da economia do tráfico. A instalação física e simbólica no novo território exigiu, com certeza, complexos arranjos e negociações, assim como presentes, oferendas e prestações de diversa ordem.[30]

Esse processo de colonização afro-baiana resultou na formação de distintos bairros ou *kome*, orientados, em parte, por afinidades étnicas e linguísticas: Fonkome era o bairro dos fons, embora também congregasse mahis e nagôs; o adjacente Zokikome, ou bairro de Zoki (uma forma abreviada para Joaquim), cresceu em volta do recinto familiar de Joaquim de Almeida, e abrigava mahis, fons e crioulos brasileiros. Havia também os bairros Diata ou Idi-Ata, habitado pelos nagôs, e Hauçakome, onde moravam hauçás, nagôs e mahis.[31] Nesse contexto multiétnico, cabe destacar o vínculo residencial, a pertença a uma determinada "casa" e as relações de vizinhança, como vetor determinante na produção de identidade coletiva.

A morada de Joaquim era colada à de José Pereira da Paixão, o companheiro de viagem de Thomazia, proximidade que replicava a da freguesia de Santo Antônio, na Bahia, quando ambos moravam nas imediações da rua dos Quinze Mistérios. Haveria, assim, uma continuidade da relação de vizinhança que estabelecia uma homologia entre a freguesia católica da América portuguesa e o *kome* africano. Ao lado de Pereira da Paixão, levantou sua casa José Santana de Souza, um dos primeiros colonos de Fonkome. A proximidade residencial estava reforçada pelo fato de Almeida, Paixão e Santana serem de origem mahi.[32] Com o passar dos anos, agregaram-se novas residências, como a do afilhado de Joaquim, Agostinho de Freitas, também mahi, a de Aguiar de Almeida, gun (grupo étnico de Porto Novo) casado com uma cativa de Joaquim e importante parceiro comercial deste, e as de vários parentes de Joaquim que vieram convidados de sua aldeia natal no país Mahi.[33]

O conjunto dos bairros afro-lusófonos constituía a "cidade portuguesa", conforme a expressão dos ingleses. Ao sul, de frente ao mar, em torno da fábrica de azeite de dendê do comerciante inglês Thomas Hutton, emergiu a "cidade inglesa", agregando os saros, imigrantes anglófonos e protestantes vindos de Serra Leoa. Com o tempo, alguns deles acabaram por se afastar do litoral, construindo suas casas a leste de Fonkome.[34] A mesma divisão entre uma "cidade portuguesa" e uma "cidade inglesa" seria replicada em Badagri e Pequeno Popo. Nesta última, falava-se em "New London" ou a "cidade inglesa", e em Adjido, do outro lado da lagoa, a "cidade dos escravos", sob direção portuguesa.[35] O recorte em termos de marcadores nacionais, linguísticos e religiosos (protestantismo versus catolicismo) serviria para dividir a geografia urbana em supostas atividades econômicas lícitas, o comércio do azeite, e ilícitas, o tráfico. Como veremos, essas atribuições eram mais fictícias que reais.

A escolha de Agoué como principal assentamento do entorno social de Joaquim de Almeida não foi arbitrária, pois tratava-se de uma localização estratégica. Além de a aldeia não estar sujeita a uma autoridade política forte e de oferecer amplas possibilidades de acesso à terra, ela ficava fora da zona de influência direta do rei do Daomé, que, no seu território, podia restringir a mobilidade dos súditos. Por exemplo, em 1835, um grupo de libertos vindos do Brasil, na sua maioria nagôs, bornus e hauçás, pretendia desembarcar em Agoué ou Badagri, mas foi forçado a fazê-lo em Uidá, alguns perdendo seus pertences, sem receber compensação das autoridades locais. Por ordem expressa do rei, foram proibidos de voltar aos seus lugares de origem, obrigados a permanecer em Uidá e forçados a assistir anualmente aos Costumes de Abomé para pagar seus tributos. Após quase quinze anos nessa condição, um oficial inglês os comparava a "escravizados", apesar de eles serem tratados, na condição de estrangeiros, como "brancos", sem precisar se prostrar diante do rei, como era exigido dos autóctones.[36]

Ante essa restrição à mobilidade dos súditos do Daomé, Agoué oferecia maior liberdade operacional e talvez um menor controle tributário, vantagens que os retornados jejes parecem ter aproveitado. A já comentada "estratégia de adaptação" dos traficantes às novas condições da clandestinidade, resultando na dispersão geográfica dos pontos de embarque em prol de pontos menos vigiados, favoreceu enclaves como Keta, Pequeno Popo, Grande Popo e Agoué, na área ocidental de Uidá, e Godomey e Badagri, na área oriental, absorvendo uma parte das atividades antes conduzidas no porto daomeano. Nesses lugares se coordenavam e preparavam os carregamentos humanos, embora os embarques se realizassem em pontos variáveis das praias, de acordo com as possibilidades.³⁷ A lagoa litorânea, historicamente a principal via de comunicação da região, redobrou sua utilidade conectando essas aldeias e facilitando o transporte dos comboios de cativos. Contudo, se entre 1837 e 1844 Uidá experimentou um relativo declínio da sua exportação negreira, a cidade continuou a ser o principal mercado de escravizados na região. A vila centralizava a recepção das mercadorias europeias e, apesar de esporádicos problemas no suprimento de cativos pelo fechamento dos caminhos que vinham do interior, concentrava a maior parte das negociações com os mercadores do litoral.³⁸

Assim, a relativa proximidade de Agoué e Uidá era uma vantagem adicional que facilitava a interconectividade. Para seu sucesso mercantil, Joaquim e seus parceiros estavam obrigados a colaborar e inclusive a trabalhar com os mercadores do rei Guezo em Uidá, nos primeiros anos à sombra dos negócios do Chachá, mais tarde em concorrência com ele. Em 1840, Joaquim de Almeida estava sediado em Agoué, recebia carregamentos enviados da Bahia, centralizava uma ampla rede clientelista e mantinha estreitas relações com o cabeceira local, "Javier Sicó" (Yaovi Siko). Morava na companhia de Thomazia e, na correspondência, é referido como "Ilustríssimo senhor" e "Capitão", sinalizando ser um dos "homens fortes" da cidade.³⁹ Um ano depois, em 1841, a correspondência a ele dirigida indica que estava em Uidá, em companhia do seu sócio Antônio Caetano Coelho.⁴⁰

Ao que tudo indica, apesar da relativa autonomia política oferecida por Agoué, a dependência econômica do centro mercantil de Uidá forçava o trânsito continuado desses libertos entre as duas cidades. De fato, vários deles acabaram por estabelecer casas em ambos os lugares, presumivelmente ocupadas de forma permanente por membros de suas famílias extensas, o que facilitava o deslocamento rápido quando necessário ou, quando isso não era possível, permitindo-lhes atuar em rede.⁴¹ A ágil conectividade dessa malha humana por meio de cartas e mensageiros era um fator crítico para garantir a eficiência do transporte dos cativos e das operações de embarque clandestino.

Desse modo, apesar da sua fixação territorial em Zokikome, Joaquim fez da mobilidade um instrumento fundamental de seu sucesso comercial. Na geopolítica econômica da Costa da Mina, Agoué não deixava de ser um lugar periférico em relação a Uidá e, a partir da década de 1840, em relação a Lagos, onde os mercadores brasileiros, portugueses e espanhóis realizavam o grande negócio do tráfico, e onde as companhias inglesas e francesas investiam no comércio do azeite de dendê. Não é descabido pensar que africanos como Joaquim e os libertos que o acompanhavam escolhessem um lugar marginal e relativamente afastado como Agoué de forma proposital, na tentativa de criar um espaço de liberdade e sociabilidade alternativa, longe não só das ações navais antitráfico como também da sujeição aos poderosos. Porém, para compensar sua posição periférica, eles fizeram da mobilidade sua bandeira, não apenas no contexto regional da Costa da Mina, mas também no contexto atlântico.

Não é fácil traçar os movimentos de Joaquim no período de pouco mais de oito anos entre o fim de 1836, quando ele chegou a Agoué, com o grupo de mulheres descrito no capítulo anterior, e o início de 1845, quando voltou de sua última viagem conhecida à Bahia. Nesse intervalo ele realizou pelo menos duas viagens de ida e volta entre a África e o Brasil, embora não seja possível determinar com precisão sua duração exata.

Em agosto de 1837, poucos meses depois de chegar em Agoué, Joaquim estava de volta à Bahia, e em novembro de 1838 estava prestes a partir de novo para a África.[42] Não sei dizer se nesse intervalo de quinze meses ele retornou à África ou ficou direto no Brasil. A outra viagem à Bahia ocorreu no fim de 1842, quando ele é descrito como "ausente, e breve a chegar".[43] Nessa ocasião,

Joaquim permaneceu por dois anos na cidade, até o fim de 1844, quando, após escrever seu testamento, regressou à costa africana, ao que parece de forma definitiva. Como veremos no capítulo 6, a partir de 1845 ele passou a residir em Uidá, até 1850, quando se deslocou mais uma vez para Agoué. Antes de examinar esse período, porém, proponho focar a atenção nos quatro anos que se passaram entre o fim de 1838 e o fim de 1842, quando Joaquim residiu, presumivelmente de forma continuada, em terra africana, transitando entre Agoué e Uidá.[44]

AS CONTAS DE TOBIAS BARRETO BRANDÃO

Na falta de fotografias, a aparência física do liberto jeje Tobias Barreto Brandão é descrita verbalmente nos passaportes que o habilitavam a seguir viagem para a Costa da África: "cor preta, corpo grosso, estatura ordinária, rosto redondo, cabelos encarapinhados, orelhas pequenas, nariz rombo e grosso, sobrancelhas curtas, olhos pequenos e pretos, lábios grossos, barba pouca". Tobias era de nação "agorim" ou agonli, um dos povos do país Mahi, e foi escravizado aos sete anos. Aprendeu o ofício de alfaiate na Bahia, e sua senhora, dona Rosa Cândida da Costa Brandão, o libertou por 400$000 réis em 1831. Ele tinha suficiente autonomia para, ainda escravizado, em 1829, batizar outro cativo de sua propriedade. Nos meses posteriores à Revolta dos Malês, com necessidade de viajar para o Recôncavo a fim de coletar certas dívidas, precisou solicitar salvo-condutos a fim de circular livremente sem ser injustamente preso. Embora sua alforria tivesse sido paga e não fosse condicional, talvez como tática para persuadir as autoridades de sua boa conduta e confiabilidade, alegou estar "obrigado a acompanhar a sua senhora enquanto viva, mas tem licença desta para ir para ilha de Príncipe, a tratar de negócio". Com efeito, Tobias tirou passaporte em novembro de 1835, e nos anos a seguir passou a viver "de embarcar para a Costa de África a seu negócio".⁴⁵

Em setembro de 1840, com quarenta anos, mais ou menos, ele embarcou de novo a bordo da escuna *Gratidão*, de João da Costa Junior, levando uma carregação de tabaco e outras mercadorias consignadas a Joaquim de Almeida. O navio, porém, como tantos outros naquele período, foi apresado pelos cruzadores britânicos a leste de Acra. Com base nas cartas e notas comerciais confiscadas em seu poder, o relatório dos ingleses concluía que, nos últimos dois anos, ou seja, desde setembro de 1838, Tobias tinha "se envolvido de forma intensa no tráfico" em vários portos da Costa, assistido em Agoué por Joaquim de Almeida e outros africanos, como Elias Domingo de Carvalho e Antônio Caetano Coelho, e brasileiros como Antônio Vieira dos Santos e um tal "Seca Medair".⁴⁶

Os papéis e as contas de Tobias permitem entrever os negócios desses mercadores de gente e indicam que em novembro de 1838 ele estava em Agoué e recebeu fiado, de Antônio Vieira dos Santos, mercadorias no valor de 32 onças para comprar dois escravizados "dos melhores". A onça comercial (*trade ounce*) não era uma moeda física, mas o que os antropólogos que estudam a economia chamam "unidade ficcional" de contabilidade, que permitia estabelecer equivalências entre diversos gêneros e, assim, definir possibilidades de escambo.⁴⁷ Em meados da década de 1830, uma onça de búzios correspondia a 16 mil búzios, a moeda local por excelência, ou a 8$000 réis brasileiros, ou oito dólares de prata (sinônimo, naquele contexto, do peso espanhol).⁴⁸ Podemos, assim, estimar o valor das mercadorias recebidas por Tobias em, aproximadamente, 256$000 réis.

Em paralelo à onça comercial, circulavam as onças ou dobrões espanhóis e mexicanos, estes sim, moedas cunhadas em ouro. Entre 1838 e 1846, o seu valor, mais ou menos estável, oscilava entre 26$500 réis e 32$000 réis, a onça mexicana sempre um pouco mais barata.⁴⁹ A outra "moeda legal" que circulava na Costa da Mina era o peso espanhol ou dólar de prata. Na década de 1820, um dólar equivalia a 1$000 réis (ou a uma *cabeça pequena* de 2 mil búzios), mas ao longo da década 1835-45 o mil-réis se desvalorizou 100% em relação ao dólar.⁵⁰ Por outro lado, a equivalência da onça comercial com 16 mil búzios manteve uma relativa estabilidade desde o século XVIII, resultado de sua paridade com o valor do ouro. No entanto, no final da década de 1840, começou a depreciação do búzio em relação ao dólar. Em 1849, Frederik E. Forbes notava que, em Uidá, embora o valor nominal do dólar fosse ainda 2 mil búzios, davam por ele 2400 e 2600 búzios.⁵¹

Além da inflação e da flutuação do câmbio, outro fator que dificulta o cálculo de ganhos e perdas dos mercadores na Costa da Mina é a dualidade entre o *prime cost* (o valor pago pela mercadoria na origem) e o *trade cost* (o valor que elas adquiriam ao serem utilizadas no escambo na Costa).⁵² Por exemplo, no período 1838--40, um rolo de tabaco era avaliado na Bahia em 4$000 réis, e uma vez a bordo, pago o frete, custava 5$360 réis. Porém, na Costa da Mina o seu valor de troca equivalia a pelo menos uma onça ou 8$000 réis. Ou seja, *o trade cost* era bem maior que o *prime cost*, nesse caso supondo-se a mais-valia de 67%.⁵³ Assim, o preço "nominal" de uma commodity paga na Costa não refletia o seu valor "real", que, em última instância, era função do preço das mercadorias na origem. Esses fatores fazem com que a estimativa do preço dos cativos na África, trocados em onças de tabaco e outros gêneros, e sua conversão em moeda internacional sejam um exercício que exige bastante cautela.

Com os gêneros brasileiros — é importante frisar, recebidos no fiado — Tobias comprava cativos aos cabeceiras locais, conforme atesta seu memorando com os valores de onze deles adquiridos, em vários momentos, "na casa de Tomitin Vial", quase com certeza irmão do rei daomeano Guezo, Tometin.⁵⁴ Assim, como os *pacatilheiros* angolanos, Tobias intermediava e revendia entre os provedores locais, associados à Corte de Abomé, e os consignatários dos navios que recebiam as mercadorias da Bahia nas suas feitorias do litoral.[55]

Tobias acabou vendendo a Antônio Vieira quatro "negros", a nove onças cada um, e um "mulato", por catorze onças, atingindo um total de cinquenta onças, valor superior às 32 onças em mercadoria recebida a crédito. A diferença entre o preço dos *mulattos* e o dos *negros* (ou *slaves*) é recorrente na tradução inglesa das notas, atribuindo a eles um preço bem maior. É possível que *mulatto* fosse um erro na leitura da palavra "moleque" no original português, o que explicaria o valor mais alto.[56] Caso contrário, não fica claro quem eram esses cativos mestiços. Seriam filhos de escravizadas locais e mercadores agudás? Africanos de pele mais bronzeada, como os fulanis? Em Agoué, os canoeiros minas e krus, trazidos de Elmina e da Libéria, respectivamente, podiam ser cativos dos traficantes, valorizados por suas habilidades no embarque e desembarque dos navios, mas não há qualquer evidência de eles serem referidos como "mulatos".[57]

Seja como for, Tobias sempre comprava e vendia os escravizados em troca de pacotes de mercadorias brasileiras. Em dezembro de 1838, ele entregou dois "escravos" e um "mulato" por catorze rolos de tabaco, seis garrafas de aguardente, três barris de pólvora e três onças em mercadoria, o todo avaliado em 26 onças. Um mês depois, vendeu três escravizados a Joaquim de Almeida por catorze rolos de tabaco e doze onças em aguardente (outras 26 onças), e ainda outros dois ao capitão e mercador baiano Manoel Ferreira Raposo, por uma pipa de aguardente.[58] Desses dados emergem as principais mercadorias importadas da Bahia: aguardente de cana-de-açúcar (cachaça, também conhecida como jeribita) e tabaco de refugo, ou de terceira qualidade, cultivado no Recôncavo, mas também pólvora, espingardas e fazendas de algodão, na sua maioria de confecção inglesa.

No fim de janeiro de 1839, recém-chegado da Bahia e após superar uma crise de carneirada, o mesmo que malária, Joaquim de Almeida negociava a venda de um "molecão" ao capitão da escuna *Firmeza*, Manoel Gonçalves de Araújo. Segundo Joaquim, o cativo, comprado a um cabeceira local (portanto, distinto daqueles comprados a Tobias), custou "13 onças, sendo 6 [de] búzios, 1 onça de pólvora e uma espingarda, e mais gêneros em fazendas, restando-me 1 onça do cabeceira, que vem a ser o todo 14 onças, e o dito, por ser muito esperto, está preso no tronco do cabeceira". O último comentário é uma das poucas instâncias documentais em que aparece o escravizado, além do seu valor, denotando a violência e o regime disciplinar que permeavam aquele universo. Joaquim comprou três cativos a Tobias por menos de nove onças cada um, e queria vender o "molecão" por catorze, tentando tirar um lucro de quatro a cinco onças sobre o "preço africano" médio. Consciente do risco da operação, completava: "No caso que não lhe sirva segundo o custo, mande dizer pois eu fico com ele e lhe comprarei outro que apareça mais em conta, pode se achar algum mais barato sendo moleque pequeno ou algum negro já barbado".[59]

A idade e o sexo eram fatores importantes para determinar o preço dos cativos, mas o lucro dessas operações comerciais é difícil de quantificar. Primeiro, como falei, porque o escambo por mercadorias dificulta a equivalência monetária, segundo porque os arranjos que resultavam das necessidades e possibilidades de cada momento eram muito variáveis. Tobias podia comprar "mulatos" por 10 onças e vendê-los por 14, levando 4 de vantagem, mas numa ocasião, pelo menos, ele trocou com Antônio Caetano Coelho uma escravizada de 9 onças por outra de 10, perdendo 1 onça na operação.[60]

Os papéis de Tobias permitem questionar e problematizar a diferença que os historiadores da escravidão estabelecem entre o "custo africano" (*African cost*) — função da aquisição do cativo e do seu transporte ao litoral, resultando no seu preço no mercado local — e o "custo do feitor" (*factor cost*) — função do ajuntamento da carregação humana perto do ponto de embarque, determinando o preço pago pelo capitão negreiro. A documentação disponível evidencia a dificuldade de encaixar alguns custos do tráfico atlântico nessa tipologia. Por exemplo, é complicado saber se as altas taxas de exportação impostas pelo rei e outras autoridades locais na venda dos cativos, ausentes na venda daqueles dos mercadores privados, devem ser calculadas como custo africano ou como custo do feitor; ou se as despesas do embarque, como as soldadas dos canoeiros, devem ser embutidas no custo do feitor ou consideradas parte do "custo da viagem" (*shipping cost*).[61]

De todo modo, cumpre enfatizar que a cadeia transacional prévia ao embarque podia envolver vários atravessadores, cada um deles tentando levar sua vantagem marginal, resultando num dinâmico e variável processo de compra-venda que relativiza uma separação nítida entre o custo africano e o custo do feitor. Tobias comprava do mercador local Tometin, mas não exercia as funções típicas do feitor, vendendo ao capitão negreiro; ele revendia a outros mercadores lusófonos como Almeida ou Vieira, que, por sua vez, revendiam aos capitães ou às feitorias responsáveis pelo embarque. Entende-se que essas vendas encobriam transações comerciais engajando um complexo sistema de crédito ou empréstimo de mercadorias e dinheiro entre uns e outros.

Outras vezes, Tobias oferecia seus serviços no carregamento e frete dos cativos, sem necessariamente intervir na operação de compra e venda. Numa ocasião, embarcou para a Bahia seis escravizados consignados ao poderoso negociante Joaquim Alves da Cruz Rios, cobrando uma comissão do 5%, de um valor total de 1:102$960 réis, ganhando na operação por volta de 58$000 réis, um pouco mais de 1 onça por cativo.[62]

Aliás, Tobias podia diversificar as carregações com outras

mercadorias. Em fevereiro de 1839 embarcou, no brigue *Firmeza*, uma pipa de azeite de dendê, uma barrica com 23 panos da costa, um molho de esteiras, dois fardos de cuias e balaios, pegerecum, pimenta-da-costa e duas caixas com miudezas. O custo africano da mercadoria foi de 333$400 réis, e as despesas de frete, alfândega e outras perfizeram 109$760 réis, ou 25% do investimento. Uma conta das vendas na Bahia, datada de junho daquele ano, porém, indica um produto total de 451$100 réis, deixando um lucro de apenas 7$940 réis, ou de 2% (Tabela 6).[63] Obviamente, apesar de um benefício razoável com os panos da costa, as bolsas e os balaios, essa foi uma operação malsucedida, em grande medida pelo baixo preço do azeite na Bahia naquele momento e o alto custo da alfândega.

TABELA 6
VALORES DE COMPRA E VENDA DE MERCADORIAS ENVIADAS POR TOBIAS BARRETO BRANDÃO, EM AJUDÁ, A MANOEL CARDOZO DE BITTENCOURT, NA BAHIA, 1839

MERCADORIAS	CUSTO AFRICANO	VENDA NA BAHIA	LUCRO	% LUCRO
1 pipa de azeite [67 canadas]	100$000	128$640	+28$640	29%
23 panos da costa	152$800	226$000	+73$200	48%
21 balaios	19$000	29$760	+10$760	57%
13 esteiras	6$000	5$200	– $800	–13%
43 bolsas	5$000	12$040	+7$040	141%
95 cuias	13$600	15$200	+1$600	12%
82 [?]	20$000	16$500	– 3$500	–18%
Pegerecum	9$000	6$560	– 2$440	–27%
Pimentas-da-costa	8$000	11$200	+ 3$200	40%
Subtotal mercadorias	333$400	451$100	117$700	35%

MERCADORIAS	CUSTO AFRICANO	VENDA NA BAHIA	LUCRO	% LUCRO
Outras despesas				
Estadia da pipa de azeite	4$200			
[Rebatição?] por duas vezes	$960			
Despacho de alfândega	66$200			
Dinheiro do despachante	2$000			
Idem a ganhadores...	$400			
Idem de frete ao navio	36$000			
Subtotal despesas	109$760			
TOTAIS	443$160	451$100	+7$940	2%

FONTE: TNA, FO 315/48/48, caso *Gratidão*, docs. 21, 113.

Em definitivo, tratava-se de um comércio flexível e diversificado, não apenas em termos das mercadorias — que não se limitavam a cativos, mas também dos distintos tipos de intermediação realizada —, tanto no nível local como no transatlântico. Tobias ilustra o que podia ser um pequeno traficante, sujeito a riscos e perdas consideráveis. Num período aproximado de seis meses (entre outubro de 1838 e março de 1839), suas contas refletem a compra de treze escravizados e a venda de outros quinze (entre eles cinco "mulatos"). Calculando os preços médios de compra (dez onças) e os de venda (9,3 onças), conforme aparecem na documentação, não emerge qualquer lucro, ao contrário. Inclusive, admitindo o benefício de uma onça por escravizado, acrescentando as comissões de frete e os benefícios das operações "lícitas", poderíamos especular um lucro semestral de 25 onças ou algo em torno de 33$000 réis por mês, quantia bem modesta, que daria apenas para sobreviver. Um ganho dessa ordem não justificaria o risco das empreitadas. Devemos concluir, assim, que os papéis de

Tobias apreendidos no *Gratidão* não refletem toda a sua atividade comercial, sem desconsiderar a possibilidade de os negócios passarem por um mau momento. Fora isso, como era de praxe naquele negócio, ele funcionava à base de crédito, permitindo-lhe sobreviver apesar de perdas ocasionais.

Talvez pelo limitado lucro no litoral africano, Tobias aparece de volta na Bahia em julho de 1840. Em mais um exemplo de sua versatilidade comercial, ele estava a enviar, num brigue dos Estados Unidos — nação que, naquele momento, dominava grande parte do comércio atlântico —, uma carregação de cinquenta rolos de tabaco a Joaquim de Almeida. O tabaco pertencia a Antônio Félix de Souza, o filho do Chachá.[64] Como já disse, assim como os mercadores baianos enviavam seus agentes à Costa da Mina, os comerciantes do litoral africano enviavam seus representantes à Bahia para maximizar os investimentos. Nessa carregação iam também objetos pessoais para Joaquim de Almeida e sua parceira comercial Ifigênia da Cruz, incluindo tecidos, roupas, utensílios domésticos, miçangas e corais.[65] Por motivos desconhecidos, essa carregação "foi tomada por perdida", provavelmente apresada pelos ingleses, e não chegou ao destino.[66]

Tobias não desanimou. Dois meses depois juntou uma nova carregação para Joaquim de Almeida. Dessa vez fez questão de embarcar como passageiro no *Gratidão*, responsabilizando-se pela carga. Ela incluía cem rolos, quarenta barris e nove caixas de tabaco, quatro pipas de aguardente, seis garrafões de licor, duas meias pipas de mel, além de louças, fazendas, roupas e outras miudezas.[67] Parte importante do tabaco e da aguardente pertencia a José Bernardino da Costa, um africano nagô com trânsito pelos engenhos de Cachoeira, barbeiro, liberto do jeje José da Costa Faria, outro barbeiro e também membro do círculo da Irmandade da Redenção.[68] Outros vinte rolos de tabaco, uma libra e um quarto de corais (avaliados em 75$000 réis) e dois caixões de doce de araçá foram enviados a Joaquim por seu confrade e compadre Benedito Fernandes Galiza. Já seu afilhado de casamento, Agostinho de Freitas, lhe enviava cravo-da-índia.[69]

Além de deixar entrever o gosto refinado de Joaquim pelo doce e as especiarias, e como os laços pessoais se traduziam em transações comerciais, o que se conclui da informação é que o jeje Tobias organizou duas viagens para suprir Joaquim de tabaco fornecido por negociantes africanos sediados na Bahia. Ou seja, os africanos dispunham de autonomia suficiente para gerenciar operações mercantis entre eles, cobrindo, desde o fornecedor, passando pelo intermediário, até o comerciante. Esses dados permitem vislumbrar como os africanos participavam do comércio marítimo e as características da sua economia miúda — nas frestas do grande negócio — que, com sorte, lhes proporcionava o ganho marginal. O valor da carga do *Gratidão* consignada a Joaquim pode ser estimado, de forma conservadora, em pelo menos 250 onças, passíveis de render em torno de 25 cativos.[70] Essa projeção é indicativa do progressivo incremento do volume de negócio de Joaquim, que, na virada da década de 1840, já escapava à categoria de "miúdo".

MULHERES LUSO-AFRICANAS NO COMÉRCIO ATLÂNTICO

Com o comércio de gente, o outro grande protagonista do período foi o azeite de dendê. O óleo vermelho extraído do caroço e do pericarpo do fruto da palmeira *Elaeis guineensis* (*Palmae*, *Cocoineae*) era utilizado desde longa data na Costa da Mina para fins culinários, terapêuticos, religiosos, estéticos e, inclusive, desde o século XVI, para exportação em pequena escala.[71] Contudo, nas primeiras décadas do século XIX, sua produção ganhou maior relevância na economia local, tanto pela crescente demanda de sabão e lubrificantes para a indústria europeia quanto por sua suposta viabilidade comercial como alternativa ao tráfico de escravizados. O tema da transição da economia escravista para a economia do azeite de dendê na Costa da Mina, em meados do século XIX, tem sido comentado de modo exaustivo por diversos historiadores.[72]

Embora alguns deles apontem que o comércio do azeite de palma surgiu como substituto do tráfico de escravizados, há hoje um consenso entre os especialistas sobre a compatibilidade entre ambas as atividades. Já em 1850, Domingos José Martins, um dos principais mercadores na região, afirmava: "O comércio de escravos e o de azeite de palma ajudam-se um ao outro".[73] O historiador Robin Law resume: "Os comerciantes brasileiros inicialmente tomaram o comércio de azeite mais como um suplemento ao tráfico de escravizados do que como um substituto deste".[74] Reiterando essa compreensão, Bernard Schnapper defende que a exportação do azeite foi inicialmente estimulada e utilizou os mesmos circuitos comerciais do tráfico, sendo os mercadores portugueses e brasileiros seus principais dinamizadores e incentivadores. A partir de 1850, o rei daomeano, que até então tinha apenas encorajado a produção e o comércio do azeite por seus súditos, passou ele mesmo a investir na produção.[75]

O que me interessa, por enquanto, é destacar a importância do azeite de dendê no comércio miúdo (*small trade*) conduzido pelos retornados no período final da década de 1830 e início da década de 1840, quando Joaquim de Almeida e seus parceiros estavam atuando nas redes do tráfico. O historiador Anthony Hopkins é conhecido por sua influente (e contestada) tese de que a nova economia do azeite vegetal favoreceu a participação de um maior número de pequenos produtores e comerciantes, mais ou menos vinculados às oligarquias locais ou em competição com elas, grupo tradicionalmente associado ao tráfico de escravizados.

Para ele, essa transformação de escala supôs o fim do monopólio mercantil das elites e teria provocado uma mudança estrutural na economia da região.[76]

Cabe notar que essa abertura do comércio do azeite para o pequeno mercador ocorreu em paralelo à relativa ampliação do mercado de tráfico de escravizados, que, como sugeri, com a repressão inglesa e a clandestinidade, induziu a participação de um número crescente de libertos. Quando aceitamos que tanto a comprometida economia do tráfico quanto a emergente economia do azeite favoreceram um alargamento pela base da comunidade mercantil, e, ainda, que os pequenos mercadores do azeite coincidiam às vezes com os pequenos traficantes, pode-se arriscar uma hipótese adicional. Caberia supor que a economia do dendê permitiu a participação, *no comércio atlântico*, daqueles que não tinham capital suficiente para a compra e venda de escravizados, incluindo alguns dos libertos vindos do Brasil, em especial as mulheres.

Como também indica Hopkins, na África Ocidental o preço do azeite de palma variava de região para região e segundo sua qualidade, mas não existe documentação confiável que permita quantificar com precisão as exportações do azeite e seus preços antes do período colonial.[77] Para o pequeno produtor e comerciante no litoral africano, sem despesas de transporte terrestre, exportar azeite para a Bahia a retalho, em que pesasse o elevado custo do frete em navios a vela, era uma opção viável e potencialmente lucrativa. Estimativas feitas a partir de dados limitados relativos a Agoué e Uidá sugerem que, no intervalo entre 1835 e 1844, coincidindo com o aumento da demanda, o preço africano do azeite mais do que dobrou; e que sua venda a varejo na Bahia leva a supor um lucro em torno de 35%.[78] Porém, havia uma série de imponderáveis que faziam daquele negócio atlântico uma empresa arriscada. Havia o problema recorrente de achar portadores de confiança e embarcações que aceitassem o frete; e, se o navio não fosse tomado pelos ingleses, havia ainda o perigo de os barris quebrarem ou serem roubados.

Por exemplo, em 1839, a preta Maria Caetana da Conceição remeteu de Uidá um barrilete de azeite, dois panos da costa, sabão da costa e pimenta-da-costa. O consignatário na Bahia, o nagô José Simões, lamentava que o portador não o tivesse avisado da chegada da remessa. Queixava-se da subsequente dificuldade em achar a mercadoria no porto, dizia que um dos panos tinha sumido e acrescentava que "tudo hoje está em uma desordem, a saber, o barril, julgando que tinha 8 canadas, abrindo, estava vazio com falta de algumas 2 canadas".[79] Pedia à remetente que não lhe mandasse "mais semelhantes trabalhos porque eu não tenho tempo para cuidar das minhas obrigações, quanto mais do que pertence a outrem".

Simões informava que, quando o azeite chegou à Bahia, o preço da canada corria a oito patacas (2$560 réis), mas quando ele o recebeu, semanas depois, "já havia muito azeite que não pude vender senão a 2$000", obtendo pelas seis canadas que restaram um total de 12$000 réis. Descontando, porém, os custos da alfândega, o frete, o despachante, o armazém, o conserto do barril e o ganhador, tudo somando 13$040 réis, nada restava, e ainda ficava devendo. Ou seja, o investimento inicial de Maria Caetana no azeite, talvez de uns 8$000 réis, não obteve qualquer retorno.[80] Os custos de frete e aduana estavam com certeza inflacionados, e desconfio que o nagô Simões, apesar do aparente servilismo verbal, tentava tirar proveito da comerciante africana em Uidá. O caso aponta, entre outros riscos, a dificuldade de achar portadores capazes e consignatários de confiança.

Outros libertos africanos envolvidos no comércio de azeite em Uidá foram José Pedro Autran e sua mulher, Francisca da Silva (Iyá Nassô), ambos religiosos do candomblé e já mencionados em capítulo anterior. Ele enviou, no início de 1839, duas meias pipas de óleo ao também mencionado mercador hauçá Manoel Joaquim Ricardo, e outra meia pipa a Nicolau Tolentino da Costa. Esta última, por não vir mencionada na carta enviada por Autran, se extraviou, e Nicolau pedia que ele se entendesse com o capitão do navio para resolver o caso, solicitando: "Nunca me mande mais gêneros sem conhecimento", ou seja, sem avisar.[81] A falta de comunicação entre remetentes e consignatários parece ter sido um problema recorrente. Já Francisca da Silva enviou algumas canadas de azeite a sua "mãe e amiga", a africana Roza Maria da Conceição, mas esta informava que "o azeite que vossa mercê mandou não tem tido saída por causa da muito grande fartura que há dele".[82]

Com efeito, a chegada de cinco navios da Costa da Mina carregados de azeite, em março e abril de 1839, tinha desestabilizado o mercado, abaratando em quase 30% o seu valor, o que prejudicou os pequenos negociantes e os grandes também. O crioulo Manoel José d'Etra explicava a seu fornecedor em Uidá, José Francisco dos Santos, o Alfaiate, que o "azeite levou uma baixa extraordinária pela grande quantidade que [há] desta mercadoria, tem vendido até 1$600, por isso não tenho vendido". E detalhava:

> Quando chegou o brigue *Empreendedor* estava vendendo a 7 patacas a canada [2$240 réis], e 6,5 [2$080 réis] quando chegou o *Firmeza*, que logo no outro dia também chegou o brigue *Triumpho*, de Onim, que também trouxe muito azeite, foi então que barateou no todo, depois deste chegou também o brigue do Machado, também trouxe depois deste um iate de São Tomé, este então ninguém tem feito caso deste azeite.[83]

Essa situação evidencia a limitada capacidade de absorção do azeite na Bahia. O mercado brasileiro já dispunha de uma produção local de azeite de dendê e — por não ter uma indústria de sabão e outros, como a França ou a Inglaterra, que precisasse do lubrificante — não conseguia absorver muita quantidade daquele produto importado. Podemos supor que parte desse azeite, valorizado por sua origem africana, era utilizada no mercado religioso afro-brasileiro, como a participação da família Autran sugere. A demanda limitada e o lucro modesto permitem explicar por que os mercadores portugueses e brasileiros insistiam em traficar seres humanos e não investiam mais pesado no azeite, como fizeram ingleses e franceses, que tinham uma estrutura de comércio alimentada pela Revolução Industrial.

Contudo, embora o lucro com o azeite fosse menor do que com os escravizados, ele tinha a vantagem de exigir um capital inicial menor do que aquele necessário para o contrabando humano, permitindo que mulheres como Maria Caetana ou Francisca da Silva desenvolvessem seu empreendedorismo comercial. Diante da predominância dos homens no tráfico, Law chama a atenção para a participação feminina na produção do azeite no Daomé.[84] Eu acrescentaria que, para além da comercialização local, o azeite também permitiu a entrada progressiva das mulheres no comércio *atlântico*. Aliás, assim como, em certos casos, o comércio se estabelecia em função da solidariedade étnica ou racial, favorecendo a cooperação interafricana, certas parcerias atlânticas, associadas a determinadas mercadorias, parecem ter se organizado em função de uma aliança de gênero, favorecendo circuitos comerciais femininos.

É conhecida a independência econômica das mulheres nas sociedades da Costa da Mina (especialmente no contexto iorubá, mas também entre os gbe-falantes), com uma estrutura social baseada na poliginia, em que o homem se unia a várias mulheres e estas tinham relativa autonomia em relação ao seu sustento e de seus filhos. O trabalho, portanto, fazia parte do ideal de feminidade africana no século XIX.[85] O pioneirismo dessas libertas consiste no seu engajamento no comércio transatlântico de longa distância. Elas dependiam dos homens para o transporte, mas acordos, relações de confiança e crédito eram fechados entre elas.

Por exemplo, em 1839, Margarida Francisca Moreira, de nação nagô, liberta do conterrâneo Francisco Moreira, escrevia da Bahia à sua comadre Maria Antônia da Conceição, em Uidá, informando-lhe que tinha recebido sua encomenda: uma cuia de sabão da costa, frutos de cola, que "veio cinco de menos", um pano da costa e meia dúzia de coral azul. A venda dos frutos de cola e do sabão rendeu 6$670 réis, com os quais tinha comprado dez libras de cravo (6$400 réis) que remetia de volta, através de Joaquim das Neves, um liberto hauçá, cozinheiro, mercador, com trânsito frequente nos navios que viajavam entre a Bahia e a Costa da Mina. Também remetia duas peças de 24 lenços (8$640 réis), informando que não tinha achado o lenço francês encarnado e cor de ouro que Maria Antônia queria. Seus parentes lhe enviavam ainda um par de chinelos, um par de tamancos e um caixote de doce de araçá. Já através de "João tapa mudubi, escravo do senhor capitão Manoel Joaquim de Almeida", em outro navio, lhe enviava meia caixa de açúcar cozido, "para vossa mercê tomar o seu chá". Margarida prometia remeter na próxima viagem de Joaquim das Neves "o resto de nosso negócio", parte dele consistindo em miçangas, e pedia lhe mandasse "um pano de alacá bom e um balaio".[86] Vemos, com esse caso, os tipos de mercadoria transacionadas no pequeno comércio entre essas libertas africanas. Da África saíam panos da costa, frutos de cola, corais azuis, sabão da costa, balaios; da Bahia voltavam tecidos europeus, corais, miçangas, cravo, açúcar e outras especiarias.

Com o azeite de dendê e os panos da costa, os frutos de cola eram um item fundamental do comércio atlântico, com grande demanda no Brasil. De uso estendido em toda a África Ocidental, comercializados desde longa data nas caravanas transaarianas, logo chegaram às Américas. Pelo seu alto teor de cafeína e outros alcaloides, suas sementes, conhecidas como noz-de-cola, *orobó* ou *obi*, tinham propriedades estimulantes e digestivas, e eram mastigadas para suprimir a fome. Além do uso culinário e medicinal, eram imprescindíveis em protocolos de hospitalidade e cerimônias religiosas, em particular nos processos de adivinhação prévios aos rituais africanos. Fruto delicado, seu transporte requeria cuidado, pois podia estragar com o tempo de viagem, as mudanças de temperatura e umidade.[87] Na correspondência comercial do período do tráfico ilegal, porém, a menção a frutos de cola podia encobrir uma referência cifrada ao envio de escravizados.

O coral azul, conhecido como *cori* ou *acori* pelos africanos e como *agrie* pelos europeus, era outro objeto muito apreciado e caro, comercializado ao longo da Costa da Mina desde o século XVI.[88] "Coral" era muitas vezes sinônimo de "conta" (de vidro ou de pedra), e não necessariamente coral marinho. Verger explica que "algumas contas azuis, ditas *nana* ou pedras de *aigry*, denominavam-se *Dan mi* (excrementos de Dan) e são deixadas por ele [o vodum cobra Dan] no chão, à sua passagem; dizem que elas valem seu peso em ouro".[89] Ainda hoje as contas azuis, denominadas na Bahia *segi* ou *jeni*, são muito desejadas na confecção de colares religiosos no candomblé.

Em troca do coral azul da África, retornavam da Bahia outros tipos de corais, distinguindo os "finos" ou "verdadeiros", muito caros (entre 48$000 e 60$000 réis a libra, em 1840), dos "falsos", a preços muito inferiores (entre $600 e 3$000 réis). Numa carta há ainda referência a "um macinho de corais fêmea".[90] Eles eram utilizados na produção de diversos ornamentos, amiúde com valor ritual. Em 1839, Maria da Conceição, ante a impossibilidade de viajar para a Costa como pretendia, reclamava a Floriana (talvez Francisca Floriana do Rosário, irmã de Thereza Caetana de Jesus), em Uidá, o produto da venda de uns corais que lhe tinha enviado, valendo 32$000 réis, ou, caso contrário, solicitava lhe remetesse a mercadoria de volta através de Joaquim das Neves ou de "João tapa mudubi".[91]

Além dos corais, entre as mercadorias exportadas da Bahia, muitas vezes recebidas na Costa por mulheres, havia maços de miçangas (contas miúdas), gênero que podia ser utilizado na compra de cativos, mas que, como os corais, podia ser direcionado à confecção de ornamentos ou colares nos templos dos voduns e orixás.[92] Em julho de 1840, na remessa perdida enviada por Tobias Barreto a Joaquim de Almeida, mas direcionada a Ifigênia da Cruz, além de tecidos, roupas, utensílios domésticos e corais (verdadeiros e "falsos"), constavam mais de mil maços de miçangas de várias cores e qualidades. As comuns ($200 réis o maço) eram as mais numerosas, mas também havia "lapidadas" (de pedra?), brancas, brancas e cor de telha, azuis, vermelhas, bem mais caras (1$100 réis).[93] Em outra ocasião, Ifigênia recebeu doze navalhas "para raspar sua cabeça", o que me faz desconfiar que ela fosse uma sacerdotisa devota dos voduns, fato que explicaria seu interesse no comércio de contas.[94] Embora as miçangas fossem geralmente de vidro ou pedra, há menção a "miçangas azuis de massa", as mais caras (1$200 réis), sugerindo o uso de outros materiais.[95]

Outra mercadoria que circulava com regularidade das Américas para a África e que era utilizada na compra de escravizados eram as fazendas europeias, asiáticas e americanas. Os tecidos eram majoritariamente de algodão, de várias qualidades (lisos, listrados ou riscados, de chita), de lã, de linho (brim) ou de seda (tafetá). Dando continuidade a um comércio atlântico operativo desde o século XVII, circulavam também peças de madrasto, de madapolão, de chandanagar.[96] Estes eram nomes de importantes centros de tecelagem na Índia; o madrasto era um tecido colorido de algodão, feito com fios tingidos; o madapolão, como o morim, era branco, de algodão ou de lã. Havia também a cassa bordada, que, como o esguião, era tecido muito fino, de linho ou algodão. O zuarte era de algodão azul, preto ou vermelho, rústico, com fios brancos e azuis; a ganga, um tecido forte, azul, encarnado ou amarelo. As fazendas viajavam empacotadas em fardos, com doze, 25, trinta peças, de dez, doze, quinze lenços cada uma, medidas em jardas, varas e côvados. Em 1835, o já mencionado mercador José Maria Lopes informava:

> A onça de fazenda não tem medida certa, nem qualidade de fazenda[.] Uma peça de madapolão, de algodão cru americano, de morim, de riscados, de chitas, de zuartes, ou de outra qualquer peça de fazenda, branca ou pintada, que tenha igual volume como estas, de 16 a 20 varas, é uma onça.[97]

Em 1840, Tobias mandou da Bahia para Agoué, no *Gratidão*, várias peças de madrasto (6$000 réis por peça); de morim (6$400 réis); de cassa bordada (10$000 réis); de cassa de cor fina (8$500 réis); de esguião fino (8$500 réis); de chita ($320 réis por côvado); de ganga francesa encarnada ($280 réis por côvado), e lenços bordados (1$250 réis), que lhe tinham custado um total de 102$880 réis.[98] Nesse sentido, a economia atlântica dos libertos luso-africanos em nada se distinguia da dos grandes mercadores brasileiros e portugueses, a não ser pelo volume. Em 1844, por exemplo, o valor de compra de uma carregação de fazendas consignada ao traficante português Joaquim José do Couto, em Lagos, chegava a mais de dez contos de réis. Ou seja, cem vezes mais que o investimento de Tobias.[99] Porém, ambos os empreendimentos eram igualmente globalizados.

Uma das mercadorias sobre cuja exportação as libertas luso-africanas parecem ter exercido um relativo domínio eram os famosos panos da costa, muito apreciados na vestimenta femini-

FIGURA 11. *Baiana com panos da costa amarrados na cintura e por cima do ombro, Rio de Janeiro.*

na afro-baiana, inclusive no âmbito do candomblé, onde tinha se convertido numa prenda ritual imprescindível.[100] No século XVIII, no Daomé, os grandes panos de algodão usados nas vestimentas de luxo eram importados de Oyó, enquanto outros chegavam através das caravanas do Sahel. Não há, para aquele período, evidência clara de uma indústria de tecelagem na Corte de Abomé.[101] Contudo, por volta de 1839, Pequeno Popo e Agoué ofereciam aos navios "mantimentos e panos que convêm muito para negócio, estando o tabaco caro, pois regulam a 2$000 réis em búzio cada um".[102] Naquela conjuntura de excesso de azeite na praça de Bahia, uma das mercadorias que valia "alguma coisa" eram os "panos bons".[103] Poucos anos depois, o viajante escocês John Duncan notava que, em Agoué, "o algodão é cultivado pelos nativos, fiado e tecido em panos. Na fiação, a roca é o único sistema ou método conhecido".[104]

Havia distintos tipos de pano da costa, de qualidade "ordinária", "regular" e "superior".[105] Como os corais e as miçangas, seu transporte marítimo era realizado por homens, mas as remetentes e as destinatárias amiúde eram mulheres. Em fevereiro de 1839, o pardo pernambucano João de Deus dos Remédios enviava de Uidá "um barril com quatorze panos da costa d'alacar, de dez ramos cada um", para o negociante José Bento Álvares, na Bahia. Dois deles eram bem caros (de 20$000 e 15$000 réis), do tipo "superior", enquanto o resto, com preços oscilando entre 6$720 e 8$400 réis, era do tipo "regular".[106] O termo "alacar" origina-se do substantivo iorubá *àlà*, "pano de cor branca", e do verbo *ká*, "dobrar", sugerindo tratar-se de panos de grande comprimento ou largura. Talvez os "dez ramos", expressão que na terminologia da tecelagem designa cada um dos lanços da urdideira, refiram-se às várias bandas ou *idasà* costuradas para compor os grandes panos com que se confeccionam as vestimentas locais (*boubous*).[107] O portador daquela encomenda retirou como comissão três panos "regulares", representando 16% do valor total da carga. Já os panos "ordinários" tinham preços variáveis, que oscilavam entre 2$000 e 3$000 réis. Por exemplo, a já mencionada africana Maria Caetana da Conceição enviou, com a barrica de azeite, dois panos da costa, um azul, cosido, e outro de listras vermelhas, não cosido, no valor de 2$200 réis cada um.[108]

O alfaiate Tobias Barreto Brandão, como vimos, também comerciava com panos por sua conta. No mesmo mês de fevereiro de 1839, enviava no brigue *Firmeza*, além de uma pipa de azeite e outras miudezas, uma barrica com 23 panos da costa (ver Tabela 6). Havia três de qualidade "superior" que foram vendidos na Bahia por 40$000, 16$000 e 11$000 réis, e mais vinte "regulares" (de 7$950 réis).[109] Uma das consignatárias dos panos de Tobias era Luiza Gonçalves, a "irmã" de Ifigênia da Cruz e comadre do negociante hauçá Manoel Joaquim Ricardo. No mês de abril, ela informava a Tobias que os panos por ele enviados tinham se extraviado e reclamava da falta de portadores capazes, avisando que seria "melhor não mandar nada pois para não se receber, como não se tem recebido, por isso digo que será bom não estarmos enchendo a barriga dos outros".[110] A suspeita do roubo fica implícita.

Luiza, porém, contava com outros provedores. Ela escreveu a sua irmã Ifigênia acusando recebimento de vinte panos mandados por esta, dois brancos de alacar, mas informava que ainda não os tinha vendido. Em troca, anunciava o envio de um barril de miçangas, pelo valor de 27$000 réis, de três arrobas de carne, três lascas de açúcar (uma delas para Thereza Caetana de Jesus, a companheira de viagem de Ifigênia) e vários pares de tamancos e sapatos.[111] Dois anos depois, Manoel Joaquim Ricardo mandava dizer ao pernambucano João de Deus, em Uidá, que sua comadre Luiza Gonçalves tinha recebido mais dois panos da costa.[112]

Cabe notar que, na carregação de Tobias, enviada no *Firmeza* em 1839, os 23 panos constituíam 50% do valor total da carga, enquanto a pipa de azeite de dendê constituía apenas 28% do total. Aliás, o lucro produzido pelos panos foi bem superior ao do azeite (Tabela 6). A tendência de os panos da costa sobrepujarem a exportação do azeite de dendê estava em ascensão e estaria consolidada no final do século, pelo menos nas regiões hauçá e iorubá.[113] Contudo, no fim de 1844, a venda dos panos da costa estava na Bahia "muito enjoada", pelo excesso de oferta e o aumento dos direitos de alfândega, caindo o preço do pano ordinário a 1$750 réis.[114]

Junto com os panos da costa, viajava da Costa da Mina para a Bahia uma série de outras mercadorias. Tobias Barreto Brandão, por exemplo, com a pipa de azeite e a barrica de panos da costa, despachou um molho de esteiras, fardos de cuias e de balaios, de confecção autóctone, assim como pegerecum e pimenta-malagueta, gêneros que, como o azeite e os panos, eram consumidos nos templos de candomblé. A participação de mulheres na troca atlântica de produtos religiosos é bem conhecida. A novidade que a evidência epistolar aqui examinada sugere é que esse comércio de longa distância estava funcionando já no segundo quartel do século XIX. Por outro lado, da Bahia para a Costa da Mina, era frequente enviar distintos tipos de especiarias e doces. A encomenda destinada a Joaquim de Almeida continha cravo e pimenta-da-índia, café, açúcar branco e várias caixas de doce de araçá.[115]

A correspondência privada e comercial interceptada pelos cruzadores britânicos não permite uma análise quantitativa das expectativas de lucro que cada tipo de mercadoria podia gerar. Contudo, os casos examinados oferecem uma janela inusitada para entrever as parcerias entre esses libertos atlânticos, incluindo a significativa participação das mulheres. A documentação também prova que o comércio de gente esteve sempre emaranhado com a troca de diversas mercadorias, com destaque para a exportação do azeite de dendê e dos panos da costa.

Embora seja possível apelar para o conceito proposto por Abner Cohen, de "diáspora mercantil" (*trading diaspora*), para designar o grupo de comerciantes africanos aqui tratado, a rede comercial em questão é incompreensível sem levar em conta os parceiros e parentes que ficaram na Bahia e que trocavam reciprocamente.[116] Apesar da dificuldade de comunicação e da falta de portadores capazes, eram essas redes sociais, envolvendo laços de parentesco, vizinhança e etnicidade, que ofereciam a base de confiança e lealdade necessária ao comércio de longa distância, amiúde dependente do crédito. Nesse sentido, a expressão mais inclusiva de "comunidade atlântica", proposta por Robin Law e Kristin Mann, se apresenta como mais adequada para denotar as intensas conexões mercantis, sociais, culturais e religiosas que, para além da perspectiva restrita do lucro, ligavam ambas as costas do Atlântico durante o período do tráfico ilegal.[117]

Contudo, persiste o desafio de avaliar até que ponto lugares conectados, porém separados espacialmente, como a Bahia e a Costa da Mina, propiciavam a constituição de uma "comunidade" ou permitiam apenas a articulação circunstancial de redes de troca dinâmicas, móveis, sujeitas a reconfigurações, descontinuidades e inclusive rupturas. Pensar o grau de separação ou união dos membros dessas redes geograficamente dispersas é uma preocupação clássica dos estudos da diáspora. A história do Atlântico negro tende a enfatizar a fluidez do movimento transnacional e o diálogo transoceânico, mas talvez a ideia contemporânea de globalização impeça que se imaginem os entraves da comunicação oitocentista. Penso aqui nas cartas interceptadas, nos equívocos dos mensageiros, no sumiço dos portadores, nos recados sem resposta, nos rumores e temores criados pelos silêncios prolongados, o esquecimento. Com certeza entre a Bahia e a Costa da Mina circularam com intensidade pessoas, mercadorias e informações, mas essa troca estava sujeita, em grande medida, aos interesses do comércio marítimo, e quando este fraquejou, como resultado da penetração do capitalismo global e do nascente colonialismo europeu, a rede foi se desconectando.

5. O comércio graúdo (1838-44)

A COOPERAÇÃO DO CAPITÃO DE MAR E O SEU
LIBERTO NA COSTA DA MINA

O velho capitão de mar Manoel Joaquim de Almeida, aos 48 anos de idade, após quase dez anos de residência em Salvador, embarcava de novo. Sua situação tinha se complicado. Um malsucedido negócio com um estabelecimento de marcenaria, à ladeira do Brocó, na freguesia da Sé, acabara no ano anterior em perdas e um litígio com o ex-sócio. Um par de letras, uma na Caixa Econômica e outra para cuja segurança tinha hipotecado sua casa à ladeira do Boqueirão, estava para vencer e ele temia o aumento do prêmio se não honrasse a dívida. Sob pressão do credor, tinha assinado um contrato para trabalhar como feitor em Lagos, a serviço do armador José de Cerqueira Lima, um dos mais poderosos negociantes do momento. Em 6 de maio de 1839, poucos dias antes de zarpar, escrevia aos seus procuradores na cidade dando instruções sobre como proceder com suas finanças e com o litígio da marcenaria. No mesmo papel consta o rascunho de uma carta de alforria a favor de Romana, menor, de três anos, filha de sua cativa Roza, nagô, sob a condição de acompanhá-lo até a morte.[1]

A perspectiva era ficar em Lagos por um período demorado. No pré-contrato a ser assinado com José de Cerqueira Lima, o capitão de mar, reciclado em feitor em terra, estabelecia suas condições.[2] Além de uma soldada de 150$000 réis por mês, cobrada em moeda legal do governo, solicitava receber 6$000 réis a cada "volume [eufemismo para escravizado] que comprar, posto a bordo da embarcação", e 3$000 réis pelos "volumes não comprados por mim", mas apenas fretados. Vemos, assim, um outro fator que podia afetar o "custo do feitor", em relação ao "custo africano": a responsabilidade da escolha dos cativos e a negociação de sua compra podiam dobrar o valor da comissão, em contraste com operações que só envolviam o embarque e o frete.

Manoel solicitava ainda uma mesada de 30$000 réis para "um escravo ao serviço da feitoria", além de "uma pessoa da minha confiança para me ajudar no lugar de escrivão e mais um cirurgião ou barbeiro, um cozinheiro, um barraqueiro, cujos ajustes e paga se entenderão com o senhor Cerqueira". Pedia ainda mais duas pessoas, "que podem ser escravos do senhor Cerqueira", para o serviço da feitoria, o que perfazia um total de sete pessoas trabalhando de forma permanente para ele.[3] Merecem destaque a figura do escrivão, com prováveis funções contábeis, e a do cirurgião, responsável pela inspeção sanitária prévia à compra.

Manuel Joaquim de Almeida solicitava o direito de fazer "o negócio que me convier, não prejudicando o interesse do senhor Cerqueira", embarcando em cada navio da casa "quinze volumes", pagando um frete de 50$000 réis por cabeça para os destinados à Bahia e cem pesos para os destinados a Havana, incluindo nesse valor o preço do rancho. Já para a comercialização de azeite e panos da costa, o valor do frete devia ser acordado separadamente.

A possibilidade dada pelos armadores aos capitães e feitores de embarcar alguns escravizados por conta própria, em geral da melhor qualidade, era um incentivo que garantia o bom desempenho desses agentes durante a jornada atlântica. Os ingleses chamavam esses cativos de *privilege slaves*.[4] Treze anos antes, em 1826, como capitão do brigue *Príncipe de Guiné*, Almeida tinha acertado com o armador Antônio Pedroso de Albuquerque o direito a comerciar, por sua conta e risco, 25 cativos por viagem ou, segundo a versão do cirurgião, 2% do preço africano dos escravizados.[5] Se como capitão ele podia realizar no máximo duas viagens por ano, como feitor podia despachar pelo menos uma embarcação por trimestre, o que supunha a possibilidade de carregar mais escravizados e, em consequência, tirar um lucro bem maior.

O pré-contrato de Manoel Joaquim de Almeida permite visualizar a organização de uma feitoria, instituição fundamental para as atividades de venda das mercadorias e de compra, ajuntamento e embarque dos cativos — sobretudo no período da ilegalidade do infame comércio. Nela, o feitor emerge como um ator distinto do pequeno atravessador do litoral, como Tobias e, em alguns momentos, Joaquim, que podiam comprar um ou outro escravizado e se entender depois com os capitães ou com os feitores para o embarque e frete até as Américas. O feitor era empregado assalariado de uma firma, com direito a substanciais comissões, responsável pela coordenação de uma empresa envolvendo numeroso pessoal e com relativa autonomia para tomar decisões que servissem aos interesses dos seus patronos.

Em 15 de maio de 1839, Manoel Joaquim de Almeida zarpou da Bahia a bordo do brigue *Firmeza*, de construção norte-americana, propriedade do português Antônio José da Costa, um dos fundadores da firma baiana Almeida & Costa. O destino era Lagos, e Manoel Joaquim viajava como sobrecarga, levando sob sua responsabilidade um carregamento de tabaco e aguardente pertencente a vários mercadores baianos, entre eles o traficante José de Cerqueira Lima. No dia de São João, depois de uma travessia de 35 dias, o *Firmeza* fez sua primeira escala na franquia do castelo de São Jorge de Elmina, para suprir de mantimentos a tripulação, mas também para comprar búzios, a moeda local a ser utilizada na compra de cativos em Lagos e outros portos orientais.[6]

O piloto José Antônio de Souza Paladino foi à terra com tal propósito. Comprou algumas cabras, sacos de cebolas e de pimentas secas, quatro barris com vinho de palma. No dia seguinte, remeteu oito sacos com feijão, um com mandioca e outro "marcado", sem indicar o conteúdo, para o capitão Manoel Gonçalves de Araújo, o mesmo a quem meses atrás Joaquim de Almeida tentara vender um moleque por catorze onças. Mandava também "vinte pregos para concerto da canoa pequena, que está quebrada, e 6 braças de cabo para as duas canoas". Por meio de bilhetes transportados nessas embarcações, o piloto informava: os minas, ou seja, os autóctones, tinham mantimentos, mas não queriam trocar por tabaco ou aguardente; conseguiu, porém, oito perus e seis cabras por dois garrafões de cachaça. Paladino enviou ainda 162 galinhas, compradas pelo valor de 2,5 onças, e doze cabritos, por duas onças, valendo a onça em torno de 8$400 réis. Ele acrescentava que por uma onça os nativos davam um porco grande, ou dois carneiros, ou cinco leitões. Também ofereciam três cabeças de búzios a cada rolo de tabaco, mas não os queriam em barris, embora o cabeceira tivesse mandado buscar um para conferir a qualidade. Naquele período, a leste da Costa da Mina, um rolo de tabaco valia pelo menos uma onça ou quatro cabeças grandes, isto é, 16 mil búzios. Oferecendo apenas três cabeças, os minas estavam encarecendo a moeda local, o búzio, em 25%.

Comerciantes espertos, os minas se recusavam a ir ao navio, queriam receber as mercadorias em terra e apertavam na negociação, sabendo da necessidade que delas havia a bordo. O cabeceira prometeu nove sacos de milho por uma onça, pois o milho era "negócio do cabeceira, e não do povo", mas o grão demorava a chegar. De igual modo, achar búzios estava complicado. Paladino comprou um par de onças de início e deixou passar outra ocasião, porque o cabeceira lhe assegurou ter mandado alguma gente para trazer mais. O búzio, porém, não chegava, e este reclamava a aguardente como pagamento do que já tinha fiado e do que estava por vir. Almeida acabou desembarcando uma pipa de cachaça, pertencente a José de Cerqueira Lima, e alguns rolos de tabaco.[7]

Enquanto estava ocupado nos afazeres do aprovisionamento, Manoel Joaquim de Almeida recebeu uma missiva enviada de Agoué por seu liberto Joaquim. Este lhe anunciava o recente apresamento, no vizinho porto de Uidá, de duas embarcações, o *Empreendedor* de Francisco Félix de Souza e outro brigue que supunha ser do comerciante francês residente na Bahia Edouard Gantois, "só por ter a bandeira portuguesa". Isso foi no fim de junho, semanas antes da assinatura do Equipment Act, em agosto de 1839, que conferia à Marinha inglesa o direito a apresar navios portugueses pela mera presença, nos seus equipamentos, de indícios do comércio negreiro. De fato, os ingleses abordavam os navios portugueses sob suspeita de serem brasileiros e, portanto, sujeitos ao tratado anglo-brasileiro de 1826. Diante desses eventos, Joaquim de Almeida solicitava ao seu patrono diligência no carregamento, "a fim de não termos algum desgosto, além de tantos que temos tido".[8] O senso de urgência e risco permeava as atividades daqueles contrabandistas, meses de trabalho e valiosas mercadorias podiam se perder de um momento para outro. Temores premonitórios.

A segunda notícia na missiva de Joaquim era de que a guerra em Lagos entre o *obá* Oluwolé e seu rival Kosoko, apesar da tentativa de mediação do reino do Benim, tinha fechado os caminhos de Badagri, Porto Novo e Ijebu, impedindo a venda de tabaco nas feiras interioranas e a recíproca chegada de cativos ao litoral.[9] Contudo, Joaquim de Almeida especificava que, "havendo bons sortimentos", sempre se conseguiam cativos, e pedia ao patrono que, nos portos onde fizesse escala, trocasse suas mercadorias por búzios, pois aquele era o produto mais requisitado na aquisição de escravizados, concluindo: "enfim, búzios e muitos búzios, o que puder".[10] Comentarei mais adiante essa crescente monetarização do comércio em detrimento do escambo.

Por enquanto interessa observar que o que acontecia em Lagos, no extremo oriental da Costa, afetava as transações comerciais efetuadas no extremo ocidental, no castelo de Elmina, mostrando o caráter interdependente, não de um sistema mercantil regional integrado ou de "uma série de mercados inter-relacionados", mas de uma série de *redes de troca* maleáveis, em constante adaptação às circunstâncias de cada momento.[11] Lembremos da dinâmica de descentralização em curso e da difusão da rede do tráfico numa geografia mais ampla. O sucesso das operações clandestinas dependia de comunicação e coordenação entre os pontos de comercialização, como Uidá e Lagos, e os pontos de embarque, que podiam ser variáveis e funcionar de modo intermitente.

As missivas enviadas por terra, pela lagoa ou por mar conectavam os diversos portos do litoral avisando de possíveis perigos ou oportunidades. Após quase um mês de sua chegada na costa africana, o *Firmeza* realizou breve escala, para novos mantimentos, no porto de Agoué, onde Joaquim de Almeida recebeu e hospedou seu patrono em sua nova casa africana. Com certeza discutiram arranjos para futuros negócios, uma vez que o capitão ia como feitor a Lagos. No dia 23 de julho de manhã, Manoel Joaquim embarcou numa canoa para Uidá, pela lagoa, e pediu ao capitão do *Firmeza* para rumar até esse porto e não enviar "canoa à terra sem que eu de terra a chame".[12] As precauções não adiantaram. Ao deixar a praia de Uidá, em 25 de julho, rumo a Lagos, o

Firmeza foi tomado pelos ingleses e logo encaminhado a Serra Leoa, para ser julgado pela Comissão Mista Inglaterra-Brasil, tribunal de combate ao tráfico que dirimia os casos de navios acusados de envolvimento no nefando comércio. O brigue acabaria sentenciado como boa presa, utilizando-se como prova, entre outras, a presença de trinta sacos de milho, dezoito deles embarcados em Agoué, quantidade excessiva para a tripulação e que só poderia estar destinada à alimentação dos cativos na travessia atlântica.[13] Deixemos por um momento Manoel Joaquim de Almeida, após a captura do seu navio, em algum lugar da costa africana para abrir o escopo da nossa lente e examinar a dinâmica comercial atlântica em operação naquele tempo.

O TRIÂNGULO HAVANA, BAHIA, LAGOS

Embora, na historiografia da escravidão, seja convencional falar do comércio triangular entre Brasil, Portugal e África, vários autores têm destacado a relativa autonomia do comércio bilateral entre o Brasil e o continente africano, seja do Rio de Janeiro com Angola ou da Bahia com a Costa da Mina.[14] Houve, porém, um circuito triangular alternativo, menos comentado, que unia Havana, Bahia e Lagos.[15] Essa configuração comercial emergiu na década de 1810, mas foi especialmente dinâmica nos anos 1830 e 1840, numa fase relativamente avançada da chamada "segunda escravidão", expressão que os historiadores usam para se referir à transformação que a economia mundial experimentou com o avanço do capitalismo industrial no oitocentos.

Iniciada na passagem do século XVIII para o XIX a segunda escravidão foi marcada pela revolução política liberal — inaugurada com a independência norte-americana e a Revolução Francesa, e seguida pelos nacionalismos europeus e americanos — e pelo paralelo movimento abolicionista, que ganhou vigor com a declaração do fim do tráfico de escravizados, promovida pelo governo britânico em 1807. Esse foi também o período da Revolução Industrial inglesa, liderada pela produção têxtil, a mineração do ferro, a ferrovia e a formação de uma classe operária proletária. Embora a teoria social clássica sustentasse que o sistema capitalista estava fadado a acabar com a economia escravagista — pela maior produtividade do trabalhador assalariado —, a prolongada coexistência de ambos os regimes de produção ao longo do século XIX questiona esse suposto. Não apenas as plantations escravistas podiam resultar altamente rentáveis como, de modo mais geral, o complexo do tráfico atlântico e da escravização colonial funcionou como motor histórico e parte constitutiva dos processos de acumulação capitalista. De fato, a demanda de matéria-prima para a indústria têxtil e o consumo de produtos energéticos pela classe trabalhadora levaram à intensificação do sistema da plantation de algodão no Sul dos Estados Unidos, de açúcar em Cuba e de café no Brasil, neste último caso, deslocando a concentração escravagista dos engenhos de açúcar do Nordeste para as fazendas de café do vale do Paraíba. No período da "segunda escravidão", apesar da proibição do tráfico transatlântico de escravizados, a importação de mão de obra africana aumentou, e o regime de trabalho adquiriu novos níveis de massificação e exploração.[16]

A nova ordem político-econômica não impediu que os Estados Unidos e a Inglaterra permanecessem alheios à economia escravagista e ao seu circuito comercial. Não apenas os teares das usinas inglesas consumiam o algodão das plantations norte-americanas, mas seus tecidos, como vimos, eram uma das principais mercadorias no escambo negreiro.[17] A imbricação dessa cadeia produtiva e mercantil demonstra a íntima conexão entre o capitalismo industrial e o tráfico de escravizados. Aliás, as letras de risco que resultavam das operações ilegais do comércio de gente alimentavam o fluxo financeiro de Londres ou Liverpool. De igual modo, os estaleiros norte-americanos de Baltimore ou da Filadélfia investiam na construção de modernos e velozes navios a vapor e a vela que permitiam aos contrabandistas incrementar sua eficiência.[18]

Como já apontaram vários historiadores, para decifrar a dinâmica desse momento é preciso levar em conta a dimensão "hemisférica" dos interesses escravagistas que envolviam o Sul dos Estados Unidos, Cuba e Brasil.[19] Aliás, dessa aliança também participavam comerciantes ingleses, espanhóis, portugueses e africanos. Embora a cooperação transnacional associada ao tráfico existisse desde pelo menos o século XVII, no período da ilegalidade ela passou a ser estratégica e envigorada. Roquinaldo Ferreira observa a "extrema internacionalização, ditada pela necessidade de fugir da repressão".[20] O circuito Havana, Bahia e Lagos seria, assim, uma clara expressão dessa convergência de interesses transnacionais induzida e estimulada pela ilegalidade do tráfico. Por outro lado, sendo Brasil e Cuba os dois únicos mercados restantes para a importação de mão de obra escravizada, eles estavam fadados a intensificar suas relações.

Cabe notar, porém, que o circuito mercantil em apreço não encaixa de forma nítida no modelo da "segunda escravidão", que enfatiza a mudança da economia escravagista brasileira do Nordeste açucareiro para a cafeicultura do Sudeste e o robustecimento da rota do tráfico entre a África Central e o Rio de Janeiro. A conexão comercial entre África, Cuba e Brasil que pretendo examinar a seguir tem ainda na Bahia um dos seus epicentros. Nesse sentido, a rota Havana-Salvador-Lagos se coloca na periferia da dinâmica estrutural mais ampla analisada pelos historiadores da "segunda escravidão".

Há indícios de um fluxo navegacional conectando a Costa da Mina, Bahia e Cuba desde 1810. Em agosto desse ano, o baiano

Domingos José de Almeida Lima, citado no capítulo 1, já compartilhava custos de armação de viagens negreiras com a firma cubana Cuesta, Manzanal y Hermano. Com seu sócio, Antônio Ferreira Coelho, eles passaram a receber, em consignação, navios espanhóis desde 1812.[21] No entanto, houve nessa navegação triangular uma aparente mudança no sentido da circulação atlântica. No início, os navios chegavam da costa africana à Bahia com os cativos que eram logo transportados para venda em Cuba. Por exemplo, em maio de 1811, o bergantim *Falcão* saiu da Bahia com escravizados, "todos minas", destinados ao porto de Havana.[22] Desse modo, entre 1811 e 1814, doze navios aportaram na ilha caribenha vindos da África, após escala na Bahia.[23]

Quando entrou em vigor o tratado anglo-português de 1815, que impedia o tráfico lusitano ao norte do equador, os comerciantes recorreram ao uso de navios com bandeira espanhola para aportar na Bahia com escravizados. Em fevereiro de 1816, há notícia de um navio "com bandeira espanhola" saindo da Bahia para Havana, "carregado de nossos consemelhantes".[24] Em maio desse ano, o bergantim espanhol *Águia* estava ancorado na Bahia com 385 cativos, provocando o protesto irado das autoridades inglesas.[25] É provável que essa pressão política fosse a causa da inversão na direção dos navios naquele circuito para evitar sua chegada ao Brasil com cativos escravizados ao norte do equador. Assim, a partir de julho de 1816, era mais frequente os navios chegarem à Bahia vindos de Havana, para carregar tabaco e aguardente, antes de rumar para a costa africana, onde resgatavam cativos, desembarcados depois em Havana.[26]

Foi nesse momento que os baianos Domingos José de Almeida Lima e Antônio Ferreira Coelho entraram em parceria com os sócios espanhóis da companhia Cuesta, Manzanal y Hermano para abrir uma feitoria em Lagos, regida por André Pinto da Silveira e Geraldo Rodrigues Pereira. O projeto consistia em fornecer o tabaco do Recôncavo baiano à feitoria africana nas embarcações de Lima e Coelho para comprar escravizados a serem embarcados, com destino a Havana, nos navios de bandeira espanhola dos cubanos. Foram realizadas três viagens em 1817, no entanto, com a assinatura do tratado de abolição do comércio de negros, concluído em setembro desse ano, entre a Espanha e a Inglaterra, e o consequente fechamento do mercado cubano, os sócios baianos começaram a recuar. Embora ainda se realizasse alguma expedição em 1818, quando Lima e Coelho tentaram revitalizar a feitoria, ela foi extinta no mesmo ano, interrompendo a cooperação baiano-cubana.[27]

Ao que parece, a legislação antiescravista inglesa foi efetiva, e o aumento do risco de perdas econômicas explicaria a lacuna documental sobre a navegação triangular a partir de 1818. Contudo, ela seria retomada na década de 1830. Em outubro de 1834, a escuna *Três Manoelas*, de bandeira espanhola e propriedade, não por acaso, do nosso conhecido André Pinto da Silveira, fez uma típica viagem triangular. De Havana foi à Bahia, onde carregou tabaco e cachaça, para depois rumar a Lagos. Meses depois desembarcava cerca de quinhentos cativos em Cuba e, em novembro de 1835, retornava à Bahia, onde seu armador capitalizou dividendos estimados em 10 mil libras esterlinas, que recebeu em dólares espanhóis e letras em Londres. O "mulato" André Pinto da Silveira tinha prosperado e, naquele momento, dono e armador de navios negreiros, era apontado pelos ingleses como o "correspondente e agente" de Francisco Félix de Souza na Bahia, e é provável que compartilhasse com ele os benefícios da expedição do *Três Manoelas*.[28]

O novo tratado anglo-espanhol de 1835 incentivou os navios espanhóis e brasileiros a usar a bandeira portuguesa, até que a promulgação do Equipment Act, em 1839, tornou o subterfúgio inoperante. Todavia, como vimos, a imunidade das naus norte-

-americanas e outras artimanhas legais, como a troca do nome dos navios e a duplicação de passaportes, continuaram a estimular as estratégias de adaptação dos traficantes.[29] Assim, a repressão inglesa ao tráfico induziu e fomentou a cooperação entre Havana e Bahia, relação inevitável, como já disse, pois Cuba e Brasil eram os dois únicos grandes mercados escravagistas ainda ativos. A rede comercial que passo a examinar ilustra essa assertiva.

Em 1838, José Mazorra, comerciante espanhol de Santander sediado em Havana, comprou o veleiro *Venus*, um clíper dos mais rápidos na época, construído em Baltimore e capaz de carregar 1100 cativos. Ele partiu de Havana em agosto, com bandeira norte-americana, supostamente para a Bahia, mas voltou em janeiro de 1839, da África, com 860 escravizados, gerando um lucro estimado em 200 mil dólares. Antes de iniciar a viagem de retorno com o carregamento humano, porém, o *Venus* trocou de nome para *Duquesa de Bragança* e passou a usar bandeira portuguesa. Não constava registro dessa mudança, e os ingleses pressentiram a mediação do cônsul dos Estados Unidos em Havana — que, na época, exercia também a função de cônsul português — nessa operação fraudulenta para a obtenção de jogos de papéis duplos. Em Havana não se queria falar muito da participação norte-americana no tráfico ilegal, atividade que tinha aumentado consideravelmente desde o tratado anglo-espanhol de 1835, e acusavam-se os ingleses de também estar produzindo peças para os navios norte-americanos.[30]

José Mazorra e o seu sócio português Joaquim José Pereira de Abreu, fundadores da companhia Abreu & Mazorra, sediada em Havana, estiveram intensamente envolvidos no tráfico e eram bem conhecidos das autoridades inglesas. Entre 1838 e 1841, além do *Venus*, Mazorra aparece como dono de mais três embarcações (*Camões*, *3 Febrero* e *Plant*) e recebeu carregações de pelo menos dezesseis navios vindos da Costa da África. No ano de 1841, para o qual há dados mais completos, ele organizou sete viagens, desembarcando um total de 3877 cativos, vendidos aos senhores de engenho e outros escravistas.[31] Ou seja, naquele momento, era um dos mais influentes e poderosos importadores de escravizados na ilha. Além de seus contatos nos Estados Unidos, a Abreu & Mazorra tinha agentes e parceiros na Bahia e em Lagos.

Um de seus principais contatos comerciais na Bahia era a firma Almeida & Costa, de propriedade de Manoel José de Almeida e Antônio José da Costa (ambos portugueses), donos do brigue *Firmeza*, que em 1839 levou Manoel Joaquim de Almeida a Lagos.[32] Antes disso, em março de 1837, a escuna portuguesa *Lafayette* zarpou da Bahia com uma carregação de propriedade de Almeida & Costa para Lagos. Lá foram embarcados 448 cativos que deviam ser entregues a Mazorra em Havana. O *Lafayette*, porém, foi capturado saindo de Lagos em 11 de maio, um dia após o embarque clandestino.[33]

A Almeida & Costa não era o único contato da Abreu & Mazorra na Bahia. Em agosto de 1838 (quando o *Venus* saiu de Havana, na sua primeira viagem para a Costa da África), Abreu escrevia a André Pinto da Silveira, em Salvador, lhe recomendando e pedindo que acolhesse o capitão do *Galgo*, chegando de Lagos à Bahia, onde devia embarcar tabaco antes de regressar a Cuba.[34] Essa é uma inversão da mais frequente direção da viagem naquele período, de Havana para a Bahia.

No ano seguinte, André Pinto da Silveira, o agente baiano de Francisco Félix de Souza, aparece como dono da carregação do *Empreendedor*, um daqueles dois navios apresados em Uidá em junho de 1839, quando Manoel Joaquim de Almeida chegava à Costa da Mina. De construção norte-americana, o brigue fora propriedade do Chachá (conforme declarou Joaquim de Almeida), mas em 1837 ele o vendera a seu genro, o pernambucano Joaquim Telles de Menezes, que em 1839 viajou como capitão. No tribunal de Serra Leoa, os ingleses pretendiam provar a origem espanhola do brigue, de modo a poder condená-lo, e para isso chamaram uma testemunha que afirmou saber que os donos do navio eram os irmãos cubanos Zangroni, um deles em Havana e outro em Uidá.[35] Embora contraditórias, as informações sugerem uma nova ligação entre André Pinto da Silveira, o Chachá e parceiros cubanos. Em agosto de 1841, Silveira continuava a colaborar com Abreu & Mazorra e aparece acertando a carregação do *Venus*, ancorado na baía de Todos os Santos, indo para Montevidéu e daí para a Costa da África, de onde voltou para Havana em outubro com seiscentos escravizados.[36]

Foi precisamente esse vigoroso e movimentado circuito comercial conectando Havana, Bahia e Lagos que Manoel Joaquim de Almeida passou a integrar quando chegou a Lagos, em junho de 1839, após o apresamento do brigue *Firmeza*, no qual tinha viajado desde a Bahia. Semanas depois de chegar, a companhia Almeida & Costa (agora chamada Almeida, Costa & Co.) o nomeava seu agente na Costa, para substituir Isidoro Martins Braga, mais um capitão negreiro brasileiro convertido em feitor, que por motivos de saúde não tinha condições de seguir no posto. Aliás, Braga trabalhava também para Joaquim José Duarte Silva, português, súdito brasileiro, armador de navios negreiros que nas décadas de 1810 e de 1820 operava na praça da Bahia, mas que, nos anos 1838 e 1839, passou a conduzir seus negócios em Havana, ilustrando a mobilidade também dos mercadores entre Brasil e Cuba.[37]

As cartas dos diretores da Almeida, Costa & Co. solicitavam a Manoel Joaquim que tomasse conta dos bens deixados por Braga, os trocasse por "fardos" (outro código para designar os escravizados) e os enviasse para Havana, consignados precisamente a José Mazorra ou, na sua ausência, a seu sócio, Joaquim José Pereira de Abreu. Pediam ainda que os proventos da operação fossem enviados a Liverpool, em favor de Duarte, Brothers & Co.

Ou seja, os dividendos monetários do tráfico ilegal passavam, mais uma vez, pela Inglaterra.[38] Em contrapartida, a firma Almeida, Costa & Co. prometia a seu agente em Lagos, Manoel Joaquim de Almeida, generosas gratificações, "compatíveis com semelhantes transações".[39]

A firma Abreu & Mazorra também tinha seus próprios agentes na Costa, entre eles o capitão Felix Cosme Madail, um português residente em Recife que, em 1838 e 1839, percorreu o circuito Havana-Bahia-Lagos no comando de navios de Mazorra.[40] Em maio de 1840, em mais um caso de capitão reciclado a feitor, Madail aparece como "mercador" residente em Popo (Grande Popo) e, nessa função, como principal consignatário do brigue *Plant*, propriedade de Abreu & Mazorra. Na ausência de Madail a carregação devia ser entregue a José Moreira Sampaio ou a Isidoro Félix de Souza, filho do Chachá, que naquele período residia em Pequeno Popo. Cartas de Abreu & Mazorra apreendidas pelos ingleses no *Plant* continham longas instruções para Madail a respeito da "*reunião*, em [Grande] Popo, de todos os escravizados *comprados em feitorias distantes*, ficando prontos para embarcar em qualquer dos navios que a casa Abreu & Mazorra enviar".[41]

Também ordenavam que, caso não conseguisse vender a aguardente em Popo, "por via do meu amigo o senhor Isidoro Félix de Souza, a pode vossa mercê vender em Ajudá a troco de vultos [mais um eufemismo] e *passá-los para ali pela lagoa*".[42] Além da onipresença da família de Souza, as instruções apontam para a fluida conectividade entre os distintos portos, tanto para a venda das mercadorias como para a compra dos escravizados, que deviam ser transportados até Grande Popo pela lagoa, desde várias feitorias, a "barlavento como a sotavento". Meses depois, em outubro, Madail é descrito pelos ingleses como o agente de Abreu & Mazorra em Lagos, indicando, mais uma vez, a constante mobilidade desses comerciantes.[43]

Resumindo, entre 1839 e 1841 está Manoel Joaquim de Almeida em Lagos como feitor de José Cerqueira Lima e agente da companhia baiana Almeida & Costa, com instruções para enviar "fardos" a Abreu & Mazorra em Cuba. Pelo menos a partir de junho de 1840, senão antes, Abreu & Mazorra colocam Madail como seu agente na Costa, primeiro em Grande Popo e depois em Lagos. Sabemos que Abreu & Mazorra planejavam embarques em Grande Popo com cativos trazidos de "feitorias distantes", provavelmente abarcando Lagos, onde operava Manoel Joaquim. Como vimos, a lagoa paralela ao litoral era a via de comunicação prioritária na região, e o transporte dos cativos através dela, a pé e em canoa, era frequente.

Nessa articulação regional, é provável que Manoel Joaquim utilizasse os serviços do seu liberto Joaquim de Almeida e sua rede africana. Sediado em Agoué, mas com trânsito frequente por Uidá, Joaquim podia organizar os comboios e, assim, suprir a demanda cubana em Grande Popo ou outros enclaves predeterminados. Prova dessa parceria entre patrono e liberto, ou pelo menos da participação de Joaquim de Almeida no suprimento de cativos para a firma cubana Abreu & Mazorra, é que, nos bens declarados no seu testamento, ele listava "o produto de 36 escravos em Havana, em mão do senhor dom José Masorra".[44]

No mesmo documento, Joaquim de Almeida declarava possuir "em Pernambuco, em poder do senhor Manoel Joaquim Ramos e Silva, o valor de vinte escravos".[45] Este era um português, naturalizado brasileiro, que operava como consignatário no porto de Recife para navios de diversas procedências e destinos, tanto nacionais quanto europeus, e que já no fim da década de 1820 era proprietário de um tumbeiro. Na década de 1840, virou um influente capitalista, tornou-se diretor da Associação Comercial de Pernambuco, fundador da Caixa Econômica do Recife, e recebeu o título de comendador. Sob essa respeitável aparência, ele escondia, como prova o testamento de Joaquim, atividades mais duvidosas.[46] Uma hipótese é que o já mencionado capitão pernambucano Felix Cosme Madail tenha estabelecido o enlace comercial entre o comendador e Joaquim, talvez através dos navios de Mazorra & Abreu. Consta, por exemplo, que em junho de 1842 o brigue *Duque de Bragança* (antigo *Venus*), propriedade de Mazorra, desembarcou em Pernambuco 444 cativos. Quem sabe não se contassem entre eles os vinte de Joaquim.[47] De todo modo, essa evidência indica que Pernambuco estava também inserido nas redes que conectavam Bahia, Cuba e a Costa da Mina.

MONETARIZAÇÃO E FLUTUAÇÕES DEMOGRÁFICAS DO TRÁFICO NA COSTA DA MINA

Os bens correspondentes ao "produto" dos 56 escravizados em Havana e no Recife resultaram de operações provavelmente realizadas na costa africana antes de 1843, pois em setembro de 1842 Joaquim se achava "ausente, e breve a chegar" na Bahia, e em abril do ano seguinte já estava lá, onde permaneceu, ao que parece continuamente, até dezembro de 1844, quando redigiu suas últimas vontades.[48] Dessa cronologia se depreende que Joaquim teria despachado aqueles cativos, por sua conta e risco, entre 1840 e 1842, aproveitando sua inserção na logística daquele negócio baiano-cubano. A possibilidade de alguém ter embarcado esses escravizados em nome de Joaquim na sua ausência não pode ser descartada, mas parece remota.

Desconheço os arranjos para negociar a venda daqueles escravizados, mas é provável que tenham sido despachados por Joaquim às Américas em várias viagens. Essa era outra das adaptações estratégicas do tráfico ilegal (além da dispersão geográfica e da preeminência da figura do feitor em terra) provocadas pela repressão inglesa. Tratava-se de uma tática distributiva. Um feitor ou mercador não transportava todos os seus cativos de vez, mas os distribuía em várias viagens, e os navios completavam suas cargas com escravizados de vários comerciantes como forma de minimizar e dividir as perdas no caso de serem apreendidos.[49]

Por exemplo, em 1839, Manoel José de Almeida, um dos diretores da Almeida & Costa, solicitava o envio de escravizados "molecotes de dezesseis a vinte anos, e duas outras molecotas que sejam gostosas e sirvam para a casa de família, vindo com minha distincta [marca] e avisando-me com antecedência pelo navio que forem mandados, *que também será de um até dois por cada vez, por causa do risco*".[50] No mesmo ano, José Pereira de Carvalho pedia ao capitão Felisberto de Matos Telles de Menezes, em Lagos, que lhe enviasse "fardos" da melhor qualidade, mas metade num navio e outra no seguinte, "nunca arriscando tudo, só em último caso".[51] Essa estratégia de organizar viagens com escravizados de vários proprietários reforça a noção de uma relativa "democratização" induzida pela ilegalidade do comércio.

Outra aparente adaptação tática dos traficantes seria a monetarização do tráfico. A historiografia brasileira tende a enfatizar a continuada dominância do escambo, relegando a monetarização a uma consequência tardia do colonialismo europeu no final do século XIX. Em relação a Lagos, por exemplo, Manuela Carneiro da Cunha descreve o complexo sistema de crédito e letras que regia o circuito de importações e exportações entre a Bahia e a costa africana, para concluir que, "até o fim da década de 1880, a preferência [...] era por um sistema de aviamento e de escambo no qual circulava muito pouco dinheiro".[52] Seguindo essa linha, Ubiratan Castro de Araújo diz que a venda de escravizados era "sempre" em troca de "pacotes" de mercadorias, e a compra em moeda aumentava o preço oito vezes.[53] Robin Law reforça a ideia de que comprar em moeda era mais caro, o que justificaria sua escassa circulação, pelo menos antes do século XIX.[54]

Podemos aceitar o fato de que a moeda era escassa e que comprar com ela era mais caro, no entanto, na virada da década de 1840, o dinheiro parece ter sido bastante cobiçado, tanto pelos nativos como pelos mercadores atlânticos. Aliás, a "moeda", como commodity (por exemplo, manilhas de ferro) que permitia estabelecer um sistema de equivalências entre valores de mais de duas mercadorias, esteve sempre presente no comércio da Costa da Mina, e, portanto, caberia questionar a noção de escambo como simples intercâmbio de mercadorias, sem moeda. No século XVII se utilizavam o búzio e a prata, no século XVIII entrou o tabaco, mas no século XIX, além do búzio, voltou o metal, na forma de moeda cunhada ou dinheiro.

Até onde consegui identificar, Patrick Manning é o primeiro autor a notar a crescente importação de dólares de prata na década de 1830, e explica essa mudança em função da eficiência do dinheiro como facilitador das trocas rápidas exigidas pela clandestinidade do comércio.[55] Reid segue esse raciocínio ao reconhecer a introdução da moeda no escambo "com o propósito de efetuar trocas mais rápidas nas condições cada vez mais difíceis da década, a partir de 1835".[56]

Em janeiro de 1839, antes da chegada à Costa do seu patrono, Joaquim de Almeida dizia que os espanhóis estavam pagando de cinquenta a 55 pesos por cativo, em moeda, valor superior àquele obtido por meio de pacotes de mercadoria, e que por isso os nativos preferiam vender aos espanhóis e "não querem receber gêneros".[57] Sem poder colocar suas mercadorias e sem búzios, Joaquim não conseguia comprar cativos. No mesmo período, em Uidá, outro traficante baiano pedia a um capitão de navio que lhe trocasse, nos portos de barlavento (de São Jorge de Elmina a Grande Popo), as mercadorias a ele consignadas por "búzios e pesos espanhóis ou de outra qualquer nação. Também algumas onças em ouro, e nada de ouro em pó, nem em pedra".[58] Ou seja, as moedas mais requisitadas eram, naquele momento, o búzio, o peso espanhol e a onça de ouro. Essa preferência é consistente com a já mencionada solicitação de Joaquim de Almeida ao seu patrono, meses depois, para que este comprasse o máximo possível de búzios no castelo de São Jorge de Elmina.

A demanda por moeda também se dava do outro lado do Atlântico. Em 1840, o diretor da sociedade Abreu & Mazorra, em Havana, instruía seu agente Madail a trocar duzentas pipas de aguardente "ao importe que se possa vender a dinheiro, e com o dinheiro comprar os vultos", quer dizer, os cativos.[59] Em outra ocasião, ele enviou diretamente 65 onças de ouro à Costa para a compra de escravizados.[60] Em 1842, o capitão inglês Henry Broadhead estimava que, nos anos precedentes, um terço do valor dos carregamentos enviados à Costa era em dinheiro (*specie*).[61] Poderíamos supor que a preferência pela moeda fosse conjuntural, por causa da guerra em Lagos, em 1839, e pelo medo dos mercadores de ficarem com produtos perecíveis, como o tabaco, em seus armazéns. Porém o fenômeno perdurou.

Em 1844, o poderoso comerciante baiano Joaquim Pereira Marinho instruía o capitão do iate *Vivo* a vender oitocentos mangotes de tabaco, "*em primeiro lugar* por dinheiro e em segundo por búzios, ou qualquer artigo que possa de um porto para outro fazer alguma vantagem". Concordava em aceitar "algum azeite e panos" se fosse necessário e oportuno. Uma vez "passado a metal todo o produto", devia comprar cera bruta em São Tomé e regressar à Bahia.[62] Meses antes, outro comerciante baiano solicitava receber o importe da venda de seu carregamento "a dinheiro ou por letras, sobre negociantes dessa praça [Lagos]", ainda que vendesse mais barato, e, só se isso não fosse possível, devia seu agente trocar por "panos finos e ordinários, marfim e azeite que seja bom e novo de forma".[63] Ou seja, assim como no tráfico, na troca de mercadorias lícitas persistia uma complexa mistura de escambo e moeda, mas o ponto a destacar é a crescente preferência pelo metal.

O recurso ao azeite de dendê e aos panos da costa como segunda melhor opção, na ausência de moeda, era recorrente, mas o corpus epistolar consultado não permite afirmar, como quer Reid, que o azeite tenha passado a ser o substituto do ouro como mercadoria preferencial ou "moeda" para calcular o valor das trocas.[64] No mesmo ano de 1844, outro comerciante da praça da Bahia solicitava vender 33 fardos de fazenda de algodão "pelo melhor preço que puder, fazendo todo o possível de me remeter seu importe em onças espanholas ou mexicanas e patacões ou peso espanhol, ainda mesmo que venda por menos, mas se não puder arranjar, então azeite e panos da costa".[65] Verifica-se assim que, ante a dificuldade e o risco de importar escravizados, o comércio legítimo também privilegiava o dinheiro como retorno preferencial das exportações.

Em vista da aparente continuidade da demanda por moeda, pode-se supor que essa preferência tenha sido consequência da mudança estrutural induzida ou favorecida pela repressão ao tráfico e a concomitante transição para o comércio legítimo. Enquanto as feitorias podiam ainda comprar escravizados aos mercadores locais com búzios ou pelo sistema de escambo tradicional, os navios, que deviam efetuar os embarques clandestinos com rapidez, podiam beneficiar-se de ter dinheiro em mãos para o pagamento dos cativos e dos carregadores. Por outro lado, o receio de deixar mercadorias a crédito nas feitorias, sem garantia de retorno, talvez tenha estimulado nos capitães a crescente demanda por moeda no desembarque de suas mercadorias. A monetarização teria funcionado, assim, como um mecanismo de redução de danos ou de ajuste às novas condições de um mercado africano com sua principal mercadoria de exportação em xeque. Todavia, o sistema de crédito e de emissão de letras que sustentava as trocas mercantis pode ter achado na quantificação monetária um mecanismo mais eficiente e confiável na determinação dos valores transacionados. Ela tornava as redes do tráfico mais "legíveis" para os financiadores americanos e europeus. Em última instância, a monetarização da economia do tráfico evidenciaria a crescente penetração do sistema financeiro capitalista.

De volta aos 56 escravizados remetidos por Joaquim de Almeida a Havana e Pernambuco, surpreende que, em 1844, na hora de redigir seu testamento, ele ainda fosse credor do seu valor e não tivesse capitalizado o benefício de operações realizadas, presumivelmente, entre 1840 e 1842. Isso sugere, por um lado, o tempo dilatado, de anos, que aquele negócio requeria para rentabilizar os investimentos; e, por outro, o grau de confiança que os mercadores deviam ter entre si para embarcar naquelas empreitadas atlânticas de longa duração.[66] Se a isso acrescentamos os imponderáveis da ilegalidade, devemos concluir que se tratava de um negócio de alto risco, que só a expectativa de um grande lucro podia alimentar.

Os custos envolvidos no tráfico atlântico e sua incidência na taxa de lucro são um assunto complexo que já rendeu farta literatura.[67] De modo geral, sabe-se que após a abolição inglesa do tráfico, durante o período de ilegalidade, houve um aumento acelerado dos preços dos escravizados tanto em Cuba como no Brasil, em particular a partir da virada da década de 1840.[68] Os historiadores da economia debatem se essa inflação foi consequência de um crescimento da demanda nas Américas, dada a enorme necessidade de força de trabalho escravo gerada pelo sistema de plantation no Brasil e em Cuba, ou se foi resultado de uma retração da oferta causada pela repressão naval inglesa. Outros estudiosos têm sinalizado a necessidade de entender a dinâmica interna dos mercados africanos e seus ajustes às transformações econômicas regionais para avaliar o impacto no tráfico atlântico.[69]

Uma contribuição a esse debate passaria por um estudo comparativo entre as curvas do fluxo demográfico do tráfico atlântico e a dos preços de venda na África e nas diferentes regiões das Américas, a fim de verificar possíveis correlações. Para o período do tráfico ilegal, as séries de dados disponíveis são imprecisas e mesmo contraditórias, impedindo estimativas confiáveis, sobretudo em relação aos preços de compra na África e à proporção que os custos da viagem representavam no valor de venda final. Podemos, no entanto, aventurar algum comentário sobre o número de cativos exportados da Costa da Mina.

TABELA 7
NÚMERO E DESTINO DOS CATIVOS EMBARCADOS NA COSTA DA MINA, 1826-60

PERÍODO	CUBA	OUTROS CARIBE	BAHIA	OUTROS BRASIL	SUBTOTAL AMÉRICAS	SERRA LEOA	TOTAIS
1826-30	3095	123	5967	1563	10748	10169	20917
1831-5	7430	331	2180	0	9941	2776	12717
1836-40	6808	2576	6232	299	15915	6524	22439
1841-5	5189	0	7324	5101	17614	3920	21534
1846-50	155	0	15908	719	16782	9855	26637
1851-5	1915	0	0	1460	3375	392	3767
1856-60	4342	0	0	0	4342	953	5295
TOTAL	28934	3030	37611	9142	78717	34589	113306

FONTES: TSTD, consulta em 28 dez. 2020.

A Tabela 7, elaborada com base na Trans-Atlantic Slave Trade Database, apresenta números relativos aos cativos embarcados na "baía do Benim", correspondente ao litoral entre o rio Volta e o delta do rio Níger, na região oriental da Costa da Mina. As cifras, no entanto, estão subestimadas. Em primeiro lugar porque a base de dados não consegue identificar a região de embarque de quase 31% dos cativos saídos da África, entre os quais uma parte devia ser originária da Costa da Mina.[70] Por outro lado, como vimos no capítulo 1, na década de 1820, muitos dos cativos introduzidos na Bahia eram declarados originários da África Central, quando na verdade eram contrabando da Costa da Mina. Fora isso, a tabela não dá conta das viagens negreiras que escaparam à vigilância das autoridades e não deixaram rastros documentais.

As principais regiões de desembarque nas Américas foram a Bahia e Cuba, com 37 611 e 28 934 cativos, respectivamente. Outros 34 589 indivíduos, quase um terço do total, desembarcaram em Serra Leoa, após os navios negreiros que os transportavam serem apresados pelos cruzadores britânicos. Esse elevado número de libertos resgatados da escravização indica a relativa efetividade da campanha inglesa de repressão ao tráfico. Também cabe notar que, nesse período, a grande região de embarque, tanto para o Sudeste do Brasil como para Cuba, era a África Central. Por exemplo, os 28 934 africanos ocidentais embarcados para Cuba entre 1826 e 1860 representavam apenas 6% do total de cativos importados na ilha caribenha.[71]

A curva do gráfico 1 permite identificar as flutuações do embarque de cativos na Costa da Mina entre 1825 e 1860. Conforme comentei no capítulo 1, no quinquênio de 1826-30 houve um aquecimento do mercado baiano, com o anúncio do fim do tráfico atlântico, e um aumento na oferta dos portos da África Ocidental, promovido pelo colapso do reino de Oyó. Com a entrada em vigor do tratado anglo-brasileiro em 1830 e a subsequente implementação da Lei Feijó em 1831, houve no Brasil, pelo menos até 1834, um relativo controle da importação ilegal de escravizados, o que parece ter afetado a Costa da Mina, com uma notória queda da exportação entre 1831 e 1835, compensada apenas pelo aumento paralelo da demanda em Cuba (Tabela 7). O progressivo ajuste da maquinaria do tráfico à clandestinidade, tanto na costa africana como no Brasil, levou a um novo período de crescimento no número de embarcados na segunda metade da década.

GRÁFICO 1. NÚMERO DE CATIVOS EMBARCADOS NA COSTA DA MINA, 1825-60

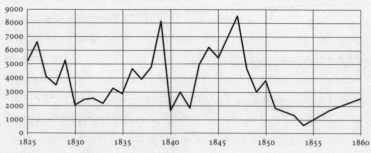

FONTE: TSTD, consulta em 28 dez. 2020.

Foi desse contexto que Joaquim de Almeida e seus parceiros, como Tobias Barreto, se beneficiaram nos anos de 1838 e 1839.

O porto de Uidá pode ter sofrido, entre 1839 e 1844, uma redução no embarque de navios negreiros causada, em parte, pela intensificação da vigilância inglesa, seguindo a entrada em vigor do Equipment Act.[72] Isso parece expressar-se, de novo, no declínio do número dos exportados, em especial entre 1840 e 1842, que, diga-se de passagem, foi o período em que Joaquim de Almeida participou no carregamento de cativos para Cuba e Pernambuco.[73] Apesar desse retraimento momentâneo e da forte queda da demanda na ilha caribenha a partir de 1845 — quando as Cortes Gerais espanholas passaram nova legislação penal criminalizando o tráfico —, a exportação de cativos na Costa da Mina conheceu seu último momento de expansão na segunda metade da década de 1840.[74] Como veremos, nesses anos, Joaquim de Almeida passou a operar em Uidá e atingiu o que seria o pico de sua carreira escravagista.

O ponto crítico de inflexão dessa flutuação se produz no início da década de 1850, quando há uma drástica redução da exportação na Costa da Mina. De novo as causas são múltiplas. Por um lado, as forças abolicionistas inglesas, sobretudo a partir de

1852, com o bloqueio de Uidá, conseguem arrancar um acordo do rei Guezo para suprimir a venda de escravizados. Por outro, a implementação no Brasil da Lei Eusébio Queirós em 1850, com sua condenação explícita aos traficantes pelo crime de pirataria, produziu uma efetiva repressão à importação, com claros reflexos do outro lado do Atlântico. A ligeira recuperação da exportação de cativos na região, a partir de 1853, respondeu à demanda cubana e se prolongaria até o início da década de 1860. Nessa altura, a participação luso-brasileira no fornecimento de cativos para a ilha caribenha se tornou fundamental, sobretudo a partir da região de Congo-Angola e graças às parcerias comerciais estabelecidas em décadas anteriores.[75]

Ora, se consideramos as décadas de 1830 e 1840 no seu conjunto, a demografia da exportação forçada de escravizados na Costa da Mina sugere que a repressão inglesa não foi tão efetiva quanto o desejado. Em que pese a forte queda da exportação após a implementação do Equipment Act em 1839, e a libertação de quase um terço dos embarcados pelos cruzadores britânicos, o número de cativos despachados para Brasil e Cuba, entre 1836 e 1850, se manteve acima dos 15 mil quinquenais, mostrando inclusive uma tendência a crescer (Tabela 7). A maior vigilância no porto de Uidá não conseguiu interromper esse alto ritmo de exportação, o que reforça a tese de um processo de dispersão dos pontos de embarque para as regiões vizinhas. Essa evidência sugere que a suposta redução da oferta na costa africana, causada pela repressão inglesa, *não* pode ser entendida como a única (e talvez nem sequer a principal) motivação para o aumento do preço dos escravizados nas Américas. Por outro lado, a periodização antes examinada aponta para a importância das restrições impostas à demanda cubana, através da legislação espanhola de 1845, e à demanda brasileira, através da Lei Feijó, de 1831 e, em especial, da Lei Eusébio de Quei-

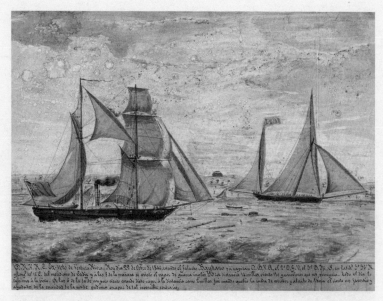

FIGURA 12. *Ex-voto do falucho* Bayhano *escapando do vapor de guerra inglês* Ydra, *1846.**

rós, de 1850, como fatores determinantes na redução da exportação na Costa da Mina.

Por outro lado, os dados sobre os preços dos escravizados na Bahia, no período de 1826 a 1855, são inequívocos em sinalizar um aumento progressivo, em especial a partir de 1840, com aparente independência das flutuações demográficas da exportação

* No rodapé da figura se lê: "D.N.V.R.C. Ex-voto de Ventura Riera. Hoje dia 22 de outubro de 1846, estando o falucho *Bayhano*, com seu capitão D.B.V.R, o 2º D.G. V, o 3º D. M. S, em latitude 5°56'N e longitude 10°12'E do meridiano de Cádiz, às 8 da manhã se avistou o vapor de guerra inglês *Ydra* a 14 milhas de distância, vento 110, e conhecemos que nos perseguia. Todo o dia o tivemos à vista. Às 6 da tarde, com pouco vento, estando o dito vapor a distância aproximada de 2 milhas foi quando quebrou a roda de estibordo e depois de uma hora o vento nos favoreceu e ajudados pela obscuridade da noite pudemos escapar de tal invencível contrário".

da Costa da Mina. Se, no primeiro quinquênio de 1826-30, o valor médio de um homem africano adulto era de 234$000 réis, no quinquênio de 1851-5 ele tinha bem mais do que duplicado, subindo a 573$000 réis.[76] Devemos concluir, portanto, que a intermitente escassez da oferta na África não era o fator determinante na alta dos preços. Por outro lado, o encarecimento do frete atlântico, do desembarque dos cativos, dos subornos às autoridades e das taxas das companhias de seguros, em grande medida provocado pelas exigências da clandestinidade imposta pela repressão inglesa, emerge como um fator que acompanha de forma proporcional o aumento do preço dos cativos. Ou seja, na medida em que os custos da viagem e distribuição aumentavam, eles eram absorvidos pelo aumento do preço final.[77]

Em qualquer circunstância, o cálculo da lucratividade do negócio negreiro é de extrema complexidade pela grande quantidade de variáveis que intervêm no processo, desde o preço de compra dos escravizados em solo africano, o valor das mercadorias utilizadas no escambo, o custo do frete, a despesa no desembarque, até o valor de venda no destino. De fato, para o século XIX, não conheço nenhum conjunto documental que reúna e discrimine todas essas informações para uma única viagem, do que resulta que as estimativas existentes sejam conjecturas mais ou menos bem fundamentadas.[78]

Todavia, o ganho efetivo, como retorno do capital investido numa determinada viagem, estava condicionado, entre outros fatores, à quantidade de cativos fretados, à idade, ao sexo, estado de saúde, taxa de mortalidade durante a travessia e, muito importante, à duração da viagem, sujeita a demoras por avaria, condições climáticas, possibilidades comerciais ou políticas locais. Aliás, o lucro dependia em grande medida da posição ocupada pelos distintos atores na cadeia transacional. Os estudos produzidos pela bibliografia anglo-saxã tendem a examinar o benefício dos grandes armadores, proprietários de navios e companhias com investimentos em manutenção de feitorias, soldadas de tripulação e de empregados, contratos de seguros e taxas de juros. Aqui, no entanto, tentei indicar a existência de uma pluralidade de atravessadores e pequenos comerciantes com despesas diferenciadas e expectativas de lucro sujeitas a outras variáveis. Por exemplo, para o feitor, seu salário, que para o armador seria um custo, era um benefício; ou, ainda, enquanto o armador devia calcular a desvalorização do navio, o lucro do pequeno comerciante que viajava com suas mercadorias dependia do valor do frete. Nesse sentido, o custo de um era o ganho do outro, mas o importante é que o negócio do tráfico incluía diversas escalas de rendimento, a depender da posição ocupada naquela estrutura mercantil.

A FORTUNA ACUMULADA ATÉ O MOMENTO DO RETORNO DEFINITIVO

Voltando a Joaquim de Almeida, observa-se um claro aumento no volume de seu negócio entre 1839 e 1842. A progressão geométrica de sua riqueza resulta evidente, desde janeiro de 1839, quando comprou três escravizados por 26 onças, das mãos de Tobias Barreto Brandão, e tentava vender um outro por quinze onças; passando pelo carregamento de tabaco e aguardente a ele consignado — transportado por Tobias no brigue *Gratidão*, em setembro de 1840 —, cujo preço de venda na Costa da Mina podemos avaliar, de forma conservadora, em pelo menos 250 onças; até o período de 1841-2, quando, presumivelmente, fretou os 36 "volumes" para Havana e os vinte para Pernambuco.

Fossem eles resultado de compra direta ou de proventos acordados pelos serviços prestados, o custo dos 56 cativos na costa africana, uma vez embarcados, supõe um valor aproximado de

5:488$000 réis.[79] Quando se acrescentam os custos do frete — nas mesmas condições favoráveis oferecidas ao seu patrono Manoel Joaquim de Almeida (cem pesos a cada "fardo" destinado a Havana e 50$000 réis a cada um destinado à Bahia) —, devem-se somar outros 7:120$000 réis.[80] Isso supõe um investimento em torno de 12,5 contos de réis. Ora, dois anos depois, em 1844, no momento de redigir seu testamento, o valor de venda desses cativos em Cuba e no Brasil poderia ter alcançado os 27,5 contos de réis.[81] Descontando 4,5 contos de réis de possíveis custos de distribuição (desembarque, subornos, mantimentos, comissões de venda), chega-se a um benefício líquido em torno de 10,5 contos de réis.[82] A lucratividade, nesse contexto, podia ter alcançado uma alta de 60% sobre os custos.

Cabe lembrar que Joaquim de Almeida podia desfrutar de vantagens tanto no custo do feitor como no custo do frete, pois estava diretamente envolvido no negócio. Como atravessador, ele tinha trânsito entre os mercadores locais e os feitores das companhias brasileiras e cubanas. Ao mesmo tempo, no comando de uma rede de carregadores e com inserção nos círculos sociais de capitães, armadores e donos de navio, teve oportunidade de investir nos negócios dos seus mentores. Insisto, seu sucesso, ao que tudo indica, resultou da sua fluida alternância entre os papéis de "intermediário" e de "comerciante" (*broker* e *trader*).

Entre os principais mentores e sócios de Joaquim na praça da Bahia, além do seu patrono Manoel Joaquim de Almeida, estava Joaquim Alves da Cruz Rios, figura-chave na sua ascensão econômica. Rios era filho do deputado José Alves da Cruz Rios, poderoso traficante e dono de tumbeiros, bastante influente na década de 1830. Possuía uma loja de ferragens e escritório na rua do Guindaste dos Padres, na Cidade Baixa, onde vendia loteria da Companhia de Fábricas Úteis, da qual era tesoureiro e chegou a ser presidente. Era também consignatário de navios que faziam a carreira de Portugal e outros portos do Império, importando vinho, caixas de passas e azeite de dendê. Em 1843, sua loja começou a aparecer de forma reiterada em anúncios de compra e venda de escravizados, e, no andar de cima, ficava o escritório de outro dos futuros parceiros comerciais de Joaquim de Almeida, o português Miguel da Silva Pereira, que "compra e paga escravos de ambos os sexos".[83] Como seu pai, Cruz Rios chegou a ser dono de navios negreiros e vice-cônsul da Argentina; aliás, tinha trato com notórios traficantes da Costa da Mina, como Alfaiate (José Francisco dos Santos) e Domingos José Martins, de quem foi testamenteiro e de cujos filhos foi nomeado tutor.[84]

Pouco depois de Joaquim de Almeida desembarcar de novo na Bahia, em 23 de abril de 1843, seu nome aparece nos livros da freguesia do Pilar, batizando dois cativos seus, Marcelino, jeje, e David, nagô. No mesmo dia e lugar, Joaquim Alves da Cruz Rios batizava catorze escravizados da sua propriedade, doze deles nagôs adultos.[85] Sendo o batismo de africanos indicativo de sua chegada recente ao Brasil e sabendo da vinda de Joaquim naquele período, não é descabido supor que este realizara a travessia a bordo de algum navio negreiro, com uma carregação destinada a Cruz Rios.

A colaboração entre ambos perdurou no ano e meio seguinte, período em que, suponho, Joaquim de Almeida ficou na Bahia. Seu testamento, redigido em dezembro de 1844, quando estava prestes a partir de novo para a costa africana, além de oferecer uma radiografia do seu círculo social, permite vislumbrar a riqueza acumulada até então.[86] Joaquim declarava, entre seus bens, 4:721$850 réis, "importância do interesse de um oitavo que me toca no carregamento da polaca sarda *Joanito*, [...] cujo barco partiu para a Costa d'África em outubro do corrente ano a cargo do senhor Querino Antônio". Já na escuna sarda *Emília*, em que Joaquim iria viajar dois meses depois, na condição de "caixa", ele possuía um quarto de uma carga de 1218 mangotes de tabaco e sete contos de réis em outros gêneros que levava por sua conta e risco.⁸⁷ Joaquim de Almeida seria responsável pela venda das mercadorias na Costa, enquanto Joaquim Alves da Cruz Rios ficaria, na Bahia, como caixa e responsável pelas remessas que aquele pudesse gerar.

A parceria se estendia ao tráfico para Cuba. Dos 36 escravizados declarados em Havana, em mãos de José Mazorra, Joaquim ordenava remeter o importe de 26 deles "ao senhor Joaquim Alves da Cruz Rios, nesta cidade [Salvador], e o importe dos dez ditos de resto ao senhor Manoel Joaquim de Almeida", que em agosto daquele ano tinha regressado de Lagos após uma estada de quase cinco anos.⁸⁸ Joaquim mandava ainda remeter o valor da venda dos vinte escravizados de Pernambuco a Cruz Rios, sinalizando sua plena confiança no negociante baiano. No testamento aparecem outros nomes significativos da rede social de Joaquim. Além do seu patrono, nomeado primeiro testamenteiro, o capitão de mar Caetano Alberto da França foi listado em segundo lugar. Como testemunhas assinaram conhecidos negociantes da praça da Bahia, pelo menos três deles envolvidos no tráfico: Antônio Martins de Oliveira, João André de Souza e o português Francisco Antônio Rodrigues Vianna.⁸⁹ Essas conexões sinalizam o grau de inserção e acomodação social de Joaquim no mundo dos brancos.

Com as mercadorias embarcadas na escuna *Emília* e na polaca *Joanito*, naquele fim de 1844 Joaquim despachou para a Costa da África gêneros pelo valor de algo mais de treze contos de réis. Por outro lado, como vimos, podemos estimar o valor dos 56 escravizados em Cuba e Pernambuco em torno de 27,5 contos de réis. Além disso, Joaquim era senhor de nove escravizados na Bahia, cinco homens e quatro mulheres.

Desse patrimônio, devemos descontar o valor de João de Almeida, de nação nagô, um dos primeiros cativos de Joaquim, batizado em 1831, que se libertou em outubro de 1844, pagando 700$000 réis, e que permaneceria como agente do antigo senhor na Bahia até a morte deste.[90] Também devemos descontar Benedita, de nação nagô, batizada em 1832, que devia ser alforriada de forma gratuita após a morte do senhor, conforme mandava uma das verbas testamentárias. Este foi também o caso de Felismina, de nação mina, mãe de Suterio, nomeado por Joaquim seu principal herdeiro. Restavam, assim, seis cativos: Jezuina, Felipe, David e Feliciano, nagôs, e Maria e Marcelino, jejes. Este último, um dos batizados em 1843, viajaria em companhia do seu senhor à África.[91] Se calcularmos um preço aproximado de 360$000 réis por cabeça, o patrimônio da escravização na Bahia ascenderia a mais de dois contos de réis.[92]

Descontando as dívidas declaradas no testamento, que ascendiam a 5,5 contos de réis, quatro deles emprestados por Thomazia de Souza Paraíso, "sem exigir de mim documento algum", podemos estimar a fortuna de Joaquim de Almeida, naquele momento, em volta de 37 contos de réis, o que colocaria o africano mahi no patamar de 10% dos homens mais ricos da Bahia.[93] Quatorze anos depois de sua alforria, Joaquim tinha superado a fortuna do seu antecessor, e desconfio que também de seu modelo inspirador, o mina Geraldo Rodrigues Pereira, que falecera em 1830 com um patrimônio de 33 contos de réis.

Em suma, o período de nove anos — de 1836, com o deslocamento do seu grupo para Agoué, até o final de 1844, com sua viagem de regresso definitivo à África — marcou a transformação de Joaquim de Almeida no que um de seus descendentes chamou de *homme d'affaires atlantique* (homem de negócios atlântico). Ele nunca deixou de cuidar de sua rede africana e continuou a se corresponder com Inocêncio de Araújo Santana e seu compadre Benedito Fernandes Galiza, na Bahia, e a colaborar com Antônio Caetano Coelho e Tobias Barreto Brandão, em Uidá.[94] No entanto, o arco de suas operações comerciais se desdobrou, abrangendo a Costa da Mina, o Nordeste brasileiro (Bahia, Pernambuco) e o Caribe (Cuba), e seus parceiros e clientes passaram a incluir membros da elite mercantil atlântica do momento. Enfim, ele progrediu do pequeno comércio ao grande negócio.

Como sublinhei de forma reiterada, acredito que o sucesso econômico de Joaquim tenha resultado, em parte, do deslocamento deliberado para a costa africana no momento certo, quando a conjuntura do tráfico ilegal inflacionava o preço dos escravizados e a repressão inglesa favorecia o papel do feitor em terra. Seu domínio das línguas vernáculas e da escrita foi vantagem preciosa na hora de negociar com os fornecedores locais e com os feitores e capitães euro-americanos. O êxito deveu-se ainda a sua presumível autoridade e seu empreendedorismo, qualidades que o tornavam um líder eficiente no controle dos escravizados e na coordenação dos embarques clandestinos. Resta saber o grau de brutalidade usado no exercício do seu poder, mas não cabe dúvida de que a violência e o regime disciplinar formavam parte de sua profissão. Sua confiabilidade lhe garantiu o apreço de influentes benfeitores e investidores, o que, por sua vez, lhe permitiu a inserção numa rede comercial com clientes da mais alta linhagem social. Embora sempre dependente dos superiores, como o patrono Manoel Joaquim de Almeida e o sócio Joaquim Alves da Cruz Rios, sua localização no litoral africano lhe ofereceu uma relativa independência para levar adiante sua ambição. Para além das perdas pecuniárias inevitáveis naquela atividade ilegal, o progressivo aumento dos preços de venda nas Américas e o constante suprimento de cativos na costa africana contribuíram para o rápido acúmulo de capital. Ao que parece, a expectativa de lucro e a ostentação a ele associada foram os grandes incentivos por trás de suas ações.

6. A Costa da Mina em transição

O RETORNO SEM VOLTA NO FIM DE 1844

"Participo-lhe que o seu filho Guilherme não tem ido até agora, por eu não ter achado um capitão de quem lhe faça perfeita confiança." Esmeria Maria ditou a frase lentamente, em voz alta, enquanto seu filho, o referido Guilherme, após molhar de novo a pena no tinteiro, transcrevia com caligrafia grande e clara as palavras da mãe iletrada. O destinatário da carta, selada na Bahia em 22 de abril de 1839, era o pai, José Manoel Antônio Gomes, um africano hauçá que três anos antes, no êxodo que se seguira à Revolta dos Malês, viajara para Agoué na companhia de duas crianças e uma segunda mulher. Esmeria Maria do Nascimento, sua primeira companheira, de nação jeje, teve com ele, além de Guilherme, uma filha chamada Luiza que também ficou na Bahia. A rede de parentesco de Esmeria Maria se estendia ao nosso conhecido Antônio Caetano Coelho, seu irmão biológico, seu "mano", conforme o linguajar da época. Um ano depois, a viagem atlântica de Guilherme continuava a ser adiada, "por causa das más notícias que por cá tem havido do caminho", referindo-se à vigilância inglesa. A mãe acrescentava: "Quando ele lá chegar vossa mercê o queira tratar como pai que é".[1]

O jovem amanuense, filho de José Manoel e Esmeria Maria, utilizava o sobrenome da mãe e era conhecido como Guilherme Martins do Nascimento, o mesmo que poucos anos depois, em 1844, escreveria o testamento de Joaquim de Almeida e com ele viajaria à Costa da África.[2] Este último e o tio materno, Antônio Caetano Coelho, parecem ter exercido mais influência na sua vida que o pai ausente. Pouco tempo após Esmeria escrever suas cartas, em 26 de setembro de 1841, Guilherme embarcou no brigue francês *Marabout* rumo à África, mas o navio, confirmando os temores da mãe, foi capturado no dia seguinte pelos ingleses, logo ao sair da baía de Todos os Santos. Guilherme e outros nove passageiros, entre os quais Francisco José de Oliveira (testemunha de Joaquim de Almeida no processo de 1835), ficaram presos durante mais de três meses a bordo de vários navios ingleses, até serem liberados em Caiena e logo repatriados para o Rio de Janeiro, no início de 1842.[3] De volta à Bahia, em abril, Guilherme insistia no seu empenho e solicitava novo passaporte para a Costa da África — não sei dizer se desta vez com sucesso.[4] Nesse registro, é identificado como crioulo, natural da Bahia e marceneiro. Contudo, ele alternava as habilidades do ofício manual com o letramento. Guilherme não era apenas alfabetizado para transcrever as cartas da mãe, ele dominava a escrita a ponto de redigir documentos legais.

Em 17 de dezembro de 1844, um dia antes de zarpar para a África, no que seria sua segunda viagem, Guilherme redigiu o testamento de Joaquim de Almeida.[5] No mesmo dia ainda escriturou a carta de alforria do preto Mathias, de nação nagô, um liberto do seu tio Antônio Caetano Coelho, ausente naquele momento na Costa da África.[6] Quem atuou como procurador bastante do senhor foi Joaquim de Almeida. O fato de José Antônio Rodrigues Vianna atuar como testemunha, tanto na alforria como no testamento, sugere terem sido ambos os documentos assinados no mesmo ato. Presente na ocasião estava também o patrono Manoel Joaquim de Almeida, retornado de Lagos havia alguns meses. Ele assinou como testemunha na alforria, mas não no testamento, talvez por estar implicado como testamenteiro.

Observa-se, assim, como Joaquim voltava a intermediar uma alforria atlântica, como já fizera em 1836, quando atuou como procurador bastante do hauçá Vicente Xavier, um dos deportados da Revolta dos Malês, na manumissão da hauçá Constança.[7] No caso do nagô Mathias, tratava-se de um servente que gozava de certa intimidade com o círculo social do seu senhor, Antônio Caetano Coelho. Em 1840, na despedida de uma carta em que anunciava o envio de uma caixa de açúcar ao seu patrono, Mathias mandava lembranças ao "senhor Joaquim d'Almeida, e à senhora Thomazia, e ao meu pederino [padrinho] João do Rego", assim como a um dos filhos de Coelho, referido como "meu senhor moço Manoel da Paixão".[8] O padrinho, João Antônio do Rego, de nação bornu, era também compadre da irmã de Coelho, Esmeria Maria do Nascimento, pois em 1825 apadrinhara uma filha natural desta, chamada Maria.[9] Ele morava no Bomgosto, na freguesia do Pilar, antes de viajar para Uidá no fim de 1835, com um filho de mesmo nome. Há também evidências do seu envolvimento no tráfico de gente.[10]

O dia 17 de dezembro de 1844, véspera da viagem, foi uma jornada agitada, e, após a assinatura do testamento de Joaquim e da alforria de Mathias, o "escravo" Marcelino, de nação jeje, conseguiu habilitação da polícia para seguir para a Costa da África "em companhia do seu senhor Joaquim de Almeida". O fato de um liberto africano realizar a travessia atlântica acompanhado de um "escravo" era inusual, sendo mais frequente o subterfúgio de alforriá-lo sob a condição de acompanhar o senhor lá aonde ele ia e, assim, preservar a relação de dependência. Como era costume na Bahia, os nomes dos passageiros Joaquim, Guilherme e Marcelino foram listados na relação de pessoas despachadas pela Secretaria de Polícia e publicados no *Correio Mercantil*.[11] No dia seguinte, 18 de dezembro, a escuna *Emília*, com carga de aguardente, tabaco e fazendas, zarpava de Salvador. Os dois africanos e o crioulo passariam o Ano-Novo em alto-mar.[12] Essa viagem, concluída em janeiro de 1845, marca o encerramento do demorado processo de "retorno" de Joaquim, que, iniciado em 1836, com o êxodo do seu entorno familiar (ver capítulo 3), se estendeu por quase uma década.

Naquele período, a viagem de jovens crioulos como Guilherme para a costa africana era rara. Dos 206 passaportes expedidos em 1844 com esse destino, apenas cinco eram de crioulos declarados. Os livros de habilitação de passaportes para o período 1838--41 se extraviaram, mas para o período posterior, de 1842-56, há uma documentação seriada, com amostras anuais estatisticamente significativas. Esses dados (organizados na Tabela 9, no Anexo 3) permitem apontar algumas características dessa movimentação atlântica em meados do século XIX. A primeira observação é que mais da metade dos viajantes (52,4%) era africana; em torno de um terço (33,3%) era de "brasileiros", incluindo aí os crioulos; e os demais (14%) eram europeus. Somando africanos e crioulos declarados, os negros constituíam pelo menos 70% dos passageiros, enquanto os outros 30% seriam mestiços ou brancos.

Discriminando os dados por décadas, emergem transformações significativas. Se no pico migratório de 1835-7 os africanos e sua descendência crioula constituíram 88% dos viajantes, na década seguinte observa-se uma drástica queda da sua proporção relativa, ficando apenas em 41%. Por outro lado, verifica-se um aumento notório da proporção de viajantes "brasileiros", presumivelmente não negros, e, sobretudo, de portugueses. O incremento destes últimos se concentrou entre 1842 e 1847, coincidindo com o aumento da exportação de escravizados da Costa da Mina, como se vê no gráfico 1, enquanto nos anos seguintes, de 1848 a 1850, observa-se o aumento de passageiros espanhóis. Assim, nessa década, os viajantes não negros representavam em torno de 60% dos passaportes, e uma boa parte deles era de negociantes envolvidos no tráfico.

Já na década de 1850, comprova-se um novo aumento da proporção relativa dos africanos e sua descendência, chegando a atingir 85%, em paralelo a um pronunciado descenso de "brasileiros", portugueses e outros europeus. Nessa década, muitos dos passageiros africanos iniciaram a viagem na Corte do Rio de Janeiro, passando em trânsito pela Bahia. Os dados sobre sexo e idade (quando disponíveis) permitem estabelecer uma nítida correlação entre o aumento de passageiros africanos e crioulos, nos períodos de 1835-7 e na década de 1850, e o aumento da proporção das mulheres e das crianças (ver Tabela 10, no Anexo 3). A estatística prova que os africanos tendiam a viajar em família, com esposas, filhos e agregados, enquanto os "brasileiros", portugueses e espanhóis, na sua maioria homens adultos, viajavam sem família, presumivelmente a negócio.

A dificuldade das mulheres e das crianças crioulas de viajarem para a Costa da África na década de 1840 talvez resultasse da pressão da vigilância inglesa, como vimos no caso de Guilherme. No entanto, os empecilhos podiam ser de várias ordens. Em 1839, por exemplo, a nagô Felicidade, liberta da jeje Luiza Francisca Gonçalves, escrevia à irmã desta, Ifigênia da Cruz, em Agoué:

> Vossa Mercê está a minha espera, porém sou eu a certificar-lhe que por ora não o posso fazer com brevidade, por quanto a guerra [da Sabinada] e a fome que houve nesta cidade, desde o dia 7 de novembro do ano próximo passado de 1837 até em 1838, me deixou

muito derrotada, de maneira que, presentemente, nada tenho para despesas do meu transporte.[13]

A viagem exigia dispêndio, assim como paciência e habilidade para conseguir navio e driblar os perigos. Nem todo mundo que a desejava conseguia partir.

No conturbado início da década de 1840, só africanos com longa experiência no comércio marítimo, como Joaquim de Almeida, Tobias Barreto Brandão, Inocêncio de Araújo Santana ou José Marques de Oliveira, se aventuravam na navegação de ida e volta. Contudo, como já foi dito, entre os viajantes homens e adultos, naquele período, a maioria era não negra, brasileira e portuguesa, muitos deles envolvidos no tráfico ilegal de escravizados. A partir de 1850, quando o tráfico atlântico de cativos com o Brasil foi finalmente interrompido, comprovam-se um retraimento dos comerciantes que embarcavam na Bahia e novo incremento de passageiros africanos, mulheres e crioulos, muitos deles menores. Essa segunda leva de migrantes, sem conexão com o tráfico — contrariamente à primeira, na década de 1830, que tinha se instalado de forma prioritária em Uidá e Agoué —, parece ter privilegiado cidades mais orientais, como Lagos e Porto Novo.

AMPLIANDO O MERCADO: OS CINCO ANOS EM UIDÁ, 1845-50

O aumento do fluxo de comerciantes portugueses e brasileiros na Costa da Mina na década de 1840, repito, parece estar relacionado às oportunidades oferecidas pelo tráfico. Por exemplo, o pernambucano André Pinto da Silveira viajou em agosto de 1843, deslocando sua base de operações para Lagos. Atrás dele, em dezembro, seguiu para assisti-lo como caixeiro o mestiço baiano

Marcos Borges Ferraz, que já antes tinha trabalhado na mesma função para Joaquim Alves da Cruz Rios.[14] Ambos aparecem, em março do ano seguinte, envolvidos na carregação da escuna *Santa Anna*, conforme vimos no capítulo 1. Outro agente de Cruz Rios, o português Antônio Lopes Guimarães, realizou duas viagens à costa africana em 1844 e outras cinco nos cinco anos seguintes. Aliás, entre 1845 e 1846, Cruz Rios consta nos relatórios ingleses como dono do brigue *Brazilienze*, indo e vindo de Uidá e Lagos.[15]

Outros importantes traficantes, como os portugueses Joaquim José de Couto e Joaquim José Ferreira Costa, o alemão-austríaco Augusto Amadie e os baianos Anselmo Martins Jambo e Francisco Gil de Aguiar, viajaram da Bahia para a Costa da Mina em 1844, no mesmo ano que Joaquim de Almeida.[16] Todos vão aparecer no início da década de 1850 transitando entre Lagos, Uidá e Agoué, ainda envolvidos no contrabando negreiro e associados a Joaquim. Conforme sinaliza Robin Law, com a redução do tráfico ao mercado cubano, na década de 1850, os comerciantes portugueses e espanhóis parecem ter substituído os traficantes brasileiros. No entanto, cabe notar que vários dos lusitanos já estavam atuando na década de 1840 e não eram necessariamente "recém-chegados".[17]

Um fato que pode ter estimulado o movimento dos comerciantes lusos foi a reocupação do forte de São João Baptista de Ajudá pelo governo português, em 1844. De forma inversa, a crescente circulação de mercadores portugueses na região talvez tenha pressionado as autoridades de Lisboa para retomá-lo. Abandonado em 1808, com o traslado da Corte lisboeta para o Rio de Janeiro, o forte foi utilizado de maneira esporádica, pelo Chachá como armazém, e, em processo de deterioração crescente, a partir de 1836, ficou sob a supervisão de um tambor da antiga guarnição.[18] Em 1838 e 1839, os ministros de Estado dos Negócios da

Marinha e Ultramar, em Lisboa, passaram instruções aos governadores de São Tomé para inspecionar o estado da possessão, mas somente na década de 1840 deram algum passo para sua reocupação.[19]

A promulgação pelos ingleses do Equipment Act em 1839 e a movimentação comercial francesa, com o anúncio, em 1841, da instalação dos negociantes marselheses Victor e Louis Régis no forte francês de São Luís, em Uidá, talvez tenham sido os motivos que levaram a Coroa lusitana a renovar, em 1842, as ordens para efetivar sua presença na Costa da Mina.[20] Porém, somente em fevereiro de 1844 o então recém-empossado governador de São Tomé e Príncipe, José Maria Marques, enviou o tenente José Joaquim Líbano e o padre Julião Pires dos Santos para "restabelecer a autoridade portuguesa em Ajudá".[21] Um dos primeiros trabalhos foi a restauração da capela católica que havia no interior da fortaleza.

Como notam Robin Law e Kristin Mann, até 1844 o vínculo de Francisco Félix de Souza com a nação portuguesa foi fluido e oportunista, alternando com a identidade brasileira, a depender das vantagens que as bandeiras das duas nações lhe ofereciam no contexto do tráfico ilegal. Porém, a partir da ocupação portuguesa do forte, Souza passou a colaborar na reconstrução e priorizou a aliança lusitana, por possibilitar o controle do enclave militar e o enfrentamento, com maior força, da pressão imperialista da Inglaterra e da França.[22] O esforço valeu a pena, e em janeiro de 1846 a rainha Maria II o nomeava Cavaleiro da Ordem de Cristo, reafirmando o interesse de Portugal na região.[23] Com esse aval, em setembro, Antônio Félix de Souza, o filho do Chachá, solicitava a Lisboa o posto de governador militar do forte, oferecendo-se para organizar e fardar uma companhia de pretos da terra.[24]

No extremo oriental da Costa da Mina, em Lagos, também as circunstâncias se acomodavam aos interesses dos traficantes. O *obá* de Lagos, Akitoyé, coroado em 1841, tinha efetivado uma política de repatriação dos inimigos políticos do seu antecessor, o *obá* Oluwolé (1837-41), entre eles seu sobrinho Kosoko, exilado em Uidá. No entanto, em julho de 1845, Kosoko, com apoio dos chefes Ajenia (Aginea, Ajamié) e Possu (Iposu, Apellu, Kpelu), outros dos repatriados, usurpou o trono de Lagos, mantendo-se no poder até dezembro de 1851, quando os ingleses restabeleceram a autoridade de Akitoyé. Os seis anos do reinado de Kosoko em Lagos estimularam o comércio negreiro na região, em parte graças aos esforços do *obá* para semear a divisão entre os chefes de Abeokuta e Badagri, incitando os interesses do tráfico e minando a influência dos ingleses, dos missionários evangélicos e dos saros retornados de Serra Leoa.[25]

Ainda na década de 1840, no extremo ocidental da Costa da Mina, o reino de Glidji, com seu principal porto em Pequeno Popo e as povoações de Adjido e Agoué, continuava a funcionar com uma organização política descentralizada. No entanto, membros dos distintos ramos da família real de Glidji exerciam sua autoridade e controle comercial. Desde a expulsão de Komlagan em 1821 ou 1823, Pequeno Popo estava formalmente governado por um cabeceira ou *doté*, mas sob o domínio efetivo da família de George Lawson, descendente pelo lado materno da família real de Glidji que, na juventude, trabalhara para um comerciante inglês de quem tomara o nome. Por outro lado, Isidoro Félix de Souza, cuja mãe também fazia parte da aristocracia local, supervisionava as principais operações mercantis da região a partir de sua feitoria na vizinha Adjido.[26]

O poder político em Agoué era mais difuso. O cabeceira Javir Cicó (Yaovi Siko) faleceu em setembro de 1843, e a vila ficou sob o governo de uma série de notáveis, entre os quais o chefe da "cidade inglesa", John Quarvil, e o chefe da "cidade portuguesa", posto ocupado naquele momento, interinamente, por "Philip Decorsa", uma corruptela de Felipe da Costa.[27] Dois anos depois, o viajante escocês John Duncan encontrou o novo cabeceira da cidade, mas em 1850 um oficial da Marinha inglesa continuava a caracterizar Agoué como "uma república [...] governada por um Senado, sem uma cabeça visível".[28] Em visita à cidade, em março de 1843, o missionário protestante Thomas Birch Freeman apontava a conexão de Agoué com Uidá na condução do tráfico.[29] Como sugere a historiadora Silke Strickrodt, a influência da família Souza em Agoué era poderosa, inclusive pela vizinhança da feitoria de Isidoro Félix de Souza em Adjido. Outro indício dessa autoridade na cidade é que, após o incêndio da feitoria de azeite de Hutton & Co. naquele mesmo ano, o Chachá convocou em Uidá os chefes de Agoué, e estes prontamente acudiram.[30]

Quando Joaquim de Almeida desembarcou na Costa da Mina no início de 1845, ele pode ter frequentado sua residência em Agoué, onde moravam sua primeira mulher, Thomazia de Souza Paraíso, e sua família extensa, mas, ao que tudo indica, fixou a base de operações em Uidá, onde passou a residir durante cinco anos, até 1850. Essa decisão, mais uma vez, parece ter respondido a um cálculo comercial, em função das oportunidades que se ofereciam naquele porto. Era lá que se negociava o suprimento da mercadoria humana, embora isso exigisse pesados impostos.

No mesmo ano do retorno de Joaquim, o já mencionado Duncan falava em dois "escravos" de Francisco Félix de Souza que, de acordo com sua reputação e seu rendimento, pagavam 2500 e 1500 dólares anuais ao rei do Daomé a título de tributos per capita, fora as taxas gravadas nas mercadorias. No Daomé, qualquer súdito do rei era referido como seu "escravo", e nesse contexto o termo podia designar "clientes" comerciais do Chachá. Law especula que esses mercadores — aliás, com um passado de cativeiro — fossem Joaquim de Almeida e Joaquim das Neves, outro liberto retornado envolvido no tráfico.[31] Se essa suposição estiver certa, caberia pensar que Joaquim de Almeida esteve, no início, sob a esfera de influência do Chachá, ainda o principal receptor dos escravizados do rei no litoral.

Mesmo assim, Joaquim tinha outros parceiros naquele porto, como o baiano José Francisco dos Santos, conhecido pela alcunha de Alfaiate, conforme se depreende da correspondência deste. Alfaiate e Joaquim supriam poderosos importadores na Bahia, como Joaquim Alves da Cruz Rios e Francisco Lopes Guimarães, entre outros. Por exemplo, em outubro de 1846, Alfaiate anunciava a Guimarães ter embarcado, "na minha conta e em nome do senhor Joaquim de Almeida, vinte *ballots* [escravos], sendo doze homens e oito mulheres, com a marca 5 no peito direito".[32] Alfaiate e Joaquim também supriam o português Querino Antônio, capitão de mar que, além de trabalhar comissionado para vários consignatários, investia como comerciante.[33] Além dos negócios, Querino Antônio e Joaquim de Almeida estavam unidos por laços de compadrio, pois aquele era padrinho e tutor, na Bahia, de Suterio, o filho e herdeiro de Joaquim.[34] Em 1845, Alfaiate pedia a um dos seus sócios em Cuba, João Antônio da Silva Chaves, que remetesse os proventos de uma operação conjunta a Cruz Rios na Bahia. Ora, quem anunciou a boa nova da conclusão do negócio a Alfaiate foi Joaquim, o que sugere sua participação nesse novo caso de cooperação mercantil entre Bahia, Havana e a Costa da Mina.[35]

Em fevereiro de 1847, há notícia do envolvimento de Joaquim e Alfaiate numa disputa com o Yovogan, o representante do rei Guezo em Uidá, a propósito do pagamento de direitos alfandegários. Ao que parece, o Yovogan demandava, além dos costumeiros dez pesos pelo direito de embarque de cada cativo, um suplemento de dois pesos per capita. Os dois mercadores se negaram a pagar, mas, diante da ameaça do Yovogan de lhes fechar o comércio, acabaram por ceder. Alfaiate recomendava a Querino não se chatear por ter pagado, "já que os benefícios permitem essa despesa". Ele ainda comprou, na mão do Yovogan, pagando com barricas de búzios e adiantado, trinta cativos do rei a oitenta pesos cada um, quando seu preço por fora do controle real era de setenta pesos. Esse "investimento", no entanto, permitiu a Alfaiate comprar mais escravizados a outros mercadores, sem que o Yovogan pudesse reclamar.[36]

Law sugere que, numa tentativa de favorecer seus aliados, após o golpe de Estado de 1818, a política fiscal de Guezo no início do reinado foi bastante liberal, deixando vários dos seus mercadores traficar por conta própria, mas que aos poucos ele endureceu essa posição.[37] Além das taxas de embarque, o rei cobrava de seus súditos um imposto per capita anual equivalente a um terço dos rendimentos. Assim, o tributo de 2500 e 1500 dólares pagos pelos "escravos do Chachá", presumivelmente Joaquim de Almeida e Joaquim das Neves, corresponderia a um lucro líquido de 7500 e 4500 dólares por ano, respectivamente. Assumindo uma comissão de dezesseis dólares a cada cativo, Law calcula que esse retorno equivalia à venda de 470 e trezentos escravizados, "um nível de comércio comparável ao de Santos [Alfaiate]".[38] Contudo, nos anos a seguir, Joaquim de Almeida iria alcançar um novo patamar.

Informações recolhidas em Uidá, no fim do século XIX, afirmam que o rei Guezo ficou com ciúme da prosperidade do Chachá. Sem lhe confiscar os bens, teria esvaziado seus cofres solicitando contínuos e avultados empréstimos, até quase arruiná-lo. Em paralelo, Guezo acabou com o privilégio do Chachá como mediador exclusivo dos interesses do rei junto aos traficantes do litoral, e "um dia [ao que tudo indica após 1845], recebeu, na capital, um negro imigrado do Brasil, chamado Joaquim de Almeida, ao qual, sob os conselhos de um cabeceira nomeado Quénou [Quénum], lhe concedeu o direito de fazer o grande tráfico em Uidá". A quebra do monopólio do Chachá teria sido o início da decadência que culminaria com sua morte em 1849.[39]

O cabeceira Azanmado Houénou (Quénum) pertencia a uma família originária da região do rio Ouemé, cujos membros se destacaram em campanhas militares a serviço dos reis daomeanos e ocuparam diversos postos na Corte de Abomé. Ele era um dos comerciantes privilegiados do rei (*ahissinon*), levando escravizados do país Mahi a Uidá, beneficiando-se da já mencionada autonomia mercantil propiciada por Guezo. Em decorrência dessas facilidades e da sua crescente fortuna, Quénum recebeu terras para levantar seu próprio bairro, junto ao forte francês, adjacente ao bairro Boya, nome de outro chefe militar, e ao bairro Brasil, onde morava o Chachá.[40] O fato de Quénum ser o mentor político e provável fornecedor de escravizados a Joaquim de Almeida indica a aliança deste com autoridades locais, para além da comunidade lusófona.

O raio de ação de Joaquim, porém, não se limitava a Uidá, mas se estendia pelo lado ocidental da costa, sugerindo um continuado contato com Agoué. Cartas de George Lawson, em 1848, mostram que Joaquim tinha negócios com mercadores em Pequeno Popo e tratava com João Gonçalves Baeta, traficante brasileiro atuante na aldeia de Atoko, na região do delta do rio Volta, na atual Gana.[41] A memória oral da família de Almeida reforça a evidência de seus interesses na região, ao afirmar que Joaquim possuía terras em Keta, aldeia litorânea situada ali perto.[42]

Em janeiro de 1849, Lawson transmitia a Baeta seu pesar "ao saber que o seu amigo Joaquim de Almeida tem perdido *de novo* uma outra embarcação".[43] Tratava-se da escuna *Bom Sucesso*, capturada em 25 de dezembro no litoral de Uidá, por estar com equipamento suspeito e água e farinha em excesso a bordo.[44] A expressão "de novo" na missiva indica que Almeida sofria reveses continuados dos ingleses, mas também que estava no comando de múltiplos embarques clandestinos. Em setembro, John Duncan, recém-nomeado vice-cônsul em Uidá — num renovado esforço diplomático dos ingleses para acabar com o tráfico —, reportava que "um antigo escravo do velho de Souza" — que Law, de novo, sugere tratar-se de Joaquim de Almeida —, "alguns anos atrás considerado o homem mais rico de Uidá, após uma sucessão de capturas pelos nossos cruzadores, está hoje arruinado".[45]

No meio disso, Francisco Félix de Souza, o Chachá, veio a falecer em 8 de maio de 1849. Seu primogênito, Isidoro Félix de Souza, teve que abandonar sua base de operações na vila de Adjido, em Pequeno Popo, para assumir as responsabilidades familiares em Uidá. O vice-cônsul Duncan descrevia a ruína do falecido: uma dívida com o rei de 80 mil dólares e a incapacidade da família de pagar os rituais funerários. O costume no Daomé estipulava que o rei era o herdeiro formal de todos os bens dos seus súditos, inclusive das viúvas, e se Guezo tinha evitado, no passado, aplicar essa política fiscal de forma severa, parece que na ocasião não foi tão liberal, agravando ainda mais a situação financeira da família de Souza.[46]

A morte de Chachá parece marcar um ponto de inflexão na carreira de Joaquim de Almeida. Mesmo atravessando uma situação complicada, em novembro de 1849, o oficial da Marinha inglesa Frederick E. Forbes ainda o descrevia como "o residente mais rico de Uidá, originário do país Mahi, vendido como escravo, retornou da Bahia e é hoje um traficante de escravos de grande escala".[47] O mesmo oficial, em março do ano seguinte, passeando pelo bairro Zomai, em Uidá, se deparou com um comboio de cativos, encadeados pelo pescoço, com libambos de ferro, "pertencente a José [sic] de Almeida, prontos para marchar até Popo". "José" é descrito mais adiante como "um homem astuto e notoriamente inteligente, educado no Brasil no período de sua escravidão".[48] Forbes confunde, reiteradamente, o nome de Joaquim com o de José de Almeida, mas, cotejando seus escritos, não há dúvida tratar-se da mesma pessoa. Poucos dias antes, em visita a Agoué, descrevia aquele porto como "quase um monopólio de José de Almeida".[49] Já em abril de 1850, embarcado no *Bonetta*, Forbes relatava que a maioria dos numerosos escravizados de Uidá eram "comprados por Domingos José Martins e Joaquim de Almeida". O primeiro os levava a Jakin e Porto Novo, a leste, o segundo, a Agoué e Popo, a oeste. Acrescentava que a vila de Agoué, "cheia de escravos", era "agora" a residência de Joaquim de Almeida.[50]

Ou seja, Almeida circulava de forma intensa entre Uidá, Popo e Agoué, mas a informação de Forbes sugere uma mudança de residência de Uidá para Agoué no início de 1850. O motivo desse deslocamento coincide e poderia estar vinculado à morte do Chachá e à chegada do sucessor, Isidoro, em Uidá. A concorrência comercial iniciada nos tempos do pai pode ter atingido maiores níveis de tensão; ou, alternativamente, a partida de Isidoro de Pequeno Popo talvez tenha sido percebida por Joaquim como uma oportunidade para afiançar seu poder em Agoué. Provavelmente nesse período Joaquim foi nomeado, pelo rei de Glidji, "chefe da alfândega" nas praias entre Agoué e Pequeno Popo.[51]

Pierre Verger recolheu uma tradição oral, preservada no seio família de Almeida, segundo a qual,

> Quando chegou em Uidá, Joaquim d'Almeida foi aconselhado por um certo Quénum a não permanecer em local ao alcance das tropas do rei Guezo. Isto porque Joaquim era amasiado com uma descendente do rei Adandozan [Thomazia de Souza Paraíso], que fora enviada como escrava para o Brasil por Guezo em retaliação contra aquele que, por sua vez, teria vendido sua mãe [Na Agotimé] como escrava. Desta forma Joaquim se estabeleceu em Aguê [Agoué].[52]

Embora, não fique claro se o estabelecimento em Agoué se refere a 1836, quando se deu o primeiro desembarque do grupo familiar, ou se, como deixa entrever a menção a Quénum, se refere a 1850, após os cinco anos em Uidá, a suposta perseguição de Guezo, não resultou muito persuasiva.

De fato, em junho de 1850, pouco tempo depois da mudança, as relações entre o rei e o mercador africano continuavam fluidas. Ao que tudo indica, eles se encontraram em Abomé, durante os Costumes, as grandes festas celebradas a cada ano em honra dos ancestrais da família real do Daomé, a que todas as autoridades locais e estrangeiras eram obrigadas a assistir. Estavam presentes o lugar-tenente Forbes e o novo cônsul inglês, John Beecroft, com a incumbência de calcular os custos materiais das cerimônias, despesas impreteríveis que, segundo o rei Guezo, exigiam e justificavam o tráfico de escravizados. Os ingleses pretendiam compensá-lo monetariamente em troca da supressão do comércio negreiro. Isso não lhes impedia assistir aos exaustivos rituais na companhia dos principais traficantes do reino, os irmãos Isidoro, Ignácio e Antônio Félix de Souza e Domingos José Martins, que presentearam o rei com tabaco, rum, fuzis e pólvora.[53]

Também intimados a participar dos Costumes, havia um grupo de libertos iorubás e bornus, retornados do Brasil em 1835 e retidos em Uidá por mais de quinze anos, sem poder retornar a seus lugares de origem no interior sob ameaça de serem reescravizados. A precariedade da liberdade continuava em solo africano. Forbes registrou no seu diário que

> [...] muitos deles eram traficantes, de fato, um dos grandes mercadores de escravos, José de Almeida, é um dessa classe. Um africano, um *soi-disant* serviçal agora de Hutton & Co, chegou numa missão ao rei, representando essa casa, concernente às taxas pagas pelo comércio em Badagri.

Como já disse, Forbes confundia o nome de Joaquim com o de José de Almeida, "um conhecido 'amigo' do comércio de escravos".[54]

O trecho indicaria a presença de Joaquim nos Costumes de 1850 e sua atuação junto ao rei como mediador da companhia inglesa Hutton & Co., para tratar de direitos alfandegários em Badagri. Além da feitoria de azeite em Agoué, a casa Hutton tinha pelo menos outras sete ao longo da Costa da Mina; uma delas em Badagri, funcionando talvez desde 1838 ou, com certeza, desde 1841.[55] No início de 1850, Thomas Hutton quis expulsar de Badagri outras companhias inglesas e europeias, na tentativa frustrada de estabelecer um monopólio, e talvez Joaquim advogasse pelos interesses dele na Corte daomeana.[56] Outra possibilidade é que Joaquim estivesse passando ao Daomé informação relativa ao tenso jogo de forças políticas em curso em Badagri que iria resultar numa guerra civil nos meses seguintes.

Seja como for, a cooperação entre Hutton e Almeida relativiza a suposta rivalidade entre os partidos das "cidades inglesas" e das "cidades portuguesas", em Aoué, Badagri e Pequeno Popo. As fontes britânicas tendem a caracterizar as "cidades inglesas" como engajadas no comércio legítimo de marfim e, sobretudo, azeite de dendê, e a denunciar as portuguesas como envolvidas no lucrativo e ilegal comércio de escravizados. Essa polarização foi promovida, em parte, pelo discurso ideológico dos ingleses, nos seus esforços de propaganda abolicionista, no caso de Badagri, veiculada pelos missionários protestantes.[57] Contudo, essa dicotomia obscurece o fato de que muitos traficantes "portugueses" também investiam em plantações de dendê, nas quais colocavam seus cativos para trabalhar.[58] Ao mesmo tempo, britânicos e outros europeus envolvidos no comércio legítimo continuaram contribuindo, de forma indireta, com o tráfico ilegal, por meio do uso de suas mercadorias na compra e venda de escravizados, de redes de crédito e até da venda de navios.[59] Da mesma forma, muitos retornados de Serra Leoa podiam não apenas possuir, mas também comprar e vender escravizados localmente. Portanto, os dois tipos de comércio estavam interligados de forma imbricada e difícil de desemaranhar.[60]

A parceria de Hutton e Almeida sinaliza essa complementaridade de interesses e a maleabilidade comercial e social entre os traficantes e os ingleses. Os dados também apontam para a intensa mobilidade de Joaquim ao longo de toda a Costa da Mina, de Uidá a Agoué, passando pela Corte em Abomé, desde Badragri, na parte oriental, a Atoko, Keta, Pequeno Popo e Grande Popo, na parte ocidental. Inclusive há notícias, em maio de 1850, pouco antes dos Costumes, da captura de uma pequena escuna nas imediações de Porto Novo, provavelmente pertencente a Joaquim.[61] Além da ubiquidade de suas operações, ele interagia com daomeanos, brasileiros, portugueses e ingleses, sem distinção de nacionalidade ou classe. Joaquim de Almeida era o *broker*, o intérprete e o mediador por excelência, o "língua geral". Em termos da cultura local do vodum, ele tinha um pacto com Legba, o linguista, o senhor da encruzilhada, o abridor dos caminhos.

A "CONFEDERAÇÃO PORTUGUESA" DOS TRAFICANTES NA DÉCADA DE 1850

A virada de 1850, como vimos, significou um ponto de inflexão na trajetória de Joaquim de Almeida, marcando o início de um relativo declínio de sua fortuna. Essa mudança estava condicionada pelo avanço das forças antiescravistas, a captura de tumbeiros e a restrição às oportunidades do tráfico atlântico. Um fator determinante nesse processo foi a promulgação, na Corte do Rio de Janeiro, da Lei Eusébio de Queirós, em 4 de setembro de 1850, promovida pelo ministro da Justiça do governo imperial que lhe deu nome. Ela reiterava a proibição de importar africanos escravizados para o Brasil e, nos artigos 3 e 4, reproduzia medidas presentes na legislação de 1831, criminalizando como piratas aqueles que violassem o interdito. Além de tentar colocar o Brasil ao lado das "nações civilizadas", em linha com o movimento abolicionista internacional em curso, a lei respondia à intensificação da pressão inglesa que, desde 1845, com a promulgação do Aberdeen Act, que dava maior amplitude ao Equipment Act de 1839, estendia o direito da armada inglesa de apresar, de forma unilateral, os navios portugueses, brasileiros ou de qualquer outra nação suspeitos de contrabando de pessoas. A Lei Queirós reduziu de maneira drástica a importação de escravizados no Brasil, limitando de forma quase imediata o mercado americano de cativos a Cuba. Essa política complementava os continuados esforços abolicionistas ingleses na Costa da Mina.[62]

O cônsul John Beecroft, depois da missão em Abomé, em julho de 1850, e apesar dos cálculos das despesas dos Costumes e das negociações de compensação econômica, entendeu que o rei Guezo só iria renunciar ao comércio negreiro pela força, e propôs o bloqueio naval de Uidá. A movimentação diplomática dos ingleses no Daomé gerou reação do governo francês, que em janeiro de 1851 enviou uma missão à Corte de Guezo, sob o comando do oficial da Marinha Auguste Bouet. Em julho, Bouet assinava um tratado com o soberano daomeano que garantia a liberdade dos agentes da casa comercial Régis, sediada em Marsella, e assegurava outras vantagens, como o apoio aos "missionários franceses que fossem se instalar no seu território". No contexto da concorrência franco-inglesa, a missão Bouet pode ser percebida como a renovação da influência francesa na região. Entretanto, ela não deixou de causar certo embaraço diplomático, pois naquele momento os ingleses estavam defendendo Abeokuta e Badagri da ameaça bélica de Guezo, e a aliança franco-daomeana podia ser interpretada como provocação antibritânica.[63]

Nessa disputa pela "marcação da fronteira das zonas de influência", o lado português também se movimentou. Seguindo ordens de uma portaria régia de março de 1851 (pouco depois do anúncio da missão francesa), o governador de São Tomé nomeou Isidoro Félix de Souza, o Chachá II, novo governador civil e militar da fortaleza de Uidá, e este, por sua vez, propôs três de seus irmãos para comandar a guarnição.[64]

Entretanto, na parte oriental da Costa da Mina, as tensões entre Lagos e Badagri escalavam. Desde 1850, o *obá* de Lagos, Kosoko, vinha estimulando tensões entre diversas facções políticas de Badagri. Como vimos, os ingleses, com clara intenção propagandística, tendiam a reduzir o conflito a uma simples oposição entre o partido dos traficantes, associados à "cidade portuguesa", incluindo os autóctones hulas e guns, e o partido antitráfico, associado à "cidade inglesa", aos retornados de Serra Leoa e às missões protestantes. Na tentativa de distensionar o ambiente, em janeiro de 1851, o cônsul Beecroft retirou Akitoyé de Badagri — o deposto *obá* de Lagos, supostamente ligado ao partido antiescravagista e principal rival de Kosoko — e o levou à ilha de Fernando Pó, sede do consulado inglês na África Ocidental. A situação, no entanto, não melhorou, e em junho eclodiu em Badagri uma guerra civil aberta entre os seguidores de Akitoyé e os de Kosoko, com intervenção de forças externas, como os egbás de Abeokuta, os guns de Porto Novo, e inclusive rumores de ataques daomeanos.[65]

Foi nesse período que o *obá* Kosoko, apesar da recém--proclamada Lei Eusébio de Queirós, expediu um novo carregamento de gente a bordo da escuna *Relâmpago*, apresada em outubro de 1851 na costa baiana.[66] O incidente acabou com a paciência inglesa. Assim, no fim de novembro, utilizando de forma pouco honrosa o subterfúgio da bandeira branca para iniciar negociações, os navios da armada de Sua Majestade bombardearam Lagos, destruindo os barracões dos brasileiros Marcos Borges

Ferraz, João Antônio de Souza Nobre e José Joaquim de Britto Lima, aliados do *obá*. Seguiram-se, no fim de dezembro, o bloqueio marítimo em toda a Costa da Mina, concentrado no porto de Uidá, e novos bombardeios em Lagos, que culminaram, em dezembro de 1851, com a recondução de Akitoyé ao trono da cidade.[67]

O bloqueio naval de Uidá, que se prolongou até junho de 1852, teve efeitos imediatos na assinatura de diversos tratados em que as autoridades locais acordavam cessar as atividades do tráfico. Em janeiro de 1852, foi a vez dos notáveis de Lagos, incluindo os chefes Ajénía e Possu, aliados de Kosoko.[68] Na parte ocidental, entre janeiro e fevereiro, o oficial inglês Thomas George Forbes (distinto do seu homônimo Frederick E. Forbes), assinou tratados com os chefes de Elmina Chica (Adimer Cooma), Adaffee (Adaflianu), Flohow (Aflawu), Porto Seguro (Agbodafro), Pequeno Popo (Aneho), Agoué e Grande Popo.[69] O rei Guezo também foi intimado, na presença de Isidoro Félix de Souza e Domingos José Martins, a assinar um tratado pactuando a abolição do tráfico e o respeito a Abeokuta e a seus missionários. Ao mesmo tempo, o rei promulgou uma lei para controlar toda a produção de azeite de dendê do reino, comprometendo o pretendido monopólio português dessa mercadoria.[70]

Na conjuntura do bloqueio naval e antevendo possíveis desordens, Isidoro Félix de Souza solicitou a São Tomé um vaso de guerra português para oferecer auxílio à comunidade lusófona.[71] O pedido foi atendido, e, em 4 de abril de 1852, o próprio governador de São Tomé, José Maria Marques, no início do seu segundo mandato, chegava a Uidá na corveta *Oito de Julho*. Passou dez dias em terra, empossando o Chachá II no cargo de governador e o baiano José Pinheiro de Souza, conhecido pela alcunha de Itaparica, no de escrivão e tabelião.[72] A visita oficial significava o reforço dos laços entre a família de Souza e as autoridades de São Tomé, reafirmando a soberania lusitana, não apenas na fortaleza, mas no distrito circundante, o *sarame* português. Domingos José Martins, então residente em Porto Novo e principal mercador brasileiro na região, bancou, juntamente com o Chachá II, as despesas da corveta durante a estada do governador, emergindo na cena local como o sucessor do Chachá I em termos de poderio comercial.[73]

Os esforços abolicionistas britânicos, apesar dos avanços, tiveram um sucesso limitado, pois o "partido dos traficantes" reagia com rapidez, primeiro dispersando-se e depois agregando-se de novo. Em março de 1852, vários deles, expulsos de Lagos, seguiram para Uidá e Porto Novo; outros, como Joaquim José de Couto e José Joaquim de Britto Lima, acompanharam o deposto Kosoko para Epe e Palma, em território ijebu (jabu), a leste de Lagos. Todavia, outros, como Marcos Borges Ferraz e o alemão Augusto Amadie, conseguiram permanecer em Lagos e, aos poucos, foram atraindo de volta seus parceiros, sem que Akitoyé ou Louis Fraser — o novo vice-cônsul inglês em Lagos desde novembro — reagissem de forma convincente.[74]

Prova disso é o incidente ocorrido em maio de 1853, quando Augusto Amadie e o africano Ojo Martins, outro poderoso traficante de Lagos, foram presos por Akitoyé por tentar traficar, via Porto Novo, vinte escravizados, com a escusa de serem serviçais domésticos. Informado da armadilha, Domingos José Martins interrompeu sua viagem e denunciou os responsáveis a Akitoyé.[75] Porém, semanas depois, em 15 de junho, quando Amadie, num aparente sequestro, era levado rio acima numa canoa pelos soldados de Akitoyé, vários comerciantes portugueses e brasileiros saíram atrás dele para resgatá-lo, entre eles Joaquim José de Couto, Marcos Borges Ferraz, Francisco Gil de Aguiar, Pedro Martins Jambo, Joaquim Pereira Machado, Joaquim José Ferreira, Ângelo Custódio das Chagas, Antônio José Marinho. Aquele "rapto", no entanto, parece ter sido uma encenação para encobrir a fuga de Amadie para Porto Novo e depois para Agoué, com a anuência do rei e talvez a complacência do vice-cônsul inglês Fraser.[76]

Vários membros desse grupo de traficantes foram protagonistas de um novo incidente ocorrido entre 22 e 26 de outubro do mesmo ano, na praia de Lamoê (Lemoê), em território ijebu, onde Kosoko e seu engenheiro chefe e artilheiro, José Joaquim de Britto Lima, tinham instalado seu centro de operações. O recém-empossado cônsul inglês em Lagos, Bejamin Campbell, analisou com acuidade as intrigas daquele momento. Após o incidente de Amadie, Kosoko e os chefes Ajénía e Possu tentaram de novo derrocar Akitoyé armando seus seguidores com fuzis e pólvora importados por Joaquim José Couto e Marcos Borges Ferraz, que, além de traficantes negreiros, eram traficantes de armas. Mas Akitoyé faleceu de forma inesperada, em 3 de setembro de 1853, e foi sucedido por seu filho Docemo (Dosunmu, Ducimo). Este expulsou de Lagos os mercadores lusófonos remanescentes, que se refugiaram com Kosoko em Epe. Porém, as razias de Kosoko em Lagos perturbavam o comércio dos egbás e dos saros de Abeokuta, que, sob o comando de Docemo e com o apoio dos canhões da marinha inglesa, lançaram uma ofensiva contra o inimigo comum.

No ataque da praia de Lamoê em 25 de outubro, além do saqueio das feitorias da "confederação portuguesa" sob a proteção de Kosoko, foram feitos prisioneiros, e depois mortos pelos egbás, Joaquim José de Couto, Antônio José Marques Marinho e Francisco Gil de Aguiar, enquanto Joaquim José Ferreira foi retirado malferido e levado a Uidá no brigue sardo *Carllota*. Todos eles, como vimos, tinham participado do incidente de Amadie em Lagos uns meses antes. Depois do massacre, Kosoko e Lima fugiram para dentro do mato. O relato do incidente contado pelo súdito brasileiro Pantaleão Lopes Villas Boas, recém-chegado de Lagos, foi registrado pelo escrivão do forte português em Uidá, João Pinheiro de Souza (o Itaparica), em 21 de dezembro.[77] As notícias não tardaram a chegar em Agoué.

A CARTA DE 1853: A HISTÓRIA DE UMA DÍVIDA

Em 28 dezembro 1853, Joaquim de Almeida escrevia uma carta a Miguel da Silva Pereira, aquele português que tinha escritório na rua Guindaste dos Padres, na Bahia, no andar de cima da loja de Joaquim Alves da Cruz Rios, e que comprava e pagava "escravos de ambos os sexos".[78] Essa missiva, de leitura muito complicada, por ter a tinta da frente e a do verso confundidas, encontra-se anexa ao inventário de Joaquim de Almeida, que correu, entre 1857 e 1865, na Bahia. Ela foi apresentada pela viúva de Miguel da Silva Pereira como prova de uma dívida que Joaquim tinha contraído com seu falecido marido e traz diversas informações de interesse. Entre outros aspectos, trata-se talvez do único documento que nos permite escutar de forma direta a voz de Joaquim de Almeida, deixando entrever alguns traços da sua mentalidade. Segue aqui uma transcrição, com a ortografia adaptada, do que foi possível decifrar. Apesar de eventuais erros de transcrição, da ausência de pontuação e de expressões sintáticas complicadas na escrita original, é possível inferir o sentido geral dos enunciados.[79]

Senhor Miguel da Silva Pereira
Agué, 28 dezembro 1853

Sem favor nenhum vai aqui sua resposta, essa é tão somente a dar-lhe notícias minhas, que demasiadamente Vossa Mercê há de saber da desgraça acontecida com o nosso amigo Couto em Lamicés, pela forma que fora cruelmente matado ele, o Gil e o Marinhos, depois deles ter recebido a barca [Austrª Malim Sea] e ter mandado abastamento com o senhor José Alves Vilhachá, e ordenado para eu entregar todo dinheiro e azeite feito com o carregamento da dita barca ao senhor Vilhachá, e ter andamento o abastamento fazer trocos com outros utensílios, a cargo do senhor

Joaquim Pereira Machado, é quando passando dez dias, tivemos a triste notícia da sua morte, e como o senhor Vilhachá tomava conta de todo, por isso não quis atrever, e na chegada da barca o senhor Machado que era ausência estava também encarregado, estando o dito senhor em Ajudá com o Vilhachá, é quando aparece-me notícias do dito Vilhachá ser morto, uns dizem de uma pleurisia[.] espero a chegada do senhor Machado por estes dias de Ajudá, é que saber com certeza do que procedeu a morte do dito Vilhachá, estando ele prometendo de despachar a escuna, porém o senhor Machado tomou conta e por isso não pude me intrometer, logo que havia outros senhores que tinham ordens superiores, por isso não me quis intrometer conforme acima já levo notado[.]

O finado me falou aqui de uns três contos e tantos de resto [?] da sua polaca *Esperança* que tinham se dignado me aceder, a cuja quantia tinha escrito no seu devido tempo para o senhor Joaquim Alves da Cruz Rios pagar a dita quantia, o finado senhor Antônio Martins de Oliveira me tinha avisado ter pago e até um recibo de Vossa Mercê[.] Contudo, sei de certo pelas suas contas que ainda resto essa quantia de três contos e tantos, e não me é estranha esta quantia, porém, sou a dizer-lhe segundo os meus /fl. 35v/ infortúnios não me foi possível fazer lhe bom já, por quanto perdi tudo quanto com lágrimas e suor do meu rosto ganhei, em janeiro 26 de 1851 perdi neste Agué com o incêndio perto de 70 e tantos contos de réis até os próprios trastes, o que fiquei com a camisa sobre o corpo[.] O que restava em poder do senhor Rios como Vossa Mercê sabe, digo como a Vossa Mercê não será estranho, trabalhando de novamente a ver se posso ir vivendo, a fim de não me ser pesado aos bons amigos, por isso rogo ter paciência[.]

Se antes o senhor Rios contemplar me dar alguma coisa, Vossa Mercê será o primeiro contemplado, e se a sorte protege-me, que possa ganhar alguma coisa, tratarei de lhe embolsar, pois sei perfeitamente que devo esta quantia[.] A circunstância é que obriga, chegar a este estado, pois vivo sempre trabalhando e os revezes não me ajudam para viver honradamente como [é] o meu desejo[.] Houve umas funções pequenas, e estes mesmos ainda não enxerguei o resultado delas, não sei o que será, se irão por caminhos dos outros, ou se se irá as [minhas] mãos, por isso peço-lhe por sua bondade ter paciência, pois os revezes assim tem proveito pois não me poupo e sem trabalhar pela [rasurado] e muitas coisas boas que vossa mercê não ignora[.] tudo isso aturo a passar a fim de ver se Deus me ajuda viver tranquilo, pois se o tempo fosse como alguns dias passados, não me seria custoso pagar esta quantia, pois tenho gados que me restaram, porém com [o] grande incêndio que tem havido não tem sido possível passar os gados[.] Tenho vivido aqui por favores dos estrangeiros, que me fazem o favor de consignar os seus barcos, bem como ingleses, e hamburgueses, e esta consignação ter a sua [pequeno meio] para se ir vivendo sem ser pesado à sociedade, por não quero o enfadar com [meus dissabores]. Desejo lhe boa saúde e felicidade para dispor /fl. 36/de quem de Vossa Mercê [é] [?] muito escravo e criado

Joaquim de Almeida

A carta inicia mencionando o ataque na praia de Lamoê (Lamicés) ocorrido poucas semanas antes. Embora confusa, a primeira parte parece relatar o abastecimento ou embarque de escravizados numa barca (de nome ilegível), realizado por Joaquim José de Couto, pouco antes de ele, Francisco Gil de Aguiar e José Marques Marinho serem mortos. Quem "tomava conta de todo", talvez como sobrecarga do navio, era José Alves Villaça. No entanto, Joaquim teria recebido ordens de descarregar, cabe supor que em Agoué, as mercadorias e vendê-las, entregando o rendimento em "dinheiro e azeite" ao mesmo Villaça. Nessa operação participava também, como "ausência", ou seja, como suplente na ausência do principal responsável (Villaça), Joaquim Pereira Machado. Quando a barca estava prestes a ser despachada, presumivelmente do porto de Uidá, onde se achavam Machado e Villaça, este último veio a falecer. No momento da escrita da carta, no fim de dezembro, Joaquim estava esperando a chegada de Machado de Uidá para saber a causa do óbito. Informava ao seu remetente, Pereira, talvez com algum interesse naquela operação, que, apesar de todos aqueles percalços, ele não quisera se intrometer na operação, pois Machado tinha "ordens superiores".

Esse último comentário indica a hierarquia e disciplina que imperavam naquelas operações e o respeito às ordens como condição do sucesso. Afora possíveis erros de interpretação do movimento da barca, o que se pode afirmar, sem margem de dúvida, é a cooperação de Joaquim de Almeida, em Agoué, com a "confederação portuguesa" dos traficantes que atuavam em Lagos, sob a proteção de Kosoko. Esse caso evidencia de novo a conectividade regional ao longo da Costa da Mina.

Desde o início de 1853 as atividades do tráfico tinham voltado a se intensificar, e em abril corriam rumores de embarques em Secco, três milhas a leste de Agoué.[80] No fim de outubro, pouco antes do incidente na praia de Lamoê, o cônsul Campbell informava sobre carregamentos realizados nos portos ocidentais da costa, como Blookan, Porto Seguro, Grande Popo, Pequeno Popo e Agoué, sendo os dois últimos os mais ativos. Campbell também observava que, naquele momento, não havia embarques em Uidá por ter o rei Guezo proibido o comércio nesse porto, embora os traficantes da cidade continuassem a enviar seus escravizados pela lagoa até Pequeno Popo, Grande Popo e Agoué. Ou seja, o modus operandi da década anterior continuava. Domingos José Martins, apesar de seus gestos com Akitoyé (ver a denúncia de Amadie), também participava, enviando escravizados comprados na praia de Porto Novo aos portos mais ocidentais. Porém, após o incidente de Lamoê, ele parece ter ficado assustado, e pediu a Badagri para não lhe enviar mais cativos.[81]

A segunda parte da carta se refere a uma dívida contraída por Joaquim de Almeida com o destinatário, Miguel da Silva Pereira. A história dessa dívida é meio intricada, mas merece nossa atenção. Joaquim, residente na Costa da África, ao que tudo indica, participou, em companhia de Cruz Rios e de Antônio Martins de Oliveira, de alguma operação (talvez de compra) relativa à polaca *Esperança*, pertencente a Miguel da Silva Pereira. Tanto Pereira como Oliveira eram "negociantes", e em 1852 aparecem listados pelo cônsul britânico na Bahia como suspeitos de envolvimento no tráfico.[82] Por outro lado, Oliveira tinha uma dívida de 3:332$440 réis com Joaquim de Almeida e ficou incumbido de pagar esses "três contos e tantos" a Pereira como parte da sobredita operação. No entanto, após o falecimento de Oliveira antes de outubro de 1852, Joaquim de Almeida, talvez precisando de liquidez, solicitou à viúva do devedor que, em vez de entregar o dinheiro a Pereira, o entregasse a Joaquim José de Couto, que estava prestes a viajar para a Costa da África.[83]

Com efeito, depois de ser expulso de Lagos e ter se refugiado com Kosoko em Epe, Couto regressou à Bahia, mas por pouco tempo. Em 22 de outubro de 1852 solicitou passaporte para a Costa da África. Entre outras incumbências, ficou encarregado de levar o dinheiro recebido da viúva de Oliveira para Joaquim de Almeida. Não por acaso, Almeida trata Couto de "nosso amigo". Nessa viagem, Couto ia acompanhado de Joaquim Pereira Machado e José Alves Villaça, que solicitaram passaporte no mesmo dia.[84] Assim, a cooperação entre os três portugueses e Almeida descrita na carta estava planejada com bastante antecedência. Na verdade, vários dos presentes no sequestro de Amadie e no ataque da praia de Lamoê também viajaram da Bahia para a Costa naquela segunda metade de 1852.[85] Ou seja, parte significativa da "confederação portuguesa", sob a proteção de Kosoko, parece ter orquestrado seu retorno às atividades ilícitas poucos meses depois de os ingleses terem reinstaurado Akitoyé no trono de Lagos, sugerindo como as redes do crime organizado — pois o tráfico já era crime sob vários aspectos — se reconfiguravam com grande velocidade.

Em meio a essa movimentação, a história da dívida. Na carta em apreço, talvez para disfarçar sua culpa, Joaquim chega a arguir que o finado Oliveira teria lhe dito que o débito fora saldado e, inclusive, que o próprio Pereira lhe teria passado um recibo. Mas, logo a seguir se apressa em reconhecer a dívida nos termos mais explícitos, e, para justificar a demora no pagamento, passa a relatar seus infortúnios, que comentarei mais adiante. Meses depois, em julho de 1854, o alemão Augusto Amadie — que, lembremos, tinha fugido de Lagos para Agoué — voltou à Bahia e, a pedido de Joaquim, em novembro saldou parte da dívida pagando à viúva de Pereira, pois este já tinha falecido, a quantia de 541 pesos ou 1:017$263 réis.[86] Tempos depois, em fevereiro de 1858, após a morte de Joaquim, a viúva reclamava o resto da dívida, ou 2:315$177 réis, ao testamenteiro Caetano Alberto da França. Como prova de sua demanda, a viúva apresentava a carta escrita por Joaquim em 1853 — que, graças a isso, ainda se encontra no maço do inventário.[87]

A missiva entre o credor português e o africano devedor apresenta-se idônea para se discutir um assunto fundamental da economia e da sociabilidade do universo do tráfico e da comunidade mercantil atlântica de modo mais amplo: o crédito.[88] Talvez a palavra mais recorrente na carta de Joaquim seja "paciência", ou ainda "bondade", para aceitar a demora no pagamento. Entre os comerciantes europeus e brasileiros regia uma ética comercial de honrar as dívidas. A reputação era tudo para o sucesso das operações. A emissão de letras era um mecanismo essencial para o financiamento do comércio, e a confiabilidade do pagador dependia da sua reputação na praça. A correspondência de José Francisco dos Santos, o Alfaiate, é eloquente em relação ao vexame que era ter uma letra contestada. Alfaiate passava letras em nome de seus parceiros capitalistas na Bahia para obter escravizados de seus fornecedores africanos, mas, em algumas ocasiões, os sócios americanos não atendiam às dívidas contraídas por seu agente, causando-lhe grave prejuízo.[89]

De modo geral, concebe-se o capitalismo no século XIX como a irrupção de uma certa despersonalização, abstração, racionalização ou modernização da troca econômica. O sociólogo francês Gabriel Tarde, porém, o concebia antes como uma continuidade, uma *prolongação* das redes ou uma prolongação dos regimes de confiança pretéritos. Os mercados em vias de globalização não podiam escapar à persistência da intersubjetividade e de formas de sociabilidade personalizada.[90] Essa compreensão parece pertinente para se pensar o comércio atlântico no século XIX, com destaque para os conceitos de "redes" e "regimes de confiança".

Para Tarde, o crédito e a confiança são domínios de condicionamentos "humanos" que extrapolam o cálculo racional atribuído a um suposto *Homo economicus* guiado apenas pelo interesse e o anseio de lucro. Tarde entende que o "humano" vai além da racionalidade do indivíduo isolado, e que este sempre atua como parte de um coletivo (família, corporação, associação, partido, seita). Ou seja, a economia estaria sempre condicionada pelos valores culturais do grupo.[91] Segundo o sociólogo, "pela troca, prestamo-nos um serviço, porém desconfiando um do outro: um toma lá dá cá; pelo empréstimo, confiamos mutuamente".[92] Na sua teoria, de orientação psicológica, Tarde entende a confiança como parte do que chama de "interesses apaixonados".[93] Subjacente à confiança, haveria a "paixão" associada a uma "tomada de risco", uma predisposição essencial para gerar as "pequenas diferenças" (ou "invenções") que, aos poucos, transformam a economia em relação a práticas anteriores.[94] Em definitivo, são os agentes que arriscam para além da convenção aqueles que têm alguma chance de sucesso e inclusive de lucro maior. São suas práticas inovadoras que depois, por repetição, se convertem em convenção ou hábito.

Segundo essa interpretação, crédito, confiança e tomada de risco estariam intimamente ligados. O dicionário Aurélio define "confiança" como "crédito, fé", e ainda como "boa fama" ou "segurança e bom conceito que inspiram as pessoas de probidade, talento, discrição". A confiança depositada em alguém, em função do "bom conceito" e da reputação de bom pagador no mercado, sinaliza que, para além da subjetividade interpessoal, é, sobretudo, um valor social.

A ética de honrar a dívida e, sobretudo, o regime de confiança oferecido pelos "bons amigos" — ou a "sociedade", conforme são referidos no final da carta — foram as condições que permitiram a Joaquim de Almeida, em primeiro lugar, entrar em dívida com Pereira; e, em segundo lugar, solicitar-lhe "paciência" no reembolso. Se a escala temporal de anos no retorno financeiro chama a atenção, o reconhecimento da dívida na carta, o pagamento de uma parcela por parte de Amadie e a concordância do testamenteiro em pagar o resto do débito à viúva reforçam o poder coercitivo dos valores sociais sobre a economia. Além do desiderato moral, havia no imperativo de honrar a dívida um componente religioso, especialmente católico, ligado à ideia de que a salvação da alma só seria possível pela prévia quitação do débito mundano.[95]

Nesse sentido, os mercadores europeus, brasileiros e luso-africanos ladinos, como Joaquim de Almeida e Tobias Barreto Brandão, participavam de pressupostos culturais semelhantes em relação não apenas ao compromisso de honrar as dívidas, mas ao respeito às obrigações contraídas mediante um contrato escrito, ao valor do dinheiro, à irredutível pureza do número que regia as contas e a estabilidade legal da propriedade privada, garantida pelo Estado-nação. Isso, obviamente, não significa dizer que os riscos da quebra do contrato, o ardil, o engano, o roubo ou a fraude inexistissem, aliás, eles eram tão frequentes quanto os atos de solidariedade e estavam amiúde por trás dos grandes negócios, mas se configuravam como transgressões a um código compartilhado, sujeito à jurisprudência.

O problema que se coloca é entender até que ponto esses valores e "crenças" eram compartilhados e honrados pelas populações autóctones do litoral africano. De que modo a interação com redes e regimes de confiança tecidos por valores sociais diferentes desestabilizava ou dificultava a economia intercultural? De fato, ainda sabemos bem pouco sobre as interações dos negociantes luso-africanos com os cabeceiras locais e sobre a especificidade cultural dessas trocas.

Além da denúncia constante dos europeus de roubos e pilhagem de mercadorias protagonizados pelos autóctones, o temor de não pagarem as dívidas contraídas era recorrente. Em 1840, o nosso conhecido Mazorra expressava sua reticência ao vender fiado ou a crédito e, em carta ao capitão Felix Cosme Madail, recomendava vender "ao contado: é dizer dar uma coisa e tomar outra ao mesmo tempo, pois vossa mercê já sabe as consequências que têm os negócios que se fazem em prestações".[96] O empecilho da desconfiança era o outro lado da moeda da confiança.

No caso do Daomé, o rei exigia amiúde o pagamento adiantado, em búzios ou mercadorias, para fornecer escravizados, promessa que podia demorar em ser satisfeita, para desespero dos credores. Nesse caso, o crédito dos traficantes do litoral ao rei era quase que forçado, induzido por sua autoridade política e pela ameaça de inviabilizar qualquer outro negócio, como aconteceu com Alfaiate e Almeida na disputa alfandegária em 1847.[97] O crédito não estava baseado num regime de confiança, num risco assumido em função do "bom conceito" do devedor, ao contrário, tratava-se de uma obrigação ou uma imposição. Contudo, esse crédito-tributo, embora gerador de dívida, continuava a ser uma forma de aliança, uma maneira de o rei estabelecer laços e relações com os europeus, uma forma de tê-los sujeitados.[98] Como vimos, depois da morte do Chachá, o rei Guezo aplicou a política fiscal do Daomé, que lhe permitia apossar-se dos bens do morto, deixando a família quase na ruína. Ele ainda ordenou que o filho Isidoro pagasse as obrigações "legais" do pai, derivadas do comércio lícito, mas não aquelas devidas aos traficantes. Forbes sugere que essa ordem se explicaria pelo medo do rei de ficar sem tributos se todas as dívidas fossem pagas.[99]

Mas o despotismo e a astúcia do rei do Daomé não inviabilizavam instituições locais para garantir o retorno do crédito, como a prática da "penhora" (*pawnship*), consistente na escravização temporária do devedor (ou de um membro de sua família) até o ressarcimento da dívida. Em outros casos, o débito se satisfazia diretamente com a escravização e venda do devedor.[100] Havia instituições autóctones que funcionavam como forma de obter crédito, como o sistema chamado *esusu* entre os iorubás. Os membros do consórcio contribuíam de forma periódica (cada semana, mês etc.) com uma soma estipulada, e as quantias coletadas eram distribuídas rotativamente entre eles.[101]

Comum em toda a África Ocidental era outra instituição formal orientada para a resolução de conflitos conhecida como palavra ou *palabre*. Consistia numa assembleia pública, de uma aldeia ou coletividade familial, sob a supervisão dos notáveis do grupo, para expor e debater um assunto contencioso, no intuito de alcançar uma solução. Essa prática de escuta, bastante democrática, era também acionada pelas autoridades africanas para dirimir disputas comerciais com os europeus. Nesses casos, na perspectiva destes últimos, a palavra podia virar sinônimo de atrito, confusão e até condenação. Na sua dimensão jurídica, a palavra operava como mecanismo regulador de relações econômicas, como o crédito, por exemplo. De fato, o nome dessa prática derivaria da expressão portuguesa "dar a palavra", uma forma de garantir um acordo, amiúde de caráter transacional, com base no código de honra.[102]

Havia ainda outra instituição jurídico-religiosa local, o "pacto de sangue", que articulava "regimes de confiança" alternativos, baseados na sanção das entidades espirituais ou voduns. Por meio de processos rituais, com frequência envolvendo a ingestão de uma bebida, duas pessoas juravam lealdade mútua pelo resto de suas vidas, e se alguma delas quebrasse a aliança, estava sujeita à punição das divindades. Diz-se que o rei Guezo e Francisco Félix de Souza estavam unidos pelo pacto de sangue.[103] Assim, do mesmo modo que os mercadores africanos eram levados a aceitar a lógica mercantil europeia, consentindo em receber letras e participando da crescente monetarização, por exemplo, os mercadores não africanos podiam ser forçados a utilizar as instituições locais para sacramentar e garantir seus negócios.[104] Ora, se o pacto de sangue pode ser concebido como um outro "regime de confiança", será que é lícito afirmar algum tipo de universalidade dos conflitos gerados por deslealdade, traição da confiança, dívida não honrada? A morte do próprio Joaquim de Almeida é lembrada por algumas tradições orais como resultado de vingança por um engano no pagamento de uma dívida, mas falarei disso adiante.[105] Basta apontar, por enquanto, que a reputação de bom pagador podia conviver com a fama de mau pagador.

Depois dessa breve exegese do crédito, da confiança e do risco, retorno à missiva de Joaquim. Na terceira parte, ele relata os "infortúnios" que o impediram de saldar a dívida, e, pela primeira vez, de suas palavras emergem indícios do seu caráter. O grande infortúnio que o tinha levado à ruína fora um incêndio em Agoué, que ele data em 26 de janeiro de 1851, mas que, na verdade, aconteceu no mesmo dia, no ano seguinte. Os incêndios eram comuns na região pelas frequentes tempestades elétricas e os tetos de palha das casas, mas este — conhecido como Marcelina, por ter iniciado na casa de uma mulher desse nome — destruiu a totalidade da vila. Salvou-se apenas a casa de Hutton, muito abalada, no entanto, pela explosão do vizinho armazém de pólvora. Hutton estimava as perdas de sua feitoria em 87 contos de réis (10 mil libras), enquanto Almeida calculava as suas em setenta e tantos contos de réis. Essa quantia, mesmo envolvendo o valor de seus imóveis e os de seus dependentes e possíveis reservas de azeite de dendê, que, naquele momento, já faziam parte de sua economia, parece inflacionada.[106] O possível exagero talvez respondesse a uma tentativa de sensibilizar o destinatário e apelar para sua compaixão e "bondade".

Observa-se que ele diz ter perdido "até os próprios trastes, o que fiquei com a camisa sobre o corpo", mas depois afirma: "tenho gados que me restaram, porém com [o] grande incêndio que tem havido não tem sido possível passar os gados". A pecuária não era comum na região, e há uma chance de o "gado" ser um eufemismo para referir-se a escravizados. Nesse suposto, a expressão "passar os gados" denotaria o processo de levá-los ao litoral para embarque clandestino. De todo modo, Almeida possuía numerosos escravizados trabalhando nas plantações de dendê e mandioca nas terras interioranas de Agoué. De fato, três anos depois, em 1855, ele batizou setenta cativas de sua propriedade, apenas mulheres, que por algum motivo foram contempladas com essa distinção ritual, mas podemos supor um número igual ou maior de homens.

A carta deixa entrever a continuada dependência de Joaquim

em relação a Cruz Rios, seu principal consignatário na Bahia e intermediário de suas dívidas. Almeida confiava que ele lhe desse "alguma coisa" para se recuperar da ruína e saldar suas pendências. Com certo senso de nostalgia, Joaquim evocou pretéritas épocas de prosperidade: "pois se o tempo fosse como alguns dias passado[s], não me seria custoso pagar esta quantia". Mas a situação tinha mudado, e nem era mais possível tirar proveito dos "gados". Joaquim dizia estar vivendo "por favores dos estrangeiros, que me fazem o favor consignar os seus barcos, bem como ingleses, e hamburgueses". Na verdade, como vimos, os portugueses eram seus parceiros prioritários, mas os ingleses e alemães podiam estar ajudando-o na exportação do azeite. Mesmo assim, ele continuava a receber tabaco da Bahia. Em 15 de fevereiro de 1853, Pedro Pinto da Silveira ou Pedro Codjo — aquele africano de nação mina, originário da vizinha Pequeno Popo, liberto de André Pinto da Silveira, com quem tinha tratos desde a década de 1830 — lhe enviava, no palhabote *Águia*, "trinta mangotes de tabaco que faz por conta e risco de quem pertence".[107] O tabaco chegou ao destino, mas o *Águia* foi apresado em junho, diante de Agoué, sob suspeita de estar prestes a embarcar humanos, e foi julgado no tribunal da Comissão Mista em Luanda.[108]

Esse talvez fosse um dos negócios nos quais Joaquim de Almeida dizia estar investindo, sem ter ainda obtido resultados, o que indica a imprevisibilidade das operações: "não sei o que será, se irão por caminhos dos outros, ou se se irá as [minhas] mãos". Nessa conjuntura, ele invocava a proteção da "sorte", sinalizando algum tipo de crença na Fortuna, que, com os reveses, arbitrariedades e incertezas da sua roda, regia o mundo do comércio e dos afazeres humanos. Também em carta de 1845, dirigida a Joaquim Alves da Cruz Rios, Alfaiate se despedia desejando-lhe "bons negócios e boa fortuna".[109]

Nas entrelinhas da carta de Almeida emerge uma ética do

trabalho, quem sabe encenada, mais próxima de uma mentalidade protestante do que católica, "sempre trabalhando e os revezes não me ajudam para viver honradamente como [é] o meu desejo", "perdi tudo quanto com lágrimas e suor do meu rosto ganhei". Ao mesmo tempo, transparece a noção de que os infortúnios, por caminhos tortuosos, trazem algum tipo de compensação: "pois os revezes assim têm proveito". Talvez essa fosse uma estratégia calculada para suscitar a compaixão do seu destinatário e persuadi-lo a ter a paciência requisitada, mas, em última instância, prevalece um senso de contida resignação, próprio daquele com experiência bastante que se conforma com aproveitar o que de resto lhe seja oferecido, "a fim de ver se Deus me ajuda viver tranquilo" — aqui, sim, aparece Deus — "a ver se posso ir vivendo", "para se ir vivendo".

PLANTAÇÕES DE DENDEZEIROS, ALDEIAS DE ESCRAVOS E A POSSE DA TERRA

Como foi comentado no capítulo 4, o tráfico de escravizados e a troca mercantil entre a Costa da Mina e o Brasil conviveram desde longa data com a comercialização e circulação atlântica do azeite de dendê. Mas o retorno dos libertos africanos a partir de 1835 parece ter promovido também um progressivo interesse dessa comunidade e, em menor medida, dos saros de Serra Leoa na sua produção doméstica em pequena escala, para venda às feitorias e aos exportadores graúdos.[110]

No fim da década de 1830 e sobretudo na década de 1840, a demanda industrial europeia levou ingleses e franceses a investir no negócio e a abrir pontos de exportação na costa africana. A firma Hutton chegou em Uidá em 1838, mas ocupou o forte Williams como feitoria em 1842, para depois expandir sua presença em Agoué, Pequeno Popo e Badagri. A casa francesa dos irmãos Régis, com sede em Marselha, estava presente em Uidá desde 1832 e ocupou o forte de Saint Louis para fins comerciais em 1841.[111] A crescente demanda europeia e a competição entre as diversas feitorias provocaram um forte aumento do preço, que passou de três dólares a medida de dezoito galões, em 1844, a sete dólares em 1850.[112] Essa inflação induziu a progressiva expansão das plantações de dendezeiros pelos produtores locais.

Em meados da década de 1840, no litoral, dois grupos começaram a investir na formação de fazendas medianas e até de grandes latifúndios: as famílias autóctones mais ricas de Uidá, como os Adjovi e os Quénum, e os traficantes lusófonos, como a família de Souza e José Francisco dos Santos (Alfaiate) em Uidá, Domingos José Martins em Porto Novo e Badagri e, mais tarde, Joaquim de Almeida em Agoué.[113] A condição era dispor, além de acesso às terras, de escravizados suficientes para a exploração das plantações. O rei Guezo, embora sempre taxasse a comercialização do azeite, entrou na sua produção de forma tardia, na década de 1850. Como vimos, em 1852, quando os ingleses forçaram a supressão do tráfico, através do bloqueio naval de Uidá, Guezo passou uma lei aumentando o preço do azeite em 50%, impondo uma nova taxa de exportação e anunciando um monopólio do seu comércio, o que não parece ter vingado. Ao mesmo tempo começou a investir na produção, estabelecendo grandes plantações em diversas partes do reino, tocadas por mão de obra escravizada.[114]

Essa nova política econômica para o azeite teria gerado, conforme sugere Robin Law, uma relativa concorrência entre a monarquia (o rei e os produtores daomeanos) e os comerciantes lusófonos. Contrariamente ao tráfico de escravizados, em que havia uma "essencial complementariedade de interesses" entre ambos os grupos — o primeiro suprindo cativos e o segundo vendendo-os —, "no comércio de azeite de dendê, a monarquia e os brasileiros se tornaram competidores, uma vez que tanto a primeira quanto os segundos podiam e entraram na produção do azeite para exportação".[115] Não seria descabido pensar que essa concorrência entre o rei e os mercadores-fazendeiros luso-brasileiros desempenhasse algum papel no deslocamento de Joaquim de Almeida para Agoué em 1850.

Os viajantes europeus logo notaram a contribuição dos libertos vindos do Brasil no desenvolvimento agrícola do Daomé.[116] Joaquim de Almeida e os agudás são hoje lembrados pela introdução da farinha de mandioca na região, embora, como principal alimento dos navios negreiros, a tecnologia de sua produção fosse conhecida bem antes disso.[117] Os retornados também são lembrados por seus saberes botânicos, pela horticultura e floricultura e pela introdução de várias espécies vegetais, tradições que perpetuaram nas suas hortas e jardins até a atualidade.[118] Na década de 1830, a produção agrícola era também um empreendimento dos libertos africanos nas freguesias rurais de Salvador, sendo a circulação atlântica de saberes agronômicos e botânicos um assunto ainda pouco estudado. Assim, não é de estranhar que os retornados contribuíssem para planejar, desenvolver e aprimorar o rendimento das plantações de palmeiras de dendê.

Em 1850, por exemplo, num estágio já avançado da produção de azeite no Daomé, Forbes visitou, com a família de Souza, a poucos quilômetros de Uidá, uma "plantação europeia" de palmeiras de dendê. Seu plantio fora planejado, com alta densidade dessas árvores, em combinação com as culturas de milho, algodão, inhame e mandioca, segundo os distintos tipos de solo. O proprietário da fazenda e responsável pelo projeto agrícola era um africano retornado do Brasil de origem mahi.[119] A colheita dos cachos de dendê e a manufatura do azeite envolviam mão de obra escravizada, embora também houvesse trabalhadores especializados assalariados, como aquele que mensurava o óleo.[120]

FIGURA 13. *Fabricação do azeite de dendê (Daomé, c. 1870) mostrando o batimento do fruto de forma manual e o processo de cozimento.*

As plantações daomeanas de dendezeiro, com sua exploração da força de trabalho escravizada, podiam variar em tamanho, uso da mão de obra e práticas hortícolas, mas é lícito perguntar se houve no seu desenvolvimento alguma influência do modelo econômico da plantation americana e quais seriam os canais dessa transferência.[121] Seja como for, o uso do trabalho escravo na produção do azeite facilitou a complementariedade dessa economia com a do tráfico atlântico. Lembremos, por exemplo, aquela estratégia de adaptação dos traficantes à clandestinidade que consistia em separar o desembarque e a comercialização das mercadorias lícitas, trazidas num primeiro navio, do embarque dos cativos, realizado em questão de horas, num segundo navio, quando o carregamento humano estava pronto. Entre esses dois momentos podiam se passar meses e, à medida que os cativos iam sendo reunidos no litoral à espera do tumbeiro que devia levá-los às Américas, eles eram empregados no trabalho das plantações de dendezeiros.[122]

Quando, na década de 1850, as oportunidades do tráfico foram se reduzindo e a economia do azeite emergiu como a alternativa mais rentável, nos grandes latifúndios do litoral apareceram aldeias de escravizados empregados na sua exploração e pertencentes aos senhores do tráfico reconvertidos a terratenentes.[123] Em 1849, na sua correspondência, o jovem Lawson Júnior se colocava à disposição de Joaquim de Almeida para qualquer serviço, observando que, "em relação ao negócio do azeite de dendê, poderemos tratar melhor a questão quando o capitão Marmom chegar de Acra".[124] Sem mais informações não é possível saber a natureza desse "negócio", se Joaquim estava apenas comercializando ou já estava envolvido na sua produção.

Situada ao norte de Agoué, do outro lado da lagoa interiorana que hoje separa o Togo do Benim, há uma aldeia ou fazenda chamada Agouégan que a memória oral lembra ter sido fundada por famílias de escravizados domésticos de Joaquim de Almeida.[125] E a uns dez quilômetros mais ao norte, situada numa região fértil em dendezeiros, há outra aldeia chamada Atoéta, habitada por famílias que também reconhecem Joaquim como seu "ancestral" e antigo "senhor" (Mapa 3). Com base em tradições orais coletadas no local, o historiador togolês Nicoué Gayibor afirma tratar-se de "contingentes de escravos iorubás que [Joaquim] não conseguiu vender e instalou naquele lugar para praticar a agricultura". Não há evidência conclusiva para afirmar que Joaquim tivesse plantações de dendê, mas essas "aldeias de escravos" são indícios fortes.[126] Cabe supor que Atoéta foi fundada no fim dos anos 1840 ou início dos 1850, mas seria após a morte de Joaquim, durante a crise alimentar consequente às guerras locais, na década de 1860, que o rei de Glidji cedeu a posse dessas terras aos escravizados nagôs (iorubás), em função de sua reputação no cultivo da farinha de mandioca.[127]

Como já foi mencionado, Joaquim é lembrado pela memória oral como o introdutor da produção do *gari*, ou farinha de mandioca, na região, cultivo destinado, em grande medida, à alimentação dos escravizados, fosse durante a espera dos tumbeiros, fosse na travessia atlântica. Outras tradições orais contam que, após comprovar a infertilidade de suas terras em Agouégan, Joaquim teria obtido permissão do rei de Glidji para ocupar as terras de Atoéta, onde conseguiu cavar poços de água para o cultivo de uma variedade de mandioca que trouxera da Bahia. Não é impossível, mas não se pode excluir um investimento paralelo em plantações de dendezeiro e na produção de azeite, como acontecia em Uidá. O funcionamento dessas senzalas rurais e de que modo o controle sobre os escravizados era exercido são desconhecidos. Contudo, no livro da escola das missões católicas há menção a um tal "Ojo de Almeida, chefe dos escravos de Joaquim".[128] Atoéta figura hoje no inventário de lugares de memória da escravização do projeto A Rota dos Escravos, da Unesco, e nela um pequeno mausoléu preserva a memória de Joaquim como seu fundador.[129] O multiculturalismo dessa antiga "aldeia de escravos" revela-se na presença de cultos a orixás e voduns de diversa origem étnica, nagô, hula, mahi.[130]

O historiador da economia da África Ocidental Anthony Hopkins sustenta que foi a "crise de adaptação", ou a incapacidade da aristocracia africana que controlava o tráfico de escravizados de se ajustar à nova economia do azeite, a circunstância que abriu as portas para a penetração colonial na segunda metade do século XIX.[131] No entanto, tem-se recorrido ao caso do rei Guezo no Daomé para questionar essa hipótese, mostrando como as elites políticas e mercantis africanas, pelo menos no litoral, não perderam seu domínio e investiram de forma simultânea em ambas as atividades, vistas como complementares, mais que como excludentes.[132] O caso de Joaquim, alternando suas funções de negociante e fazendeiro, seria uma corroboração adicional.

Se a expansão da economia do azeite não esteve necessariamente marcada por uma "crise de adaptação", a coetânea formação de latifúndios de dendezeiros parece ter contribuído para uma "revolução fundiária", induzindo uma progressiva transição da tradicional política de cessão de terras comunitárias e de direitos de ocupação pelos chefes locais para a crescente mercantilização do solo, formalizada em contratos de compra e venda de terrenos. De fato, conjuminado à monetarização da economia (examinada no capítulo anterior), o novo regime de direitos da propriedade privada da terra seria uma das transformações mais palpáveis da penetração implacável, não apenas do colonialismo, mas do capitalismo na Costa da Mina.[133]

Encontra-se um exemplo pioneiro desses tipos de transação, embora ainda sob a forma do escambo, em Agoué, em 2 de outubro de 1850. Na ocasião, o capitão Antônio da Costa fez "a compra de um terreno na mão de Alica de Ahzom, tomando tabaco (50$000), dez peças de algodão (100$000), dez barris de pólvora (70$000), e seis garrafas de aguardente (39$000) = 249$000 réis". Assinaram como testemunhas o "cabeceira Haton, Francisco Pereira, Joaquim de Almeida, meu moleque Babodjidé, Ahigaperori".[134] A assinatura de Joaquim como testemunha confirma sua presença em Agoué naquela altura, assim como sua continuada participação na difusão da cultura letrada e contratual dos europeus.

O reconhecimento dos direitos de propriedade privada da terra se intensificou com a penetração colonial, sobretudo a partir da instalação do protetorado inglês em Lagos, em 1861, e a progressiva presença francesa em Porto Novo.[135] Contudo, é preciso frisar que esse regime de propriedade privada coexistiu com a tradicional política de cessão e usufruto coletivo das terras.

A continuidade da prática de solicitar às autoridades locais o direito de instalação comprova-se, por exemplo, nas diversas negociações dos padres e pastores europeus, nas décadas seguintes, para fundar suas missões.[136] A coexistência de distintos significados do valor da terra parece típica daquele momento de transformação econômica e se correlaciona com a paralela coexistência da economia do tráfico e do azeite. Meu argumento é que a crescente utilização de terras para o cultivo de plantações de dendezeiro pode ter contribuído, no âmbito rural, para o avanço do regime de propriedade privada do solo. Em paralelo, cabe arriscar a hipótese da transição estrutural de um sistema de valores que concebia a riqueza com base na agregação social (a família extensa) e nos direitos sobre as pessoas (a escravização, a clientela) para um sistema que privilegiava os direitos sobre o território (a propriedade privada da terra). De todo modo, pela falta de cartórios ou instituições afins, os acordos e pactos de compra e venda de terras nem sempre eram formalizados em contratos, gerando uma indefinição e uma ambiguidade legais que se alastram até a atualidade, quando os herdeiros desses terratenentes oitocentistas podem enfrentar sérias dificuldades para comprovar a propriedade do patrimônio fundiário dos seus ancestrais.

7. O catolicismo e a grande família africana

A CAPELA CATÓLICA DE AGOUÉ

A presença de missões católicas na Costa da Mina remonta ao século XVII, embora o Vaticano tenha oficializado apenas o ano de 1861 como a data inaugural da evangelização na África Ocidental. Isso porque esse ano coincide com a fundação do Vicariato Apostólico do Daomé, sob os auspícios dos padres da Société des Missions Africaines (SMA) de Lyon que, num primeiro momento, se instalaram no forte português de São João Baptista, em Uidá.[1] No entanto, nas suas incursões missionárias na vizinha vila de Agoué, os padres da SMA, logo se depararam, para sua surpresa, com uma "pequena capela" construída no interior do recinto da família de Joaquim de Almeida, "o mais rico" dentre os residentes "brasileiros". O abade Laffite, em 1862, foi o primeiro a registrar o fato, notando que ali havia todo o necessário para celebrar "as cerimônias do culto: um altar, candelabros, vários sinos, um incensador etc.".[2]

A reivindicação da família descendente de Almeida, de que seu ancestral — um africano "brasileiro", reconhecido polígamo, enriquecido com o tráfico negreiro — seria o introdutor do catolicismo na Costa da Mina vinte anos antes da chegada dos missionários europeus da SMA, não deixa de gerar certa estranheza ante a versão oficial promovida pelo Vaticano. Nesse antagonismo, questões de ordem racial, de pendor nacionalista e de luta anticolonial se enredam com a micropolítica local de rivalidade entre Uidá e Agoué. Contudo, a reivindicação do pioneirismo de Almeida na evangelização africana revela o papel central que a afiliação religiosa desempenha na memória coletiva e na mobilização identitária das famílias agudás.

Embora os libertos retornados do Brasil e de Cuba tivessem crenças e práticas religiosas plurais, amiúde justapostas ou emaranhadas, incluindo o islã e as devoções aos voduns e orixás, a centralidade do catolicismo enquanto marca distintiva da identidade agudá tem sido notada por vários estudiosos e constitui o argumento central do clássico trabalho de Manuela Carneiro da Cunha.[3] Essa autora destaca ainda a atividade comercial e a lusofonia como os outros dois pilares dessa identidade coletiva, sendo que, associada a esta última, cabe reiterar a importância estratégica do letramento para o avanço social do grupo.

A capela de Agoué, erguida sob a invocação do Senhor Bom Jesus da Redenção, em lembrança da irmandade homônima em Salvador, e os batismos nela celebrados em meados do século XIX também não são novidade para os historiadores da região.[4] No entanto, para entender como o catolicismo se tornou uma força histórica e politicamente produtiva na configuração da identidade agudá, o livro de John D. Y. Peel, *Religious Encounter and the Making of the Yoruba*, é inspirador.[5] Embora esse trabalho examine os povos iorubás na segunda metade do oitocentos, sua abordagem da identidade iorubá como um processo emergente nos interstícios do encontro entre cristianismo, islã e religiões autóctones é uma referência para interpretar a interface identitária-

-religiosa dos retornados agudás. A análise pormenorizada aqui proposta almeja contribuir, para além da questão identitária, na melhor compreensão do papel sociopolítico do afro-catolicismo atlântico na formação e articulação de uma comunidade mercantil na Costa da Mina.

Avancemos então com a história da capela. Poucos meses depois do abade Laffite, foi a vez de Francesco Borghero, o superior do Vicariato do Daomé, visitar Agoué, em fevereiro de 1863. O padre italiano observava que Joaquim gastara com liberalidade na capela, "suntuosamente decorada", com todo o necessário para o culto, parafernália que "tinha trazido ou mandado trazer do Brasil", inclusive um carrilhão de cinco sinos. Em outro trecho, porém, ele só menciona "três belos sinos que os feiticeiros não permitiram montar num campanário", e que, no entanto, percutiam suspensos em cavaletes e eram escutados em toda a cidade.[6] O interdito alerta para a tensão que a nova religião gerava entre os sacerdotes dos voduns locais.

Oito anos depois, entre agosto e setembro de 1871, o padre M. Thillier batizou 69 pessoas em Agoué. Ele informa que a "bela capela", por "circunstâncias incômodas" (dificuldades econômicas?), tinha sido alugada, com outras dependências anexas, a comerciantes ingleses para estabelecer uma feitoria. Grande parte dos objetos litúrgicos se perdeu ou se deteriorou, restando apenas "quatro sinos pequenos, um altar, seis candelabros, um incensário, pias batismais e uma via-sacra etc.". A via-sacra (*chemin de croix* ou "caminho da cruz" no original) designa a série de catorze imagens que representam a Paixão de Cristo, mas também o livro das orações que se rezam diante desses quadros. Em qualquer caso, sua presença numa capela dedicada ao Senhor da Redenção faz o maior sentido. Todos aqueles sacrários tinham sido levados a uma outra dependência em que Thillier oficiou a missa.[7]

O padre Pierre Bouche visitou Agoué em 1874, com o projeto de abrir uma missão da SMA naquela cidade, e em 1885, mais de uma década depois, publicou a história da capela no livro *Sept ans en Afrique Occidentale*. Essa é a fonte mais citada pelos estudiosos do tema. No entanto, ainda em Agoué, em 12 de setembro de 1874, ele escreveu uma carta a seu superior, ao sabor do momento, com a memória ainda fresca das informações coletadas in situ. Essa missiva com certeza serviu de base para redigir a versão publicada, mas apresenta pequenas diferenças que valem a pena nuançar. Por exemplo, no texto publicado ele diz: "Em 1842 ou 1843, Joaquim de Almeida, crioulo brasileiro [sic], estava prestes a deixar a Bahia, adquiriu os objetos necessários à celebração da missa, disposto a edificar uma capela na África logo que chegasse".[8] Na carta, ele detalha: "Por volta de 1843, um cristão prestes a deixar o Brasil para retornar à África concebeu o projeto de construir uma capela quando chegasse; fez circular uma lista de subscrição entre seus companheiros de exílio e de cativeiro, e obteve os objetos necessários para o culto que levou consigo quando partiu".[9]

A data seria, como vimos, o fim de 1844, quando Joaquim voltou de vez à Costa da Mina. Essa informação permite imaginar, no carregamento daquela viagem na escuna *Emília*, além de tabaco e cachaça, caixas com sinos, pias batismais, candelabros, os quadros da via-sacra e, talvez, uma cópia da imagem do Senhor da Redenção. A ideia de que ele fez uma coleta de fundos entre amigos sugere a contribuição de seus "parentes de nação", alguns deles irmãos da IBJNR, como seu compadre Benedito Galiza, ou ainda seus sócios comerciais. Seja como for, o relato evidencia que se tratava de um projeto cooperativo, gestado em Salvador, de extensão da fé católica na África. Fontes tardias, de meados do século XX, afirmam que Joaquim recebeu os ornamentos religiosos "dos padres carmelitas da Bahia", com o conselho de se dirigir "aos padres do forte português de Uidá", para obter sua assistência.[10]

De volta ao relato de Bouche, ele foi informado da existência de uma primeira capela, erguida por volta de 1835, anterior portanto à de Joaquim. Na versão publicada, afirma que a fundadora foi "uma cristã que voltara do Brasil", mas na carta de 1874 não há indicação de que se tratasse de uma mulher:

> Antes de Joaquim de Almeida, outro cristão tinha construído outra capela. Nada resta dela. Após um incêndio que devorou Agoué, deixaram os muros desse primeiro templo cair em ruínas; depois, fizeram do local um cemitério para os cristãos. Mais tarde, os proprietários vizinhos invadiram o terreno. Hoje, tudo o que resta são algumas ruínas no meio de uma rua: algumas cruzes escondidas no meio de ervas e arbustos de espinhos.[11]

Lembremos que, em julho de 1840, Jorge Nabuco de Araújo escrevia da Bahia a sua sogra Thereza Caetana de Jesus, residente em Agoué, lhe agradecendo "o bom serviço que a senhora tem feito ao Senhor Bom Jesus da Redenção" e lhe recomendando "muito e muito que não se afaste nunca desta devoção".[12] O comentário sugere a existência da devoção do Senhor da Redenção em Agoué antes de 1840. Por outro lado, há referência a uma "capela portuguesa" no local em 1843, no período em que Joaquim estava na Bahia. Baseada na suposição de que a capela deste só tenha sido inaugurada em 1845, Silke Strickrodt sugere que essa "capela portuguesa" seria a primeira, de 1835.[13] Na falta de mais informações, caberia pensar, como hipótese alternativa, a possibilidade de Joaquim de Almeida ter colocado a primeira pedra da igreja em algum momento após sua chegada em 1836, com o apoio devocional e material das mulheres daquele grupo de migrantes, como Thereza Caetana de Jesus. No entanto, a obra só teria sido concluída com a chegada de altar, sinos e outros objetos votivos em 1845, momento lembrado pela memória coletiva como o da sua fundação.

O PRIMEIRO BATISMO COLETIVO EM AGOUÉ EM JANEIRO DE 1846

O projeto de construção da capela em Agoué pode ter sido gestado na Bahia como resposta aos anseios dos libertos devotos da fé católica que voltaram em 1836 ou em anos sucessivos. Porém sua implementação material ocorreu num contexto de transformação significativa no campo religioso na Costa da Mina, não apenas com o avanço do catolicismo, mas também do protestantismo e do islã, desafiando as tradicionais "práticas do país" associadas aos voduns e a outras entidades espirituais. O encontro e o confronto com essa heterogeneidade religiosa, sem dúvida, tiveram um papel na indução e no reforço das afiliações às diversas igrejas.

A primeira evidência confirmada da celebração de batismos na "igreja da Redenção" em Agoué é de janeiro de 1846, embora o padre Roberto Pazzi mencione (conforme "registro paroquial" não identificado) um primeiro batismo em 17 de abril de 1844.[14] Essa iniciativa foi favorecida, em grande medida, pela presença, desde fevereiro desse ano, de um padre católico na vizinha fortaleza portuguesa de Uidá, convidado para oficiar o ritual do sacramento.

Como vimos no capítulo 6, as autoridades de São Tomé e Príncipe decidiram reocupar a fortaleza de São João Baptista de Ajudá em 1844, enviando para isso o tenente José Joaquim Líbano e o padre Julião Pires dos Santos. Após a independência do Brasil, esse enclave militar, historicamente controlado pela capitania da Bahia, ficou sob a jurisdição da província de São Tomé e Príncipe, e, como tal, constituía uma diocese dependente do padroado de Portugal. No século XIX, os velhos embates entre os padroados espanhol e português e o papado de Roma emergiram com novo vigor. A eleição do papa Gregório XVI (1831-46), antigo prefeito da Propaganda Fide (o órgão supremo do Vaticano para a difusão da fé católica entre os pagãos), marcou um período ofensivo, tanto na Ásia como na África, dos vicariatos apostólicos ante a velha autoridade das dioceses do padroado. É nesse contexto que se explica a política do envio de curas às possessões portuguesas na África.[15]

A fortificação de Uidá ficara oito anos abandonada, e o padre Julião, atendendo às expectativas do "povo cristão e muito principalmente da gente que vem da Bahia", investiu seus esforços, com o apoio de Francisco Félix de Souza, o Chachá, na construção de uma nova capela, pois a antiga estava arruinada, e a obra foi concluída em setembro de 1845.[16]

Assim, ao que tudo indica, as capelas católicas de Uidá e Agoué iniciaram suas atividades mais ou menos ao mesmo tempo, movimento — insisto — possibilitado pela recém-inaugurada política de revezamento de padres na diocese do forte. Julião Pires dos Santos pertencia ao chamado "clero indígena"; era negro, natural de São Tomé, capelão recém-ordenado no seminário da Bahia, ainda inexperiente e, nesse contexto desconhecido e adverso, sujeito à vontade e aos interesses da comunidade local.[17] Aliada a sua imprescindível mediação litúrgica, a empreitada de evangelização católica foi liderada, ou pelo menos financiada, por dois conhecidos traficantes: o mestiço baiano Francisco Félix de Souza, em Uidá, e o preto mahi Joaquim de Almeida, em Agoué. No caso deste último, seria o capital acumulado com seus negócios em Cuba, Bahia e Pernambuco, na virada da década de 1840, que teria ajudado a bancar o projeto de missionização.

A ativação simultânea de missas e batismos em Uidá e Agoué podia estar também relacionada à chegada dos saros, os libertos vindos de Serra Leoa, muitos deles convertidos ao protestantismo, e à expansão de missões anglicanas e metodistas na região. Desde 1838, houve um fluxo de imigrantes saros em Badagri que se irradiou para a terra dos egbás em Abeokuta. A Wesleyan Methodist Missionary Society (WMMS) estabeleceu uma missão em Badagri em 1842, e a anglicana Church Missionary Society (CMS) instituiu outra em 1845. No ano seguinte, essas sociedades abriam novos entrepostos em Abeokuta.[18] Em Uidá, a presença de saros data de 1840, e, na sua visita à cidade, em 1843, o pastor wesleyano Thomas Birch Freeman oficiou um serviço em inglês para eles. Em 1845, Duncan menciona "uma pequena cidade" formada por "algumas poucas famílias" de libertos de Serra Leoa.[19] Poucos anos depois, Forbes lamentava a ausência de um lugar de culto protestante que pudesse competir com a capela católica.[20] Se a influência saro em Uidá não representava nenhuma ameaça à comunidade lusófona, a crescente visibilidade das missões protestantes no litoral pode ter induzido a mobilização dos fiéis católicos, reação intensificada pela concorrência de interesses nacionais e econômicos que cada uma dessas igrejas representava.

Em Agoué e Pequeno Popo, como em Uidá, a presença de libertos protestantes vindos de Serra Leoa era anterior à visita de Freeman em 1843.[21] Neste ano, por exemplo, a "cidade inglesa" de Agoué, levantada em torno da feitoria de azeite de Thomas Hutton, já agregava várias famílias de saros com seu próprio chefe. Não é improvável que, quando residente em Agoué, na virada da década de 1840, Joaquim de Almeida constatasse suas diferenças com aqueles imigrantes de língua inglesa, cuja sobriedade reformista talvez chocasse sua sensibilidade barroca luso-brasileira. Independentemente do fato de o projeto de construção da capela ter respondido à sua experiência religiosa na Bahia, o encontro com formas alternativas de cristianismo na Costa da Mina pode ter aguçado sua devoção "contrarreformista".

Como sinalizei, a separação de protestantes e católicos, além da ininteligibilidade linguística, via-se reforçada por interesses econômicos, opondo o partido dos escravistas ao dos antiescravistas. Embora a fronteira fosse fluida, conjuntural e reivindicada, em geral, para fins de propaganda ideológica, não é menos verdade que a afiliação católica adquiriu um status de emblema identitário essencial para garantir alianças, lealdades e cumplicidades no seio da comunidade dos "portugueses" ou agudás. Numa certa medida, era a dimensão religiosa das rivalidades desencadeadas pela geopolítica do fim do tráfico e do nascente colonialismo europeu.

É preciso dizer que o catolicismo não foi a única religião que ganhou força com o retorno do Brasil. Também a devoção a Alá, compartilhada por muitos dos libertos que fugiram da Bahia após a Revolta dos Malês, foi instrumental para a expansão do islã na região e, de modo indireto, para aguçar a identidade diferenciada dos devotos católicos. O primeiro imã de Agoué, Saidou ou Daniel da Glória, foi um dos libertos retornados da Bahia em 1836, instalado no bairro Diata, que, com Hauçakome, formava os arrabaldes muçulmanos da vila.[22] Como vimos no capítulo 4, grande parte dos hauçás e nagôs islamizados que chegaram da Bahia, a partir de 1835, se congregou no bairro Maro em Uidá (ver Tabela 5), onde levantaram uma mesquita. Também lá o primeiro imã foi um desses retornados, Baba Olougbon, cujo nome em terra de branco era Joaquim da Silva Lisboa.[23] A devoção a Alá, porém, não impedia que alguns deles dessem a seus filhos um nome no preceito do Corão e um outro na pia batismal, nem de participar em ritos católicos com fons, mahis e crioulos cristianizados. Como bem nota Olabiyi Yai, o islã agudá era secular, pragmático e não jihadista, e podia coexistir de forma pacífica com o catolicismo.[24] Essa tolerância religiosa em parte era herança de uma longa tradição de coabitação dos cultos aos voduns e orixás em solo africano e foi cultivada na sociedade escravocrata brasileira, onde malês e animistas circulavam nos mesmos espaços do catolicismo dominante.

Apesar da adscrição à fé cristã ou maometana, muitos dos retornados continuavam a manter as tradições familiares relativas ao culto dos ancestrais, amiúde enredadas com devoções a voduns e orixás, "práticas do país" às quais não se podia renunciar, sob o risco de causar sérios prejuízos à coletividade familiar. Assim, os libertos agudás foram responsáveis pela reintrodução, após seu retorno à Costa da Mina, de práticas autóctones associadas a voduns e orixás, atemperadas e transformadas por sua experiência diaspórica. Alguns trouxeram da Bahia assentos, altares e parafernália ritual, do mesmo modo que Joaquim de Almeida trouxe a imagem do Senhor da Redenção ou os sinos da capela.[25] Ou seja, a cultura material dos sacrários e o pluralismo religioso constituíam marcas distintivas dos libertos agudás e suas famílias. Todavia, a afiliação ao catolicismo, sobretudo a partir do ritual do batismo, foi crucial para gerar uma dinâmica associativa que transcendia a questão identitária e implicava formas de sociabilidade de caráter exclusivista, em sintonia com interesses compartilhados, muitas vezes de ordem mercantil ou comercial.

É nesse panorama de heterogeneidade religiosa que devemos enquadrar os batismos celebrados em Agoué. De 1846, data da chegada do padre Julião Pires dos Santos à cidade, até 1863, data da primeira visita dos missionários brancos da SMA, constam os registros de 493 batizados em Agoué, 343 deles, ou 70%, no contexto de três grandes cerimônias. Na primeira, ocorrida em 25 e 26 de janeiro de 1846, Julião Pires batizou 39 indivíduos. A segunda e mais importante aconteceu quase uma década depois, entre 21 e 25 de abril de 1855. Essa cerimônia envolveu 229 batismos e foi oficiada pelo padre Faustino Dias de Andrade. Durante a terceira, realizada entre 1º e 4 de março de 1857, Francisco Fernandes da Silva batizou 75 pessoas. O evento ocorreu apenas dois meses antes da morte de Joaquim de Almeida.[26]

Cabem duas observações iniciais. A primeira é que não há evidência da participação de Joaquim de Almeida na cerimônia de 1846, o que reforça a ideia de que, naquele período, ele estava residindo em Uidá. Por outro lado, ele foi a figura central na cerimônia de 1855 e, em menor medida, na de 1857, quando residia de forma mais fixa em Agoué. A segunda observação é sobre o longo período de inatividade batismal entre 1846 e 1855, apesar das sucessivas chegadas em Uidá de mais quatro padres de São Tomé, depois da partida de Julião Pires dos Santos em 1848. A ausência de batismos, porém, não deve ser pensada como — nem pressupõe — falta de outras atividades rituais como missas, procissões, festas, catequese ou escolarização.

Apesar da ausência de Joaquim, o evento de 1846 foi bem planejado, envolvendo figuras-chave da "cidade portuguesa". O universo dos 39 batizados incluía quinze livres, seis libertos e dezoito escravizados, a maioria deles crianças. Entre os livres, catorze tiveram o nome do pai e da mãe informados, entre os escravizados, apenas três tiveram o nome da mãe registrado. Reproduzindo categorias utilizadas no Brasil, três cativos foram identificados como de nação angola e um como "gije" (jeje). Observa-se um desequilíbrio de gênero notável, com dez homens e 29 mulheres, predominância feminina que encontraremos de novo no batismo de 1855 e de que falarei mais adiante.

Conforme comentei no capítulo 2, o sacramento batismal cria laços de parentesco espiritual entre o batizado e o padrinho, entre o padrinho e os pais (o compadrio) e, no caso do batismo de um escravizado, entre o padrinho e o senhor, vínculo que chamei de "consenhorio". O rito articulava alianças e obrigações sociais, muitas vezes na forma de relações clientelistas, entre batizados, pais, padrinhos e senhores. Ao mapear esses nexos nos registros de batismo é possível desvendar o tecido social de Agoué. Assim, os 39 batismos de 1846 envolveram 24 homens como pais, padrinhos e senhores, o que significa que vários deles atuaram repetidas vezes como padrinhos dos filhos e dos escravizados de amigos, que, por sua vez e de forma recíproca, atuaram como padrinhos de seus filhos e escravizados. Esse entrelaçamento ou "endogamia batismal", que já constatamos nos batismos da Bahia, se intensifica como característica da comunidade agudá.

Por exemplo, uma das figuras mais visíveis no batismo de 1846, Benedito Martins da Costa, atuou como padrinho em cinco ocasiões. De nação mina, ele foi cozinheiro em navios negreiros sob as ordens do capitão Manoel Joaquim de Almeida e chegou a Agoué em 1836, provavelmente no *Nimrod*, com sua mulher, Maria Teixeira Chaves.[27] Outro personagem de destaque, o fon Eleutério da Silva Vasconcellos, compareceu como pai de uma filha, como senhor de um escravizado e quatro vezes como padrinho. Quem apadrinhou seu cativo foi José Félix de Souza, um dos filhos do Chachá, sugerindo uma relação clientelista com o clã de Souza.[28] Como Benedito Martins, Eleutério foi um dos prováveis passageiros do *Nimrod*.[29] De fato, aquele batismo parece ter reunido vários dos primeiros colonos de Agoué, incluído o mahi José Pereira da Paixão, que também atuou como padrinho. Paixão foi aquele que acompanhou Thomazia de Souza Paraíso na viagem do retorno.[30]

Entre as figuras femininas, se destaca a nossa conhecida Thereza Caetana de Jesus, a devota do Senhor da Redenção, que batizou cinco escravizadas (duas delas apadrinhadas por Benedito e Eleutério), e Fausta Ana da Silva, que batizou quatro (uma delas apadrinhada por Benedito). As duas africanas jejes também amadrinharam outras crianças, o que sinaliza seu prestígio social, uma vez que era rara a presença de madrinhas nos batismos da Bahia.[31] Por outro lado, Ifigênia da Cruz batizou dois filhos "libertos", enquanto Feliciana Thereza de Jesus e sua filha Prudência, que, como vimos, chegaram com os primeiros grupos de colonos, atuaram como madrinhas de outras crianças.[32]

O que essa rápida e breve radiografia dos vínculos batismais deixa entrever é um denso tecido social reunindo os libertos residentes em Fonkome e Zokikome, em sua maioria de nações jeje, mahi e fon, com forte visibilidade das mulheres. A predominância de falantes de línguas gbe no círculo católico de Agoué, muitos deles donos de escravizados, é significativa, se levarmos em conta que, em termos demográficos, a maioria dos retornados era nagô. Essa constatação permitiria arriscar a hipótese de um relativo alinhamento, em Agoué, entre a afiliação católica e a identidade dos gbe-falantes.

No já referido livro da escola da missão, afirma-se que, por volta de 1845, chegou a Agoué um "negro brasileiro" conhecido como "Micer Gonçalos" que se hospedava em Fonkome, na casa de Eleutério da Silva Vasconcellos. Micer Gonçalos foi mestre de uma escola organizada na sua residência, onde ensinava português e "elementos da doutrina cristã". Ele mandou para São Tomé um dos filhos de José Pereira da Paixão (Joaquim, conhecido como Kinkin), para ser formado e o suceder como professor na escola. Micer Gonçalos também "celebrava os ofícios na capela", incluindo, segundo Pierucci, batismos, catequese e enterros.[33] Assim, em paralelo aos padres de São Tomé, alguns retornados do Brasil contribuíram, de forma oficiosa, para a catequese secular e o exercício de serviços religiosos que podiam incluir rezas, confissões, procissões e talvez missas.[34] Pierucci diz que Micer Gonçalos era "o padre de Agoué", e isso explicaria a ausência aí dos curas de Uidá durante quase um decênio, desde a partida de Julião Pires até 1855.[35]

Entretanto, em Uidá continuou a política de revezamento dos padres vindos de São Tomé e Príncipe, conforme a Tabela 8. Em 1850, o oficial inglês Frederick E. Forbes mencionava os padres "negros" de São Tomé, em Uidá, pregando para "multidões" (*large flocks*), diante da frustração dos protestantes, que não tinham nenhum lugar de culto, e apontava a potencial eficácia do clero indígena na conversão de novos fiéis.[36] Com efeito, a maioria dos curas enviados de São Tomé e Príncipe, tal qual Julião Pires dos Santos, era de negros e mestiços naturais dessas ilhas, embora houvesse alguns de "raça Angola" e ainda outros "súditos portugueses indianos de Goa". Eles eram ordenados, na sua maioria, nos seminários da Bahia, de Pernambuco, Maranhão e Rio de Janeiro.[37]

TABELA 8
PADRES ENVIADOS A SÃO JOÃO BAPTISTA DE AJUDÁ PELO GOVERNO DE SÃO TOMÉ E PRÍNCIPE E NÚMERO DE BATISMOS REALIZADOS, 1844-60

CHEGADA	PARTIDA	NOME	UIDÁ[38]	AGOUÉ
fev. 1844	set. 1848	Julião Pires dos Santos	255	39
nov. 1848	set. 1849	Antônio Pereira Borges	61	—
out. 1849	set. 1850	Pedro Soares de Barros	8	—
set. 1850	set. 1851	José Vaz Ribeiro Gastão	39	—
dez. 1851	maio 1853	Gregório Alves Pereira Neto	144	—
maio 1853	abr. 1855	Faustino Dias de Andrade	123	245
abr. 1855	fev. 1857	Domingos Fernandes Afonso da Penha	178	—
mar. 1857	maio 1859	Francisco Fernandes da Silva	29	173
maio 1859	abr. 1861	Claudio Furtado Lencastre	90	36
TOTAL			927	493

FONTES: Asma, 2E-13, Courdioux, *Notes et documents*, p. 302; 2H-50, Liber Baptismalis Ajudae 1861, fls. 150-61; APA, Livro de batismos n. 1, 1846-74.

Em 1853, após o bloqueio inglês a Uidá, o novo governador de São Tomé, Francisco José de Pina Rollo, alertava para o escasso aproveitamento do forte de Ajudá e criticava a política de revezamento dos padres, arguindo que eles eram incapazes de catequizar, por lhes faltar "a instrução e a moralidade"; e citava o padre Gregório Alves Pereira Neto, recém-chegado de lá, que, contrariando as observações de Forbes, "sempre viu a igreja deserta quando celebravam a missa e aqueles que assistiam faziam-no por simples curiosidade", sem ser chamado para celebrar casamentos ou enterros. Movido por seu interesse em desencorajar a presença portuguesa em Uidá, o governador reduzia o trabalho do padre a vinte batismos e três confissões, quando sua atividade batismal foi bem superior (Tabela 8).[39]

Contudo, a crítica aos padres negros seria reiterada, anos depois, pelo tenente da Marinha portuguesa Carlos Eugenio Corrêa da Silva. Ele sustentava que o remoto posto de Uidá era utilizado pelas autoridades de São Tomé para se desfazer de "algum desmoralizado padre preto", ou para "deportar" e "castigar" oficiais caídos em desgraça, que iam "passar fome e sofrer misérias", sujeitos às esmolas do Chachá. Silva deplorava a formação desses padres "ignorantes, imorais e perversos".[40] Sujeitos como estavam aos caprichos e desígnios da população local para assegurar sua subsistência, eles careciam de autoridade moral para impor sua vontade.[41] Porém, apesar desse recorrente discurso de desqualificação, a comunidade agudá parece ter reagido de forma variada à presença dos curas negros. Um que parece ter se dado bem foi Faustino Dias de Andrade. Em 16 de abril de 1855, um abaixo-assinado de 49 indivíduos, todos homens residentes em Uidá, atestava sua boa conduta civil e religiosa, antes de ele voltar a São Tomé.

Aliás, essa lista de assinantes oferece uma boa radiografia da rede comercial agudá em Uidá naquele momento. Vinte e um deles estavam positivamente envolvidos no tráfico, embora, entre 1854 e 1856, a repressão inglesa tivesse conseguido derrubar o preço dos cativos e reduzir seu mercado a Cuba. Law sustenta que houve então um aumento do número de traficantes portugueses e espanhóis em detrimento dos brasileiros, mas uma análise da nacionalidade dos signatários da declaração de 1855 mostra um relativo equilíbrio entre o número de europeus, brasileiros e africanos. Dos 38 assinantes que foi possível identificar por nacionalidade, dez eram portugueses, um francês, um espanhol, catorze brasileiros e doze africanos. Também a proporção de brancos, mestiços e negros resulta equitativa entre os 27 que foi possível identificar: dez negros, seis mestiços e onze brancos. Contudo, vários brasileiros cuja cor não foi identificada deviam ser mestiços ou pretos (crioulos). Por outro lado, é significativo que, com exceção de dois casos ainda duvidosos, todos os assinantes fossem nascidos livres, sem o estigma da escravização.[42]

Uma semana depois do abaixo-assinado, dezesseis daqueles agudás participaram do batismo coletivo na vizinha cidade de Agoué, organizado por Joaquim de Almeida e oficiado pelo padre Faustino Dias de Andrade. A cerimônia durou três dias e reuniu a elite mercantil regional, incluindo os ilustres visitantes de Uidá, alguns de Souza e alguns portugueses, mas a maioria dos participantes era africana e crioula, vinda do Brasil. Percebe-se, assim, uma aparente separação interna da comunidade agudá entre os mercadores de Uidá, com maior presença portuguesa e da família de Souza, e os de Agoué, na sua maioria libertos africanos e crioulos, marcados pelo passado do cativeiro no Brasil. A divisão não era estritamente racial, mas envolvia uma latente tensão e hierarquia de status. No entanto, ambos os grupos utilizavam o mesmo ritual católico, missas e batismos, para articular e reforçar seus interesses compartilhados.[43]

O SEGUNDO BATISMO DE 1855 E SEUS EMARANHADOS SOCIAIS

Como vimos, Joaquim de Almeida tinha se deslocado para Agoué em 1850, com o cenário da concorrência econômica com o clã de Souza e a transição para a produção do azeite de dendê.

Em 1852, ele perdeu grande parte do seu patrimônio no incêndio de Agoué, ficando "com apenas a camisa que vestia". No ano seguinte, embora continuasse a comerciar tabaco com a Bahia, tentava adiar o pagamento de suas dívidas. Apesar dos contratempos e dos reveses da vida, Joaquim parecia resignado à fatalidade, invocando a "sorte" e a fortuna para se recuperar da falência.[44] Embora naquele momento não tivesse liquidez, ele possuía ainda o capital social da sua rede de amigos, sócios, clientes e dependentes, que não duvidou em ativar.

É nesse cenário de relativa precariedade econômica que devemos enquadrar o batismo coletivo realizado em 1855. A centralidade de Joaquim de Almeida como principal organizador e epicentro da festa fica explícita na identidade e na sequência dos batizados, numa ordem que expressa uma clara hierarquia. No sábado, 21 de abril, o padre Faustino Dias de Andrade batizou, em primeiro lugar, 23 filhos de Joaquim, seguidos dos filhos de alguns amigos mais próximos. Depois foi o turno de 73 de suas escravizadas, para finalizar com os filhos e escravizados de outros retornados fons, mahis, crioulos e nagôs, perfazendo um total de 148 batismos nesse dia. No domingo foram realizados mais 69 batismos. Somando pais e senhores dos que foram batizados, padrinhos, madrinhas e convidados, a multidão deve ter chegado a várias centenas de pessoas, mobilizando praticamente toda a "cidade portuguesa" e agitando a pacata vida litorânea de Agoué.

A magnitude do encontro mostra que, ou bem Joaquim estava se recuperando nas finanças, ou bem estava investindo no evento para potenciar as oportunidades. Ele convidou para oficiar as cerimônias o padre Faustino poucos dias antes de este retornar a São Tomé, sugerindo planejamento prévio e capacidade de mobilização. Se, nos registros eclesiásticos, Julião Pires dos Santos assinava como "vigário interno da igreja de São João Baptista de Ajudá", Faustino Dias de Andrade assinava também como "cura encomendado na capela do Senhor de Bom Jesus da Redenção, ereta neste porto de Agoué", sinalizando um vínculo mais estreito do pároco de Uidá com Agoué.[45] Consideradas a dimensão do cerimonial e a presença dos negociantes de Uidá, não é de estranhar que Joaquim quisesse dar ao evento todo o brilho possível, trazendo a máxima autoridade religiosa na região em detrimento do mestre e catequista local, Micer Gonçalos, o "padre" oficioso de Agoué.

A festividade sem dúvida ressoou na vizinha "cidade inglesa", onde a expansão wesleyana, como vimos, estava ganhando terreno. Alguns saros podem ter percebido o evento como um desafio ostensivo da comunidade luso-brasileira. Atrevo-me a dizer que Joaquim e seus convidados podem ter encenado as cerimônias como uma demonstração do poder do "partido dos traficantes" precisamente quando o negócio estava em franco declínio. Como indiquei, era nessas relações de contraste cultural que os católicos intensificavam seu senso de coletividade. Ora, acompanhando a exibição externa, havia uma dinâmica interna que visava ostentar a agregação de membros, filhos e escravizados ao grupo. Nesse sentido, o evento pode ser interpretado como uma tentativa de Joaquim de Almeida de reafirmar sua liderança na comunidade lusófona da cidade, por meio da exposição social do poderio da sua "casa", envolvendo coletividade familiar e aliados.

Todos os seus filhos tiveram as datas de nascimento registradas, informação que, embora pudesse ser imprecisa e nem sempre confiável, estava ausente no restante dos registros batismais. Fora o mais velho, Felisberto, nascido em agosto de 1841 ou 1842 (a caligrafia do último dígito é incerta), os outros 22 filhos nasceram após a volta definitiva do pai à Costa, no período dos dez anos compreendido entre 1845 e 1855, obviamente de várias mulheres diferentes (ver Anexo 4).[46]

Infelizmente, nenhum dos nomes das mães é mencionado,

sugerindo que Joaquim (ou o pároco) não as tinha por esposas "legítimas", mas o fato de ele reconhecer seus filhos por meio do batismo indicaria que as considerava parte da sua "casa". Talvez com algumas ele tenha formalizado a união marital através do pedido de noivado, a entrega do dote e a realização de serviços para a família da mulher, conforme as convenções locais, mas, exceto o contrato oral e as prestações, não havia um ritual de casamento como o cristão.[47] Talvez Joaquim tivesse recebido outras esposas ofertadas pelas famílias aliadas ou pelo rei do Daomé, sendo comum a união dos agudás com filhas de chefes locais como forma de aliança e inserção social dos estrangeiros.[48] Contudo, boa parte das mães dos seus filhos deve ter sido concubina, incluindo várias das escravizadas. Isso não era novidade. Felismina, mãe do primogênito Suterio, foi sua cativa na Bahia antes de ser alforriada por verba testamentária.

Tratava-se, portanto, de uma estrutura familiar poligâmica, extensa, provavelmente distribuída em vários lugares geográficos, envolvendo, de forma ostensiva, múltiplas uniões simultâneas, conduta que, do ponto de vista da ortodoxia cristã, era seriamente desviante. É sabido que a poligamia e a "feitiçaria" ou idolatria foram as duas grandes frentes de conflito para o projeto de missionização cristã na África. Mesmo assim, nada impediu o padre de São Tomé de aceitar e sancionar essa prática marital com o sacramento católico. Das 23 crianças, apenas seis eram meninas, uma desproporção de gênero anormal, indicativa de um viés masculino no reconhecimento dos descendentes "legítimos", abrindo a possibilidade de que outras filhas tenham sido batizadas como cativas.

Seguindo uma prática comum nos batismos da Bahia, o lugar da madrinha foi ocupado por Nossa Senhora. Também sobressaia a hierarquia entre os padrinhos. O mais destacado foi Guilherme Martins do Nascimento, que batizou os oito filhos mais velhos. Guilherme era aquele marceneiro crioulo, letrado, de boa caligrafia, que escreveu o testamento de Joaquim e que o acompanhou na viagem de retorno em 1844. Mais de uma década depois tinha virado um dos grandes homens de Agoué, à sombra de Joaquim. Também ocuparam posição de relevo, como padrinhos, quatro filhos do Chachá I vindos de Uidá (entre parênteses, o número de afilhados): Ignácio Félix de Souza (três), Chico ou Francisco Félix de Souza Jr. (dois), José Félix de Souza (dois) e Pedro Félix de Souza (um), este último, filho de criação do Chachá, conhecido também como Pedro Félix de Almeida, por ter sido apadrinhado pelo capitão Manoel Joaquim de Almeida em Pequeno Popo.[49] A forte presença de membros do clã de Souza indica que o batismo foi usado por Joaquim para assinar uma reconciliação com aquela poderosa família. A rivalidade podia ter persistido no início da década de 1850 com Isidoro, o Chachá II, mas o batismo de 1855 indica uma aproximação e algum tipo de aliança política entre os dois clãs.[50]

Outros compadres de Joaquim foram seus parceiros comerciais: José Francisco dos Santos, o Alfaiate; Pedro Pinto da Silveira ou Pedro Codjo, o afilhado de André Pinto da Silveira; o capitão de vapor e traficante "americano" Faustino Herpin Branco, que operava em Badagri e Porto Novo; Francisco da Silva Pereira, um liberto de Miguel da Silva Pereira, destinatário da carta de 1853 examinada no capítulo 6.[51] Fica evidente que, com os de Souza, Joaquim se rodeou de alguns dos mercadores mais ricos e influentes, na sua maioria vindos de Uidá. Associar sua descendência direta a esses notáveis locais por meio do laço batismal, este era o espírito do evento.

Depois de batizar seus próprios filhos, Joaquim atuou como padrinho de um filho de João Gonçalves Baeta, notório escravista na região (ver capítulo 6), e de dois filhos do então já falecido José Pereira da Paixão, seu vizinho e velho amigo da Bahia. O próximo batismo de destaque — no qual Guilherme Martins do Nascimento serviu de novo como padrinho — foi o de Matheus, filho de Thomazia de Souza Paraíso, a primeira mulher de Joaquim. No entanto, o pai de Matheus não é nomeado, e em registros subsequentes Matheus usa o sobrenome da mãe, Paraíso, sugerindo que Joaquim e Thomazia não tiveram descendência comum. Mesmo assim, no fim daquele dia, eles atuaram juntos como padrinhos de duas mulheres forras, Joana e Francisca.[52]

Depois dos "filhos naturais", foi a vez dos escravizados: Joaquim fez batizar, um após outro, 72 mulheres e um homem, enquanto seu afilhado, o mahi Agostinho de Freitas, transformado em potentado local, fez batizar 22 mulheres.[53] Eles compartilharam seus amigos comuns para assumir o papel de padrinhos: o crioulo Guilherme Martins do Nascimento, o mahi Venâncio do Amaral, o fon Francisco da Silva Pereira, o "americano" Faustino Herpin Branco. Entre os "consenhores" de Joaquim figuravam ainda o mahi Luiz Alves Ribeiro, o próprio Agostinho de Freitas, o jeje Antônio Caetano Coelho, o mina Pedro Pinto da Silveira, o nagô Antônio Pereira dos Santos e Bento Geraldo, liberto de Geraldo Rodrigues Pereira (como vimos no capítulo 1). Entre os "consenhores" de Agostinho figurava um único de Souza. Essa amostra reforça a ideia da "endogamia batismal" dos agudás acima referida.

Seria entediante examinar de forma exaustiva todos os casos, mas há um aspecto que merece atenção: o batismo de vários membros de famílias conhecidas por sua afiliação ao islã. No primeiro dia, mesmo que numa posição tardia na sequência, indicativa de certa distância social em relação à família de Almeida, o nagô muçulmano Antônio Pereira dos Santos batizou duas filhas, Constança (Talabi) e Romana. A mãe de Constança era Francisca Mondukpê, que se tornaria poderosa comerciante local de escravos. No segundo dia, vários membros da família da Glória, libertos da nagô Maria da Glória São José, batizaram seus filhos e ainda atuaram como padrinhos. Entre eles, o nagô Daniel da Glória e seu filho Adriano, que foram os primeiros imãs da mesquita do bairro Diata.

Conforme vimos, a participação simultânea em rituais islâmicos e católicos e o uso de um nome corânico e outro bíblico pelo mesmo indivíduo eram práticas comuns, a ponto de, anos depois, vários filhos desses agudás aparecerem no livro da escola da missão católica de Agoué como "cristãos muçulmanos".[54] O envolvimento em mais de uma religião e a sobreposição de crenças foram dois dos hábitos locais mais depreciados pelos missionários europeus.[55] No entanto, para os que retornaram do Brasil, o ecumenismo católico-muçulmano-animista era parte constitutiva do que Yai chamou de "lusotropia" agudá.[56] Segundo o padre Borghero, "a ideia de que possa haver uma religião falsa e outra verdadeira não se apresenta a um negro. Para ele, a religião não é senão um uso puramente local. Tem-se uma religião como se tem seus usos e costumes".[57]

A religiosidade agudá era plural, eclética e flexível. Estava baseada no princípio da acumulação de recursos espirituais ou numa teologia da *adesão* e da *iniciação*, própria das religiões africanas e afro-brasileiras. A partir dessa premissa, estava chamada a confrontar e subverter a teologia exclusivista da conversão e da salvação proclamada pelo dogma papista. Por isso, nesse contexto, o uso do conceito de "afiliação" religiosa resulta mais apropriado do que a ideia de "conversão". Nos anos a seguir, os missionários europeus se queixariam de que, além da ignorância doutrinária e dos costumes pagãos como a poligamia, a maior parte das atividades católicas dos retornados, como ir à missa, batizar seus filhos, aprender orações, jejuar em dias específicos ou, como acontecia em Lagos, celebrar novenas e procissões nas festividades de Nossa Senhora da Conceição e na Epifania, não passava de "práticas externas", gestos públicos, sem crença ou devoção sincera.[58] Por isso eram chamados de "cristãos só de nome".[59] A noção de uma "religião sem fé" ou uma "religião secular", orientada para a solução de problemas mundanos e baseada na participação ritual como forma de distinção social, para marcar status perante a população autóctone, pode ser adequada para definir um traço marcante dessa religiosidade eclética e plural.[60]

Ora, a dimensão sociológica do catolicismo agudá, enfatizando seu caráter pragmático e utilitarista, não deve minimizar o possível sentimento inerente à experiência religiosa que, pela via ritualística, podia comportar uma convicção espiritual honesta e genuína.[61] Por outro lado, é preciso salientar que a crítica feita pelos missionários aos agudás por praticarem um "catolicismo à sua maneira" — acusação reproduzida pelos imãs mais ortodoxos contra o islã agudá — emerge de uma tendência fundamental nesse grupo diaspórico, que consiste na dinâmica agregadora de crenças e práticas culturais, sem produzir aparente contradição. Porém, para um padre francês, era abominável ver, "sobre os peitos cristão, a cruz cercada de fetiches".[62]

Não é aqui o lugar para entrar no debate antropológico sobre a natureza do sincretismo e seus derivados, chamados, segundo as preferências, de "birreligiosidade", "consciência dividida" ou "arquivos duplos".[63] Tampouco cabe aprofundar a transformação que o cristianismo e o islã impuseram ao "animismo-fetichista" africano e às sociedades africanas de um modo geral. Basta dizer que esses "encontros religiosos", iniciados já no século XIV, envolvendo complexos processos de assemblage cultural, de convergência e diferenciação, de aproximação e competição, resultaram numa dinâmica coconstitutiva das diversas formas de religiosidade. Aliás, foi esse campo multirreligioso, relativamente tolerante, sujeito ao convívio continuado, que fertilizou os processos políticos e identitários de distintos grupos emergentes no século XIX, entre os quais o agudá.[64]

Em março de 1859, os mesmos moradores da "cidade portuguesa" que tinham participado do batismo de 1855 se juntaram em torno do seu candidato à chefia de Agoué: "armados e vestidos de várias maneiras fantásticas", eles "desfilaram, ou melhor, dançaram pela cidade", enquanto "batiam seus tambores, sacudiam várias cabaças cobertas de búzios" e cantavam.[65] Para além da mobilização partidária, significativa em si mesma, o uso de dança, atabaques e cabaças é indicativo de um conjunto de práticas culturais em nítido contraste com a imagem convencional de uma comunidade cristã, vestindo roupas europeias e se congregando de maneira ordenada numa igreja católica. O que parece ter prevalecido é, como falei, uma religiosidade híbrida e plural que poderia ser descrita, usando a expressão de Otávio Velho, como um "cristianismo paganizado".[66]

Ora, o afro-catolicismo dos retornados estava longe de ser, como supunham os missionários, uma simples imitação externa da liturgia cristã. Ao contrário, tratava-se de uma apropriação seletiva de práticas específicas que coadunavam com sua compreensão do mundo e suas necessidades associativas. Não apenas isso, mas os hábitos e instituições católicas importadas do Brasil sofreram novas transformações no contexto africano.

ALÉM DA IDENTIDADE: A ARTICULAÇÃO DE UMA COMUNIDADE MERCANTIL

Como bem explicou Manuela Carneiro da Cunha, o catolicismo foi coextensivo com a identidade coletiva dos agudás. Apenas aos portugueses, brasileiros, libertos retornados e seus dependentes era permitido praticar o catolicismo. Em Uidá, o rei daomeano proibia expressamente a conversão de nativos, embora a regra fosse relativamente fácil de contornar quando se tinha proximidade social com os agudás.⁶⁷ Nesses casos, "considera-se que o indígena que abraça o cristianismo renuncia a sua pátria e, como os cristãos, é considerado um estrangeiro".⁶⁸ Assim, o batismo transformava as pessoas ipso facto em "brasileiras", em "estrangeiras", em apátridas.⁶⁹

A afiliação a uma religião associada aos europeus era vista como um sinal de distinção e prestígio, e muitos "pagãos" podiam se sentir atraídos por ela.⁷⁰ No entanto, os retornados afro-brasileiros relutavam em batizar indiscriminadamente e restringiam o privilégio a seus filhos, escravizados e aliados. Mais tarde, os missionários do Vaticano seguiriam a mesma política, embora por razões diferentes, limitando o sacramento àqueles que haviam recebido alguma instrução religiosa. Portanto, o catolicismo na época de Joaquim de Almeida não se inspirou no proselitismo, nem em nenhum espírito universalista, mas teve um caráter insular e exclusivista, funcionando a título de marca crítica para incluir ou excluir alguém do grupo.⁷¹

A condição de não nativo conferida pelo cristianismo também foi codificada racialmente. O ritual do batismo transformava as pessoas em "brancos", ou seja, "negros chamados de brancos porque vivem com as maneiras dos brancos".⁷² Isso parece estar relacionado, embora dele difira, ao cenário de outros movimentos de retorno à África. Os colonos negro-americanos que a, partir de 1790, começaram a chegar em Freetown e Serra Leoa — vindos da Nova Escócia, no Canadá, fugindo dos Estados Unidos por causa da lealdade britânica — assumiam a negritude como um marcador de sua "africanidade". Ora, numa sociedade negra, em que "a raça" deixou de ser um marcador funcional, eles recorreram ao cristianismo — pois pertenciam a várias igrejas africanas de denominação metodista e batista — e às maneiras civilizadas para redefinir sua africanidade.⁷³

No caso agudá, mais do que um apagamento da classificação

racial, houve um deslizamento do significado. Os libertos africanos, após o exílio brasileiro, e seus descendentes crioulos, após desembarcar em solo africano, passaram a ser percebidos como "brancos" em decorrência da lusofonia e, em muitos casos, da afiliação católica, transformando "a raça" num subproduto de sua religiosidade. Ora, se eles podiam ser tratados em pé de igualdade com o branco e não precisavam, por exemplo, se prostrar diante do rei, esse privilégio era mais aparente do que real. Os libertos estavam sujeitos ao férreo controle daomeano e eram obrigados a ficar em Uidá, sem poder voltar a seus lugares de origem, falta de liberdade que levou o cônsul Beecroft a compará-los a escravizados. Nos Costumes de 1850, um grupo deles agitava seus lençóis aos gritos de "Viva le Rei de Dahomey" [sic] mas permanecia sempre à distância dos agudás mais preeminentes, como os filhos mestiços do Chachá ou Domingos José Martins, sinalizando sua posição subalterna.[74]

Até hoje, os agudás têm uma noção racializada de sua identidade, e muitos apelam para a suposta ascendência branca ou mestiça a fim de se distinguirem dos autóctones. Essa consciência, como observa Olabiyi Babalola Yai, opera num sistema interno de "quem é quem" que diferencia de forma silenciosa os agudás "vermelhos" (descendentes de portugueses e mestiços luso-africanos) e os agudás "negros" (descendentes de libertos retornados).[75] Essa classificação cromática conota, de maneira oblíqua, uma correspondente associação à liberdade ou à escravização, numa tensão semelhante àquela que identifiquei entre as elites mercantis de Uidá e de Agoué, com um lado mais português e um lado mais crioulo.

Pela pia batismal, no entanto, o liberto e o escravizado se aproximavam do status jurídico da liberdade. Nas palavras de Borghero, "na língua do país, [...] os nomes de branco e de cristão são sinônimos de senhores e de livres, enquanto os de negro e de pagão valem o mesmo que servente e escravo". E ainda: "o batismo é um tipo de emancipação". A criança nascida no cativeiro por meio da pia batismal passava a ser considerada "filha" ou "cria" do senhor.[76] A mãe dessa criança podia não estar presente na hora do batismo, mas o senhor nunca faltava, assumindo a figura do patriarca, do pai social. Nesse contexto, como "filho" de uma pessoa livre, o cativo se contagiava, por assim dizer, da liberdade do seu dono, embora isso não impedisse que, mesmo batizado, fosse tratado como um agregado subalterno.

A relação entre cristianismo e escravidão entre os agudás diferia daquela observada entre os retornados negros americanos de Freetown e Serra Leoa. Estes carregavam uma memória da escravização recente e promoviam um discurso antiescravista, percebido como condição necessária de seu cristianismo e do status de civilizados. Alguns de seus líderes acreditavam que "a escravidão americana representava o plano de Deus para levar a luz da verdadeira religião ao continente negro". Uma vez libertos e convertidos, supunha-se, pelo menos no início, que esses retornados seriam instrumentais para a expansão do cristianismo, da civilização, e para o fim da escravização na África.[77]

Do seu lado, os libertos lusófonos afiliados à Igreja católica conheciam a narrativa da paixão e redenção de Jesus Cristo e podiam associá-la a sua própria experiência emancipatória, que os levara a superar os sofrimentos da escravização. No entanto, essa doutrinação católica não se traduziu necessariamente em um discurso moral de caráter antiescravista. Pelo contrário, como vimos aqui, os agudás, embora muitos deles fossem libertos, parecem ter se apropriado do catolicismo, entre outros aspectos, para sancionar sua propriedade escrava e legitimar, por extensão, o comércio de gente que lhes proporcionava o sustento material.

Seguindo uma lógica paternalista reminiscente daquela que operava na concessão das alforrias na sociedade escravista colonial, para os agudás era privilégio do senhor conceder ao cativo o direito de ser batizado. Como também acontecia na Bahia, a lógica do batismo sancionava e garantia o domínio tanto sobre o escravizado como sobre sua possível descendência. Para os missionários europeus, ao contrário, o batismo devia ser apenas a expressão de uma escolha pessoal e, portanto, por princípio, era irreconciliável com a escravidão. Essa presunção, porém, não deve obliterar o fato de que durante todo o período do tráfico atlântico a Igreja católica tenha batizado em massa a população escravizada levada para as Américas.[78] Assim, para um agudá, o cristianismo não era apenas compatível com a escravização, mas suas instituições, como o batismo, eram instrumentais para reafirmá-la e perpetuá-la.

Prova disso é que, entre 1846 e 1857, mais da metade dos 360 batismos realizados em Agoué, 183, para ser mais preciso, foi de pessoas escravizadas. Após a chegada da missão francesa em 1861, os batismos de escravizados quase desapareceram, tanto em Agoué quanto em Uidá. Um aspecto que chama a atenção, nesse caso divergindo do precedente baiano, é que entre os 183 escravizados batizados havia apenas cinco homens, sendo a esmagadora maioria mulheres.[79] A razão para tal desigualdade de gênero permanece obscura. Caberia pensar que a população escravizada local fosse predominantemente feminina, porque os homens eram vendidos para as Américas. Ora, o tráfico ilegal não poupou as mulheres. De fato, sua proporção aumentou nesse período, ao tempo que os homens escravizados eram ocupados nas plantações de dendezeiros, tornando a explicação insustentável.

Uma hipótese alternativa é que, diante da proibição oficial de converter a população autóctone, o batismo de cativas conferia um status de "agudás" a elas e a sua descendência, ampliando a base demográfica da comunidade. Outra hipótese, talvez mais persuasiva, é que batizar as escravizadas era uma forma de aumentar o número de possíveis esposas para os homens agudás, reforçando assim o caráter endogâmico do grupo. Miguel de Almeida, por exemplo, um dos filhos de Joaquim de Almeida batizados em 1855, acabou se casando com Josefa Titi, uma das escravizadas de seu pai batizada no mesmo dia.[80] Trata-se de um tema que exige maior reflexão, mas está claro que o batismo foi usado como instrumento para agregar mulheres ao grupo familiar.

Em definitivo, pode-se dizer que o batismo católico era percebido no Daomé como um marcador de origem estrangeira e de lusofonia, mas também implicava uma identidade racial embranquecida ou miscigenada, e, em certa medida, conotava o status legal da liberdade. No entanto, desejo evitar a armadilha de enquadrar o batismo agudá como apenas um problema de identidade. Acredito que podemos ir além da ideia básica da afiliação católica como coextensiva à brasilidade. Meu argumento é que os batismos coletivos de Agoué, em particular o ocorrido em 1855, podem ser lidos como eventos sociais com dois objetivos complementares: o primeiro, articular e ativar alianças entre a rede de mercadores da região; e o segundo, sacramentar o projeto da grande família de Joaquim de Almeida.

Se, por um lado, a cerimônia do batismo almejava integrar os filhos e as escravizadas na coletividade familiar, por outro, como já foi apontado, o ritual oferecia a possibilidade de tecer relações sociais entre os responsáveis pelos batizados, ou seja, pais, padrinhos e senhores. Em segundo lugar, a afiliação religiosa era afirmada através da participação ritual, e não por qualquer profissão de fé ou crença. O envolvimento na liturgia batismal, remanescente de tantos outros ritos de iniciação locais, era um modo eficaz de expressar publicamente pertencimento e valores compartilhados.[81] Em última instância, o cerimonial constituía um evento espetacular: acompanhado por abundância de comida, música e dança, servia para mostrar os laços entre os participantes.

Não apenas isso, o evento era em si mesmo um espaço produtivo dessas relações sociais.

Reiterei em vários momentos que as festividades de 1855 contribuíram para a *articulação* de uma comunidade mercantil. O conceito de articulação, conforme o concebe Vincent Crapanzano, refere-se a um processo pelo qual a experiência "é transformada em evento, é lançada no mundo do significado e pode fornecer a base para a ação".[82] O ritual do batismo transportava as relações mundanas para o domínio extraordinário dos laços espirituais, como o apadrinhamento ou o compadrio. O ritual podia recolocar obrigações pessoais e interesses profissionais no marco de novas ligações formais, sancionando alianças, reparando conflitos ou permitindo novos empreendimentos conjuntos. Portanto, a cerimônia, para além da exibição de riqueza da elite local, foi um evento constitutivo de uma rede social; de alguma forma, ela transformou a comunidade em associação. No mínimo, criou entre seus membros uma consciência e, portanto, uma memória de seus interesses mútuos.

É óbvio que um evento tão complexo (um fato social total, poderíamos dizer) não pode ser reduzido a um mero e raso determinismo econômico. Como mostrei, ele entrelaçou todos os tipos de vínculo: alianças políticas e comerciais, como ilustrado pela presença da família de Souza e de outros traficantes de escravizados, relações entre patrões e clientes e, inclusive, indícios de solidariedade étnica. Também havia relações pessoais que envolviam amizade, lealdade e vínculos afetivos, como exemplificado por Joaquim e Thomazia, e casos com uma mistura de tudo isso, como exemplificado pelos velhos amigos de Joaquim na Bahia, José Pereira da Paixão, Antônio Caetano Coelho e Guilherme Martins do Nascimento.

No entanto, apesar desse leque multidimensional de laços sociais, minha leitura é que uma das principais motivações por trás daquelas cerimônias batismais foi criar e reinstaurar um clima favorável a parcerias político-comerciais. Usando o linguajar contemporâneo, é possível falar em um bem-sucedido exercício de relações públicas a serviço de um lobby particular, o "partido dos traficantes", num momento, como já disse, em que o negócio pujava por sobreviver com as últimas exportações para Cuba. Esse uso instrumental e pragmático de uma instituição católica devia muito à experiência passada de Joaquim de Almeida como membro da irmandade da Redenção na igreja do Corpo Santo — que, como se viu no capítulo 2, funcionava como lobby para os interesses comerciais dos africanos jejes e minas —, assim como à sua participação como padrinho em vários batismos na Bahia.

Desconheço qualquer documento que mencione a presença de uma irmandade ou confraria em Agoué, embora isso não signifique que ela não tenha existido. Contudo, a experiência de autonomia administrativa adquirida nas confrarias baianas foi certamente fundamental no projeto missionário de Joaquim. Quando ele construiu a capela sob os auspícios daquela fraternidade, além dos benefícios espirituais, com certeza previu as vantagens que uma associação de ajuda mútua podia lhe trazer. Lembro que, ao contrário da maioria das irmandades negras orientadas para ajudar os mais necessitados, a irmandade da Redenção parece ter favorecido seus membros mais privilegiados, em alguns casos agindo como uma sociedade capitalista, com investimentos no comércio de escravizados e no setor imobiliário.[83]

Nos dois casos, na Bahia e em Agoué, constatamos uma elite mercantil africana em contexto de diáspora, articulada por meio de instituições católicas. Embora a irmandade e o ritual do batismo sejam obviamente coisas diferentes, haveria uma continuidade atlântica na sua dinâmica agregadora. A apropriação estratégica da irmandade e da liturgia católica, de fato, não é muito diferente do uso que os saros ou akus de Serra Leoa fariam das lojas maçônicas, com o mesmo intuito de promover seus negócios e a ascensão social.[84] O padre Bouche aludia ao "espírito corporativo [*esprit de corps*] muito pronunciado que se traduz em cerimônias, festas, em que a ideia religiosa domina".[85]

Apesar de seus antecedentes brasileiros, as instituições católicas reproduzidas em Agoué passaram por transformações significativas em sua transferência atlântica. Houve uma mudança óbvia na escala dos batismos, aumentando de forma expressiva o número de batizados por cerimônia, o que poderia ser atribuído à ausência de padre na cidade e à necessidade de concentrar os batismos durante as visitas feitas pelos vigários de Uidá. Além disso, ao contrário do modelo baiano, os pais e os senhores de escravizados, como Joaquim de Almeida e Agostinho de Freitas, em seus papéis de patriarcas da comunidade, ganharam maior relevância e prestígio, se comparados aos padrinhos. À medida que o batismo se tornou um mecanismo agregador e de reforço endogâmico, houve uma integração da poliginia africana à instituição, assim como um ajuste em relação ao gênero e ao status legal dos batizados, privilegiando os filhos varões e as mulheres cativas.

A "CASA" COMO COMUNIDADE POLÍTICA

O batismo coletivo como ritual agregador do grupo familiar seria a segunda dimensão explicativa das cerimônias de Agoué. Em 1855, Joaquim de Almeida reconheceu, de forma pública e através do rito sacramental, 23 dos seus filhos; e, nos anos a seguir, ainda acrescentaria outros onze. Entre 1º e 4 de março de 1857, o recém-chegado cura Francisco Fernandes da Silva batizou 75 pessoas. Entre elas figuravam seis filhos de Joaquim e uma sétima, referida como sua "cria". Esta e quatro dos filhos foram apadrinhados pelo mahi Luiz Alves Ribeiro, e os restantes por Joaquim Pereira Machado, aquele português que participou, com Joaquim José de Couto, na operação da praia de Lamoê (ver capítulo 6). Também receberam o sacramento três filhos de Faustino Herpin Branco, um dos quais apadrinhado por Joaquim e Thomazia, dois de Francisco da Silva Pereira, dois de Luiz Alves Ribeiro e um de Eleutério da Silva Vasconcellos. Agostinho de Freitas, o afilhado de Joaquim, batizou quinze de suas cativas, todas mulheres, e o próprio Joaquim, mais oito (seis mulheres e dois homens).[86] Observa-se a recorrência dos mesmos nomes presentes em ocasiões anteriores.

Um ano depois, em três fins de semana consecutivos, entre 28 de fevereiro e 14 de março de 1858, agora na ausência do já defunto Joaquim de Almeida, o mesmo pároco Fernandes da Silva batizou 58 pessoas, sendo a cerimônia mais concorrida a do sábado, 6 de março, com 32 batismos. Nesse dia foram batizados cinco filhos órfãos de Joaquim, quatro homens e uma mulher; e desta vez as mães foram nomeadas: Silveira, Madela, Adriana, Christina e Felipa. Atuaram como padrinhos dois notórios negociantes com passado escravagista, o brasileiro João Gonçalves Baeta e o português José Pereira Monteiro de Carvalho.[87] Participaram ainda alguns dos primeiros colonos de Agoué, como Venâncio do Amaral, José Santana de Souza, Luiz Alves Ribeiro e Thomazia de Souza Paraíso, que batizou quatro "crias".

Dessas informações se deduz que, através do batismo, Joaquim reconheceu como seus 34 filhos naturais (23 homens e onze mulheres), mas nada impede que houvesse outros, sobretudo do sexo feminino, e algum do sexo masculino, não batizados ou que receberam o sacramento fora de Agoué. Por exemplo, em 1959 e 1962, Casimir de Almeida, neto de Joaquim, elaborou para Pierre Verger uma lista dos filhos daquele que incluem oito nomes (dois homens e seis mulheres) não constantes nos livros de batismo.[88]

Aliás, o próprio Verger, em pesquisa posterior, contabilizou um total de 82 filhos de Joaquim, 32 deles correspondentes aos registros de Agoué de 1855, 1857 e 1858, acrescentando outros cinquenta, que ele diz ter achado nos livros de batismo de Uidá, Porto Novo e Lagos e nas inscrições em túmulos. Embora, como já disse, a existência de mais descendentes além dos batizados em Agoué seja bem provável, a estimativa de Verger parece inflacionada.[89]

Como quer que seja, se a descendência direta de Joaquim rondava a meia centena, já seria uma "filharada" respeitável. Vale lembrar que ele investiu na procriação do grupo familiar num período relativamente tardio de sua vida. No testamento de 1844, afirmava não ter "descendentes nem ascendentes que de direito pudessem herdar". Ora, o crioulo Suterio, nascido da sua escravizada Felismina e nomeado herdeiro "das duas partes" dos seus bens, era seu filho biológico, pois assim foi tratado no inventário de 1857 pelo tutor e inventariante Caetano Alberto da França.[90] Suterio foi alforriado na pia batismal, com um mês de idade, em 13 de maio de 1842, apadrinhado pelo capitão de mar Querino Antônio, na ausência do pai e senhor, então na Costa.[91] Todavia, no seu testamento, Joaquim libertou e nomeou herdeira "da terça" restante a crioula Benedita, filha de Francisca, jeje, ambas cativas de Francisco Simões. Essa deferência sugere a possibilidade de Benedita ser também sua filha biológica.[92] Seja como for, observa-se que, exceto o caso do já citado Felisberto, nascido na costa africana em 1841 ou 1842 (anterior à redação do testamento), o resto da descendência de Joaquim foi concebido depois do retorno em 1845.[93] A cronologia dos nascimentos, com um antes e um depois demarcados pela volta definitiva, sinaliza uma decisão clara e intencionada de acrescentar prole a sua "casa" ou "coletividade familiar".

A memória oral da família de Almeida lembra que após sua volta do Brasil, presumivelmente aludindo ao momento posterior a 1845, Joaquim reencontrou com a família biológica na sua aldeia nativa em Hoko, perto de Savalu. O pai dele já tinha falecido, mas Joaquim fez questão de convidar membros da família a se instalarem com ele no litoral, em Agoué. Conforme essa tradição, vários desses parentes de origem mahi seriam "os fons de Zou, que formaram Fonkome".[94]

A formação de uma "grande família" em torno de uma liderança forte, reunindo o número máximo de mulheres, filhos, parentes e escravizados, se aproxima do padrão seguido nas sociedades iorubás pelos "grandes homens" (*big men*), conforme os caracterizou Karin Barber. Trata-se de um modelo político que pressupõe que o chefe adquira o seu poder por meio do prestígio social que seus seguidores lhe conferem. Quanto maior o número de parentes (afins e descendentes), clientes e dependentes um indivíduo consiga agregar a sua volta, maior sua autoridade.[95] No contexto do Daomé, o máximo expoente dessa figura seria o rei ou *dada*, que possuía o maior harém do país e considerava todos os seus súditos "escravos". Mas também o Chachá, em Uidá, com suas concubinas e vasta filharada, se enquadrava nesse papel do patriarca ou pai social. A correlação entre poder político e número de parentes é inerente ao sistema africano das "famílias extensas" ou "linhagens", em que a riqueza do grupo quantifica-se em termos de gente. Mas também encontra expressão na família patriarcal luso-brasileira, modelo em que Chachá e Joaquim de Almeida poderiam ter se inspirado também.[96]

É nesse contexto que devem ser entendidos a escravidão doméstica e o batismo das 89 escravizadas de Joaquim em 1855 e 1857, parte delas concubinas. Além da força de trabalho, umas lhe garantiam descendência, outras, um pool de esposas com quem casar seus filhos. Como os próprios escravizados justificariam ao padre Bouche anos depois, "aceitei o batismo porque meu senhor queria que fosse batizado, e eu estava sob o domínio do meu senhor", mas eles continuavam a praticar "os costumes do país".[97] Aldeias de escravizados como Atoéta, descrita no capítulo anterior, e a existência do feitor Ojo, o "chefe dos escravos de Joaquim", apontam para o papel crítico que essa mão de obra subalterna tinha na economia e na estrutura social da "casa".[98] A poligamia e a escravidão doméstica proporcionavam formas de agregar novos membros ao grupo. Em última instância, esse parentesco ampliado coadunava com a concepção da "casa" como uma *comunidade política* que, por um lado, favorecia a solidariedade e a distribuição de recursos materiais entre seus membros, garantindo sua sobrevivência; e, por outro, conferia prestígio e poder a sua liderança diante da sociedade envolvente.[99]

Neste capítulo mostrei como valores, práticas e dinâmicas associativas vinculados ao âmbito do "parentesco" e da "religião", domínios privilegiados da cultura, se emaranhavam e condicionavam a organização social e a vida econômica do grupo. Joaquim de Almeida tem sido caracterizado como um exemplo de abrasileiramento, sobretudo no que diz respeito à sua progressiva assimilação da cultura burguesa do capitalismo negreiro e à concomitante afiliação ao catolicismo. No entanto, ele parece ter se movido, a partir do seu retorno na década de 1840 e até sua morte em 1857, pelo desejo de formação de uma "grande família" nos moldes africanos. Esse projeto, marcado pela poligamia e a agregação de numerosa descendência e escravizados, parece responder às expectativas locais a propósito do chefe africano, que reforça sua autoridade com base em seu capital social de parentes, seguidores e dependentes.

Por outro lado, como apontou Verger, Joaquim de Almeida foi enterrado na sua residência, em Agoué, rodeado de *assens*, os altares votivos aos ancestrais na cultura vodum, sugerindo a persistência de formas de religiosidade autóctone. Como afirma esse autor:

[...] percebemos em Joaquim de Almeida o retorno aos valores africanos, seja no afã de procriar inúmeros filhos como no de ser enterrado em sua própria casa, com cerimônias que nada têm a ver com o catolicismo e que não concretizam a vontade expressa em seu testamento escrito na Bahia em 1844.[100]

A tataraneta de Joaquim, Marina de Almeida, reconhecia: "Ele trouxe o deus do ferro Gu para se proteger de uma morte trágica, uma morte por acidente, por ferro, e ele enterrou esse deus lá [na sua casa,] e ainda se conserva atrás da farmácia". Ela acrescentou que, "em Keta, ele preservou Dan", vodum associado à serpente, ao arco-íris e à prosperidade, e o projeto A Rota dos Escravos, da Unesco, levantou uma casinha para conservar esse assento ou altar.[101] Outro membro da família de Almeida identifica esse Dan com o vodum Han (provavelmente Hlàn), que Joaquim teria importado de Hoko, sua aldeia natal no país Mahi, e instalado em Atoéta.[102] Faz sentido que os deuses associados a Joaquim fossem o vodum do ferro Gu, guerreiro e abridor de caminhos, e o vodum da serpente Dan, portador de riqueza.

Assim, Joaquim de Almeida se apresenta como uma figura complexa, transitando entre dois mundos geoculturais, "preto" no Brasil, "branco" no Daomé, um apátrida atlântico. Por um lado, ele utilizava seu abrasileiramento para, como bom ladino, aproveitar de maneira estratégica as chances que a sociedade e a economia dominante lhe ofereciam; por outro, como bom boçal, preservava e reafirmava valores de família e religiosos que supunham uma contestação frontal aos ideais do Ocidente. A ambiguidade que Joaquim encarnava e sua capacidade de falar vários idiomas culturais o colocavam num lugar de transgressão e alteridade radicalmente moderno. Se a isso acrescentarmos sua atuação profissional, desenvolvida mormente no âmbito da ilegalidade, num mundo marcado pela violência e pela dominação, deve-se reconhecer sua estranha e inquietante singularidade. Contudo, sua excepcionalidade pode ser reveladora de uma "normalidade" subterrânea que, em escala de menor intensidade, operava num segmento mais amplo dos libertos atlânticos, submetidos à opressão estrutural de um mundo dominado por uma classe senhorial euro-americana.

O caso de Joaquim, e dos agudás de modo geral, nos oferece insights sobre o problema da migração e sobre como uma diáspora, em contexto de relativa liberdade e riqueza material, conseguiu alcançar níveis de cooperação e senso de comunidade bastante elevados. Como vimos, tratava-se de um grupo racial e socialmente heterogêneo, envolvendo africanos, brasileiros, portugueses e espanhóis, escravizados, livres e libertos, abastados, remediados e pobres. Sua colaboração não estava isenta de hierarquias internas, tensões latentes e conflitos abertos, sem impedir, no entanto, a formação de alianças políticas e econômicas bastante úteis. A elite que liderava esse grupo difuso instrumentalizava e apelava para distintos referentes culturais como a língua, a religião, o parentesco e, em certos contextos, a etnicidade para ativar o sentimento de pertença coletivo. Como tentei destacar, foi o feedback continuado entre a atividade comercial e a mobilização cultural que permitiu a articulação de uma "comunidade de confiança e interesses compartilhados".[103] A afiliação católica, entendida mais como participação ritual do que como crença ou fé, funcionou como um fator de articulação social.

Embora estudos como o de Manuela Carneiro da Cunha tenham sublinhado o catolicismo como um dos principais sinais identitários dos agudás como diáspora mercadora, aqui tentei lançar luz sobre a interface efetiva entre a prática religiosa e a atividade econômica.[104] O uso da cerimônia batismal como plataforma para o reforço e a ativação de alianças plurais, com ênfase nos interesses comerciais, é indicativo desse tipo de correlação em ação. Por outro lado, a réplica adaptada do ritual católico para satisfazer os objetivos políticos de Joaquim de Almeida como chefe local expressa sua capacidade de iniciativa, autonomia e talento social. Assim, os rituais de batismo coletivo funcionavam como um teatro social em que patriarcalismo, clientelismo e a formação de lobby se entrelaçavam para a promoção de uma elite mercante.

Não foi apenas Joaquim de Almeida que bancou a construção de uma capela e favoreceu a expansão do "catolicismo meridional" dos padres de São Tomé e dos retornados afro-brasileiros. Outros traficantes agudás, como o Chachá I e Domingos José Martins, também contribuíram para a manutenção da capela de Uidá. Anos depois, em 1865, vários retornados baianos, como a casa Régis de Marselha, todos com um passado no negócio negreiro, deram apoio ao "catolicismo setentrional" dos missionários vindos de Lyon. A participação do capital do tráfico, ou daqueles que dele se haviam beneficiado, nos projetos de missionação católica na costa africana é um fato que não pode ser negligenciado.[105]

Os interesses comuns no comércio de longa distância, especialmente o tráfico ilegal de escravizados e a exportação do azeite de dendê, entre as décadas de 1830 e 1850, levaram uma elite mercantil cosmopolita a se perpetuar como grupo (quase corporativo) numa terra estrangeira. A língua portuguesa, uma religião exógena e a agregação política no seio das "casas" ou coletividades familiares parecem ter sido os fios privilegiados para tecer as redes de solidariedade condizentes a fazer da diáspora uma comunidade e, ao mesmo tempo, a promover a atividade econômica que lhe desse sustento. A lusotrópica "paganização do cristianismo" dos libertos vindos do Brasil não parece ter produzido qualquer ideologia de pureza étnica ou ritual, mas permitiu a esses africanos se distinguirem da população autóctone e, reproduzindo a velha associação entre fé e poder, exercerem autoridade e controle social para obter vantagens econômicas e políticas.[106] A figura de Joaquim de Almeida nos conduziu através desses meandros interpretativos, revelando as obscuras conexões entre acumulação de riqueza, práxis religiosa e liderança social.

Epílogo
A morte e o espólio

Joaquim fez valer sua devoção ao vodum Gu para protegê-lo de um traspasse violento e parece ter sido agraciado com uma "boa morte". Narra uma versão da história, preservada pelos missionários de Agoué, que "Joaquim faleceu na praia, jogando o *adji* enquanto aguardava um navio negreiro".[1] O *adji* (*aji*) é um jogo de cálculo que usa um tabuleiro (*ajitò*) com doze cavidades e 48 sementes, feijões ou pedras. Muito popular na África Ocidental, conhecido como *ayó* em iorubá ou *mancala* em árabe, era também praticado pelos africanos na Bahia.[2] Uma morte súbita, na praia, no meio de uma partida de *adji*, se apresenta como um plácido final após uma travessia movimentada. Se ele estava aguardando um navio negreiro, nunca saberemos, mas a espera é uma boa metáfora para sintetizar aquele momento de esgotamento do negócio que marcou a sua vida.

Outra versão da história, registrada em Pequeno Popo, situa a morte de Joaquim no contexto de uma disputa com Pedro Codjo Landjekpo (o mesmo Pedro Pinto da Silveira, afilhado do capitão André Pinto da Silveira), seu parceiro comercial e compadre.

Esse relato sustenta que Joaquim teria se recusado a pagar uma dívida do tráfico a Pedro Codjo, e que, para se vingar, os partidários deste foram buscar dois feiticeiros que

> [...] colocaram nos seus olhos um líquido proveniente de certa planta de propriedades bem conhecidas. Esses homens foram a Agoué saudar Zoki Zata [Joaquim], que estava jogando as damas [adji] na praia, com Chicovi de Souza [Francisco Félix de Souza filho]. Zoki Zata faleceu na espreguiçadeira, para grande surpresa de Chicovi.[3]

A quebra do regime de confiança pressuposto no crédito mercantil estaria, assim, por trás dessa morte menos prazerosa provocada pela feitiçaria do inimigo. A pendência pecuniária ou dívida é apontada em algumas fontes como o motivo original de uma guerra civil que assolou Agoué na década de 1860, em que Pedro Codjo enfrentou os mercadores da "cidade portuguesa". Retornado da Bahia em 1853, como vimos, Codjo participou do batismo de 1855, apadrinhando um dos filhos de Joaquim de Almeida. Viajou ainda para o Brasil em 1858, regressando em meados de 1859.[4] Poucos meses depois, em março de 1860, no calor de um enfrentamento com o cabeceira de Agoué, Eccomi (Kumi Aguidi), de quem não estariam ausentes ambições políticas, Codjo e seus partidários atacaram e incendiaram a cidade, mas logo foram repelidos e obrigados a refugiar-se em Pequeno Popo. As hostilidades se prolongaram até 1866 com repetidos ataques a Agoué.[5]

É duvidoso que a suposta dívida comercial de Zoki com Codjo fosse a causa direta da guerra civil iniciada três anos depois. Contudo, a família de Joaquim de Almeida ficou do lado do cabeceira Eccomi, como atesta uma carta enviada ao cônsul inglês em Lagos dois dias após o ataque inicial. Nela os mercadores de Agoué, agudás na sua esmagadora maioria, denunciavam o su-

FIGURA 14. *Mausoléu na entrada da residência de Almeida.*

cedido, e quem assinava em primeiro lugar, após o cabeceira, era "Thomaz de Souza Paraíso", sem dúvida a própria Thomazia, à frente da casa do finado Zoki.[6]

Joaquim ou Zoki faleceu em Agoué, em 11 de maio de 1857, apenas um par de meses depois de participar no batismo celebrado no início de março. Segundo Pélofy, ele foi "enterrado na sua capela", ou, mais provavelmente, no interior de sua residência, como era costume entre os autóctones da Costa da Mina.[7] Os funerais, na cultura vodum, envolviam processos rituais que variavam de complexidade segundo o status do defunto. Em geral, comportavam o "enterro parcial", com a limpeza e o sepultamento do corpo, e o "enterro definitivo", celebrado dias depois, em que parentes e amigos ofertavam ao defunto panos e outros presentes, e batiam os tambores fúnebres chamados *zenli*.[8] No caso de Joaquim é provável que essa ritualística local fosse complementada com liturgia católica, com missas e rezas. As cerimônias para o despacho e transformação do espírito do defunto em ancestral deificado podiam prolongar-se por meses, envolvendo rituais como a instalação dos *assens* fincados na sepultura, para ativar sua presença. Um bisneto de Joaquim explicou a Verger:

> Aqui tem o túmulo de meu bisavô, Joaquim, e da mulher que viveu com ele no Brasil [Thomazia]. É aqui que ele foi enterrado, que lhe fazemos oferendas quando queremos falar com ele e obter sua proteção. Quando necessitamos de alguma coisa, derramamos um pouco de bebida, nozes-de-cola, pedimos paz e em seguida encontramos o desejado. Ficamos satisfeitos![9]

A notícia da morte de Joaquim demorou pouco a chegar à Bahia, e, em 9 de julho de 1857, o sr. Caetano Alberto da França se apresentou na casa do provedor dos resíduos José Ignácio Bahia para a abertura do testamento lacrado em 1844. O primeiro testamenteiro, o capitão Manoel Joaquim de Almeida, tinha falecido em 1854, e quem assumiu o processo do inventário foi França, o segundo testamenteiro. Quatro dias depois, em 13 de julho, ele mandou armar uma urna e celebrar várias missas na igreja do Rosário das Portas do Carmo, acompanhadas pela irmandade homônima da qual Joaquim fora integrante. Não há, porém, qualquer menção no inventário à Irmandade da Redenção, na igreja do Corpo Santo, talvez por ela estar naquele momento em declínio.[10]

Quando Joaquim partiu da Bahia em 1844, o capitão Manoel Joaquim de Almeida ficou encarregado de tomar conta de nove escravizados do seu liberto, mas, na hora de redigir o seu próprio testamento, dez anos depois, declarou estar em poder de apenas cinco, três homens e duas mulheres, todos africanos adultos, dos quais apenas Maria, de nação jeje, pertencia ao grupo inicial. Vê-se, assim, que Manoel Joaquim de Almeida renovou a escravaria do seu liberto, cabe supor que com a sua anuência e talvez o seu apoio financeiro. Todavia, nas últimas vontades, o capitão Manoel declarava ter sob sua custódia duas casas de Joaquim, "uma na rua Direita de Santo Antônio Além do Carmo, diante da minha residência, e outra na rua dos Ossos desta mesma freguesia". A casa à rua Direita não constava do testamento de Joaquim, indicando que fora comprada após sua partida, em seu nome, por seu patrono. E, de fato, nas taxas municipais, ela aparece lançada em nome de Manoel Joaquim. Este ainda menciona Suterio, referido como "filho" de Joaquim, "que estou educando o qual se eu falecer será entregue a seu padrinho, Querino Antônio".[11] O capitão morreu em novembro de 1854, momento em que seu "compadre e íntimo amigo", o onipresente Caetano Alberto da França, seu testamenteiro e tutor dos seus cinco filhos, passou a tomar conta também dos bens de Joaquim de Almeida.

No intervalo entre a morte de Manoel Joaquim e a do seu liberto Joaquim, as duas cativas deste último tinham parido três crianças, aumentando sua escravaria para um total de oito pessoas. Entre setembro e novembro de 1857, França as leiloou em praça pública. Com esses dividendos saldou a dívida pendente de dois contos e tantos que Joaquim tinha contraído com o português Miguel da Silva Pereira e que examinei no capítulo 6. França assumiu ainda a tutoria de Suterio, herdeiro de Joaquim. Na morte do pai, ele tinha quinze anos, e quando chegou aos dezoito, em 1860, já formado no ofício de serralheiro, recebeu o quinhão correspondente a duas terças partes do remanescente da herança, no valor de 4,7 contos de réis, incluídas as duas casas na freguesia de Santo Antônio. A terça restante foi para a herdeira Benedita.[12]

Desta nada mais achei, mas de Suterio sabemos que, em 1865, estava morando na freguesia de Santana, ainda celibatário.[13] No ano seguinte, ele aparece referido como sargento reformado, recrutado na 12ª Companhia de Zuavos, destinada à Guerra do Paraguai. Em fins de 1866, estava preso sob acusação de ter desertado, denúncia que ele negava.[14] Depois disso, perdemos sua pista.

O espólio do lado africano, embora pouco documentado, parece ter sido algo mais complicado. Achei, porém, um relatório escrito a bordo da escuna *Cabo Verde* pelo segundo-tenente, comandante Francisco de Assis e Silva, em 25 junho 1859. Este reportava ao governador de São Tomé e Príncipe, Luiz José Pereira Horta, sua recente visita ao porto de Uidá, declarando o seguinte:

> Cumpre-me finalmente informar a Vossa Excelência do que pude averiguar em relação ao espólio do defunto preto Joaquim d'Almeida e do crédito e haveres do negociante português João da Cruz Coque. O preto Joaquim d'Almeida morto em 11 de maio de 1857, natural daquela Costa, regressou da Bahia aonde esteve muito tempo trazendo uma fortuna que informações contraditórias me não habilitam a definir, e veio estabelecer-se como negociante na povoação de Agoué, próximo de Ajudá onde faleceu gozando em vida da decidida proteção do Rei [do] Dahome. Por sua morte ficou o que possuía entregues à gerência de uma mulher que trouxera da Bahia e sob a inspeção do rei, o qual mandou inventariar o que era do finado, indicando à mesma a necessidade de fazer regressar o filho mais velho dos que ele tinha a educar em Lisboa em casa do negociante Vicente Ferreira Nunes, para o instituir universal herdeiro como é de uso no seu reino; verificando-se a vinda não só do mais velho como dos outros os quais estão atualmente em Agoué.[15]

A incumbência do tenente, de averiguar o espólio de Joaquim, indica que o "preto" estava sob o radar das autoridades portuguesas. É provável que o envio de seus filhos para serem educados em Lisboa e o regresso deles tenham ocorrido através de São Tomé, o que explicaria o interesse do governador. Obviamente a "mulher que trouxera da Bahia" e que estava na gerência do patrimônio do defunto era Thomazia de Souza Paraíso. Ela, contudo, some da documentação após 1860, e acabou enterrada com seu companheiro.[16] Menos certeza há sobre a identidade do rei que "mandou inventariar o que era do finado", ordenando fazer regressar o filho mais velho. Guezo seria a resposta plausível, pois a morte de Joaquim ocorreu no seu reinado, mas ele próprio faleceu em 1858, e seria possível também que o interessado em quantificar os bens de Joaquim de Almeida, para taxar seu tributo, fosse o sucessor de Guezo, o rei Glele.

Numa sociedade patrilinear como o Daomé cabia ao primogênito ser instituído como "herdeiro universal" dos bens do pai, compreendidos a chefia da família e outros títulos, se fosse o caso. Ora, no Daomé a noção de propriedade era relativa, pois considerava-se que tudo o que nascia ou se conservava no reino pertencia ao rei, e que ele era o herdeiro de todos os seus súditos. Em função desse direito costumeiro, num simulacro de transmissão de herança, os bens móveis — inclusive as mulheres — dos chefes de família ou notáveis defuntos "eram oferecidos ao rei para este logo retorná-los à família, junto com o seu presente de participação nas cerimônias fúnebres".[17] Dependia-se da conjuntura, porém, para determinar o rigor com que o rei exercia esse "fictício" direito de sucessão; e, como vimos no caso de Francisco Félix de Souza, Guezo podia aproveitar a ocasião para ressarcir dívidas ou arruinar seus adversários. Agoué, a princípio, estava fora dos limites jurisdicionais do Daomé, mas na prática, tendo Joaquim "gozado em vida da decidida proteção do Rei Dahome" e tendo desenvolvido negócios em Uidá e outros lugares do reino, é compreensível o interesse do soberano no espólio.

A demanda pelo retorno do primogênito era importante, pois o sucessor do defunto era uma figura central nos rituais funerários, mas o fato de ele estar ausente e, ao mesmo tempo, ser menor de idade pode ter gerado algum problema e explicaria o protagonismo da primeira esposa, Thomazia, tentando gerenciar a "casa". O padre Pélofy, décadas depois, escrevia a propósito de Joaquim:

> Seis filhos foram enviados a Lisboa para se instruir; a morte do pai interrompeu essa instrução, que só durou três anos: cinco regressaram a Agoué e um ficou em Portugal. Retornaram: Eusebio, Miguel, Pedro Pinto, Pedro Santos e Maximiano [sic]. Ficou em Lisboa Felipe.[18]

O período de três anos em Lisboa é verossímil, pois os filhos partiram depois do seu batismo em abril de 1855 e regressaram em algum momento posterior a maio de 1857 e anterior a junho de 1859. Chama a atenção na lista de Pélofy a ausência dos dois filhos mais velhos, Felisberto e Aureliano, com catorze e dez anos, respectivamente, em 1855. Eles não aparecem nos livros de batismo, seja como pais ou padrinhos, nos anos a seguir, sugerindo falecimento prematuro ou alguma dificuldade que os tenha privado de maior visibilidade social.[19] O terceiro em idade era Felipe, com nove anos em 1855. Se ficou em Lisboa, como quer Pélofy, seria por uns três ou quatro anos mais, pois já em 1863, aos dezessete anos, aparece nos livros de batismo de Uidá. Nessa circunstância, é provável que aquele que o tenente Francisco de Assis e Silva identificou como o "mais velho" dos irmãos e "herdeiro" fosse Miguel, o sexto dos varões, que a memória oral da família lembra como o *vigan*, ou "chefe dos filhos".[20]

A bisneta de Miguel, Marina de Almeida, identifica a menoridade deste, com dez anos em 1857, e a falta de uma liderança forte que pudesse centralizar a posse dos bens — aparentemente Thomazia, como esposa, não teve toda essa força — como principal causa da progressiva fragmentação e redução do patrimônio de Joaquim. Marina argumenta que muitos dos escravizados aproveitaram a oportunidade para se emancipar e reclamar a posse das terras em que trabalhavam, como em Atoéta por exemplo, gerando ao mesmo tempo fuga de capital humano e perdas fundiárias.[21] Essa confusão sucessória explicaria as "informações contraditórias" recebidas pelo tenente Silva, que não o habilitaram para definir a fortuna do finado. Nem por isso as sucessivas gerações de descendentes de Joaquim deixaram de se beneficiar das condições deixadas por seu ancestral, prosperando e se espalhando por diversos enclaves da África Ocidental, em alguns casos chegando a ocupar posições de destaque social.

Por último, cabe destacar que parte do sucesso dessa elite agudá radicava na educação letrada. O próprio Joaquim, em 1835, fez questão de deixar constância de saber ler e escrever, e seu acólito, o crioulo Guilherme Martins do Nascimento, reproduziu essa habilidade, se cabe, com maior esmero. A importância da cultura da escrita que imperava na Bahia — a que me referi no capítulo 1 ao tratar da carta de alforria — e, quem sabe, a proximidade social entre os jejes e os hauçás, um povo letrado pelo Corão, logo tenham conscientizado Joaquim e seus companheiros da vantagem estratégica de dominar o código que governava o mundo senhorial.

O investimento na educação continuou nas escolas organizadas pelos retornados, como a de Micer Gonçalos em Agoué, formando novos professores, como Kinkin, filho de José Pereira da Paixão, educado em São Tomé. O filho de Guilherme Martins do Nascimento, Ezequiel, também se tornaria professor de português na escola da missão.[22] O interesse pelo letramento na língua portuguesa foi uma das principais motivações que aproximou os retornados das missões católicas europeias, porque nas suas escolas, além de catequizados, seus filhos eram alfabetizados. A cultura letrada agudá permitiu a vários de seus membros ocupar cargos oficiais — como o de tradutor — na administração colonial francesa e perpetuar sua distinção social. Em 2016 visitei a casa Nascimento Guilherme (descendente de Guilherme Martins do Nascimento), no bairro Maro de Uidá, e quando indaguei por seu chefe, Marc Nascimento, me levaram à escola primária da cidade, onde, dando continuidade à tradição do seu ancestral, ele é hoje professor.[23]

É nesse contexto que ganha sentido a ação singular de Joaquim de Almeida, no fim de sua vida, em paralelo à formação da grande família africana, de enviar vários de seus filhos, com idades entre sete e nove anos, para serem educados em Lisboa. Ele tinha compreendido que o sucesso material nos negócios estava intrinsecamente ligado à educação, ao letramento, ao domínio das línguas. Não por acaso ele mesmo fora classificado como "língua geral" na carta de alforria. Em definitivo, cedo tomou consciência do valor estratégico de dominar vários idiomas culturais. Nesse sentido, a escola local em Agoué era insuficiente para suas ambições.[24] Vale notar que ele optou por mandar os filhos a Portugal, e não a Salvador, onde provavelmente teria maior rede social de acolhida. Nessa decisão influenciaram talvez as notícias de que estavam barrando a entrada de africanos na Bahia, a constatação do esgotamento da importação de escravizados nas Américas e a percepção do crescente peso da Europa no comércio do azeite, que deslocava a geografia das oportunidades comerciais. A escolha, porém, pode ter respondido a outros motivos que a documentação não permite entrever.

Desconheço a natureza da relação entre Joaquim e Vicente Ferreira Nunes, em cuja casa os filhos daquele ficaram. Formado na Academia da Marinha em Lisboa, Nunes chegou a ser segundo--tenente na armada.[25] Em 1844, ele aparece como proprietário do brigue português *Flor do Tejo*, capturado pelos ingleses, injustamente, sob suspeita de envolvimento no tráfico.[26] Essa atividade marítima explicaria a conexão com Joaquim, mas não encontrei até agora outros indícios que forneçam maiores detalhes. No período em que hospedou os menores em Lisboa, Nunes estava envolvido em política municipal, chegando a ser eleito vereador, no biênio 1854-5, pelo bairro de Alcântara, onde morava. No biênio 1858-9, quando as crianças voltaram à Costa, ele se candidatou de novo, mas não conseguiu se reeleger.[27] Futuras pesquisas talvez desvendem a natureza dessa tutoria lusitana dos filhos de Joaquim de Almeida.

Chegamos, assim, ao fim deste périplo. Nos capítulos anteriores tentei decifrar a dinâmica comercial que forneceu os meios materiais aos libertos africanos e permitiu que eles voltassem à Costa da Mina e lá se instalassem na primeira metade do século XIX, apontando diversas lógicas na motivação de suas escolhas e ações. Entre elas, sugeri que a "razão prática", o cálculo entre meios e fins, entre vantagens e riscos, teve um papel importante. Contudo, como vimos no capítulo 7, essa "razão" material e pragmática esteve sempre arroupada pela cultura, por valores e expectativas que orientavam as possibilidades e a direção dos projetos existenciais. No caso, uma cultura emergente de encontros heterogêneos, de deslocamentos e recomposições, de ajustes criativos, em que ideais abrasileirados e concepções africanizadas se emaranhavam, ora imbricados, ora em contraste.

O relato biográfico foi a estrutura narrativa que permitiu a "integração descritiva", mais ou menos inteligível, de algumas temáticas características de um período histórico de complexas transformações. No alvorecer do nacionalismo brasileiro e, aliás, também da cristalização do nacionalismo daomeano, em meio ao debate internacional sobre os direitos de cidadania, a condição subalterna dos libertos diaspóricos, excluídos dessas formas de pertencimento, mostra a tensão subjacente à configuração do mundo atlântico moderno. As redes clandestinas do tráfico ilegal convergiam e coadunavam com essa fluidez trans ou supranacional. A cooperação hemisférica dos seus atores, recebendo passaportes de uma ou outra nação, ao sabor da oportunidade, dos interesses e das vantagens de mobilidade a eles associadas, sobretudo na Costa da Mina, encontrava eco na camaleônica transformação das identidades nacionais dos navios, com sua constante mudança de papéis e bandeiras. Essa desfiguração dos contornos nacionais no mundo do crime contrastava com o paralelo esforço dos governos para controlar a permeabilidade de suas fronteiras. O período foi também marcado, no Brasil, pela transição da economia do açúcar para a do café, e da economia do tráfico para a do dendê, no Daomé. Assim, a trajetória de Joaquim de Almeida se apresentou como um bom fio condutor para revelar essas dinâmicas e suas contradições, para visualizar como o tráfico de escravizados, o escravismo e os discursos emancipatórios estiveram na base da formação do capitalismo industrial e da modernidade ocidental.

Para afastar qualquer equívoco, devo reiterar que o negócio do tráfico atlântico de escravizados foi uma estrutura eminentemente branca, implementada, controlada e explorada pelos interesses de uma elite euro-americana. A rara admissão de um africano ladino nessa seara serve para revelar a complexidade das sociedades escravagistas e a potencial e relativa elasticidade de suas fronteiras hierárquicas. Quando o interesse e a expectativa do lucro falavam mais alto, as barreiras raciais podiam, de forma seletiva, ser transcendidas, mas não subvertidas. Um mestiço como Francisco Félix de Souza tornou-se o maior traficante de escravizados da história atlântica, operando, no entanto, em terra de negros, porque nunca lhe foi permitido voltar à Bahia. Os também mestiços Manoel Joaquim de Almeida e André Pinto da Silveira passaram de capitães de mar a comerciantes e até a armadores de navios negreiros. Ora, Joaquim de Almeida não só era negro, mas um africano liberto, marcado pela sombra e pelo estigma da escravização. Mesmo assim, ele conseguiu galgar posições e foi aceito nos grandes negócios dessa comunidade mercantil atlântica, "privilégio" que, desconfio, lhe foi concedido por estar sediado na África.

Joaquim de Almeida foi um apátrida no tempo dos nacionalismos, um traficante ilegal no tempo das lutas abolicionistas, um "branco" em terra de negros, um burguês polígamo, um católico animista. Esse emaranhado de contradições faz dele uma figura excepcional, mas, como tudo aquilo que foge à normalidade, ele nos revela as forças em tensão num dado momento histórico. Seu processo de *mobilidade* social — não se trata só de ascensão social, pois houve também momentos de declínio e até de ruína — tanto na Bahia como na Costa da Mina, driblando as severas constrições estruturais e inequalidades da sociedade envolvente, não apenas sublinha a iniciativa dos africanos e sua capacidade de mobilização política, como seria indicativo de uma modernidade alternativa que emergia nas frestas do poder hegemônico. Contudo, Joaquim dificilmente poderia ser considerado um expoente da contracultura descrita por Paul Gilroy no seu *Atlântico negro*, pois, embora ele tivesse "dupla consciência" de sobra e possa ter colocado em prática a "política de realização" (*politics of fullfilment*), associada ao avanço pragmático das condições existenciais do seu grupo, faltava-lhe a necessária contraparte, mais utópica e criativa, da "política da transfiguração" (*politics of transfiguration*), o ímpeto radicalmente emancipatório do projeto que Gilroy vê associado ao Atlântico Negro.[28] Nesse sentido, estou consciente dos riscos de escrever um livro sobre uma personagem controversa como Joaquim de Almeida. Só desejo não ter caído na armadilha de romantizá-lo em excesso, por sua astúcia na hora de apropriar--se dos códigos da sociedade dominante, ou, ao contrário, de subestimar sua complexidade humana, por sua criminosa participação no infame tráfico de escravizados.

Apêndices

ANEXO 1: CARTA DE ALFORRIA DE JOAQUIM DE ALMEIDA, 1830

Carta de liberde do Escro Joaqm Nasção gege

Digo eu Manoel Joaq^m de Alm^da q' entre os bens de q' sou leg° Snr' e possuidor acceito e[m] face de todos livres e desembarg^dos hé bem assim hum Escr° de língua G^al p^r nome Joaq^m o q^l pe^los bons Serv^os prestados, e p^r ao fazer e asignar desta receber do d° a q^tia de seis centos mil reis em moeda corr^e pap'/f. 80v/ o forro como de facto forrado o tenho de hoje p^a todo o sempre e poderá hir p^a onde m^to quizer, e lhe parecer sem q' [me]os herdr^os e sucessores lhe possao encontrar [contrariar] a d^a liberd^e q' a gozará como se de ventre livre nascece [em razão] do prez^te título q' lhe confiro peço rogo as Just^as de S. M. I. C. de hum e outro foro a facão cumprir e a mandar cumprir e guardar como la se contem e declara e se p^a sua sua valid^e faltar alguma clausula ou clausulas as hei p^r expreça como se de cada hua fizesse menção e p^a seu titulo mandei passar a pre^te p^r o Sr Zacarias da Conceição q' como testem^a se asignaze e eu me asignei com meo signal custumado na B^a aos 30 de J° [Junho] 1830 = M^el Joaq^m de Alm^da // como testem^a que esta escrevey Zacarias da Conc^m = Como testem^a Nicacio de Ar° Goes // como test^a Fran^co de Andr^e Alz' // Ao Escr^m [escrivão] Cunha B^a a 1° de J^lo 1830 = [suscrevy]// Reconheço as letras asimas retro serem dos próprios p^r se comparecerem com outras q' dos m^mos tenho visto em tudo sem.^es [semelhantes] B^a de J^lo 1º 1830 Eu M^el Pinto da Cunha tab^m [tabelião] a escrevy// Estam a sig^es publico em testem° de verd^e M^el P^to da Cunha = Esta conf^e [conforme] a própria conferi concertey subescrevy e asigney com outro off^al companhr° na B^a ao 1º de J^lo 1830 Eu Manoel Pinto da Cunha tabelião suscrevy

    Manoel Pinto da Cunha
    E p^r mim [Juq^drv]
    Salvador Estevão Barboza

ANEXO 2: TESTAMENTO DE JOAQUIM DE ALMEIDA*

Testamento de Joaquim de Almeida approvado por mim Tabelliaõ abaixo assignado, cozido e lacrado na forma do estilo — Bª 17 de Dezº 1844 — Jose Joaquim da Costa Amado.

Em nome de Deos Amem

Eu, Joaquim de Almeida natural da Costa d'Africa liberto e de presente me acho nesta Cidade no estado de solteiro, e estando a par-

* Apeb, Tribunal da Relação; Inventários; 03/1228/1697/13; Testamento de Joaquim de Almeida, [1844] 1857. A transcrição publicada por Verger (*Fluxo*, pp. 568-9; *Os libertos*, pp. 116-21) difere do documento original em bastantes aspectos estilísticos e lexicais, sugerindo tratar-se de uma tradução portuguesa de sua primeira versão para o francês. Na transcrição aqui apresentada optei por respeitar a pontuação e a grafia originais, sem qualquer atualização ortográfica. Agradeço a Urano Andrade por providenciar cópia digital do original.

tir p^a a Costa d'Africa, naõ sabendo certeza da vida neste transp^e [transporte] determino fazer este meo testamento ultima e derradeira vontade visto me achar em meo juízo, e perfeito entendim^{to}.

1^a

Sendo q.' eu faleça fóra desta Cidade, aqui se diraõ p^{ra} m^a Alma quatro Capellas de Missa, e mais duas Missas p^r Alma de Quiteria Nunes de Jezuz, e outras duas p^{ra} Alma de Damiana de tal, e duas outras p^{ra} de Antonio dos Anjos, todas de esmolla de pataca, no dia em q.' completar um anno dep^s [depois] do meu falecim^{to} se fará um officio de cantuxaõ [cantos] no Convento de S. Fran^{co} desta Cidade, e findo o d^o officio se repartirá com a pobreza q.' assistirem noventa e seis mil r^s [réis], sendo a esmolla de pataca a cada hum pobre. E no cazo q.' eu faleça nesta Cid^e se me fará outro officio de corpo prez^e, e com iguae esmolla a pobreza o meu corpo será amortalhado em habito dos Religiozos de S. Fran^{co}, e sepultado no m^{mo} Convento desta Cid^e, e com vinte e cinco Missas de corpo prezente.

2^a

Sejaõ os meos testamenteiros em primr^o lugar o meu Patrono q. foi o Senr' Manuel Joaq^m de Almeida, em segundo lugar o Senr' Caetano Alberto de Franca, e em terceiro o Senr' Bruno Alves Nobre, e ao q. acceitar esta m^a testamentaria lhe deixo de premio um conto de reis, e p^a conta dous annos, e se estaraõ p^{las} q.' derem, p^{los} os reconhecer verdadeiros.

3^a

Declaro q' os bens q.' possuo saõ os seguintes, a q^{ta} [quantia] de quatro contos setecento e vinte um mil oito cento e cincoenta r^s, emportancia do enteresse de hum oitavo q.' me toca no carregam^{to} da Polaca Sarda, Joanito de q.' he Capitaõ Nicolo Besso, e Caxa [caixa] nesta Cid^e o Senr' Joaq^m Alves da Cruz Rios, cujo Barco partio p^a Costa d'Africa em Outubro do corr^e a^o [corrente ano (1844)] a cargo do Senr' Querino Antonio.

4ª
Declaro q.' possuo mais o produto de trinta e seis escravos em Havana nas maõ do Senr' D. Jozé Mazorra, dos q^es [quais] ordenei p^a remeter o importe de vinte e seis escravos ao Senr' Joaq^m Alz' da Cruz Rios nesta Cid^e, assim como ordenei p^a remeter o emporte dos dez d^os [ditos] de resto ao Senr' M^el Joaq^m de Alm^da nesta Cid^e, o d^o meu primr^o testamenteiro.

5ª
Declaro q.' possuo mais em Pernambuco em puder do Senr' M^el Joaq^m Ramos e Silva o emporte de vinte escravos, cujo emporte ordenei p^a remeter ao Senr' Joaq^m Alz' da Cruz Rios nesta Cid^e.

6ª
Declaro q.' possuo em meu puder nove escravos, sendo quatro mulheres, e cinco homens, cujos saõ os seguintes: Marcelino, de naçaõ Gêge, João de naçaõ Nagô, Felipe, de naçaõ Nagô, David, de naçaõ Nagô, Feliciano de naçaõ Mina, Felismina dea naçaõ Mina, Maria, de naçaõ Gêge, Jezuina de naçaõ Nagô, e Benedita de naçaõ Nagô.

7ª
Declaro q.' possuo mais uma cazinha térrea sita a rua dos Ossos da Freguezia de S. An^to além do Carmo, e se divide p^r um lado com a caza de D. Ursula de tal Filha, e p^r outro com o quintal da Caza de Maria da Conceiçaõ.

8ª
Declaro q.' deixo p^a o meo Patrono q.' foi o Senr' M^el Joaq^m de Alm^da meu primr^o testamentr^o a q^ta de oito cento mil r^s, independen-

te da q^{ta} de um conto de reis q' deixo de premio da testamentaria, se acceitar.

9ª

Declaro q.' devo a Senr^a Thomazia de Sz^a Africana liberta da naçaõ Gêge, e existente hoje na Costa d'Africa a q^{ta} de quatro contos de r^s, cuja q^{ta} emprestou-me a d^a Senr^a Thomazia sem exigir de mim documento algum, p^r isso ao meu testamentr^o q.' acceitar essa m^a testamentaria, q.' logo, e logo pague a d^a Senr^a Thomazia de Sz^a Paraizo esse meu referido debito.

10ª

Declaro q.' devo tambem ao Senr' Joaq^m Alz' da Cruz Rios a q^{ta} de seiscento mil r^s: tambem devo mais aos meus Afilhados Manoel, e Justina ambos Filhos do meu compadre Benedito Ferz' Galliza Africano liberto da naçaõ Gêge, e de Henriqueta Joaq^{na} de Bomfim tambem Africana liberta da naçaõ Aúçá [haussa]. Tambem devo mais ao Senr' João Vandeco Roiz' Seixas a q^{ta} de cem mil r^s: tambem dêvo mais a Senr^a Maria Fran^{ca} Roiz' Seixas a q^{ta} de cem mil r^s: tambem devo mais ao Senr' Fran^{co} da Costa Franco cem mil r^s, cujas q^{tas} o meu testamenteiro q.' acceitar ás pagará logo, e logo.

11ª

Declaro q.' o meu testamenteiro q.' acceitar essa m^a testamentaria, logo e logo forrará a custa dos meus bens a preta Africana Roza de naçaõ Nagô escrava do Senr' M^{el} Rapozo Ferr^a; e lhe pagará dep^s de sua fôrra a q^{ta} de duzentos mil r^s em discargo de m^a conciença p^{los} bons servicos q.' me tem prestado, cazo aconteça mudar de senhorio nesta Cid^e, ou p^a fora della, o testamenteiro fará toda diligencia de a libertar a custa dos meus bens: e cazo já seje liberta antes do meu falecim^{to} o meu testamenteiro lhe pagará a custa dos meus bens o valor de sua liberd^e independente dos duzentos mil r^s q.' acima lhe m^{do} [mando] pagar: assim como tambem determino ao meu testamentr^o q.' logo e logo forrará a custa dos meus bens m^a escrava Felismina, da naçaõ Mina: da m^{ma} [mesma] forma tambem forrará a outra m^a escrava Benedita da naçaõ Nagô: todas duas d^{as} [ditas] m^{as} escravas gozaraõ de sua liberd^e p^{los} bons serviços q.' me tem prestado.

12^a
Declaro mais q.' o meu testamenteiro dará a custa dos meus bens, a crioulinha menor Benedita Filha da preta Gêge Fran^{ca}, e cria do Senr' Fran^{co} Simoens, a q^{ta} de seiscentos mil r^s p^a sua liberd^e, e cazo já esteje liberta antes do meu falecim^{to}, receberá a sobredita q^{ta} de seiscento mil r^s, q^{do} esteje em estado de maior, isto he tendo já idade competente, cuja q^{ta} se conservará em algum depozito publico: assim como tambem dará ao meu Afilhado Felix crioulinho menor filho de m^a comadre Alexandrinha tambem crioula, a q^{ta} de cincoenta mil r^s q^{do} ele tiver id^e [idade] sufficiente p^a a receber.

Tambem o meu testamentr^o pagará a custa dos meus bens a crioula Luiza Felipa de S. Tiago a q^{ta} de cem mil r^s: da m^{ma} forma pagará ao meu Mestre Nicasso Alves duzentos mil r^s todos em descargo de m^a conciença.

13^a
Declaro mais q.' possuo um quarto no carregam^{to} do Brigue escuna Sardo, e de prezente nesta Cid^e e prestes a partir p^a Costa d'Africa, em cujo Brigue escuna tambem parto eu em qualid^e de Caixa p^a fazer a negociação lá em Africa de todo o carregam^{to}; e ficando em qualid^e de Caixa nesta Cid^e o Senr' Joaq^m Alves da Cruz Rios p^a receber todas remessas, e ele dará a sua conta conforme a remessa que receber: assim como levo no m^{mo} Barco e em

mª compª empregado em differentes generos, e sem enterêsse com pessoa alguma, pʳ mª conta e risco a qᵗᵃ de sete contos de reis.

14ª
Satisfeito q.' sejaõ os pagamᵗᵒˢ e mais dispoziçoens q.' deixo meo testamᵗᵒ: instituo pʳ herdʳᵒ das duas partes dos meus bens, em 1º lugar ao menor Suterio filho da mª escrava Felismina da naçaõ Mina, q.' mᵈᵒ [mando] forrar; e o menor já he livre dêsde o Baptismo, e nomeo pª seu tutor em primrº lugar ao meo 1º testamentrº em 2º lugar o 2º dº e em terceiro lugar o 2º dº [sic]: e em 2º lugar do menor meu herdrº; instituo a Senrª Thomazia de Szª Paraizo, a mᵐᵃ que já falei neste meu testamᵗᵒ, q.' existe hoje na Costa d'Africa. E instituo pʳ herdrº da mª terça em 1º lugar a menor Benedita filha da preta Gêge Francᵃ e cria do Senr' Francᶜᵒ Simoens, a mᵐᵃ q.' tambem a seu respᵗᵒ já fallei, e nomeo pª seo tutor os mᵐᵒˢ do meu primrº herdrº das duas partes dos meus bens: Visto naõ ter descendentes, e nem acendentes q.' pʳ dirᵗᵒ [direito] possaõ herdar as duas partes dos meus bens: e em 2º lugar da mª terça instituo ao Senr' Mᵉˡ Joaqᵐ d'Almᵈᵃ.

E pʳ essa forma hei pʳ findo e acabado este meo testamᵗᵒ q.' quero em tudo tenha o seu devido comprimᵗᵒ. Rogo as Justiças de S M I e C hajaõ pʳ bem de assim o fazer mᵈᵃʳ [mandar] cumprir e guardar tudo q.' nelle se contem pʳ ser esta mª ultima e derradeira vontade testamentaria. Roguei ao Senr' Guilherme Miz' do Nascimᵗᵒ q.' pʳ mim escrevesse, e depˢ de o ter lido, e achando em tudo na forma q.' o ditei, o assignei com a firma de q.' uso: na Bahia aos 17 de Dezembro 1844.

Joaquim de Almdª

Como testemunha q.' este escrevi Guilherme Miz' do Nascimᵗᵒ

Saibaõ quantos este instrumento de approvaçaõ de testamento virem, que no ano do Nascimento de Nosso Senhor Jesus Christo de mil oito centos quarenta e quatro aos dezesete dias do mês de Dezembro, nesta Leal e Valoroza Cidade de São Salvador Bahia de todos os Santos, e[m] meu escriptorio compareceo Joaquim de Almeida, que as testemunhas abaixo assignadas me certificaraõ ser o proprio, e em estado de saude, e em seu perfeito juízo, e inteiro accordo, segundo o meu parecer e das ditas testemunhas, perante as quaes me entregou este papel, que disse ser o seu testamento, que fora escripto a seu rogo por Guilherme Martins do Nascimento [rasurado] e assignado pelo próprio punho dele testador, e tomando-o passei-o pelos olhos, e o achei escripto em oito paginas, que findas na em que esta approvação principia sem vicio, borraõ, entrelinha emenda, ou couza que duvida faça, e procedendo as perguntas da Lei, e estillo me respondeo ser com effeito este o seu testamento, e ultima vontade, que há por bom firme, e valioso, e por elle revoga outro qualquer, que anteriormente tenha feito: requerendo-me lhe approvasse como com effeito o approvei, e hei por approvado tanto quanto em Direito me he permitido [?] sendo a tudo presentes seos testemunhas Francisco Antonio Rodrigues Vianna, João Andre de Souza, Francisco Jose dos Santos Ferraz, Antonio Martins de Oliveira, e Guilherme Martins de Nascimento [rasurado], que este me ouviraõ ler, e com o Testador assignaraõ, e eu Jose Joaquim da Costa Amado Tabelliaõ o escrevi, e assignei na forma do estillo. Declaro que dizem as duas emendas = Nascimeneto = eu dito Tabelliaõ o declaro

    Joaquim d Almd^a
    Em tt^o de verd^e
    Jose Joaquim da Costa Amado
    Francisco Antonio Roiz Vianna
    João André de Souza

Francisco Jose dos Santos Ferraz
Antonio Martins de Oliveira
Guilherme Miz' do Nascim[to]

[Segue o termo de Abertura, de 9 de julho de 1857. Na casa de residência do provedor dos Resíduos Jose Ignácio Bahia, Caetano Alberto da França apresentou o testamento de Joaquim de Almeida, que foi aberto pelo juiz de paz. Assinaram Caetano Alberto da França e o escrivão Germano Mendes Barretto. A seguir consta o Termo de Aceite, de 11 de julho de 1857, manuscrito e assinado por Caetano Alberto da França.]

ANEXO 3: VIAJANTES ATLÂNTICOS SAINDO DA BAHIA PARA A COSTA DA ÁFRICA NO PERÍODO DE 1835-56

TABELA 9
NATURALIDADE DOS VIAJANTES PARA A COSTA DA ÁFRICA NO PERÍODO DE 1835-56

PERÍODO	AFRICANO nº	%	CRIOULO nº	%	BRASILEIRO* nº	%	PORTUGUÊS nº	%	ESPANHOL nº	%	OUTRO** nº	%	TOTAIS nº	%
1835-7	618	66,7	198	21,4	60	6,5	41	4,4	5	0,5	4	0,4	926	100
1842-50	356	35,1	61	6,0	298	29,4	230	22,7	39	3,8	31	3,1	1015	100
1851-6	464	57,9	224	27,9	72	9,0	27	3,4	4	0,5	11	1,4	802	100
1835-56	1438	52,4	483	17,6	430	15,7	298	10,9	48	1,7	46	1,7	2743	100

* Reservei a categoria de "brasileiro" para os nascidos no Brasil que, nos livros, não foram classificados de forma explícita como crioulos e que eram, portanto, presumivelmente brancos ou mestiços, mas podem incluir crioulos não identificados racialmente.
** A categoria "Outro" inclui: italianos, franceses, ingleses, alemães etc.

FONTE: Apeb, Colonial, Livros de passaportes 5884, 5886-5890, 5892. Foram retiradas da contagem solicitações repetidas de um mesmo passageiro em intervalos inferiores a três meses.

TABELA 10
SEXO E IDADE DOS VIAJANTES PARA A COSTA DA ÁFRICA
NO PERÍODO DE 1835-56

PERÍODO	HOMENS n.º	%	MULHERES n.º	%	TOTAIS n.º	%	CRIANÇAS* n.º	%
1835-7	626	60,3	411	39,6	1037	100	167	16,4
1842-50	1002	94,5	59	5,5	1061	100	33	3,1
1851-6	497	59,6	337	40,4	834	100	162	19,4
1835-56	2125	72,5	807	27,5	2932	100	362	12,3

* Foram contabilizados apenas os casos em que havia informação explícita sobre a idade, mas é provável que alguns dos passageiros sem indicação de idade fossem menores, portanto, as respectivas porcentagens podem estar subestimadas.

FONTE: Apeb, Colonial, Livros de passaportes 5884, 5886-5890, 5892.

ANEXO 4: FILHOS BATIZADOS DE JOAQUIM DE ALMEIDA

TABELA 11
FILHOS BATIZADOS DE JOAQUIM DE ALMEIDA

Nº	NOME	NASCIMENTO	BATISMO	PADRINHO	COMENTÁRIOS
1	Suterio	15 mar. 1842	16 maio 1842	capitão Querino Antônio	Nascido no Brasil. Mãe: Felismina Mina, escravizada de Joaquim de Almeida
2	Felisberto	22 ago. 1842	21 abr. 1855	Guilherme Martins do Nascimento	
3	Aureliano	16 jun. 1845	21 abr. 1855	Guilherme Martins do Nascimento	
4	Felipe Nascimento de Almeida	1º jun. 1846	21 abr. 1855	Guilherme Martins do Nascimento	Enviado a Portugal. Morte: Uidá, 20 ago. 1899

Nº	NOME	NASCIMENTO	BATISMO	PADRINHO	COMENTÁRIOS
5	Austeria	10 ago. 1846	21 abr. 1855	Guilherme Martins do Nascimento	"Autelia". Morte: Uidá, 5 ago. 1900
6	Eusebio Martins de Almeida	11 dez. 1846	21 abr. 1855	Guilherme Martins do Nascimento	Volta de Portugal: 1857. Esposa: Marcelina da Costa. Batiza os filhos (Fernando e João): 18 jan. 1874, em Uidá
7	Romualdo	7 fev. 1847	21 abr. 1855	Guilherme Martins do Nascimento	
8	Miguel Joaquim de Almeida	30 dez. 1847	21 abr. 1855	Joaquim José Araújo	Volta de Portugal: 1857. Era *vigan* da família. Tem filho (Eloi) com Josepha Titi, liberta de Joaquim de Almeida e casa-se com ela em 1º nov. 1915, em Agoué. Morte: 27 jun. 1916
9	Hermenegilda	18 jan. 1848	21 abr. 1855	Guilherme Martins do Nascimento	
10	Hermenegildo	16 fev. 1848	21 abr. 1855	José Félix de Souza	

Nº	NOME	NASCIMENTO	BATISMO	PADRINHO	COMENTÁRIOS
11	Pedro Pinto de Almeida	12 abr. 1848	21 abr. 1855	Pedro Pinto da Silveira	Volta de Portugal: 1857. Tem filhos com Felismina Guilherme do Nascimento e com Dominga Guilhermina do Nascimento. Casa-se com Dominga: 1919, em Porto Novo. Morte: 1919
12	Martiniana	16 ago. 1848	21 abr. 1855	Guilherme Martins do Nascimento	
13	Martiniano	16 out. 1848	21 abr. 1855	Francisco Félix de Souza Jr.	"Maximiano" [sic] Volta de Portugal: 1857. Maximiano [sic] batiza uma filha: 22 fev. 1880
14	Theodoro	11 set. 1850	21 abr. 1855	Pedro Félix de Souza	Casa e tem filhos com Andreza da Costa (Jacinta e Silvestre) Morte: 4 out. 1902, em Uidá.
15	Adriana	1º mar. 1851	21 abr. 1855	Ignácio Félix de Souza	
16	Jovina	2 mar. 1851	21 abr. 1855	Francisco da Silva Pereira	
17	Anastasio	18 ago. 1851	21 abr. 1855	Faustino de Menezes Costa Herpin	
18	Anastasia	1º mar. 1852	21 abr. 1855	Faustino de Menezes Costa Herpin	

Nº	NOME	NASCIMENTO	BATISMO	PADRINHO	COMENTÁRIOS
19	Izidro	1º ago. 1852	21 abr. 1855	Ignácio Félix de Souza	
20	Januário	8 abr. 1853	21 abr. 1855	Ignácio Félix de Souza	
21	Henrique	25 abr. 1853	21 abr. 1855	José Francisco dos Santos	
22	Pedro Santos	17 set. 1853	21 abr. 1855	José Antônio da Costa	Volta de Portugal: 1857. Batiza seis filhos com cinco mulheres: 22 fev. 1880
23	Severianna	6 jun. 1854	21 abr. 1855	José Félix de Souza	
24	Honorato	12 jan. 1855	21 abr. 1855	Francisco Félix de Souza Jr.	
25	Claudio	—	1º mar. 1857	Joaquim Pereira Machado	
26	Christina	—	1º mar. 1857	Joaquim Pereira Machado	
27	Januário	—	1º mar. 1857	Luiz Alves Ribeiro	
28	Justina	—	1º mar. 1857	Luiz Alves Ribeiro	
29	Laura	—	1º mar. 1857	Luiz Alves Ribeiro	
30	Maria	—	1º mar. 1857	Luiz Alves Ribeiro	
31	Prudência	—	6 mar. 1858	João Gonçalves Baeta	Mãe: Silveria

Nº	NOME	NASCIMENTO	BATISMO	PADRINHO	COMENTÁRIOS
32	Nicolau	—	6 mar. 1858	José Pereira M. de Carvalho	Mãe: Madela
33	Gregório	—	6 mar. 1858	José Pereira M. de Carvalho	Mãe: Adriana. Morte: 1894
34	Amaro	—	6 mar. 1858	João Gonçalves Baeta	Mãe: Christina
35	José	—	6 mar. 1858	João Gonçalves Baeta	Mãe: Felipa

Nota: Todos os batismos, exceto o de Suterio, aconteceram em Agoué.

FONTE: APA, Livro de batismos n. 1, 1846-74. FPV. Notas de Pierre Verger e Casimir de Almeida sobre os filhos de Joaquim de Almeida, 1959-62 (n. 29 e 30). Para Suterio (n. 1): BBRIC, Freguesia da Sé, Livro de batismos 1840-53, fl. 247v.

Agradecimentos

Este livro é o resultado de mais de dez anos de pesquisa, e não teria sido possível sem a generosa contribuição de muitas pessoas e instituições. Entre as primeiras figuram colegas e amigos que, além de estimular o diálogo e o aprendizado intelectual, indicaram fontes, sugeriram bibliografia e forneceram cópias de documentos. Nesse sentido, foi um privilégio e fico especialmente grato a Lisa Earl Castillo, João José Reis, Roquinaldo Ferreira e Carlos da Silva Junior, pelo apoio e colaboração. Os três últimos leram uma versão preliminar do manuscrito e realizaram inúmeras sugestões e correções que contribuíram de forma significativa para aprimorar o resultado, embora qualquer deficiência seja ainda da minha inteira responsabilidade. Agradeço também a Roquinaldo Ferreira por facilitar o acesso ao site dos House of Commons Parliamentary Papers (HCPP), uma das principais fontes desta pesquisa. Fico igualmente grato a Kristin Mann e Urano Andrade por disponibilizar a base de dados por eles elaborada a partir das cartas de alforria constantes nos livros de notas do Arquivo Público do Estado da Bahia (Apeb). A Urano Andrade um obrigado especial pela ajuda constante na obtenção de cópias digitais dos documentos desse arquivo.

Agradeço também a colegas que, num momento ou outro, apontaram referências documentais, ofereceram esclarecimentos e/ou forneceram informações relevantes para a pesquisa, como os professores Olabiyi Yai, Elisée Soumonni e Alexis Adandé, no Benim; Joseph C. Miller, Kristin Mann e Toyin Falola, nos Estados Unidos; Robin Law, Silke Strickrodt, Toby Green, Paulo Fernando de Moraes Farias e Karin Barber, na Inglaterra; Alberto da Costa e Silva, Marcus J. M. Carvalho, Robert W. Slenes, Jaime Rodrigues, Lucilene Reginaldo, Wlamyra Albuquerque e Iris Kantor, no Brasil; N'buéké Adovi Goeh-Akue, no Togo; e Aisnara Perera Díaz e María de los Angeles Meriño Fuentes, em Cuba.

Entre as instituições, agradeço ao Conselho Nacional de Desenvolvimento Científico e Tecnológico (CNPq), que, entre 2013 e 2016, contribui com uma bolsa de produtividade científica para o projeto de pesquisa Adesões Religiosas, Identidades e Redes Sociais: Africanos Libertos entre a Bahia e o Daomé (1790-1890). A pesquisa no Benim, em 2010, foi viabilizada por um Sephis Lecture Tour e a generosa iniciativa dos professores Peter Geschiere e Elisée Soumonni. Duas outras viagens ao Benim, em 2012 e 2014, foram possíveis graças a subsídios do CNPq, no contexto do projeto Famílias Atlânticas: Redes de Sociabilidade entre Bahia e Benim, século XIX, por mim coordenado em colaboração com Elisée Soumonni e Lisa Castillo. Uma outra viagem em 2016 foi apoiada pela Fondation Patrimoine Brésilien au Benin, sob os auspícios do seu presidente, Maroufou Osseni. Em todas essas visitas contei com a hospitalidade e amizade de Elisée Soumonni. Marina de Almeida, Lazare de Almeida, Olivier de Almeida e Lohic de Almeida forneceram importantes insights sobre a memória de Joaquim de Almeida. Achille Massougboji, Jacques Adandé, Martine de Souza, Farouk Sant'Anna, Constant Fortuné Legonou e Isabel

Aguiar contribuíram com a pesquisa sobre as famílias agudás. A todas essas pessoas e instituições, a minha gratidão.

A pesquisa no Arquivo Histórico Ultramarino de Lisboa resultou da minha participação no projeto Bahia 16-19: American, European, and African Forging of a Colonial Capital City, financiado pela Marie Curie Actions da Comunidade Europeia e coordenado pelo professor Pedro Cardim, da Universidade Nova de Lisboa, a quem estendo o meu obrigado. De igual modo, agradeço a Lucy Duran por sua hospitalidade em Londres, durante minha pesquisa nos The National Archives, e a Caterina e Sergio Borelli por sua hospitalidade em Roma, durante minha pesquisa nos arquivos da Societé des Missions Africaines. Aos funcionários desses e de outros arquivos em que pesquisei para este livro, estendo o meu agradecimento.

Fico grato aos colegas do Departamento de Antropologia da Universidade Federal da Bahia (UFBA) por me liberar de minhas atividades docentes em 2019, para realizar um estágio pós-doutoral na Universitat Pompeu Fabra de Barcelona (UPF), que permitiu a redação da primeira versão do manuscrito. Agradeço aos professores Amador Vega e Josep Maria Fradera, do Departament d'Humanitats da UPF, por viabilizar esse estágio, e a Roger Sansi pelo diálogo e acolhimento na cidade.

A pesquisa foi enriquecida com a apresentação de resultados parciais na forma de comunicações e palestras em diversos fóruns acadêmicos, possibilitando o feedback e as sugestões de inúmeros colegas. Destaco o seminário da linha de pesquisa Escravidão e Invenção da Liberdade, no programa de pós-graduação em História (PPGH) da UFBA; os vários workshops organizados em Lisboa, Paris e Salvador, no contexto do já mencionado projeto Bahia 16-19; o seminário do Grup de Recerca en Imperis, Metròpolis i Societats Extraeuropees (Grimse) da UPF; e a série de palestras proferidas na École de Hautes Études en Sciences Sociales de Paris (EHESS), no âmbito do programa Professeur Invité dessa instituição. Agradeço aos organizadores e participantes desses seminários e eventos pela oportunidade e pelos comentários. De igual modo fico grato a Lilia Moritz Schwarcz, Fernando Baldraia e Beatriz Antunes, da Companhia das Letras, pelo apoio e cuidado no processo editorial.

Finalmente agradeço a Mariângela Nogueira, pela revisão de uma primeira versão do manuscrito, a Daniela Moreau, Everaldo Duarte, Maria Eugenia Conceição, Francesc Badia e Victor Obiols pela amizade, e a minha família em Barcelona pelo apoio incondicional e continuado.

Notas

PREFÁCIO [pp. 11-25]

1. Embora as primeiras missões católicas na região remontem ao século XVII, o Vaticano considera o ano de 1861, quando os padres da Société des Missions Africaines de Lyon se instalaram no forte português de São João Baptista de Ajudá, em Uidá, como a data oficial do início da evangelização na África Ocidental. Ver, por exemplo: Jean Bonfils, *La mission catholique en République du Bénin*; Robin Law, "Religion, Trade and Politics on the 'Slave Coast'".

2. John Duncan, *Travels in Western Africa*, I, p. 141; Frederick E. Forbes, *Dahomey and the Dahomans*, II, pp. 71-2; HCPP, 1865 [3503-I], Class B, n. 19, Consul Burton to Earl Russell, Bonny River, 23 mar. 1864, p. 22.

3. Manuela Carneiro da Cunha, *Negros estrangeiros*.

4. Pierre Verger, *Fluxo e refluxo do tráfico de escravos entre o Golfo do Benin e a Bahia de Todos os Santos*, pp. 503, 555, 568-9, 632; *Os libertos*, pp. 43-8, 116-21 e "Les nouveaux Brésiliens dans le golfe du Bénin", pp. 325-28. A versão do testamento publicada por Verger apresenta bastante variação formal em relação ao original. Para uma transcrição literal do documento ver o Anexo 2. Almeida é mais citado, porém, na literatura africanista: Fio Agbanon II, *Histoire de Petit Popo et du royaume Guin (1934)*, pp. 80-1, 84; Pe. Isidore Pélofy, "Histoire d'Agoué, République du Bénin", pp. 7, 13; Jean Pierucci, "Agoué: Village de liberté de l'origine en 1953", pp. 7, 15-6; Michael Jerry Turner, *"Les Brésiliens"*, pp. 102-5; Robin Law e Kristin Mann, "West Africa in the Atlantic Community",

pp. 324, 330-1; Law, *Ouidah: The Social History of a West African Slaving Port, 1727-1892*, pp. 199-201; Silke Strickrodt, "'Afro-Brazilians' of the Western Slave Coast", pp. 213-4, 221, 225-8; Milton Guran, *Agudás: Os "brasileiros" do Benin*, pp. 85-7; Alberto da Costa e Silva, *Francisco Félix de Souza*, p. 123. Outras menções na literatura brasilianista são mais recentes e tendem a replicar as fontes citadas.

5. Os registros eclesiásticos da Bahia (Brasil, Bahia, Registros da Igreja Católica, 1598-2007, BBRIC) estão disponíveis em: <https://familysearch.org/>, site da Igreja de Jesus Cristo dos Santos dos Últimos Dias. Os documentos britânicos sobre o tráfico de escravizados foram acessados: no site dos House of Commons Parliamentary Papers (HCPP), estão disponíveis em: <https://parlipapers.proquest.com/parlipapers>; parcialmente, no site de The National Archives (TNA), disponível em: <http://www.nationalarchives.gov.uk/>. As pesquisas na série FO/315 de TNA, em Kew, no Arquivo Histórico Ultramarino (AHU), em Lisboa; e no Arquivo da Société des Missions Africaines (Asma), em Roma, foram realizadas de forma presencial. Os livros de batismo, óbito e outros, de Agoué, Uidá e Porto Novo, foram fotografados nos arquivos locais das paróquias respectivas no Benim (Arquivo da Paróquia de Agoué, APA; Arquivo da Paróquia de Uidá, APU; Arquivo da Paróquia de Porto Novo, APPN). Agradeço a Roquinaldo Ferreira por facilitar o acesso ao site dos HCPP, e a Carlos da Silva Junior por providenciar cópias digitais do caso *Gratidão*, em TNA, FO 315/48/48. Agradeço, de igual modo, a Kristin Mann e a Urano Andrade por disponibilizar a base de dados por eles elaborada a partir das cartas de alforria constantes no Apeb, Judiciário, Livros de Notas 224-300, 1828-52 (doravante Mann e Andrade, Projeto Alforrias).

6. Agradeço em particular a Lisa Castillo pelos subsídios documentais que emergiram dessa colaboração e que foram fundamentais para escrever este livro. Agradeço igualmente aos bolsistas de iniciação científica que participaram do projeto pelos trabalhos de sistematização dos dados.

7. Para a Costa da Mina, sobre Francisco Félix de Souza, conhecido pela alcunha de Chachá, ver: Law, "Francisco Félix de Souza in West Africa, 1800--1849"; Costa e Silva, *Francisco Félix de Souza*; Ana Lucia Araújo, "Aquele que 'salva' a mãe e o filho". Sobre Domingos José Martins: David A. Ross, "The Career of Domingo Martinez in the Bight of Benin, 1833-1864". Para a Bahia, sobre Joaquim Pereira Marinho: Cristiana Ximenes, *Joaquim Pereira Marinho*. Para estes e outros perfis biográficos de traficantes ver também: Verger, *Fluxo*, cap. 12, pp. 475-514. Para o Rio de Janeiro: Silvana Andrade dos Santos, "Traficantes e capitalistas"; para Pernambuco: Aline Albuquerque, *De "Angelo dos Retalhos" a visconde de Loures*.

8. Sobre libertos que se tornavam senhores de escravizados na Bahia: Maria

Inês Cortes de Oliveira, *O liberto: Seu mundo e os outros*, pp. 35, 40-6; João José Reis, *Domingos Sodré*, pp. 189-90; Luciana da Cruz Brito, *Temores da África*, pp. 192-3; Lisa Earl Castillo e Luis Nicolau Parés, "Marcelina da Silva e seu mundo".

9. Sobre libertos envolvidos no comércio escravista: Verger, *Fluxo*, pp. 503-4, 637 e *Os libertos*, pp. 42-65, 116-37; João José Reis, *Rebelião escrava no Brasil*, pp. 485-91 e "De escravo a rico liberto", pp. 32-3; João José Reis, Flávio Gomes e Marcus de Carvalho, *O alufá Rufino*, pp. 138-9, 169-71; Elaine Santos Falheiros, *Luís e Antônio Xavier de Jesus* e "De escravo a retornado"; Luis Nicolau Parés, "Milicianos, barbeiros e traficantes". Para outras referências na Bahia: Maria Inês Cortes de Oliveira, "Viver e morrer no meio dos seus", pp. 188-9; Mieko Nishida, *Slavery and Identity*, pp. 86-7; Reis, *Domingos Sodré*, pp. 230-1; Lisa Earl Castillo, "Mapping the Nineteenth Century Brazilian Returnee Movement", pp. 31-4; Flávio Gomes e Valéria Costa, "Dos tripulantes da história", pp. 235-9. Sobre João de Oliveira, ver, entre outros: Verger, *Os libertos*, pp. 9-18, 101-13; Carlos Francisco da Silva Junior, "Interações atlânticas entre Salvador e Porto Novo", pp. 19-25; Daniele dos Santos Souza, *Tráfico, escravidão e liberdade na Bahia*, cap. 4, pp. 149-84; Angela Fileno da Silva, *"Que eu vou na terra" dos negros*, pp. 59-65. Para menções aos libertos retornados do Brasil na Costa da Mina como traficantes, ver, entre outros: Cunha, *Negros estrangeiros*, p. 139; Turner, *"Les Brésiliens"*, pp. 133, 143-4; Ana Lucia Araújo, *Mémoires de l'esclavage*, p. 132.

10. Reis, Gomes e Carvalho, *O alufá Rufino*.

11. Para a noção da "segunda escravidão" ou "segundo escravismo": Dale Tomich e Michael Zeuske, "Introduction: The Second Slavery"; Tomich, *Pelo prisma da escravidão*, pp. 81-97.

12. Para a discussão sobre o paternalismo, ver entre outros: Eugene Genovese, *Roll, Jordan, Roll*, pp. 3-7; Silvia Hunold Lara, *Campos da violência*, pp. 97-123; Sidney Chalhoub, *Visões da liberdade*; Robert Waine Slenes, "Senhores e subalternos no Oeste paulista".

13. Verger, *Os libertos*, p. 48.

14. Ver, por exemplo: Rebecca Scott e Jean Hébrard, *Papeles de libertad*.

15. Cunha, *Negros estrangeiros*, p. 99; também citado in: Beatriz Gallotti Mamigonian, "Os direitos dos libertos africanos no Brasil oitocentista", p. 182.

16. Law e Mann, "West Africa".

17. James Sweet, *Domingos Alvares*, p. 5; Reis, *Domingos Sodré*, p. 317 e "De escravo a rico liberto", p. 62. A expressão "ladino atlântico" aparece in: Reis, Gomes e Carvalho, *O alufá Rufino*, p. 358. Para denotar a multiculturalidade é possível também invocar o conceito de "crioulo atlântico" (Ira Berlin, "From Creole to African").

18. Christof Dejung, David Motadel e Jürgen Osterhammel, *The Global Bourgeoisie*.

19. Jan de Vries, "Playing with Scales", p. 28.

20. Lara Putnam, "To Study the Fragments as Hole". Para o conceito de "micro-história do mundo atlântico", ver: Roquinaldo A. Ferreira, *Cross-Cultural Exchange*, p. 2. Para uma discussão sobre a relação entre a micro-história e a história global e a "micro-história global": Jean-Paul A. Ghobrial, "Introduction: Seeing the World Like a Microhistorian"; Vries, "Playing with Scales"; Giovanni Levi, "Frail Frontiers?".

21. Ferreira, *Cross Cultural Exchange*, pp. 2-7. Sobre o "jogo de escalas" ver, entre outros: Rebecca Scott, "Small-Scale Dynamics"; Henrique Espada Lima, "No baú de Augusto Mina"; Vries, "Playing with Scales".

22. *Agency* poderia ser traduzido por "iniciativa" ou "protagonismo". Nas ciências sociais, o termo denota capacidade de escolha e ação individual, e se opõe a estrutura, no sentido das condições sociais (isto é, gênero, classe, religião, raça) que estabelecem limites ou determinam a escolha individual.

23. Julian Barnes, "Redes sociais e o processo político", p. 187; Marilyn Strathern, "Cutting the Network", p. 522.

24. Para o método onomástico proposto pela micro-história italiana: Carlo Ginzburg e Carlo Poni, "O nome e o como"; Robert Wayne Slenes, *Na senzala uma flor*; Walter Fraga Filho, *Encruzilhadas da liberdade*.

25. Além do trabalho pioneiro de Verger (*Os libertos*), ver, entre outros: Luiz Mott, *Rosa Egipcíaca*; Olaudah Equiano, *The Interesting Narrative of the Life of Olaudah Equiano*; Robin Law e Paul Lovejoy, *The Biography of Mahommah Gardo Baquaqua*; John K. Thornton, *The Kongolese Saint Anthony*; Randi J. Sparks, *The Two Princes of Calabar*; Linda Lindsay e John Sweet (Orgs.), *Black Atlantic Biography*; Reis, Gomes e Carvalho, *O alufá Rufino*; Reis, *Domingos Sodré*; Sweet, *Domingos Alvares*; Scott e Hébrard, *Papeles de libertad*; Charlotte de Castelnau-L'Estoile, *Páscoa et ses deux maris*.

26. Pierre Bourdieu, "L'Illusion biographique".

27. A metodologia da prosopografia ou da "biografia coletiva" é bem conhecida na historiografia. Ver, por exemplo, Putnam, "To Study the Fragments".

28. Para o conceito de "integração descritiva" de Alfred Kroeber: Tim Ingold, "Anthropology Is Not Ethnography", pp. 72-5.

29. Parés, "Milicianos", "Entre Bahia e a Costa" e "Afro-Catholic Baptism". Ver também: Parés, "Catolicismo em disputa".

30. Edoardo Grendi, "Micro-analisi e storia sociale".

31. Reis, Gomes e Carvalho, *O alufá Rufino*, p. 358.

1. A CARTA DE ALFORRIA: ENTRE A ESCRAVIDÃO E A LIBERDADE
[pp. 27-61]

1. Kathryn Burns, *Into the Archive*.
2. Apeb, Judiciário, Livro de notas 233, fl. 80. Agradeço a Lisa Earl Castillo por ter compartilhado esse achado.
3. Os livros de compra e venda de escravizados da Bahia encontram-se depositados no Fundo Escritura de Compra e Venda de Escravos (1827-88), do Arquivo Histórico Municipal de Salvador (AHMS).
4. Cunha, *Negros estrangeiros*, p. 21.
5. Sidney Chalhoub, "The Politics of Ambiguity". Para referências a outros estudos sobre manumissão e alforria condicional, ver nota 23, p. 169, deste artigo. Para Salvador ver: Stuart B. Schwartz, "A manumissão dos escravos no Brasil colonial"; Kátia M. de Queiroz Mattoso, "A propósito de cartas de alforria"; Nishida, "As alforrias e o papel da etnia na escravidão urbana"; Kátia Lorena Novais Almeida, *Alforrias em Rio de Contas*.
6. Sobre esse assunto, ver, por exemplo: Almeida, *Alforrias em Rio de Contas*, p. 151.
7. Chalhoub, "Precariedade estrutural".
8. Georg Hegel, *Fenomenologia do espírito*, pp. 126-32. Sobre a precariedade jurídica da liberdade, ver: Chalhoub, *A força da escravidão*; Beatriz Gallotti Mamigonian, "Os direitos dos libertos africanos no Brasil oitocentista".
9. João José Reis, "'Por sua liberdade me oferece uma escrava'"; Souza, *Tráfico*, cap. 8.
10. Lluís Duch, *Sortida del laberint*.
11. Dos cativos, 203 eram propriedade de Joaquim José de Oliveira, e os demais eram consignados a diversos proprietários: HCPP, 1831 [004], Class A, enclosure in n. 50, report of the case of the Brazilian schooner *Nossa Senhora da Guia*, 15 maio 1830, pp. 62-3.
12. Pesquisa realizada no TSTD. Ver também Verger, *Fluxo*, p. 487.
13. Richard Graham, *Alimentar a cidade*, pp. 242-3.
14. Sobre a viagem do *São Benedito*: AHMS, Fundo Câmara Municipal, Provedoria da Saúde, est 13, prat. 01, Livro 27.7, Cartas de saúde, n. 309, 1º jul 1827, fl. 21; TSTD, viagem n. 46995; A estimativa do número de cativos desembarcados resulta do sistema de arqueação do Império que considerava o limite de cinco cativos a cada duas toneladas; ver: Verger, *Fluxo*, p. 441. Para o *São Benedito*, de 251 toneladas, o TSTD desconta uma porcentagem relativa ao índice de mortalidade.
15. Mann e Andrade, Projeto Alforrias; cf. Apeb, Judiciário, livro de notas 228, fls. 90v-1. A recomendação de emprego, como aprendiz de pilografia, batedor ou compositor (ofícios relacionados a gravura e impressão), era solicitada

por Pedro (TNA, FO 315/42, caso *Santa Yago*, doc. sn, Pedro Antônio de Souza Paladines Filho a Manoel Joaquim de Almeida, c. 1828).

16. Para o *Minerva*: HCPP, 1825 [011], Class A, n. 45, Commissioners to Secretary Canning, Serra Leoa, 23 abr. 1824, pp. 41-7. Para o *Paquete da Bahia*: TNA, FO 84/49, Rendall to Secretary Canning, Serra Leoa, 10 jan. 1826, fls. 16-20. Para o *Príncipe da Guiné*: HCPP, 1828 [542], Class A, n. 49, Hamilton to Secretary Canning, Serra Leoa, 26 out. 1826, pp. 46-50. Após a captura do *Príncipe da Guiné*, Manoel Joaquim de Almeida realizou ainda uma viagem, em dezembro de 1826, como mestre da galera *São Benedito*, de 251 toneladas, com destino a "Ambris, com escala por Lisboa, Costa da Mina, ilha de São Tomé e Príncipe" (AHMS, Fundo Câmara Municipal, Provedoria da Saúde, est 13, prat. 01, Livro 27.7, Cartas de saúde, n. 170, 15 dez. 1826, fl. 10). Em junho de 1827, partia de novo da Bahia, na mesma galera, com destino declarado à África Central (AHMS, Fundo Câmara Municipal, Provedoria da Saúde, est 13, prat. 01, Livro 27.7, Cartas de saúde, n. 309, 1º jul. 1827, fl. 21; TSTD, viagem n. 46 995).

17. Leslie Bethell, *A abolição do comércio brasileiro de escravos*, pp. 29, 34-5, 39, 92-3.

18. Jaime Rodrigues, *O infame comércio*, cap. 2; Chalhoub, *A força da escravidão*, cap. 2; Mamigonian, *Africanos livres*.

19. Para a data de 13 de março de 1830, ver por exemplo: HCPP, 1831 [004], Class B, n. 27, Chevalier de Mattos to Earl of Aberdeen, 4 out. 1830, p. 51.

20. Bethell, *A abolição*, p. 86.

21. HCPP, 1831 [004], Class B, enclosure in n. 62, Return of slaves imported in Bahia, from January to June, 1830, pp. 116-7.

22. Robert Edgar Conrad, *Tumbeiros*, pp. 77-80.

23. Crítica semelhante pode ser encontrada também em: João José Reis, "Tráfico, escravidão, revolta". Ver também: Alexandre Vieira Ribeiro, "Eram de Cabinda e de Molembo?"; Silva Junior, "Interações atlânticas".

24. Para uma discussão pormenorizada sobre esse assunto ver: Verger, *Fluxo*, capítulo 11, pp. 433-74. O uso de bandeiras espanholas, portuguesas e francesas nos tumbeiros baianos teria especial incidência após 1830.

25. Luis Nicolau Parés, *A formação do candomblé*, p. 72 (Tabela 3); Maria José de Souza Andrade, *A mão de obra escrava em Salvador*.

26. John D. J. Peel, *Religious Encounter and the Making of the Yoruba*, p. 27.

27. Kristin Mann, *Slavery and the Birth of an African City*, p. 38. Os números de cativos embarcados computados pelo TSTD para toda a baía do Benim são inferiores aos fornecidos por Mann para Lagos, mas a oscilação relativa aos quinquênios é similar. As séries de preços de escravizados apresentadas por Lovejoy e Richardson dizem respeito à África Ocidental como um todo (Paul Lovejoy e David Richardson, "British Abolition", p. 105 e "The Initial 'Crisis'", p. 35).

Sobre preços na África: David Eltis, *Economic Growth and the Ending of the Transatlantic Slave Trade*, p. 263.

28. Mann, *Slavery*, p. 60. Obá Idewu Ojulari era irmão de Kosoko (obá entre 1845 e 1851) e de Opo Olu, uma poderosa e rica comerciante de escravizados (id., p. 45). "Obá" é um termo iorubá que pode ser traduzido como rei, pai, senhor; em geral designa a máxima autoridade política.

29. Eltis, *Economic Growth*, p. 151; Verger, *Fluxo*, pp. 479-87. Ximenes, *Joaquim Pereira Marinho*. Sobre Marinho e Albuquerque, ver ainda: Ana Amélia Vieira Nascimento, *Dez freguesias da cidade de Salvador*, pp. 320-6.

30. Eltis, *Economic Growth*, pp. 152-3; cf. TNA, FO 84/679, Porter to Palmerston, 31 dez. 1847. Ver ainda: David Turnbull, *Travels in the West*, pp. 402-3. Sobre a formação de sociedades no tráfico ilegal no Rio de Janeiro ver: Roquinaldo Ferreira, *Dos sertões ao Atlântico*, cap. 6. Ximenes sustenta que dinâmica semelhante se deu na Bahia (*Joaquim Pereira Marinho*, p. 81).

31. Eltis, *Economic Growth*, p. 151. Eltis chama esses indivíduos de "velantes", provavelmente "volantes".

32. HCPP, 1845 [632], Class A, second enclosure in n. 26, Lista do carregamento que conduz o palhabote *Santa Anna*, 3 mar. 1844, pp. 37-8.

33. Eltis, *Economic Growth*, pp. 151-3. Para a distribuição da propriedade das mercadorias entre grandes, médios e pequenos carregadores no *Ermelinda*, um navio negreiro saindo de Pernambuco em 1841: Reis, Gomes e Carvalho, *O alufá Rufino*, pp. 171, 176.

34. Para as porcentagens do Brasil: TSTD. Cunha, *Negros estrangeiros*, p. 140; Conrad, *Tumbeiros*, p. 76; Eltis, *Economic Growth*, p. 258; Lovejoy e Richardson, "The Initial 'Crisis'", p. 40; HCPP, 1836 [006], Class B, second enclosure in n. 98, Notes on the subject of the slave trade in the Province and City of Bahia, September 1835, W. G. Ouseley, Rio de Janeiro, out. 1835, p. 88.

35. Apeb, Judiciário, Livro de notas 233, fl. 80.

36. Apeb, Judiciário, 03/1094/1563/03, Inventário de Geraldo Rodrigues Pereira, fl. 14. Maria José de Souza Andrade estima, para 1830, o valor de um africano, moço, com ofício, em 350$000 réis (*A mão de obra em Salvador*, p. 207). Para equivalências desse valor com os preços da farinha e a carne, ver Graham, *Alimentar a cidade*, pp. 324-5. Mattoso calcula o preço de alforria dos homens adultos em 1829-1830 em 266$000 réis (Kátia M. de Queirós, *Bahia, século XIX*, p. 637).

37. Pélofy, "Histoire d'Agoué", p. 13; Pierucci, "Agoué", pp. 7, 15-6. Outra versão, menos plausível, sustenta que, no Brasil, Joaquim (Zoki Zata) "serviu como soldado ao serviço dos colonos portugueses" (Agbanon II, *Histoire de Petit Popo*, p. 80).

38. Luís Silveira, *Obra nova da língua geral de Mina*. No Império Portu-

guês houve várias línguas gerais, tanto indígenas como africanas. Na Bahia, em 1685, por exemplo, há referência a uma "língua geral do gentio da Guiné", distinta da "conga" e de base linguística banto (Alexandre Almeida Marcussi, *Cativeiro e cura*, p. 79; cf. ANTT, Tribunal do Santo Ofício, Inquisição de Lisboa, proc. 8464, fl. 14v).

39. Moacir Rodrigo de Castro Maia, *De reino traficante a povo traficado*, pp. 108, 177; cf. APP, códice 493, fl.135v, Registro de batismo de Félix, João, Tomás, Pedro e Mateus minas, 25 jul. 1756.

40. Marisa de Carvalho Soares, *Devotos da cor*, p. 24, grifos meus; cf. BN, Manuscritos, 9, 3, 11, *c*. 1786.

41. Olabiyi Babalola Yai, "Texts of enslavement", p. 105. Os linguistas contemporâneos classificam as "línguas gbe" como uma subfamília das línguas cuá, faladas na região setentrional do Togo e do Benim, antes denominadas adja--ewe-fon ou variantes (Hounkpati B. C. Capo, *Comparative Phonology of Gbe*).

42. Edmundo Correia Lopes, "Os trabalhos de Costa Peixoto e a língua evoe no Brasil"; Yai, "Texts of enslavement", pp. 104-5; Yeda Pessoa de Castro, *A língua mina-jeje no Brasil*, pp. 51-2, 59; Fernando Araújo, "Fome de ouro e fama da obra"; Ivana Stolze Lima, "A voz e a cruz de Rita", p. 48.

43. Archibald Dalzel, *The History of Dahomey*, p. v (Introduction).

44. AHU, Semu, STP, cx. 22, doc. 6, Francisco Antônio da Fonseca Aragão, Uidá, 6 abr. 1788. Essa fonte me foi indicada por Carlos da Silva Junior, a quem ademais agradeço pelos esclarecimentos sobre a "língua geral" na Costa da Mina (por troca de e-mails, 30 jul. 2015, 3 ago. 2016, 1º maio 2020).

45. AN, C6-27 bis (bovina 49), doc 81, Anônimo [Pruneau de Pommegorge], "Mémoire sur le commerce de la concession du Sénegal", *c*. 1752, fl. 195. Todavia esse documento informa que os escravos com melhores qualidades físicas eram chamados "cativos portugueses".

46. Cristina Ximenes, *Bahia e Angola*, p. 175; cf. ASCMB, Livro 6 do Banguê, n. 1261, 1764-72, fl. 23v, 19 jun. 1765.

47. Em 1929 consta uma habilitação de passaporte a "Malaquias língua geral": Apeb, Colonial, Livro de passaportes 5879, fl. 162.

48. Oliveira, "Viver e morrer", p. 193; cf. Apeb, Livro de testamentos 3, fls. 94v- 97v, 10 fev. 1811.

49. Apeb, Judiciário, Livro de notas 147, fl. 820; Livro de notas 174, fl. 385. Para outras cartas com a expressão "língua geral": Livro de notas 202, fl. 213; Livro de notas 205, fl. 259. Agradeço a João Reis por me indicar e fornecer cópia digital dessas cartas. O registro de Francisco de 1834, foi identificado em Mann e Andrade, Projeto Alforrias; cf. Apeb, Judiciário, Livro de notas 240, fl. 298v. Nessa base de dados ver ainda: Livro de notas 244, fl. 10.

50. *Grito da razão*, 29 jun. 1824, p. 6.

51. Para o conceito de ladinização, ver Reis, *Domingos Sodré*, p. 317.

52. *Idade d'Ouro do Brazil*, 17 ago. 1814, 29 set. 1815, respectivamente. Ainda em 18 nov. 1817, o anúncio de "uma negra de língua geral, de idade de dez a onze anos".

53. Verger foi o primeiro a publicar, em 1960, que Joaquim era da família Azima em Hoko, acrescentando, em obra posterior, que o nome africano dele seria Gbego Sokpa (Verger, *Fluxo*, p. 503, "Os libertos", pp. 43-4 e "Les nouveaux Brésiliens", pp. 326-8). Casimir Agbo transcreve o *mlenmlen* (ou versos laudatórios) da "tribu Azima, representada pela coletividade de Almeida", originária de Hoko: Casimir Agbo, *Histoire de Ouidah*, p. 275. Para outra versão do *mlenmlen* dos Azima, coletada por Verger em 1959, ver: FPV, 1-A 22 a 020. Ver ainda Turner, *"Les Brésiliens"*, pp. 102-5.

54. Sobre o multilinguismo nos navios negreiros, ver: Marcus Rediker, *O navio negreiro*, pp. 283-5. Para a participação de escravizados nas tripulações negreiras e sua função como línguas: Jaime Rodrigues, *De costa a costa*, cap. 5-6, esp. pp. 191, 205.

55. AHI, Coleções especiais, lata 10, maço 2, pasta 1, Comissão mista (tráfico de negros) Grã-Bretanha, n. 33, caso *Destemida*, 1830-1, fl. 43. Para custos de uma feitoria em 1846: Ubiratan Castro de Araújo, "*1846: Um ano na rota*", pp. 96-7. Sobre a dinâmica das feitorias e a precariedade do trabalho de seus empregados: Marcus J. M. Carvalho, "Trabalho, cotidiano, administração e negociação"; Turnbull, *Travels in the West*, pp. 402-15; Reis, Gomes e Carvalho, *O alufá Rufino*, pp. 146-64. A moeda local mais habitual era o búzio; 1 toque = 40 búzios; 1 galinha = 5 toquens = 200 búzios. A onça não era moeda física, mas uma unidade ficcional que servia para estabelecer a correlação de valor entre diversas mercadorias. Naquele período, 1 onça = 8$000 réis. Ver capítulo 4.

56. Jozé Antonio Caldas, *Notícia geral de toda esta capitania da Bahia*, p. 341. Agradeço a Carlos da Silva Junior pela identificação dessa fonte.

57. Entrevista de Marina de Almeida, Abomé Calavi, 23 fev. 2014, min. 21:30-26:30. O depoimento da viúva de Behanzin teria sido registrado pela tia de Marina Almeida num caderno, documento ao qual não tive acesso. Outra versão sustenta que Joaquim teria sido "comprado a um tal Onim, em Uidá ou Lagos, pelo capitão de mar Manoel Joaquim de Almeida, que tinha uma feitoria em Lagos em 1624 [sic]" (Régina Byll-Cataria, *La Diaspora dahoméenne en A. O. F.*, v. 3, anexos, p. 1110; cf. Merry d'Almeida, "Histoire de la famille Joaquim d'Almeida", apud "Texte de Michel Gomez, mars 1983"). O ano de 1624 é um erro e deve-se imaginar 1824, quando Manoel Joaquim de Almeida, efetivamente, regeu uma feitoria nas imediações de Lagos.

58. O padre Borghero, em 1863, poucos anos depois da morte de Joaquim, informa que este foi escravizado "desde sua infância" (Francesco Borghero,

Journal de Francesco Borghero, p. 251). Pélofy reitera essa ideia ("Histoire Agoué", p. 13).

59. BBRIC, Freguesia de Santo Antônio, Livro de batismos 1812-1, fl. 87. O padrinho, Manoel de Freitas, teria falecido, aos trinta anos, em 7 jul. 1829 (BBRIC, Freguesia de Santo Antônio, Livro de óbitos 1828-38, fl. 41). Outro indício para identificar esse anônimo "Manoel Joaquim" com o capitão negreiro é que, no mesmo dia, estava presente na pia batismal a africana jeje Andreza Maria de Menezes, batizando sua filha Inocência e três escravizados. Andreza fazia parte, ou veio a fazer parte, do círculo social do capitão Manoel Joaquim de Almeida, pois quinze anos depois, em setembro de 1830, recém-chegado de Lagos, o capitão apadrinhava outro filho dela, Eloy. Tratava-se, porém, do batismo de um órfão de poucos meses, pois a mãe falecera três semanas antes (BBRIC, Freguesia de Santo Antônio, Livro de batismos 1828-40, fl. 74; Livro de óbitos 1828-38, fl.73). O termo crioulo era uma categoria racial utilizada no Brasil para designar o negro nascido nas Américas.

60. AHMS, Fundo Câmara Municipal, Provedoria da Saúde, est. 13, prat. 01, Livro 27.5, Cartas de saúde, n. 136, 1º jun. 1814, fl. 6; Livro Cartório da Provedoria Mor de Saúde – Escravos 1813-9, 8 jun. 1814, fl. 7v; TSTD, viagem n. 47 068. Para a viagem de 1817: TSTD, viagem n. 15; com saída em 12 jun. AHMS, Fundo Câmara Municipal, Provedoria da Saúde, est. 13, prat. 01, Livro 18.2, Cartas de saúde n. 169, 12 jun. 1817, fl. 10v) e retorno em 16 out. (*A Idade d'Ouro do Brasil*, 21 out. 1817). A viagem de volta durou apenas dezenove dias.

61. *Idade d'Ouro do Brasil*, 21 out. 1814.

62. Apeb, Judiciário, 03/1094/1563/03, Inventário de Geraldo Rodrigues Pereira, fl. 88.

63. Em 1755 João Ferreira Bittencourt foi juiz de fora da cidade da Bahia. Em 1759 era provedor dos resíduos e capelas, e atuou como escrivão dos sequestros dos bens dos jesuítas. Em 1764 foi nomeado intendente e primeiro-ministro da Mesa da Inspeção da Bahia. Em 1766 era desembargador intendente-geral do ouro (AHU, ACL, Conselho Ultramarino 005, caixa 123, doc. 9606; caixa 152, doc. 11 639; caixa 157, docs. 11 945, 11 958).

64. Apeb, Judiciário, 04/1511/1980/01, Inventário de José Gomes da Conceição, 1813, fl. 17. Geraldo Roiz Pereira se casou em julho de 1814 (BBRIC, Freguesia de Santana, Livro de casamentos 1783-1818, fl. 196v). Ele recebeu a patente de ajudante de entradas em 1809 (Apeb, Colonial, maço 390, fls. 68-9).

65. AHN, Fondo Estado, legajo 109, expediente 17, caso Cuesta y Manzanal. Também in: Gustau Nerín, *Traficants d'ànimes*, p. 210.

66. TNA, FO 315/42, escuna *Santa Yago*, doc. 11, Nha+eja a Geraldo Roiz Pereira, Onim, s.d., *c.* 1829. Pontam seria outro dos nomes do *obá* Osinlokun (Oshinlokun, Esinlokun ou Eshinlokun), pois a carta se refere ao falecimento do

rei Pontam em 1829 e a sua sucessão por Adele. Osinlokun, provavelmente também conhecido como Ajan (de igual modo que seu irmão Adele), estaria por trás da terceira embaixada do rei de Onim ao Brasil, iniciada em 1822 (Alberto da Costa e Silva, "Cartas de um embaixador de Onim", pp. 202-3).

67. Em 12 de janeiro de 1826, Geraldo solicitou passaporte para viajar para a Costa da África em companhia das "crias de nome Bento, Germano, Joze e João" (Apeb, Livro de passaporte 5878, fl. 155).

68. Apeb, Judiciário, Livro de testamentos 18, fls. 257-63. Nesses anos, ele aparece batizando escravizados, na companhia do seu padrinho Manoel Pereira Lopes, do nagô José Pedro Autran, do capitão Caetano Alberto da França (BBRIC, Freguesia do Pilar, Batismos 1824-30, fls. 62-62v, 88v).

69. Apeb, Judiciário, Livro de notas 229, fls. 2-3, 7-8; Livro de notas 227, fls. 268v-270v; Livro de notas 230, fl. 3.

70. Mattoso, *Bahia, século XIX*, pp. 608-11, tabela 6. Entre 1801 e 1850, as fortunas "médias-altas" (entre dez e cinquenta contos de réis) estavam nas mãos de 19% dos que tinham bens, e as "grandes" fortunas (mais de cinquenta contos) se concentravam em 4,5% dos proprietários. Como os 33 contos de Geraldo Pereira se situam na parte alta da classe de fortunas "médias-altas", é razoável supor que ele se achasse entre os 15% mais ricos.

71. Aquele que, como representante do armador, dirigia o carregamento de um navio.

72. Mann, *Slavery*, p. 53; cf. Captain John Adams, *Remarks on the Country*, p. 96.

73. Antônio Ferreira Coelho foi proprietário de sete navios negreiros, com onze viagens entre 1808 e 1819, e uma em 1847. Os seis navios do seu sócio Domingos José de Almeida Lima realizaram treze viagens entre 1807 e 1822 (cf. TSTD). Para mais detalhe ver: Paulo César Oliveira de Jesus, *Mantendo o curso*, pp. 167-8. Entre 1816 e 1818, Coelho e Lima organizaram pelo menos duas viagens da escuna *Lusitania* e outras duas da *Nova Sorte* (AHN, Fondo Estado, legajo 109, expediente 17, caso Cuesta y Manzanal). A *Nova Sorte*, porém, aparece no TSTD, viagem n. 48672, como propriedade de Antônio José Chaves. Ver ainda: Verger, *Fluxo*, p. 362; João José Reis, *A morte é uma festa*, p. 197.

74. Apeb, Judiciário, 03/1094/1563/03, Inventário de Geraldo Rodrigues Pereira, fls. 14-20, 44, 136v, 138, 154, 178 e 191. João Pereira de Araújo França foi proprietário de vários navios negreiros, com viagens entre 1805 e 1828, todas ao golfo do Benim (TSTD, viagens n. 51 442, 51 455, 49 454, 51 472). Em 1830, figura como negociante matriculado da província da Bahia, morador da Soledade, cavaleiro na Ordem de Cristo, capitão da 2ª Companhia do Batalhão da 2ª linha, e foi nomeado tutor da filha e herdeira de Geraldo Rodrigues Pereira, a menor Joana Maria do Coração de Jesus (Apeb, Judiciário, 03/1094/1563/03, In-

ventário de Geraldo Rodrigues Pereira, fls. 21v, 28; Judiciário, 08/3489/11, Testamento de João Pereira de Araújo França, 1848). Na década de 1840 foi vereador da Câmara de Salvador e administrador do celeiro público da cidade (Graham, *Alimentar a cidade*, pp. 155-60).

75. Apeb, Judiciário, 03/1094/1563/03, Inventário de Geraldo Rodrigues Pereira, fl. 29.

76. HCPP, 1831 [004], Class B, enclosure in n. 52, Return of the importation of slaves in the port of Bahia, during the half-year ending December 31, 1829, p. 89; TSTD, viagem n. 1131.

77. Três desses escravizados novos foram vendidos pela viúva antes de agosto de 1830. Por outro lado, ela declarava os custos em mantimentos, em março, de vinte cativos e, a partir de abril, de apenas doze cativos. Sete dos oito cativos que somem da sua propriedade seriam os libertos por verba testamentária (Apeb, Judiciário, 03/1094/1563/03, Inventário de Geraldo Rodrigues Pereira, fls. 14, 32v, 33, 43).

78. Apeb, Judiciário, 03/1094/1563/03, Inventário de Geraldo Rodrigues Pereira, fls. 154, 178-180, 181v. TSTD, viagem n. 1131.

79. HCPP, 1831 [004], Class B, enclosure in n. 62, Return of slaves imported in Bahia, from January to June 1830, p. 116.

80. HCPP, 1831 [004], Class B, enclosure in n. 62, Return of slaves imported in Bahia, from January to June 1830, p. 117; transcrito também in: Verger, *Fluxo*, p. 470.

81. Dale Tomich, "A escravidão no capitalismo histórico", pp. 70-3.

2. REGISTROS DE BATISMO, IRMANDADES E OUTRAS REDES
[pp. 62-94]

1. Soledade Martinho Costa, "Dia da Santa Cruz"; Meynardo Rocha de Carvalho "O culto à Santa Cruz em Minas do Ouro". No Brasil, a data também ficou associada ao dia em que Pedro Álvares Cabral plantou pela primeira vez uma cruz em praias de Pindorama, por isso chamada de Terra de Santa Cruz (Frei Vicente Salvador, *História do Brasil*, p. 57). Para a procissão e a autoria da imagem do Senhor da Redenção, ver: João da Silva Campos, "Procissões tradicionais da Bahia", p. 422.

2. Do compromisso se preserva uma versão manuscrita: ANTT, Chancelaria da Ordem de Cristo, D. Maria I; Comuns 432; Livro 5; fls. 51-60: "Compromisso do Bom Jesus das Necessidades Redempção, da cidade da Bahia", com provisão de confirmação de compromisso, 28 ago. 1778. Agradeço a Lucilene Reginaldo por ter providenciado cópia desse documento. Há outra versão im-

pressa: ACMS, est. 1; cx. 32; cx. arq. 162-As1; doc. 38: "Bom Jesus das Necessidades e Redempção", Lisboa, Oficina de Antônio Rodrigues Galhardo, Impressor da Real Meza Censoria, 1778.

3. Oliveira, *O liberto*, p. 87. A popularidade dessas irmandades infere-se pelo número de vezes que elas são citadas nos testamentos de libertos.

4. A literatura sobre irmandades é extensa. Ver por exemplo: Julita Scarano, *Devoção e escravidão*; Caio Boschi, *Os leigos e o poder*; Antonia Quintão, *Lá vem o meu parente*; Soares, *Devotos da cor*; Lucilene Reginaldo, *O rosário dos angolas*.

5. Ver, por exemplo: Reis, *A morte é uma festa*.

6. Para uma discussão em detalhe sobre a história e a sociabilidade da IBJNR, ver: Parés, "Milicianos". A partir da segunda metade do século XIX, houve diversos momentos de tensão étnico-racial com membros crioulos, pardos e brancos. Ver: Campos, *Procissões tradicionais na Bahia*, pp. 265-6. A exclusividade étnica jeje da irmandade, baseada nas informações do compromisso de 1913, foi divulgada por Campos em 1941, e reiterada pela historiografia: Anthony J. R. Russell-Wood, "Aspectos da vida social das irmandades leigas da Bahia", p. 151; Patricia Muvley, *The Black Lay Brotherhoods on Colonial Brazil*, p. 292; Kátia M. de Queirós Mattoso, *Bahia: A cidade do Salvador*, p. 210; Verger, *Fluxo*, p. 555; Oliveira, *O liberto*, p. 81; João José Reis, "Nas malhas do poder escravista", p. 186 e *A morte é uma festa*, p. 55.

7. Apeb, Judiciário, Livro de notas 236, fl. 139.

8. Ele aparece como barbeiro em 1811: AHMS, Fundo Câmara Municipal, Livro de oficinas 1790-1813, fl. 151.

9. BBRIC, Freguesia da Conceição da Praia, Livro de batismos 1809-15, fl. 364v (19 mar. 1814) e 370v (30 maio 1814). Falheiros, *Luís e Antônio Xavier de Jesus*, p. 14; Verger, *Os libertos*, pp. 55-65.

10. Ele foi barbeiro da sumaca *Crioula*, comandada por Pinto da Silveira e apresada pelos ingleses na feitoria de Onim em 1824 (TNA, FO 84/84, Termo de protesto de André Pinto da Silveira, mestre e caixa da sumaca *Crioula*, contra a nação britânica, Onim, 2 fev. 1824, fls. 163-8). A menção a José Marques está na fl. 167v. Apeb, Colonial, Livro de passaportes 5878, 28 mar. 1825, fl. 84.

11. Apeb, Judiciário, Livro de notas 220, fl. 181v; Livro de notas 223, fl. 118v. Para o testamento de Luis Xavier de Jesus, ver: Verger, *Os libertos*, pp. 125-30.

12. Apeb, Colonial, Livro de passaportes 5879, 29 out. 1828. Haveria um homônimo José Marques de Oliveira de nação angola. Acredito ser este quem volta, em 4 de março de 1830, de Cabinda com um criado e um filho chamado José Nicolau. Ver: HCPP, 1831 [004], Class B, enclosure in n. 62, Return of Slaves Imported in Bahia, from January to June 1830, p. 116.

13. Apeb, Judiciário, Livro de notas 231, fl. 45.

14. Para uma análise da rede social dessa irmandade, ver: Parés, "Milicianos".

15. Apeb, Livro de testamentos 19, Testamento de Geraldo Rodrigues Pereira, fls. 257-63. Ele foi irmão das irmandades de Nossa Senhora da Conceição da Praia, de Nossa Senhora do Rosário da mesma freguesia e de Nossa Senhora do Rosário da Baixa de Sapateiros. Para a última: AINSRBS, cx. 10, doc. 9, Livro de irmãos, s/d, fl. 34v.

16. ACMS, est. 1; cx. 32; cx. arq. 162-As1; doc. 38: "Bom Jesus das Necessidades e Redempção", Lisboa, oficina de Antônio Rodrigues Galhardo, impressor da Real Meza Censoria, 1778.

17. Apeb, Livro de testamentos 28, Testamento de Luiz de Campos Souza, 1841, fls. 189ss.

18. BBRIC, Freguesia do Pilar, Livro de batismos 1830-8, fls. 32-32v. Os outros três senhores eram Cosme Fernandes Galiza, André Moniz Vaz e Felix Simões.

19. Henry Koster, *Travels in Brazil*, pp. 238-9, apud Nishida, *Slavery and Identity*, p. 30.

20. Ver por exemplo, Monica Schuler, "Enslavement", pp. 194-5.

21. Carlos Eugênio Líbano Soares fala de "uma relação de senhores compadres" ("Instruído na fé, batizado em pé", p. 101).

22. BBRIC, Freguesia de Santo Antônio, Livro de batismos 1824-8, fl. 591v; Livro de batismos 1828-40, fl. 45v, 46v.

23. Soares, "Instruído na fé, batizado em pé", p. 95.

24. Karin Barber, "Como o homem cria Deus na África Ocidental". Ver também: Jane I. Guyer, "Wealth in People, Wealth in Things".

25. As Ordenações Filipinas já explicitavam que o assento de batismo comprovava a propriedade escravizada (Almeida, *Alforrias em Rio de Contas*, p. 153).

26. BBRIC, Freguesia de Santo Antônio, Livro de batismos 1828-40, fl. 80v. Para mais sobre Emiliano Graves, ver: Falheiros, *Luís e Antônio Xavier Jesus*, pp. 78-9.

27. BBRIC, Freguesia do Pilar, Livro de batismos 1830-8, fl. 43v; Freguesia de Santo Antônio, Livro de batismos 1828-40, fls. 127, 138.

28. Para o endereço em Santo Antônio: Apeb, Judiciário, Processo crime, Salvador 4/128/3, Joaquim de Almeida e escravizado Cipriano (1834). Para sua residência na rua do Passo em janeiro: BBRIC, Freguesia do Pilar, Livro de batismos 1830-8, fl. 43v.

29. Na documentação aparecem, nas décadas de 1820 e 1830, dois quase homônimos: Bento Martins da Costa, morador na freguesia do Passo, e Benedito Martins da Costa Guimarães, morador na freguesia do Pilar. Este último trabalhou como cozinheiro em navios negreiros, em 1826, às ordens do capitão

Manoel Joaquim de Almeida (HCPP, 1828 [542], enclosure in n. 49, Report of the case of the Brazilian brig *Príncipe da Guiné*, p. 46); Verger, *Fluxo*, p. 470.

30. BBRIC, Freguesia de Santana, Livro de batismos 1832-48, fls. 63, 63v.

31. Chalhoub, *A força da escravidão*, pp. 158-69.

32. Para o cargo de Joaquim Coimbra de Andrade como escrivão do juizado de paz da freguesia da rua do Passo em 1836 por provisão vitalícia, ver: "Devassa do levante de escravos", v. 54, p. 134.

33. BBRIC, Freguesia de Santo Antônio, Livro de batismos 1828-40, fl. 196v.

34. BBRIC, Freguesia de Santo Antônio, Livro de batismos 1828-40, fls. 218-218v.

35. Apeb, Tribunal de Relação, 03/1228/1697/13, testamento de Joaquim de Almeida, 1857, fls. 3-3v. Nesse documento Joaquim deixou 50$000 réis ao seu afilhado Félix, "crioulinho filho da minha comadre Alexandrina [Francisca da Conceição]".

36. As datas dos batismos são 6 nov. 1835 e 13 nov. 1836: BBRIC, Freguesia de Santo Antônio, Livro de batismos 1828-40, fls. 259v, 299. Para o casamento de Benedito e Henriqueta em 1835: BBRIC, Freguesia de Santo Antônio, Livro de casamentos 1835-40, fl. 191.

37. Para a afilhada Izabel: TNA, FO 315/46/36, caso *Augusto*, doc. 61, Fermino Alvares Guimarães a Joaquim de Almeida, Bahia, 10 jul. 1839. Em 29 dez. 1833, Joaquim de Almeida foi padrinho de Félix, adulto nagô, escravizado de Ignácio Joaquim de Souto Menezes: BBRIC, Freguesia de Santo Antônio, Livro de batismos 1828-40, fl. 185v. Em 12 ago. 1838, Joaquim de Almeida apadrinhou Leoterio, crioulo, oito meses, filho de Rita, escravizada de Eustáquio José Pereira: BBRIC, Freguesia de Santo Antônio, Livro de batismos 1828-40, fl. 335v. Para um africano com numerosos afilhados ver, por exemplo, o caso de José Pedro Autran (Luis Nicolau Parés e Lisa Earl Castillo, "José Pedro Autran e o retorno de Xangô", p. 17).

38. TNA, FO 315/48/48, caso *Gratidão*, doc. 131B, Agostinho de Freitas a Joaquim de Almeida, Bahia, 6 set. 1840; BBRIC, Freguesia de Santo Antônio, Livro de casamentos 1835-40, fl. 181.

39. BBRIC, Freguesia da Sé, Livro de batismos 1829-40, fl. 57. Agradeço a Lisa Earl Castillo por essa referência. Antônio Pereira Rebouças era então deputado eleito da Assembleia Nacional e membro do Conselho da Província (Hebe Maria Mattos e Keila Grinberg, "Lapidário de si mesmo", p. 36). Ver ainda: Grinberg, *O fiador dos brasileiros*, pp. 116, 130.

40. Sobre Kodjo, em 1866 os chefes de Pequeno Popo declaravam que "sua mãe era filha de um dos cabeceiras de Ahgway" (Silke Strickrodt, *Afro-European Trade in the Atlantic World*, p. 186; cf. TNA, ADM 123/73 enclosure in n. 8, Caboceer Kumei, Ahguay, 17 mar. 1866: Chiefs of Ahgway, Ahgway, 16 jan. 1866).

Para 1864, ver: HCPP, 1865 [3503], Class A, enclosure 4 in n. 128, Headmen of Little Popo to Commodore Wilmot, pp. 133-4. Numa carta de janeiro de 1884, os velhos de Glidji descreviam a Pedro Codjo e ao novo "rei" Lawson como descendentes do antigo rei Ashongbor Dajehn [Assiongbon Dandje], como "primos" e "descendentes das mesmas famílias" (Adam Jones e Peter Sebald, *An African Family*, p. 246). A mãe de Pedro Codjo era Sasi Aheba, filha de Sekpon, nessa versão, sucessor de Comlagan (Agbanon II, *Histoire de Petit Popo*, p. 46). Turner identifica Pedro Codjo como "mina" (*"Les Brésiliens"*, pp. 111-2).

41. A memória oral da família de Souza sustenta que Félix ficou órfão e foi criado por Francisco Félix de Souza e Ahossi em Uidá (Simone de Souza, *La famille de Souza de Bénin-Togo*, p. 72). Ver também: Agbanon II, *Histoire de Petit Popo*, pp. 46, 193; Byll-Cataria, *La Diaspora dahoméenne en A. O. F.*, v. 3, pp. 1.096-102; Turner, *"Les Brésiliens"*, pp. 107-11. Strickrodt identifica Pedro Félix de Almeida com Aité, o "moço" do cabeceira de Agoué, mencionado pelo viajante alemão Zutphen em 1831, que, segundo esta versão, teria estado no Brasil e falava português (*Afro-European Trade in the Atlantic World*, pp. 168-9). Há um Pedro Félix de Souza [sic] que solicita passaporte em Salvador para a Costa da África em agosto de 1847 (Apeb, Colonial, Livro de passaportes 5890, fl. 79).

42. Jones e Sebald, *An African Family*, p. 496; Strickrodt, *Afro-European Trade in the Atlantic World*, p. 162. Para Francisco Félix de Souza, ver: Law, "Francisco Félix de Souza"; Costa e Silva, *Francisco Félix de Souza*. Ver este último autor (p. 93) para diversas versões sobre a origem do título Chachá.

43. Agbanon II, *Histoire de Petit Popo*, pp. 46-7, 193. Simone de Souza, *La famille de Souza de Bénin-Togo*, p. 59; Richard Burton, *A Mission to Gelélé King of Dahome*, I, pp. 105-6; Strickrodt, *Afro-European Trade in the Atlantic World*, p. 163.

44. HCPP, 1836 [006], Class B, second enclosure in n. 98, Notes on the subject of the slave trade in the Province and City of Bahia, set. 1835, W. G. Ouseley, Rio de Janeiro, out. 1835, p. 89. Nesse relatório, André Pinto aparece como dono do *General Rondeau*, antigo navio de guerra que navegava com bandeira argentina. Para a escuna *Três Manoelas* e a citação relativa a Chachá: HCPP, 1836 [006], Class B, n. 107, Consul Parkinson to Viscount Palmerston, Bahia, 10 dez. 1834, p. 97. Silveira também é identificado como consignatário da escuna espanhola *Manoelita* (*Três Manoelas*), o brigue espanhol *El general Mina* (*General Rondeau*?) e o brigue brasileiro *Espadarte*: HCPP, 1836 [006], Class B, second enclosure in n. 108, List of vessels which have entered Bahia, 1834, p. 98; first enclosure in n. 110, Report of vessels cleared from this port, 1835, p. 100; n. 111, Vice-Consul Robilliard to Viscount Palmerston, Bahia, 28 set. 1835, p. 101. Sobre Silveira, ver ainda Verger, *Fluxo*, pp. 393, 489.

45. Apeb, Colonial, Livro de passaportes 5883, fl. 143v. Nesse registro, Pe-

dro é explicitamente referido como *afilhado* de André Pinto da Silveira, informando que vai "a tratar do seu negócio".

46. BBRIC, Freguesia de Santana, Livro de batismos 1821-30, fl. 11 (5 ago. 1821); Freguesia do Pilar, Livro de batismos 1824-30, fl. 40 (5 nov. 1826); Apeb, Colonial, Livro de passaportes 5883, fl. 104 (26 set. 1835). Chico, Antônio e Isidoro aparecem ainda na década de 1840.

47. Law e Mann, "West Africa", p. 310. Para os laços da família de Souza com a Bahia: idem, pp. 329-30.

48. Ferreira, *Dos sertões ao Atlântico*, p. 87.

49. Willy de Craemer, Jan Vansina e Renée C. Fox, "Religious Movements in Central Africa".

50. Otávio Velho, "Missionization in the Postcolonial World", p. 44.

51. A expressão "religião sem fé" é de Olabiyi Yai, "The Identity", p. 77.

52. Apeb, Judiciário, Processo-crime, Salvador, est. 4, cx. 128, doc. 3, réu: Joaquim de Almeida africano, 1834. Jaime Rodrigues, *O infame comércio*, pp. 195-9, 206, n. 56-64. Rodrigues cita a antiga identificação do arquivo: Apeb, Judiciário, Autos Crimes, maço 3175, auto 3. Agradeço a Lisa Castillo por me alertar sobre a referência a Joaquim de Almeida na obra de Rodrigues.

53. Para o tema da precariedade da liberdade, ver: Chalhoub, *A força da escravidão*, pp. 104-8 e cap. 9; Mamigonian, "Os direitos dos libertos africanos".

54. Para um dos trabalhos mais recentes e completos sobre os africanos livres, ver: Beatriz Gallotti Mamigonian, *Africanos livres*.

55. Rodrigues, *O infame comércio*, p. 196.

56. Apeb, Judiciário, Processo-crime, Salvador, est. 4, cx. 128, doc. 3, réu: Joaquim de Almeida africano, 1834.

57. Ibid., fl. 30. O passaporte é de 10 de fevereiro.

58. Ibid., fls. 10, 13. Nos séculos XVIII e XIX, o conceito de prevaricação referia-se à ação de desviar-se do seu dever, através de engano ou outros subterfúgios, e não estava restrito às pessoas que ocupam cargo público, como na atualidade.

59. Ibid., fls. 14-15.

60. Para as viagens do *Umbelina*: TSTD, viagens n. 1128, 3031. Sobre João Cardozo dos Santos ver ainda: Conrad, *Tumbeiros*, pp. 81-3; Verger, *Fluxo*, p. 470. A menção ao Cardozinho no processo-crime é do preto jeje e marinheiro Francisco José de Oliveira, uma das testemunhas na acareação realizada em maio de 1835.

61. O caput 4 do artigo 3 reza: "Os que cientemente comprarem, como escravos, os que são declarados livres no art. 1º; estes, porém, só ficam obrigados subsidiariamente às despesas da reexportação, sujeitos, com tudo, às outras penas". Já o artigo 179 impõe pena "aos que reduzem à escravidão pessoas livres" (lei de 7 de novembro de 1831, Coleção de Leis do Império do Brasil, 1831, v. 1,

p. 182. Disponível em: <http://www2.camara.leg.br/legin/fed/lei_sn/1824-1899/lei-37659-7-novembro-1831-564776-publicacaooriginal-88704-pl.html>. Acesso em: 20 jan. 2010).

62. Apeb, Judiciário, Processo-crime, Salvador, est. 4, cx. 128, doc. 3, réu: Joaquim de Almeida africano, 1834, fl. 18.

63. Ibid., fls. 21-24.

64. Ibid., fls. 26 e 26v.

65. Ibid., fl. 28.

66. Ibid., fl. 29.

67. No livro de batismos original, correspondente ao período de julho de 1816 a agosto de 1829, o padre João Thomas de Souza começa a registrar os assentos em 28 de janeiro à folha 322: BBRIC, Freguesia de Transfiguração do Senhor [Sé], Livro de batismos 1816-29.

68. Para fraude, subornos, conivência e envolvimento de juízes, militares e altas autoridades do governo no tráfico ilegal, ver: Conrad, *Tumbeiros*, pp. 123--30; Chalhoub, *A força da escravidão*; Mamigonian, *Africanos livres*; Tâmis Peixoto Parron, *A política da escravidão no Império do Brasil*.

69. Rodrigues (*O infame comércio*, pp. 196-9) diz que "a justiça baiana determinou que Cipriano fosse trazido do Rio Grande para a Bahia e que ficasse em poder de Joaquim até que se resolvesse a demanda", e cita um arrazoado jurídico do juiz de paz de Rio Grande que teria tentado impedir a extradição. Em 2016, quando consultei o processo, essa parte da documentação tinha sido extraviada.

70. Termo de interrogatórios e acareação com o negro Cypriano de nação nagô, escravo de Joaquim de Almeida, maio 1835, Apeb, Judiciário, Processo--crime, Salvador, est. 4, cx. 128, doc. 3, réu: Joaquim de Almeida africano, 1834.

71. Outra das declarações de 1834 especifica que Joaquim recebeu Cipriano "de uma carregação que fizera para a Costa *para onde navegara* e o remeteu para esta província na escuna *Umbelina*" (grifos meus): Apeb, Judiciário, Processo-crime, Salvador, est. 4, cx. 128, doc. 3, réu: Joaquim de Almeida africano, 1834, fl. 14v.

72. Para um estudo detalhado sobre esse assunto, ver: Reis, "'Por sua liberdade me oferece uma escrava'".

73. Coleção de Leis do Império do Brasil, 1831, v. 1, p. 182. Disponível em: <http://www2.camara.leg.br/legin/fed/lei_sn/1824-1899/lei-37659-7-novembro-1831-564776-publicacaooriginal-88704-pl.html>.Acesso em: 20 jan. 2010. Para uma discussão pormenorizada desse artigo da lei, ver: Chalhoub, *A força da escravidão*, pp. 212-25. Para seus efeitos posteriores, ver: Wlamyra R. Albuquerque, *O jogo da dissimulação*, pp. 45-50.

74. João José Reis, "O 'rol dos culpados'", p. 121. Sobre a Revolta dos Malês, ver: Reis, *Rebelião escrava no Brasil*.

75. Apeb, Judiciário, Processo-crime, Salvador, est. 4, cx. 128, doc. 3, réu: Joaquim de Almeida africano, 1834, fl. 38; e, no anexo, Termo de interrogatórios e acareação com o negro Cypriano de nação nagô escravo de Joaquim de Almeida, fls. 4-10.

76. Apeb, Judiciário, Processo-crime, Salvador, est. 4, cx. 128, doc. 3, réu: Joaquim de Almeida africano, 1834, no anexo, Termo de interrogatórios e acareação com o negro Cypriano de nação nagô escravo de Joaquim de Almeida, fls. 4-10.

77. Jean-Dominique Burton, *Chasseurs Nagô du Royaume de Bantè*.

78. Apeb, Judiciário, Processo-crime, Salvador, est. 4, cx. 128, doc. 3, réu: Joaquim de Almeida africano, 1834, fls. 35-7.

3. AS MOTIVAÇÕES PARA O RETORNO À ÁFRICA [pp. 95-128]

1. Apeb, Colonial, Polícia 1835-1841, Presidência da Província chefes de polícia, Relação dos africanos que se acham presos nas cadeias da Relação para serem deportados, 1835. A cadeia da Relação foi a primeira da cidade e a mais antiga da província. Para outras cadeias da cidade, como o Aljube e a Casa de Correção ver: Cláudia Trindade, *Ser preso na Bahia no século XIX*.

2. Ver o estudo clássico sobre essa revolta: Reis, *Rebelião escrava no Brasil*.

3. Ibid., pp. 127-8.

4. Ibid., p. 453, e Reis, "'O rol dos culpados'". Haveria ainda 96 sentenças ignoradas. Para a total lotação das prisões ver também: Brito, *Temores da África*, pp. 149-62.

5. Sobre essa lei ver: Reis, *Rebelião escrava no Brasil*, pp. 498-503.

6. Verger, *Fluxo*, p. 387.

7. HCPP, 1836 [006], Class B, second enclosure in n. 98, Notes on the subject of the slave trade in the Province and City of Bahia, September 1835, W. G. Ouseley, Rio de Janeiro, out. 1835, pp. 88-91, tradução minha.

8. Tradução de Verger, *Fluxo*, p. 390; cf. TNA, FO 84/198, J. Jackson to Palmerston, Rio de Janeiro, 5 mar. 1836, Translated extract of the speech of the president of Bahia, fl. 117v.

9. Apeb, Colonial, Livros de passaportes 5881, 5883. Entre janeiro de 1835 e novembro de 1837, 1211 indivíduos receberam passaportes para a África, com registros concedendo passaportes a mais de uma pessoa. Desse total, descontei 167 casos de pessoas que, num prazo inferior a três meses, solicitaram um novo passaporte, indicando que não chegaram a viajar na primeira ocasião. Dos res-

tantes 1044 presumíveis passageiros, 508 viajaram em 1835; 440 em 1836; e 96 em 1837.

10. Para esta tabela foram utilizadas as cartas concedidas entre 1802 e 1837 (a partir da data de emissão, e não de registro), descontando os libertos brasileiros e os africanos para os quais não consta identificação de "nação". Considerei esse período prolongado para refletir melhor a proporcionalidade das nações entre a população liberta.

11. A sistematização desse livro de habilitação de passaportes foi realizada no contexto do projeto Famílias Atlânticas, com a colaboração de Lisa Earl Castillo e Emanuelle Moreira Maia, a quem agradeço a contribuição. Para uma contagem ligeiramente diferente ver: Castillo, "Mapping", p. 27. O universo de 446 passaportes de africanos da tabela resultou de se descontarem os possíveis casos de repetição e da identificação da nação de alguns dos viajantes através de fontes documentais suplementares.

12. Verger, *Fluxo*, p. 388; cf. TNA, FO 84/175, George Jackson ao Rio de Janeiro, 6 jul. 1835, fl. 14. O governo brasileiro cogitou expedir os deportados para Luanda, e até um vice-cônsul foi nomeado, mas Angola se recusou a aceitá-lo, alegando ser colônia portuguesa (Verger, *Fluxo*, pp. 389-90). Outras negociações para enviar os libertos a Libéria, Serra Leoa ou Trinidad também foram contempladas sem maior continuidade (Reis, *Rebelião escrava no Brasil*, p. 484).

13. Sobre a tradição antitráfico prévia à independência: Cunha, *Negros estrangeiros*, p. 97. Sobre o debate político a respeito do tráfico no período da Regência: Parron, *A política da escravidão*, pp. 88-143. A citação está na p. 91. Ver também Mamigonian, *Africanos livres*.

14. Parron, *A política da escravidão*, pp. 88-143; Chalhoub, *A força da escravidão*, cap. 4; Mamigonian, *Africanos livres*.

15. TNA, FO 84/198, J. Jackson to Palmerston, Rio de Janeiro, 5 mar. 1836, Translated extract of the speech of the president of Bahia, fls. 117-19. A citação está na fl. 117v.

16. Ver, por exemplo: *Diário da Bahia*, 14 nov. 1835, pp. 1-2.

17. Parron, *A política da escravidão*, pp. 80-1, 87.

18. Coelho não consta no "rol dos culpados", sugerindo que não foi julgado (cf. Reis, "'O rol dos culpados'") .

19. Apeb, Colonial, Presidência da Província e chefes de polícia 1835-41, maço 2949, Relação dos africanos que se acham presos nas cadeias da Relação para serem deportados, 1835. Sobre Luiz Xavier de Jesus, ver: Verger, *Os libertos*, pp. 58-9; Reis, *Rebelião escrava no Brasil*, pp. 486-8; Oliveira, *O liberto*, p. 38; Brito, *Temores da África*, pp. 190-8; Falheiros, *Luís e Antônio Xavier da Cruz*, pp. 25--7, 31-2 e "De escravo a retornado", p. 103.

20. Grifos meus. Apeb, Colonial, Presidência da Província e chefes de po-

lícia 1835-41, maço 2949, Antônio Simões da Silva à presidência da província, 18 nov. 1836.

21. Essa história está contada em detalhe em Castillo e Parés, "Marcelina da Silva e seu mundo", pp. 119-23. Ver também, Reis, *Rebelião escrava no Brasil*, p. 466.

22. Luis Nicolau Parés, "Libertos africanos, comércio atlântico", pp. 13-21.

23. HCPP, 1836 [006], Class B, second enclosure in n. 98, Notes on the subject of the slave trade in the Province and City of Bahia, September 1835, W. G. Ouseley, Rio de Janeiro, nov. 1835, pp. 88-91.

24. O caso do *Nimrod* tem sido comentado por vários autores: Verger, *Fluxo*, pp. 390-4; Reis, *Rebelião escrava no Brasil*, p. 482; Castillo, "Mapping", pp. 27-8. Para o número de passageiros e a data da viagem: TNA, FO 84/204, List of vessels cleared from Bahia to the Coast of Africa from 1st January to 30th June 1836, fl. 342.

25. Para outro caso de uma viagem organizada por um africano liberto, partindo do Rio de Janeiro, que levantou suspeitas sobre a possibilidade de reescravização dos passageiros, ver: Verger, *Fluxo*, p. 394; cf. TNA, FO 84/198, J. Jackson e Fred Grigg a Palmerston, Rio de Janeiro, 5/03/1836, fls. 112v-113; Walter Hawthorne, "'Sendo agora, como se fôssemos, uma família'", pp. 25-7; Mônica Lima e Souza, *Entre margens: o retorno à África de libertos no Brasil*, pp. 136-40.

26. TNA, FO 84/204, Vice-Consul Robilliard to Viscount Palmerston, Bahia, 13/01/1836, fl. 286v. Verger cita o trecho, mas omite a última parte referente aos libertos (*Fluxo*, p. 392).

27. Apeb, Colonial, Presidência da província e chefes de polícia 1835-41, maço 2949, Antônio Simões da Silva ao visconde do Rio Vermelho, vice-presidente da província, Bahia, 30 jul. 1835.

28. Verger, *Fluxo*, pp. 389, 401; cf. TNA, FO 13/121, Lyon e Parkinson a Palmerston, Bahia, jan. 1836.

29. HCPP, 1836 [006], Class B, second enclosure in n. 98, Notes on the subject of the slave trade in the Province and City of Bahia, September 1835, W. G. Ouseley, Rio de Janeiro, nov. 1835, p. 91.

30. Apeb, Colonial, Presidência da Província e chefes de polícia 1835-41, maço 2949, Antônio Simões Silva ao presidente da província, 14 nov. 1835; HCPP, 1837 [s/n], Class B, second enclosure in n. 125, List of vessels sailed from this port of Bahia for the Coast of Africa from 1st July to 31st December 1835, p. 87; Verger, *Fluxo*, p. 390; Reis, *Rebelião escrava no Brasil*, p. 484. Para outras viagens com deportados em 1836, ver: Reis, *Rebelião escrava no Brasil*, pp. 480--4; Castillo, "Mapping", p. 43; cf. *Diário da Bahia*, 18 jun. 1836; Apeb, Colonial, Presidência da Província e chefes de polícia 1835-41, maço 2949, Antônio Simões Silva ao presidente da província, 8 nov. 1836.

31. Apeb, Colonial, Livro de passaportes 5883, fls. 112v, 115-116, 118, 118v, 119. Entre os solicitantes havia ainda vários outros libertos irmãos da IBJNR, como Manoel José da Silva, Faustino Santana e João Luiz Ferreira (sobre este último ver a próxima seção).

32. Um projeto para estabelecer uma colônia em Angola a fim de "repatriar" os libertos brasileiros tinha sido cogitado, em maio de 1835, pelo governo brasileiro (Verger, *Fluxo*, p. 389).

33. Mann e Andrade, Projeto Alforrias; cf. Apeb, Judiciário, Livro de notas 254, fls. 160-161. A carta de alforria foi concedida em 24 nov. 1835. Agradeço a Urano de Andrade por providenciar cópia digital desse documento.

34. Apeb, Colonial, Livro de passaportes 5883, fls. 143v, 144v, 151v, 153, 174.

35. Ibid., fl. 144v; TNA, FO 84/204, List of vessels cleared from Bahia to the Coast of Africa from 1st January to 30th June 1836, fl. 342.

36. Apeb, Judiciário, Livro de notas 257, fl. 88. Xavier Vicente aparece no rol de presos a serem deportados.

37. Apeb, Judiciário, Livro de notas 255, fl. 41. Para Antônio de Oliveira Alves ver: Falheiros, "'De escravo a retornado'", pp. 56, 58.

38. HCPP, 1838 [s/n], Class B, first enclosure in n. 91, List of vessels which have cleared out from Bahia for the Coast of Africa from 1st July to 31st December 1836, p. 83. Para a data de 10 de outubro, ver: Reis, *Rebelião escrava no Brasil*, p. 483.

39. Para o grupo de Maria da Gloria, ver: Castillo, "Mapping", pp. 29-30. Para o grupo de Francisca da Silva e Autran: Castillo e Parés, "Marcelina da Silva" e Parés e Castillo, "José Pedro Autran".

40. Para a identificação como Dassá: Pélofy, "Histoire Agoué", p. 18. Dassá é uma vila localizada na área do país Mahi.

41. APA, Livro de batismos 1, 1846-74, 25/01/1846. Este livro é uma tradução francesa do original escrito em latim; sua caligrafia é semelhante à do padre Isidore Pélofy, que trabalhou na missão de Agoué entre 1911 e 1945.

42. BBRIC, Freguesia de Santana, Livro de batismos 1821-30, fl. 175v.

43. BBRIC, Freguesia da Conceição da Praia, Livro de batismos 1826-34, fls. [ilegível], 2 e 11 jul. 1830. Sobre Manoel Joaquim Ricardo, ver: Reis, "De escravo a rico liberto". Para a sua identificação como o compadre de Luiza: TNA, FO 315/50/57, caso *Nova Fortuna*, doc. 48, Manoel Joaquim Ricardo a Joaquim Antônio da Silva, Bahia 24 abr. 1841.

44. Apeb, Livro de testamentos 46, testamento de Luiza Francisca Gonçalves, 4 set. 1863, fl. 188. Para a relação de parentesco entre as irmãs: TNA, FO 315/44-32, Caso *Empreendedor*, docs. 33, 33b, 35b, Manoel Joaquim Ricardo a

Ifigênia da Cruz, 24 abr. 1839; Luiza Gonçalves a Ifigênia da Cruz, 5 abr. 1839 e Felicidade a Ifigênia da Cruz, 9 abr. 1839.

45. Apeb, Colonial, Livro de passaportes 5883, fls. 166v-167. BBRIC, Freguesia da Conceição da Praia, Livro de batismos 1834-44, fls. 2, 40; Livro de óbitos 1834-47, fls.54-54v. Mann e Andrade, Projeto Alforrias; cf. Apeb, Livro de notas 233, fl. 203. A possibilidade de "Maria Luiza" ser a "irmã" Luiza Francisca Gonçalves é remota, pois esta aparece na Bahia ainda em 1839.

46. Essa "agregada" aparece em 1830 como "Esperança Floriana do Rosário": BBRIC, Freguesia da Conceição da Praia, Livro de batismos 1826-34, fl. [ilegível], 19 dez. 1830.

47. BBRIC, Freguesia da Conceição da Praia, Livro de batismos 1826-34, fl. [ilegível], 27 nov. 1830. Augusto aparece também como padrinho de uma escravizada de Thereza Caetana de Jesus, em Agoué: APA, Livro de batismos 1846-74, n. 38, 26 jan. 1846.

48. No original, escrito num português precário, consta "nossa senhora da morte do Camo". A devoção popular a Nossa Senhora do Monte Carmelo ou de Nossa Senhora do Carmo "está centrada em seu escapulário, também conhecido como escapulário marrom, um sacramental associado às promessas de ajuda feitas por Maria para a salvação do devoto portador" (Wikipedia; acesso em: 9 ago. 2018).

49. Na grafia original: "cando saber da sua noticia de boa siliviço que Snra tenho feito o Snr bom Jesuis da Redempção eu recomeda mto e mta q não afarça nuca desta de devoção" (TNA, FO 315/48/48, caso Gratidão, doc. s/n, Jorge Nabuco de Araújo a Thereza Caetana de Jesus, 13 jul. 1840).

50. Apeb, Colonial/Provincial, Polícia, maço 5685, Mapas da freguesia de São Pedro, 1835. Em 1835, a freguesia de São Pedro, com 2079 fogos e 5394 almas, tinha uma maioria de brancos e pardos livres, com apenas 245 libertos africanos e 102 libertos brasileiros ou crioulos (6,4%); 1068 escravizados africanos e 360 crioulos (26,5 %), assim como 376 estrangeiros.

51. BBRIC, Freguesia da Conceição da Praia, Livro de batismos 1826-34, fls. [ilegível], 27 nov. 1830. Naquela oportunidade, Manoel Guilherme batizou quatro cativos africanos, três deles crianças.

52. TNA, FO 315/48/48, caso Gratidão, doc. 132, Ignácio Vieira a Thereza Caetana de Jesus, 7 set. 1840.

53. O pai dos filhos de Esmeria, o hauçá José Antônio Gomes, era compadre de Francisca Floriana, e eles aparecem todos juntos num batismo de 1824 (BBRIC), Freguesia do Pilar, Livro de batismos 1824-30, fls. 3-3v.

54. No mesmo dia 23 também solicitou passaporte uma família nuclear que acabaria em Agoué, composta pelo jeje Espiridião Custodio de Almeida, sua mulher, a crioula Maria Benedita, e o filho Aniceto, de menos de um ano de

idade. Viajavam com uma amiga, a liberta Joana Francisca, de nação tapa. Eles estavam presentes no batismo coletivo de 1846, em Agoué (ver capítulo 7).

55. Apeb, Colonial, Livro de passaportes 5879, fl. 63; HCPP, 1831 (004) Class A. Correspondence with the British Commissioners, at Sierra Leone, the Havana, Rio de Janeiro, and Surinam, relating to the Slave Trade. 1830, p. 116; BBRIC, Freguesia de Santana, Livro de batismos 1821-30, fl. 232.

56. Apeb, Colonial, Livro de passaportes 5883, fl. 115v, 23 out. 1835.

57. Os escravizados eram Joaquim e Josefa. Esta foi batizada, com outras três escravizadas de João Luiz, em 30 de maio de 1830 (BBRIC, Freguesia Santana, Livro de batismos 1821-30, fl. 232). Há um Joaquim, cativo de Luiz Ferreira, batizado em maio de 1832, no mesmo dia em que João Luiz apadrinhou outro cativo de Luiz Ferreira (BBRIC, Freguesia em Santana, Livro de batismos 1832-48, fl. 50v).

58. Apeb, Judiciário, Libelo Cível, 28/995/22, Autora: Felicidade Gomes; réu: Carlota Roza da Purificação, 1874-77, fls. 41v, 66v, 70. Ver Luis Nicolau Parés, "O sítio Dagomé".

59. Apeb, Livro de testamentos 25, fl. 66.

60. Apeb, Colonial, Livro de passaportes 5883, fl. 169v. Sobre Thomazia, ver o testamento de Joaquim (Apeb, Judiciário, 04/1445/1914/05, Inventário de Joaquim de Almeida, 1857-65, fls. 3-9); Parés, "Afro-Catholic Baptism", pp. 185-6. Para a alforria de Anna Roza: Apeb, Judiciário, Livro de notas 253, fl. 38. Para a alforria de Felipa: Mann e Andrade, Projeto Alforrias; cf. Apeb, Judiciário, Livro de notas 251, fl. 147-8.

61. Apeb, Judiciário, Livro de notas 255, fl. 41; BBRIC, Freguesia de Santo Antônio, Livro de batismos 1828-40, fl. 299.

62. Agbanon II, *Histoire de Petit Popo*, p. 84; Verger, "Les nouveaux Brésiliens", p. 328 e *Os libertos*, p. 46; Guran, *Agudás*, pp. 85-6; Araújo, *Mémoires de l'esclavage*, p. 133. Entrevista de Marina de Almeida, Abomey Calavi, fev. 2014.

63. BBRIC, Freguesia da Penha, Livro de batismos 1817-33, fl. 43v. Para 27 viagens a África de embarcações propriedade de Francisco de Souza Paraíso entre 1788 e 1816: TSTD. Para seu posto na Alfândega: AHU, Bahia, cx. 205 doc. 52, 4 abr. 1797. Francisco de Souza Paraíso filho voltou de estudar direito em Coimbra em 1818, mas logo assumiu diversos cargos em Alagoas, Paraíba e Ilhéus. Em 1821 ele estava na Paraíba (Colégio Brasileiro de Genealogia, "Artigos genealógicos. Paraíba, Deputados 1827-99 – 1ª Parte". Disponível em: <http://www.cbg.org.br/paraiba-deputados-1827-1899-1a-parte/>; acesso em: 10 ago. 2018). Para João Francisco de Souza Paraíso, ver: Verger, *Fluxo*, pp. 469, 579, 682, 684. Os livros de batismos trazem repetidas menções a membros da família Paraíso (BBRIC, Freguesia de Santo Antônio, Livro de batismos 1812-21, 1824-8, 1828-40; Freguesia do Passo, Livros de batismos 1793-1817, 1817-59).

64. BBRIC, Freguesia do Passo, Livro de batismos 1817-59, fls. 58, 83v. Agradeço a Lisa Castillo pela indicação desses registros.

65. Apeb, Judiciário Livro de notas 253, fl. 38. Agradeço a Urano Andrade por fornecer a indicação dessa fonte (em troca de e-mail 24 fev. 2018).

66. Para tentativa de compra da Quitanda do Capim: Apeb, Judiciário, Livro de notas 244, fls. 148v-149; Livro de notas 240A, fls. 177v ss. Para a compra da casa em São José dos Bem Casados: Apeb, Judiciário, Livro de notas 243, fls. 168v ss. A igreja de São José de Ribamar ou dos Bem Casados, hoje extinta, ficava no alto da rua São José de Baixo, no Barbalho.

67. Apeb, Judiciário, Livro de notas 251, fls. 64v-66.

68. Apeb, Judiciário, Livro de notas 255, fls. 8-9.

69. Reis, *Rebelião escrava no Brasil*, pp. 480, 482.

70. Para o preço médio de um escravizado em 1835, ver: Andrade, *A mão de obra escrava em Salvador*, p. 202.

71. Castillo, "Mapping", p. 30.

72. Cunha, *Negros, estrangeiros*, p. 99; Mamigonian, "Os direitos".

73. Kraay, *Race, State, and Armed Forces*, pp. 106ss, 141-51; João José Reis, "Cor, classe, ocupação etc.", pp. 280-1.

74. AN, bobina 200MI 1189, "Conventions du 30 de novembre 1831 et du 22 mars 1833 pour la répression de la traite des noires, entre la France et la Grande Bretagne". Ver ainda: Bethell, *A abolição*.

75. Sobre o tratado anglo-espanhol de 1835: David R. Murray, *Odious Commerce*, pp. 92-113; Bethell, *A abolição*, p. 153. Sobre o Equipment Act, ver: Reis, Gomes e Carvalho, *O alufá Rufino*, cap. 11.

76. Verger, *Fluxo*, cap. 11, pp. 433-74.

77. HCPP, 1842 [551], Report of the Select Committee on the West Coast of Africa, part 1, minutes of evidence n. 2480-2488, Henry Broadhead, 13 maio 1842, p. 127. Law, *Ouidah*, p. 157.

78. John Reid, *Warrior Aristocrats in Crisis*, pp. 141, 151. Ferreira utiliza também o conceito de "dispersão" para um processo semelhante na África Central, a partir de 1830, quando o tráfico atlântico é declarado ilegal no Brasil (Ferreira, *Dos sertões ao Atlântico*, cap. 1).

79. Reid, *Warrior Aristocrats in Crisis*, pp. 149-50; Law, *Ouidah*, p. 158.

80. Reid, *Warrior Aristocrats in Crisis*, pp. 151-2.

81. Eltis, *Economic Growth*, p. 154. A ideia da crescente importância dos carregadores é reiterada por Law e Mann, "West Africa", p. 323. Essa dinâmica se estendia também à região de Congo-Angola (Ferreira, *Dos sertões ao Atlântico*, p. 99).

4. O COMÉRCIO MIÚDO DOS LUSO-AFRICANOS (1838-42)
[pp. 129-69]

1. APA, École de la Mission Catholique d'Agoué, 1874-1914, fls. 1-2. Tradução minha.
2. Agbanon II, *Histoire de Petit Popo*, p. 80.
3. Entrevista de Marina de Almeida, Abomey Calavi, 23 fev. 2014.
4. Para a data do desembarque do *Nimrod* em Agoué: TNA, FO 84/204, J. H. Robillard, Bahia 8 e 13 jun. 1836, fls. 329ss; Verger, *Fluxo*, pp. 391-4. Para os possíveis passageiros do *Nimrod* com passaportes tirados entre novembro de 1835 e janeiro de 1836: Apeb, Colonial, Livro de passaportes 5883. Ainda entre esses passageiros: o bornu José Maria de Santana, o crioulo Manoel da Paixão (filho de Antônio Caetano Coelho), o jeje Venâncio do Amaral Macedo e sua mulher Delfina Joaquina, e o mina Benedito Martins da Costa Guimarães e sua mulher Maria Teixeira Chaves.
5. Para a saída do brigue *Gloria*, em 4 abr. 1836, com "94 negros": TNA, FO 84/204, List of vessels cleared from Bahia to the Coast of Africa from 1st January to 30th June 1836, fl. 342. Apesar de uma variabilidade de sentidos, o termo cabra era uma categoria racial geralmente utilizada na América Portuguesa para designar o mestiço de negro e mulato.
6. Para a saída do *Aliança*, no início de outubro: HCPP, 1838 [s/n], Class B, first enclosure in n. 91, List of vessels which have cleared out from Bahia for the Coast of Africa from 1st July to 31st December 1836, p. 83; Reis, *Rebelião escrava no Brasil*, p. 483. As listas de navios saindo da Bahia para a Costa da África elaboradas pelos ingleses, embora incompletas, registram 21 navios para 1836, porém, cinco deles indo para África Central e três para São Tomé e Príncipe.
7. Sobre as distintas versões relativas à fundação de Agoué, ver: Strickrodt, *Afro-European Trade in the Atlantic World*, pp. 157-66.
8. Marcelino Andrés, *Relación del viaje de Marcelino Andrés por las costas de África*, p. 42. A ideia de Agoué como uma república "sem liderança centralizada" é reiterada, nos anos seguintes, em: Forbes, *Dahomey*, I, p. 102; Pierre Bouche, *Sept ans en Afrique Occidentale*, p. 302. Para a sucessão dos chefes em Agoué: Bouche, id.; Pélofy, "Histoire Agoué", pp. 5-7; Pierucci, "Agoué", p. 6. Para a história política da cidade entre 1820 e 1860: Strickrodt, *Afro-European Trade in the Atlantic World*, pp. 157-70, 176-83.
9. C. H. van Zütphen, *Tagebuch einer Reise von Bahia nach Afrika*, pp. 52-8. Agradeço a Silke Strickrodt pela indicação e tradução dessa fonte. Para as distintas tradições orais sobre o primeiro assentamento dos retornados em Agoué: Silke Strickrodt, "'Afro-Brazilians' of the Western Slave Coast", p. 227 e *Afro-European Trade in the Atlantic World*, pp. 157-66.

10. Essas ideias estão em: Law e Mann, "West Africa", pp. 322-4. A citação entre aspas é de Silke Strickrodt, "The Brazilian Diaspora", p. 47. Para uma dinâmica semelhante, no contexto da África Central: Souza, "Histórias entre margens", p. 79. Ver ainda: Michael Jerry Turner, "Escravos brasileiros no Daomé", p. 5; Costa e Silva, *Francisco Félix de Souza*.

11. Sobre os retornados de Cuba: Solimar Otero, *Afro-Cuban Diasporas*.

12. Mann, *Slavery*, pp. 45-8. Os *obás* de Lagos foram: Idewu (1829-35); Adele (1835-7); seu filho, Oluwolé (1837-41), Akitoyé (1841-5), Kosoko (1845-51). Ver: TNA, FO 84/920, Kings of Lagos, Gollmer, Lagos, 2 set. 1853, fls. 349-51.

13. Cunha, *Negros estrangeiros*, p. 137; Mann, *Slavery*, pp. 97, 142; Linda Lindsay, "To Return to the Bosom of their Fatherland"; Angela Fileno da Silva, *Vozes de Lagos*. Para as embaixadas de Onim ao Brasil, iniciadas em 1770 por João de Oliveira: Verger, *Fluxo*, pp. 305-7; Costa e Silva, "Cartas de um embaixador"; Gilberto da Silva Guizelin: "A última embaixada de um monarca africano do Brasil".

14. Para a chegada de Domingos José Martins em Porto Novo: Pierre Verger, "Influence du Brésil au Golfe du Bénin", p. 68, carta nº 28. Para sua influência na década de 1840: David Ross, "The Career of Domingo Martinez". Para a presença de José Paraiso, a partir de 1850: Castillo, "Mapping", p. 33. Para a possível presença do nagô Francisco Moreira já em 1836: Lisa Earl Castillo "The Exodus of 1835", p. 13.

15. Para os retornados saros em Badagri entre 1838-45: Caroline Sorensen-Gilmour, *Badagry, 1784-1863*, pp. 199-204, 341. Para a chegada, em 1851, de um grupo de sessenta minas vindos do Rio de Janeiro: James C. Fletcher e Daniel P. Kidder, *Brazil and the Brazilians Portrayed*, p. 136.

16. Strickrodt, "'Afro-Brazilians' of the Western Slave Coast"; Marco Aurelio Schaumloeffel, *Tabom*; Alcione Amos, "Afro-Brazilians in Togo"; Kwame Essien, *Brazilian-African Diaspora*.

17. Para a história do reino do Daomé, ver entre outros: Auguste Le Herissé, *L'ancien royaume du Dahomey*; Robin Law, *The Slave Coast*; Edna Bay, *Wives of the Leopard*. Para as embaixadas dos reis daomeanos: Verger, *Fluxo*; Luis Nicolau Parés, "Cartas do Daomé".

18. Robin Law, "Dahomey and the Slave Trade", p. 252.

19. Law, "Francisco Félix de Souza"; Costa e Silva, *Francisco Félix de Souza*. Para o pacto de sangue: Paul Hazoumé, *Le pacte de sang au Dahomey*.

20. Bay, *Wives of Leopard*, pp. 213-22; Luis Nicolau Parés, *O rei, o pai e a morte*, pp. 199-211.

21. Parés, "Cartas do Daomé", pp. 324-7, 393-5.

22. "Devassa do levante de escravos", v. 38, p. 140; Apeb, Colonial, Livro de passaportes 5833, fl. 99v.

23. Reynier, "Ouidah", p. 44; Agbo, *Histoire de Ouidah*, p. 199.

24. Law, *Ouidah*, p. 183; cf. Marcel Gavoy, "Note historique sur Ouidah", p. 61; Reis, *Rebelião escrava no Brasil*, p. 481.

25. Forbes, *Dahomey*, I, p. 105.

26. As datas de fundação do bairro Maro dadas por Reynier (1812) e Gavoy (1829) seriam incorretas: Gavoy "Note historique sur Ouidah", pp. 69-70; Reynier, "Ouidah", p. 44; Law, *Ouidah*, pp. 179-82. Ver ainda: Robin Law, "The Evolution of the Brazilian Community in Ouidah", p. 27.

27. Parés e Castillo, "José Pedro Autran".

28. Strickrodt, *Afro-European Trade in the Atlantic World*, p. 176, cf. WMMSA, Special Series Biographical, West Africa, Papers of Thomas Birch Freeman, T. B. Freeman, Journal, pp. 164-6. No início da década de 1870, Bouche estimava a população de Agoué em torno de 6 mil pessoas (Bouche, *Sept ans en Afrique Occidentale*, p. 301). Para outras estimativas demográficas: Strickrodt, "'Afro-Brazilians' of the Western Slave Coast", p. 215.

29. Pélofy, "Histoire Agoué", p. 13; Pierucci, "Agoué", p. 7. Outra fonte sugere que a casa de dois andares de Joaquim de Almeida foi erigida em Uidá, provavelmente a partir de 1845 (Lazare de Almeida, "Générations 'Zoki-Azata'", documento inédito, 2014).

30. Para os diversos arranjos de ocupação da terra no Lagos pré-colonial: Mann, *Slavery*, pp. 238-49.

31. Pierucci, "Agoué", pp. 7-9; Strickrodt, "'Afro-Brazilians' of the Western Slave Coast", p. 226. O bairro Iya-kome foi fundado mais tarde por Iya Modukpe, assim como os bairros adjacentes Adjêtêdo e Hêtountoun, habitados por escravizados iorubás.

32. Apeb, Colonial, Livro de passaportes 5833, 24 dez. 1835, fl. 132v. Para as atribuições da nação mahi a Santana e agonli a Paixão: Pélofy, "Histoire Agoué, pp. 22, 26. Para a distribuição urbanística em Agoué: evidência etnográfica, Agoué, 2010 e 2014.

33. Para Aguiar de Almeida: entrevista de Marina de Almeida, Abomey Calavi, fev. 2014, min. 39:40.

34. John Duncan, *Travels in Western Africa*, I, p. 91. Em 1859, um missionário informava que os saros tinham "se instalado em diferentes partes de Agoué" (WMMSA, William West, Cape Coast, 6 jun. 1859). Ambas as evidências apud Strickrodt, *Afro-European Trade in the Atlantic World*, p. 179.

35. Para Pequeno Popo: Forbes, *Dahomey*, I, p. 98; Strickrodt, *Afro-European Trade in the Atlantic World*, p. 173. Para Badagri: Sorensen-Gilmour, *Badagry*, pp. 98, 185-6.

36. Forbes, *Dahomey*, I, p. 32; II, pp.71-2. Robin Law, *Consul John Beecroft's Journal*, pp. 34, 54, 74-5.

37. Reid, *Warrior Aristocrats in Crisis*, pp. 149-50, 185; cf. WMMSA, box 259, Papers of Thomas Birch Freeman, 1843; Sorensen-Gilmour, *Badagry*, p. 206; Law, *Ouidah*, p. 158.

38. Reid, *Warrior Aristocrats in Crisis*, pp. 137-9.

39. TNA, FO 315/48/48, Papéis do *Gratidão*, docs. 66, 101, 131A, 131B, 147-49, 156, 160, 164.

40. HCPP, 1843 [484], Class C, thirteenth enclosure in n. 24, Traduction des lettres portugaises, carta n. 9, Benito Fernandes Galiza a Joaquim de Almeida, Bahia, 24 set. 1841, p. 28.

41. Turner, *"Les Brésiliens"*, p. 144. Ver Tabela 5 para alguns dos residentes em Uidá com casa em Agoué. Dinâmica parecida acontecia entre Luanda e Ambriz (Ferreira, *Dos sertões ao Atlântico*).

42. Para 1837: BBRIC, Freguesia de Santo Antônio, Livro de batismos 1828-40, fl. 335v. Para 1838: TNA, FO 315/48/48, caso *Gratidão*, doc. 167. Ele estava de volta a Agoué em dezembro de 1838 (TNA, FO 315/45/34, caso *Firmeza*, doc. 67).

43. Apeb, Livro de testamentos 29, testamento de Quiteria Nunes de Jesus (1842), fl. 143.

44. Não é impossível, porém, que Joaquim tenha regressado ao Brasil em algum momento durante esse período. Seu filho Suterio nasceu na Bahia em abril de 1842 (BBRIC, Freguesia da Sé, Livro de batismos 1840-53, fl. 247v). Isso significa que a mãe, Felismina, escravizada de Joaquim, ficou grávida por volta de junho de 1841. Ou ela viajou para a costa com Joaquim ou ele passou pela Bahia em meados desse ano.

45. TNA, FO 315/48/48, caso *Gratidão*, doc. 16, passaportes de Tobias Barreto Brandão; Mann e Andrade, Projeto Alforrias; cf. Apeb, Judiciário, Livro de notas 236, fls. 194; BBRIC, Freguesia de Santana, Livro de batismos 1821-30, fl. 199v; Apeb, Colonial, Livro de passaportes 5883, fl. 120.

46. Os documentos originais apreendidos a bordo do *Gratidão*, incluindo cinquenta cartas (oito delas dirigidas a Joaquim de Almeida), encontram-se em: TNA, FO 315/48/48, caso *Gratidão*. Agradeço a Carlos da Silva Junior por me fornecer cópias digitais desse maço. Para uma cópia manuscrita do relatório original dos ingleses: TNA, FO 84/309, Report of the case of the Brazilian schooner *Gratidão*, Serra Leoa, 30 nov. 1840, fls. 437-55. Os nomes citados constam na fl. 439. Para a versão impressa: HCPP, 1842 [402], Class A, enclosure in n. 109, pp. 115-18. A última fonte também apud: Strickrodt, "'Afro-Brazilians' of the Western Slave Coast", p. 225; Law, *Ouidah*, p. 199.

47. Jane Guyer, *Marginal Gains*, pp. 13, 15; Karl Polanyi, *Dahomey and the Slave Trade*, pp. 123, 155-8, 165-8; Marion Johnson, "The Ounce in Eighteenth-Century West African Trade".

48. TNA, FO 315/48/48, caso *Gratidão*, doc. 96, informação de José Maria Lopes, que por anos tem residido na Costa da África e negociado desde Popo até Onim, 1835.

49. Para o valor da onça de ouro ou dobrão espanhol ver: BNDB-HDB, *Correio Mercantil* (1836-49).

50. Heitor Pinto Moura Filho, "Câmbio de longo prazo do mil-réis", apêndice 2. A paridade entre o dólar e o mil-réis vingou entre 1820 e 1826. Em 1835, o peso/dólar se cambiava a 1$270 réis, em 1839, a 1$680 réis e, em 1844, a 1$968 réis. Para os valores de 1839 e 1844: TNA, FO 315/48/48, caso *Gratidão*, doc. 51; FO 315/53/93, caso *Esperança*, doc. 11.

51. Forbes, *Dahomey*, I, p. 36; apud Robin Law, "Computing", p. 244. Polanyi, *Dahomey*, pp. 168-9. A grande desvalorização do búzio só se daria, porém na segunda metade do século no período da grande inflação (Cunha, *Negros estrangeiros*, p. 155; Law, "Computing", pp. 244-5). Law (*Ouidah*, pp. 159-60) comenta que, no século XIX, embora a onça fosse ainda comum como unidade de quantificação, os preços passaram a ser contados em dólar. Já a libra inglesa (£) foi adquirindo maior curso na segunda metade do século XIX.

52. Polanyi, *Dahomey*, pp. 154, 156-9; Law, "Computing", pp. 244-5.

53. TNA, FO 315/48/48, caso *Gratidão*, doc. 38; FO 315/44/32, caso *Empreendedor*, doc. 54. O preço de 4$000 réis (sem frete) é de julho de 1840, e o de 5$360 réis (com frete) é de agosto de 1838.

54. Law, *Consul John Beecroft's Journal*, pp. 51, 77, 114; Bay, *Wives of the Leopard*, pp. 177-8, 180.

55. Para os *pacatilheiros*: Ferreira, *Dos sertões ao Atlântico*, cap. 4; Ximenes, *Joaquim Pereira Marinho*, pp. 70-1.

56. TNA, FO 315/48/48, caso *Gratidão*, docs. 179, 180, Translation of papers in the case of the Brazilian pilot boat *Gratidão*. O original português desses documentos está extraviado.

57. Duncan, *Travels in Western Africa*, I, p. 91.

58. TNA, FO 315/48/48, caso *Gratidão*, docs. 179, 180.

59. TNA, FO 315/45/34, caso *Firmeza*, doc. 389.

60. TNA, FO 315/48/48, caso *Gratidão*, doc. 179.

61. Essa tipologia de custos, à qual Eltis acrescenta o "custo de distribuição" (*distribution cost*), relativo à comercialização no Novo Mundo, está baseada na tese de E. Phillip LeVeen, *British Slave Trade Suppression Policies*; Eltis, *Economic Growth*, p. 269. Em relação às taxas impostas pelo rei, ver, por exemplo, em Lagos: AHI, Coleções especiais, lata 10, maço 2, pasta 1, Comissão mista (tráfico de negros) Grã-Bretanha, n. 33, caso *Destemida*, 1830-1, fl. 43.

62. TNA, FO 315/48/48, caso *Gratidão*, docs. 109, 180.

63. TNA, FO 315/48/48, caso *Gratidão*, docs. 21, 113, recibo de frete.

64. TNA, FO 315/48/48, caso *Gratidão*, docs. 30, 32, 33, 38, 66. Para o envolvimento dos Estados Unidos no tráfico atlântico de escravizados: Dale T. Graden, *Disease, Resistence, and Lies*; Leonardo Marques, *The United States and the Transatlantic Slave Trade*.

65. TNA, FO 315/48/48, caso *Gratidão*, docs. 66, 101, 120.

66. TNA, FO 315/48/48, caso *Gratidão*, docs. 36, 40, 66, 98, 103, 101, 120, 131B.

67. TNA, FO 315/48/48, caso *Gratidão*, doc. 116.

68. TNA, FO 315/48/48, caso *Gratidão*, doc. 110. José Bernardino da Costa era mais um dos africanos que solicitou passaporte para Angola, no fim de 1835. Ele consta como irmão da irmandade da Redenção em 1853. Para mais sobre seu senhor ver Parés, "Milicianos".

69. TNA, FO 315/48/48, caso *Gratidão*, docs. 131A, 131B.

70. Para esse cálculo foi tomado o valor do rolo de tabaco entre 1 e 2 onças, e a pipa de aguardente em 24 onças (TNA, FO 315/48/48, caso *Gratidão*, doc. 96, informação de José Maria Lopes que por anos tem residido na Costa da África e negociado desde Popo até Onim, 1835).

71. Reid, *Warrior Aristocrats in Crisis*, pp. 116-21. Para sua comercialização em Uidá no século XVIII: Robert Norris, *Memoirs of the Reign of Bossa Ahádee*, pp. 71, 176.

72. Entre outros: Martin Lynn, *Commerce and Economic Change*; Robin Law, *From Slave Trade*; Elisée Soumonni, "The Compatibility of the Slave and Palm Oil Trades in Dahomey"; Bernard Schnapper, *La Politique et le commerce*; Catherine Coquery-Vidrovitch, "De la traite des esclaves à l'exportation de l'huile de palme"; *David* Northrup, "The Compatibility of the Slave and Palm Oil trades"; Reid, *Warrior Aristocrats in Crisis*; Robin Law, "Dahomey at the End of the Atlantic slave trade"; Elisée Soumonni, "Dahomean Economic Policy".

73. Forbes, *Dahomey*, II, p. 85.

74. Robin Law, "A comunidade brasileira de Uidá", p. 66.

75. Schnapper, *La Politique et le commerce français*; Reid, *Warrior Aristocrats in Crisis*, pp. 153, 155-68, 173-80; Law, *Ouidah*, pp. 203-14, 223-6.

76. Anthony G. Hopkins, *An Economic History of West Africa*, pp. 125-6, 145-7; Law, *From Slave Trade*, pp. 5, 11-2.

77. Hopkins, *An Economic History*, pp. 132-3. Para os dados disponíveis sobre o preço do azeite em Uidá: Reid, *Warrior Aristocrats in Crisis*, p. 160; Law, *Ouidah*, p. 208. Ver ainda: Patrick Manning, *Slavery, Colonisation and Economic Growth in Dahomey*, Tabela A1.1, p. 332; Anthony J. H. Latham, "Price Fluctuation", p. 214; Lynn, "Change and Continuity", p. 332, n. 8; Lovejoy e Richardson, "The Initial 'Crisis'", pp. 47-8.

78. Para o preço africano: TNA, FO 315/48/48, caso *Gratidão*, doc. 96, in-

formação de José Maria Lopes que por anos tem residido na Costa da África e negociado desde Popo até Onim, 1835; Reid, *Warrior Aristocrats in Crisis*, pp. 160, 190 n. 125; cf. TNA, CO 96/2/366, Akjurst's account of property destroyed in Agoué fire, 7 set. 1843. Para os valores da canada de azeite na Bahia e os custos de frete e direitos: TNA, FO 315/46/36, caso *Augusto*, doc. 248, conta de venda, 1839 (nessa conta, o valor da canada oscila entre 3$200 e 2$560 réis); FO 315/48/48, caso *Gratidão*, doc. 21, 1841; FO 315/53/93, caso *Esperança*, doc. 11, 1844.

79. Na Bahia, a canada correspondia a 6,3 ou 6,8 litros, capacidade muito maior do que a canada do Rio de Janeiro (2,66 litros) ou a de Lisboa (1,41 litros). O volume de 6,3 litros para a canada da Bahia, inferido de um documento de *c*. 1799 (Marcelo de Oliveira Paz, *Companhia da Pescaria das Baleias nas costas do Brasil*, anexo 11, p. 125). Para o volume de 6,8 litros: Mattoso, *Bahia: A cidade do Salvador*, p. 265; Simonsen, *História econômica do Brasil*, p. 586. Ver ainda: Mattoso, *Bahia, século XIX*, p. 503.

80. TNA, FO 315/44/32, caso *Empreendedor*, docs. 45, 45a, 45b.

81. TNA, FO 315/44/32, caso *Empreendedor*, docs. 11, 28, 35a, Maria Roza da Conceição a José Pedro, 13 abr. 1839; Manoel Joaquim Ricardo a José Pedro Otram, 5 abr. 1839; Nicolao Tolentino da Costa a José Pedro Beltrao [Autran], 21 abr. 1839; TNA, FO 315/45/34, caso *Firmeza*, doc. 80, Nicolao Tolentino da Costa a José Pedro Bertram [Autran], 7 maio 1839.

82. Parés, "Libertos africanos", pp. 12-3.

83. TNA, FO 315/44/32, caso *Empreendedor*, doc. 29a, Manoel José d'Etra a José Francisco dos Santos, 20 abr. 1839.

84. Law, *Ouidah*, pp. 211-2.

85. Temilola Alanamu, "Church Missionary Society", pp. 295, 307.

86. TNA, FO 315/54, pacote de cartas desclassificadas (provavelmente do *Firmeza* ou do *Empreendedor*, 1839), doc. 17S, 1839, Margarida Francisca Moreira a Maria Antônia da Conceição, Bahia, *c*. 1839; FO 315/44/32, caso *Empreendedor*, doc. 31, Margarida Francisca Moreira a Maria Antônia da Conceição, Bahia, 13 abr. 1839.

87. Paul Lovejoy, *Karavans of Kola*. Para seu uso no candomblé da Bahia no século XIX, ver: Parés, *A formação do candomblé*, pp. 147, 149.

88. Roberto Pazzi, *Introduction à l'histoire de l'aïre culturelle ajatado*, pp. 75, 89, 111, 168.

89. Pierre Verger, *Notas sobre o culto aos orixás e voduns*, pp. 231, 235.

90. TNA, FO 315/48/48, caso *Gratidão*, docs. 21, 49, 66, 104. A libra corresponde a 453 gramas.

91. TNA, FO 315/54, pacote de cartas desclassificadas (provavelmente do *Firmeza*, 1839), doc. 2C, Maria da Conceição a Floriana, Bahia, *c*. 1839.

92. Para o uso da miçanga para compra de cativos, ver: Ferreira, *Dos sertões ao Atlântico*, p. 94.

93. TNA, FO 315/48/48, caso *Gratidão*, doc. 66.

94. HCPP, 1843 [484], Class C, thirteenth enclosure in n. 24, Traduction des lettres portugaises, carta n. 56, Francisca Ana dos Santos a Madame Ifigênia da Cruz, Agoué, 25 set. 1841, p. 33.

95. TNA, FO 315/48/48, caso *Gratidão*, doc. 173.

96. Sobre a circulação atlântica de têxtis, ver: Robert DuPlaissis, "Mercadorias globais, consumidores locais"; Roquinaldo Ferreira, "Dinâmica do comércio intracolonial".

97. TNA, FO 315/48/48, caso *Gratidão*, doc. 96, informação de José Maria Lopes que por anos tem residido na Costa da África e negociado desde Popo até Onim, 1835. A vara equivale a 5 palmos = 1,10 m; o côvado, a 3 palmos = 66 cm; e a jarda, unidade fundamental do sistema inglês, a 3 pés = 0,9144 m.

98. FO 315/48/48, caso *Gratidão*, docs. 41, 49, notas, 24 ago. 1840.

99. TNA, FO 315/53/93, caso *Esperança*, doc. 10 (enclosure), 18/12/1844.

100. Para uma descrição da indumentária das afro-baianas em 1860, ver: James Wetherell, *Brazil. Stray Notes from Bahia*, pp. 72-3. Sobre importação de panos da costa no século XVIII: Luis dos Santos Vilhena, *A Bahia no século XVIII*, v. I, p. 59. Para o século XIX: Cunha, *Negros estrangeiros*, pp. 148, 151; Reis, *Rebelião escrava no Brasil*, pp. 372, 378, 406, 457; Mary Hicks, "Transatlantic Threads of Meaning".

101. Norris, *Memoirs of the Reign*, p. 87; Mariza de Carvalho Soares, "Comércio dos Wangara", p. 18.

102. TNA, FO 315/45/34, caso *Firmeza*, doc. 23, Instruções para qualquer navio que se destine para a Costa da Mina fazer negócio lícito ou contrabando, c. 1839.

103. TNA, FO 315/44/32, caso *Empreendedor*, doc. 26, Manoel dos Anjos Cerqueira a José Francisco dos Santos, Bahia, 26 abr. 4/1839.

104. Duncan, *Travels*, I, p. 91, tradução minha.

105. TNA, FO 315/53/93, caso *Esperança*, doc. 11, Bahia, 16 dez. 1844.

106. TNA, FO 315/48/48, caso *Gratidão*, doc. 51, Lista dos panos remetidos por João de Deus dos Remédios a José Bento Alvares, Uidá, 3 fev. 1839. O valor total é 75 pesos ou 126$000 réis. Para a naturalidade e cor de João de Deus: Apeb, Colonial, Livro de passaportes 5883, fl. 132; Livro de passaportes 5884, fl. 285.

107. Agradeço a Olabiyi Yai pelos esclarecimentos relativos à etimologia do termo *àlàká* (comunicação pessoal, 12 jun. 2020). A expressão *ká* também pode ser traduzida como "em volta de, ao redor de" (Ver T. J. Bowen, *Grammar and Dictionary of the Yoruba Language*).

108. TNA, FO 315/44/32, caso *Empreendedor*, doc. 45b, anônimo a Maria Caeta, c. 04/1839.
109. TNA, FO 315/48/48, caso *Gratidão*, doc. s.n., Uidá, 7/02/1839; doc. 21, Bahia, 15 jul. 1839.
110. TNA, FO 315/44/32, caso *Empreendedor*, doc. 33a, Luiza Gonçalves a Tobias Brandão, Bahia 5 abr. 1839.
111. TNA, FO 315/44/32, caso *Empreendedor*, doc. 33b, Luiza Gonçalves a Ifigênia da Cruz, Bahia, 5 abr. 1839.
112. TNA, FO 315/50/57, caso *Nova Fortuna*, doc. 48, Manoel Joaquim Ricardo a Joaquim Antônio da Silva, Bahia, 24 abr. 1841.
113. Cunha, *Negros estrangeiros*, pp. 148, 151.
114. TNA, FO 315/53/93, caso *Esperança*, doc. 17, Antônio José Lopes a Belizário Francisco do Espírito Santo, Bahia, 17 dez. 1844. A desvalorização dos panos parece acentuar-se na década de 1850 quando passaram a valer entre 1$500 e 2$400 (Flávio Gonçalves dos Santos, *Economia e cultura do candomblé na Bahia*, apêndice v, pp. 256-303).
115. TNA, FO 315/48/48, caso *Gratidão*, docs. 36, 40, 66, 98, 103, 101, 120, 131B. Para comércio de caixas de doce, ver: Reis, Gomes e Carvalho, *O alufá Rufino*, pp. 168-9, 380.
116. O conceito de *trading diáspora* foi originalmente proposto por Abner Cohen ("Cultural Strategies in the Organization of Trading Diasporas"). Inspirada nesse trabalho, Cunha usa a expressão "diáspora mercadora" (*Negros estrangeiros*, p. 22).
117. Law e Mann, "West Africa".

5. O COMÉRCIO GRAÚDO (1838-44) [pp. 170-203]

1. TNA, FO 315/45-34, caso *Firmeza*, doc. 190, Bahia, 6 maio 1839. Romana, de todo modo, aparece como liberta no seu registro de batismo, 8 dez. 1836, com um mês e meio de idade (BBRIC, Freguesia de Santo Antônio, Livro de batismos 1828-40, f. 300v.
2. TNA, FO 315/45-34, caso *Firmeza*, doc. 187, Condições a que me proponho ao serviço do sr. José de Cerqueira Lima, 1839.
3. Para a precariedade laboral dos empregados numa feitoria de escravizados em 1837, ver: Carvalho, "Trabalho, cotidiano, administração e negociação".
4. Agradeço a Carlos da Silva Junior pela informação sobre os *privilege slaves*. Sobre a teoria do *principal-agent problem*, relativa às estratégias dos empregadores para garantir a eficiência dos seus agentes no contexto do tráfico de

escravizados, ver: Albane Forestier, "Principal-Agent Problems in the French Slave Trade".

5. TNA, FO 84/49, Report of the case of the Brazilian brig *Príncipe de Guiné*, fls. 362, 364; HCPP, 1828 [542], enclosure in n. 49, Report of the case of the Brazilian brig *Príncipe de Guiné*, pp. 47-8; Verger, *Fluxo*, pp. 488, 581-2. Sobre Antônio Pedroso de Albuquerque, ver: Santos, "Traficantes e capitalistas".

6. Sobre a viagem e a carga do *Firmeza*: HCPP, 1841 [330] Class A, enclosure in n. 121, Report of the case of the brig *Firmeza*, pp. 242-3; ver ainda p. 252. Sobre a companhia Almeida & Costa: HCPP, 1841 [330], Class A, second enclosure in n. 122, Translation of some of the letters found on board the bark *Augusto*, maio 1839, pp. 245-7.

7. TNA, FO 315/45-34, caso *Firmeza*, 1839, docs. 230-34, 245, 249, 255, 256, 258, 259, notas.

8. TNA, FO 315/45-34, caso *Firmeza*, 1839, doc. 135, Joaquim de Almeida a Manoel Joaquim de Almeida, Agoué, 23 e 26 jun. 1839.

9. Sobre esse conflito em Lagos ver: Mann, *Slavery*, p. 48.

10. TNA, FO 315/45/34, caso *Firmeza*, 1839, doc. 135, Joaquim de Almeida a Manoel Joaquim de Almeida, Agoué, 23 e 26 jun. 1839.

11. A expressão entre aspas é de Lovejoy e Richardson, "The Initial 'Crisis'", p. 50.

12. TNA, FO 315/45-34, caso *Firmeza*, doc. 93, Manoel Joaquim de Almeida a Manoel Gonçalves de Araújo, Agoué, 23 jul. 1839.

13. HCPP, 1841 [330] Class A, enclosure in n. 121, Report of the case of the brig *Firmeza*, pp. 242-3. No processo, a acusação inglesa insistia no fato de o dono do *Firmeza*, o português Antônio José da Costa, sócio da companhia Almeida & Costa, ser "residente da Bahia", visando reforçar o argumento de o navio ser de nacionalidade brasileira, apesar da bandeira portuguesa. Como o *Empreendedor*, o *Firmeza* foi condenado por quebrar o tratado anglo-brasileiro de 1826.

14. Verger, *Fluxo*; Luiz Felipe de Alencastro, *O tratado dos viventes*; Ferreira, *Cross-Cultural Exchange in the Atlantic World*.

15. Sobre a relação entre o tráfico cubano e baiano: Eltis, *Economic Growth*, pp. 156-7. Para a triangulação mercantil entre África, Cuba e Brasil e a participação dos Estados Unidos: Graden, *Disease, Resistance, and Lies*, pp. 25-9. Para o tráfico ilegal da região Congo-Angola para Cuba, através dos negociantes "cariocas", sobretudo após 1850, com o fim do tráfico atlântico no Brasil: Ferreira, *Dos sertões ao Atlântico*, pp. 93-122.

16. Para uma apresentação da "segunda escravidão", ver: Tomich e Zeuske, "Introduction, The Second Slavery". Para uma discussão sobre a relação entre capitalismo e escravização ver, entre outros: Eric Williams, *Capitalismo e escra-*

vidão; Robin Blackburn, *The American Crucible*, pp. 369-94; Rafael de Bivar Marquese, "Capitalismo & escravidão". A mudança da economia do açúcar para o café, no oitocentos, e o impacto no sistema escravista já estavam consignados na historiografia anterior. Ver, por exemplo: Warren Dean, *Rio Claro*; Fernando Henrique Cardoso, *Capitalismo e escravidão no Brasil meridional*.

17. Turnbull, *Travels in the West*, pp. 441-2.

18. Para a participação norte-americana no tráfico com Brasil na década de 1840: Dale Graden, "O envolvimento dos Estados Unidos" e *Disease, Resistence, and Lies*, pp. 25-38; Marques, *The United States and the Transatlantic Slave Trade*, pp. 139-84; Gerald Horne, *O Sul mais distante*.

19. Horne, *O Sul mais distante*, pp. 7-8, 226-7. Marques, *The United States and the Transatlantic Slave Trade*; Graden, *Disease, Resistence, and Lies*; Rafael de Bivar Marquese e Tâmis Peixoto Parron, "Internacional escravista", p. 110.

20. Ferreira, *Dos sertões ao Atlântico*, p. 9.

21. AHN, Fondo Estado, legajo 109, expediente 17, caso Cuesta y Manzanal. Sobre a companhia Cuesta y Manzanal e suas relações com traficantes brasileiros, ver: Jorge Felipe González, *Foundation and Growth of the Cuban-Based Transatlantic Slave Trade*, pp. 99-106. Jesus, *Mantendo o curso*, pp. 167-8.

22. Jesus, *Mantendo o curso*, pp. 42, 63-4; cf. AHI, lata 15, maço 3, pasta 1, Comissão Mista, caso *Falcão*; *Idade d'Ouro*, 9 jul. 1813. Ver também o caso do bergantim *S. Manoel Ativo*: *Idade d'Ouro*, 26 jul. 1811, p. 4; Verger, *Fluxo*, p. 323.

23. González, *Foundation and Growth*, pp. 105-6, 248.

24. Jesus, *Mantendo o curso*, pp. 158, 164-70; cf. BNL, *O Investigador Portuguez em Inglaterra*, v. 16, Londres, jul. 1816, pp. 79-80. Trata-se da transcrição de uma carta publicada no *Morning Chronicle* (1º jul. 1816), que, por sua vez, transcreve carta da Bahia 2 mar. 1816).

25. Jesus, *Mantendo o curso*, pp. 164-6; cf. *Idade d'Ouro*, 28 maio 1816, p. 4.

26. Ver, por exemplo, os casos do *Paquete Real*, em 1816, e do *Fortuna*, em 1817 (Jesus, *Mantendo o curso*, p. 169).

27. AHN, Fondo Estado, legajo 109, expediente 17, caso Cuesta y Manzanal.

28. HCPP, 1836 [006], Class B, n. 107, Consul Parkinson to Viscount Palmerston, Bahia, 10 dez. 1834, p. 97; second enclosure in n. 108, List of vessels which have entered Bahia, 1834, p. 98; first enclosure in n. 110, Report of vessels cleared from this port, 1835, p. 100; n. 111, Vice-Consul Robilliard to Viscount Palmerston, Bahia, 28 set. 1835, p. 101. Há ainda casos atípicos de viagens de Havana a Lagos, daí à Bahia e de volta a Havana: HCPP, 1840 [265], Class A, enclosure in n. 33, Report of the case of the brigantine *Ligeiro*, p. 43.

29. Ver, por exemplo, o caso do brigue *Catharine*: HCPP, 1841 [330], Class A, n. 58, Commissioners to Viscout Palmer, Serra Leoa, 28 ago. 1839,

pp. 95-8. Ainda sobre o uso de bandeiras espanholas, portuguesas, francesas na navegação entre África, Bahia e Cuba: HCPP, 1836 [006], Class B, second enclosure in n. 98, Notes on the subject of the slave trade in the Province and City of Bahia, set. 1835, W. G. Ouseley, Rio de Janeiro, out. 1835, p. 89. Para o uso de bandeiras portuguesas pelos navios espanhóis: Murray, *Odious Commerce*, p. 103. O estudo mais abrangente sobre esses subterfúgios: Verger, *Fluxo*, cap. 11, pp. 433-74.

30. HCPP, 1840 [268], Class D, first enclosure in n. 159, Mr. Fox to Mr. Forsyth, Washington, 29 out. 1839, pp. 165-6. Ver o resto desse documento para comprovar a participação de navios norte-americanos no tráfico atlântico. Ver ainda: Turnbull, *Travels in the West*, pp. 435-40; Para a naturalidade de Mazorra: HCPP, 1842 [403], Class B, n. 108, Mr Aston to Viscount Canning, Madri, 2 out. 1841, p. 188. Graden, "O envolvimento dos Estados Unidos" e *Disease, Resistence, and Lies*, pp. 18-25. Marques, *The United States and the Transatlantic Slave Trade*, pp. 125-36.

31. HCPP, 1839 [188], Class A, first enclosure in n. 41, List of vessels that have arrived at Havana from the Coast of Africa during the year 1838, p. 105; HCPP, 1839 [189], Class B, n. 19, Mr Tolmé to Viscount Palmerston, Havana, 24 dez. 1838, p. 26; HCPP, 1843 [482], Class A, third enclosure in n. 100, List of vessels that have arrived at Havana the year 1841 from the Coast of Africa, p. 123. Para a sociedade entre Mazorra e Abreu: HCPP, 1841 [330], Class A, n. 85 e enclosure, Commissioners to Viscount Palmerston, Serra Leoa, 8 set. 1840, pp. 153-4.

32. A companhia Almeida & Costa foi extinta antes de maio de 1839, pela aposentadoria de José da Costa. Foram então incorporados dois novos sócios, Antônio José de Souza Braga e Januário Cirilo da Costa (filho do demissionário), passando a nova firma a ser nomeada Almeida, Costa & Co. (HCPP, 1841 [330], Class A, second enclosure in n. 122, Translation of some of the letters found on board the bark *Augusto*, maio 1839, pp. 245-7).

33. HCPP, 1838 [124], Class A, n. 42, Commissioners to Viscount Palmerston, Serra Leoa, 20 jun. 1837; enclosure in n. 42, Report of the case of the Portuguese schooner *Lafayette*, pp. 59-61.

34. HCPP, 1840 [265], Class A, enclosure in n. 33, Report of the case of the brigantine *Ligeiro*, carta n. 10, Havana, 10 ago. 1838, p. 44.

35. HCPP, 1840 [265], Class A, first enclosure in n. 77, Report of the case of the brig *Empreendedor*, pp. 113-4. Também citado por Law: *Ouidah*, pp. 172-3. Para a relação de Silveira como agente do Chachá: HCPP, 1836 [006], Class B, n. 107, Consul Parkinson to Viscount Palmerston, Bahia, 10 dez. 1834, p. 97.

36. *Correio Mercantil*, 8-11 ago. 1841, p. 4; HCPP, 1842 [402], Class A, n. 193, Commissioners to Viscount Palmerston, Havana, 29 out. 1841, pp. 245-9.

37. HCPP, 1840 [265], Class A, enclosure in n. 27, Abstract of the papers

found on board the brig *Eagle*, p. 33; enclosure in n. 59, Report of the case of the Portuguese schooner *Dolcinea*, Serra Leoa, 5 dez. 1838, p. 89. Ver ainda: TNA, FO 315/44/32, caso *Empreendedor*, doc. 12, José Pereira Ferraz a Isidoro Martins Braga, Bahia, 26 abr. 1839. No TSTD, Duarte Silva aparece, entre 1817 e 1822, como proprietário de nove navios.

38. A companhia Duarte, Brothers & Co., de Liverpool, estava constituída por Thomas José Duarte, Edward Potter e Ricardo Thomas Duarte, e foi dissolvida em dezembro de 1856: *The London Gazette*, 2 jan. 1857, p. 34 (disponível em: <https://www.thegazette.co.uk/London/issue/21955/page/34/data.pdf>; acesso em: 10 jul. 2019). Sobre o crédito inglês no tráfico ilegal, ver Eltis, *Economic Growth*, pp. 155-6. Para as relações comerciais entre os grandes mercadores baianos e seus sócios ingleses, ver: Nascimento, *Dez freguesias da cidade de Salvador*, pp. 322-3.

39. TNA, FO 315/46/36, caso *Augusto*, doc. 50, Almeida & Costa a Manoel Joaquim de Almeida, Bahia, 30 jun. 1839; HCPP, 1841 [330], Class A, second enclosure in n. 122, Translation of some of the letters found on board the bark *Augusto*, p. 246.

40. Ele se declara natural de Lisboa: HCPP, 1838 [124], Class A, enclosure in n. 35, Report of the case of the Portuguese brig *Esperança*, p. 49. Porém, quando solicita passaporte na Bahia, é identificado como "brasileiro" na maioria das vezes (Apeb, Colonial, Livro de passaportes 5896, 15 jan., 5 jun. e 14 out. 1847; 14 jan. e 28 jun. 1848). Para as viagens no *Camões* e *Felicidade*: HCPP, 1839 [188], Class A (Further series), n. 24, Commissioners to Viscount Palmerston, Serra Leoa, 10 ago. 1840, pp. 74-5; HCPP, 1842 [402], Class A, first enclosure in n. 54, Report of the case of the schooner *Felicidade*, p. 37.

41. Grifos meus. TNA, FO 315/91/196, caso *Plant*, doc. 8A6, Joaquim José Pereira de Abreu a Felix Cosme Madail, Havana, 28 abr. 1840; HCPP, 1841 [330], Class A, n. 85, Comissioners to Viscount Palmerston, Serra Leoa, 8 set. 1840, pp. 153-5, 159 (p. 155 para a identificação de Grande Popo); 1842 [402], Class A, enclosure in n. 68, Abstract of the proceedings during the year 1840, pp. 63-4. O *Plant* navegava com bandeira norte-americana, partiu de Havana em 6 de maio e foi apresado em 7 de julho de 1840, em Badagri.

42. TNA, FO 315/91-196, caso *Plant*, 1840, doc. 8A6, Joaquim José Pereira de Abreu a Felix Cosme Madail, Havana, 28 abr. 1840, grifos meus.

43. HCPP, 1842 [402], Class A, first enclosure in n. 54, Report of the case of the schooner *Felicidade*, p. 36.

44. Apeb, Judiciário, 04/1445/1914/05, Inventário de Joaquim de Almeida, 1857-65, fl. 4.

45. Apeb, Judiciário, 04/1445/1914/05, Inventário de Joaquim de Almeida, 1857-65, fls. 4-4v.

46. Bruna Iglesias Motta Dourado, "Categorias comerciais e distinção social", p. 10. HCPP, 1831 [004], Class A, enclosure in n. 42, Report of the case of the Brazilian brig *Emilia*, p. 53. Nas décadas de 1830 e 1840, seu nome aparece 330 vezes no *Diário de Pernambuco* e 153 em *O Diário Novo*: BNDB-HDB. Ver ainda: HCPP, 1845 [633], Class B, first enclosure in n. 265, List of arrivals of vessels suspected of being employed in slave trade in Pernambuco, 1843, p. 411. Agradeço a Marcus J. M. de Carvalho por indicar várias referências documentais sobre essa personagem.

47. TSTD, viagem n. 2200.

48. Para 1842, ver: Apeb, Livro de testamentos 29, Testamento de Quitéria Nunes de Jesus, 1842, fl. 143. Para 1843, ver: BBRIC, Freguesia do Pilar, Livro de batismos 1838-46, fls. 112-13.

49. Eltis, *Economic Growth*, p. 154.

50. TNA, FO 315/46/36, caso *Augusto*, doc. 318, Manoel José de Almeida a Justino José de Gouvêa, Bahia, 5 jul. 1839, grifos meus.

51. TNA, FO 315/46/36, caso *Augusto*, doc. 34, José Pereira de Carvalho a Felisberto de Matos Telles de Menezes, Bahia, 4 jul. 1839.

52. Cunha, *Negros estrangeiros*, p. 154.

53. Araújo, "1846: Um ano na rota", p. 95. Ver também: Santos, *Economia e cultura do candomblé*, p. 114. A suposição de Araújo, de que era mais caro comprar em moeda, tem fundamento, mas sua quantificação em oito vezes mais caro parece um exagero, derivado de uma estimativa distorcida do valor da onça.

54. Law, "Computing", p. 243.

55. Manning, *Slavery*, p. 47. Ver também Law, *Ouidah*, p. 160.

56. Reid, *Warrior Aristocrats in Crisis*, p. 154.

57. TNA, FO 315/45/34, caso *Firmeza*, doc. 389, Joaquim de Almeida ao Capitão Manoel Gonçalves de Araújo, Agoué, 27 jan. 1839. Com o peso a 1$620 réis em 1839 (Moura Filho, "Câmbio de longo prazo", apêndice 2), 50-55 pesos equivaliam a 78$000 e 86$000 réis, superando em pouco a média de 78$000 e 84$000 réis obtida para as operações de compra e venda de Tobias no escambo de mercadorias. Porém, estas incluem vários "mulatos" bem mais caros, o que levaria a média dos escravizados "comuns" a algo em torno de 75$000 réis.

58. TNA, FO 315/45/34, caso *Firmeza*, doc. 94, José Francisco dos Santos [Alfaiate] ao senhor Baptista, piloto do *Firmeza*, Uidá, 7 fev. 1839.

59. TNA, FO 315/91/196, caso *Plant*, doc. 8A6. Joaquim José Pereira de Abreu a Felix Cosme Madail, Havana, 28 abr. 1840.

60. TNA, FO 315/91/196, caso *Plant*, doc. 8A3, Joaquim José Pereira de Abreu a Isidoro Félix de Souza, Havana, 3 maio 1840.

61. HCPP, 1842 [551], Report of the Select Committee on the West Coast of Africa, part 1, minutes of evidence n. 2479, 2582, 2584, 2585, Henry Broad-

head, 13 maio 1842, pp. 127, 134-5; Reid, *Warrior Aristocrats in Crisis*, p. 187, n. 91. Em 1837, em dois navios espanhóis consignados a Francisco Félix de Souza, em Uidá, o dinheiro (dólares ou pesos) constituía, no primeiro navio, 53%, e, no segundo, 75% dos valores totais dos carregamentos (HCPP, 1841 [330], Class A, first enclosure in n. 47, Abstract and translation of the papers found on board the schooner *Jack Wilding*, p. 66).

62. TNA, FO 315/53/96, caso *Vivo*, doc. 19, Joaquim Pereira Marinho ao capitão João Francisco dos Santos, Bahia, 11 dez. 1844, grifos meus.

63. TNA, FO 315/52/90, caso *Ave Maria*, doc. 9, João Francisco Souza Paraíso a André Pinto da Silveira, Bahia, 22 set. 1844. Para a continuidade da demanda de dinheiro em 1845-7, ver a correspondência de José Francisco dos Santos (Alfaiate): Verger, "Influence du Brésil au Golfe du Bénin", pp. 63, 67, 74: cf. cartas n. 9, 25, 49.

64. Reid, *Warrior Aristocrats in Crisis*, pp. 128, 155, 177. Reid fala no azeite como "commodity de troca substituta" (*exchange commodity substitute*).

65. TNA, FO 315/53/93, caso *Esperança*, doc. 11, Domingos Gomes Ferreira a Joaquim José de Couto, Bahia, 18 dez. 1844. Para mais um caso ver: TNA, FO 315/53/93, caso *Esperança*, doc. 13, Antônio Gomes dos Santos a João Evangelista da Silva, Bahia, 19 dez. 1844.

66. No fim do século XVIII, os armadores escravocratas de Nantes demoravam até seis anos para ressarcir os créditos oferecidos aos colonos antilhanos (Robert Louis Stein, "The Profitability of Nantes Slave Trade", p. 785).

67. Para uma bibliografia exaustiva sobre o lucro no tráfico de escravizados no século XVIII: Eltis, *Economic Growth*, pp. 309-10, n. 11. Para a carreira de Pernambuco à Costa da Mina: Gustavo Acioli Lopes, *Negócio da Costa da Mina e comércio atlântico*, pp. 151-72. Para o século XIX: Eltis, *Economic Growth*, pp. 269-82; Roger Anstey, "The Profitability of the Slave Trade in the 1840s"; LeVeen, *British Slave Trade*; Araújo, "1846: Um ano na rota", pp. 95-106; Manolo Florentino, *Em costas negras*, pp. 164-74.

68. Eltis, *Economic Growth*, pp. 262-3.

69. Para a tese de que a repressão britânica foi a causa da limitação da oferta escravagista: LeVeen, *British Slave Trade*. Para o foco nas dinâmicas escravistas dos mercados africanos: Lovejoy e Richardson, "The Initial 'Crisis'".

70. Para outra série do número de embarcados, com números que mais do que duplicam os resultados do TSTD: Eltis, *Economic Growth*, pp. 250-1.

71. TSTD.

72. Reid, *Warrior Aristocrats in Crisis*, pp. 137, 139.

73. Para dados anuais de exportação do golfo do Benim: Eltis, *Economic Growth*, p. 251.

74. Sobre o retraimento da importação de escravizados em Cuba em 1845:

Marques, *The United States and the Transatlantic Slave Trade*, pp. 122-6. Para a lei de 1845: Murray, *Odious Commerce*, pp. 181-207.

75. Para a fase final do tráfico atlântico para Cuba, com a participação de traficantes brasileiros, no Rio de Janeiro, e da "companhia portuguesa", sediada em Nova York: Ferreira, *Dos sertões ao Atlântico*, pp. 93-123; Eltis, *Economic Growth*, pp. 157-8; Leonardo Marques, "Um último triângulo notório".

76. Andrade, *A mão de obra escrava em Salvador*, pp. 207-8, baseado em médias de preços de africanos homens, adultos, avaliados em inventários post mortem. No quinquênio de 1841-5 o valor era de 416$000 réis.

77. Para uma análise dos custos de viagem e de distribuição, em Cuba como no sul do Brasil, ver Eltis, *Economic Growth*, pp. 273-80; Luis Nicolau Parés, "Custos e expectativas de lucro no tráfico negreiro".

78. Para a primeira metade do século XIX, tanto em Cuba como no Sul do Brasil, Eltis calcula o lucro médio líquido em torno de 20%, embora essa porcentagem, relativamente baixa, derive, em parte, do alto valor atribuído ao custo do feitor, entre 40% ou 50% sobre o custo africano (Eltis, *Economic Growth*, pp. 271, 280-1, 309-10, n. 11). Para a carreira da África Central ao Rio de Janeiro, no período 1810-20, Florentino estima uma lucratividade média de 19,2% (*Em costas negras*, p. 168). Já Araújo, para a Bahia, em 1848, estima um lucro de 142%, valor inflacionado pelo cálculo de um custo africano muito baixo (Araújo, "1846: Um ano na rota", p. 99). A partir de três estudos de casos, no tráfico baiano, entre 1830 e 1850, minha pesquisa aponta uma taxa de lucro em torno de 60% (Parés, "Custos e expectativas"). Para o século XVIII ver: Stein, "The Profitability", p. 790; Lopes, "Negócio da Costa da Mina", pp. 164-5.

79. Calculei o custo médio de um cativo embarcado em 3,5 onças *de ouro* ou 98$000 réis. Para tal levei em conta que em 1841 o preço de um cativo, na costa, estimava-se em quatro onças de ouro (TNA, FO 315/50/57 caso *Nova Fortuna*, doc. 46, João Pereira Viana a João de Deus, Bahia, 1841) e, em 1842, em três ou quatro onças de ouro (HCPP, 1842 [551], Report of the Select Committee on the West Coast of Africa, part 1, minutes of evidence n. 2519, Henry Broadhead, 13 maio 1842, p. 130). Por outro lado, estimei o valor da onça de ouro em 28$000 réis, pois em 1841 oscilava entre 27$500 e 28$500 réis (BNDB-HDB, *Correio Mercantil*, ano 1841).

80. A um câmbio de 1$700 réis por peso/dólar, em 1841-2, o frete dos 36 cativos destinados a Cuba (3600 pesos) equivaleria a 6:120$000 réis, e o dos vinte destinados a Pernambuco, a um conto de réis (Moura Filho, "Câmbio de longo prazo", apêndice 2). Para os valores de frete estipulados por Manoel Joaquim de Almeida em 1839 (TNA, FO 315/45-34, caso *Firmeza*, 1839, doc. 187, Condições a que me proponho ao serviço do sr. José de Cerqueira Lima, 1839).

81. Para os 36 escravizados de Cuba, tomei um valor médio de 320 dólares

cada um, a um câmbio de 1$790 réis por dólar, totalizando 20:629$800 réis (Eltis, *Economic Growth*, p. 263, tabela C2, quinquênio 1841-5; Moura Filho, "Câmbio de longo prazo", apêndice 2, p. 32). Para os vinte escravizados de Pernambuco, tomei um valor médio de 346$514 réis, totalizando 6:930$280 réis (José Raimundo Vergolino et al. "Preços de escravos e produtividade do trabalho cativo").

82. Calculei 2:240$000 réis de subornos, transporte e mantimentos para os 56 cativos (40$000 réis cada um) e 7% sobre o preço final de comissão de venda (1:890$000 réis), totalizando 4:130$000 réis (Eltis, *Economic Growth*, p. 275). O tempo até a venda dos cativos e as consequentes despesas com seus mantimentos são variáveis que poderiam reduzir consideravelmente o lucro.

83. Entre 1838 e 1849 aparecem 105 ocorrências do seu nome no *Correio Mercantil*. Ver ainda BNDB-HDB, *Almanach para o anno de 1845, Bahia*, pp. 176, 203, 438. Para Miguel da Silva Pereira, ver: BNDB-HDB, *O Commercio*, 13 jan. 1843, p. 4.

84. Verger, *Fluxo*, pp. 486, 504, 512. Cruz Rios acabou morando na freguesia de Santana com 58 escravizados, a maioria africanos, do "serviço da casa" (Apeb, Colonial, Escravos-Assuntos, maço 2898, mapas de escravos Santana, s/d, fls. 11-12).

85. BBRIC, Freguesia do Pilar, Livro de batismos 1838-46, fls. 112-13.

86. O testamento original encontra-se em: Apeb, Tribunal de Relação, 03/1228/1697/13, Testamento de Joaquim de Almeida, 1857. Uma cópia consta também no inventário: Apeb, Judiciário, 04/1445/1914/05, Inventário de Joaquim de Almeida, 1857-65, fls. 3-9.

87. O mangote da Mina estava avaliado em 4$500 réis (*Correio Mercantil*, 12, 14, 16 dez. 1844). Desses dados podemos inferir que o quarto da carregação de Joaquim de Almeida valia 1:370$250 réis. O *Emília* também embarcou mercadorias (tabaco, aguardente e dinheiro) dos negociantes italianos Fratelli e Sechi (*Correio Mercantil*, 17, 18, 19 dez. 1844).

88. Para o retorno de Manoel Joaquim de Almeida em agosto de 1844: TNA, FO 84/526, Brazil: Consular, Rio de Janeiro, Bahia, Maranhão, Pará, Paraíba, Pernambuco, 1844, fl. 101.

89. André de Souza mantinha relações com Joaquim de Almeida desde pelo menos 1839 (TNA, FO 315/46/36, caso *Augusto*, doc. 225, João André de Souza a Joaquim de Almeida, Bahia, 3 jul. 1839). Para Martins de Oliveira: Verger, *Notícias da Bahia*, p. 193; Paulo César Oliveira de Jesus, *O fim do tráfico na imprensa baiana*, p. 100. Para Rodrigues Vianna: Renata Soraya Bahia de Oliveira, *Tribunal da relação eclesiástica da Bahia*, pp. 72-3. Sobre a quarta testemunha, Francisco José dos Santos Passos, não achei ainda informação relevante.

90. Para a alforria: Apeb, Judiciário, Livro de notas 277, fl. 181v. Para o valor: Judiciário, 7/3184/02, Inventário de João de Almeida, 1861-4, fl. 4v.

91. Marcelino regressou à Bahia, onde foi alforriado em 1849, atuando como procurador bastante Joaquim Alves da Cruz Rios (Apeb, Judiciário, Livro de notas 292, fl. 59v-60).

92. Andrade, *A mão de obra escrava em Salvador*, pp. 207, 209. Contudo, nesse período, escravizados ladinos podiam alcançar preços mais altos.

93. Mattoso, *Bahia, século XIX*, p. 611, tabela 106. Joaquim devia 600$000 réis a Cruz Rios, 100$000 réis a Maria Costa Franco e, aparentemente, 800$000 réis a seu patrono Manoel Joaquim de Almeida, embora não fique claro se esta última quantia era uma dívida ou doação.

94. HCPP, 1843 [484], Class C, thirteenth enclosure in n. 24, Traduction des lettres portugaises, carta n. 9, Benito Fernandes Galiza a Joaquim de Almeida, Bahia, 24 set. 1841, p. 28.

6. A COSTA DA MINA EM TRANSIÇÃO [pp. 204-47]

1. TNA, FO 315/44/32, caso *Empreendedor*, doc. 22, Esmeria Maria do Nascimento a José Antônio Gomes, Bahia, 22 abr. 1839; FO 315/48/48, caso *Gratidão*, docs. 151, 156, 157, Esmeria Maria do Nascimento a José Antônio Gomes, Bahia, 21 ago. 1840; Esmeria Maria do Nascimento a Antônio Caetano Coelho, Bahia, 21 ago. 1840; Esmeria Maria do Nascimento a Joaquim de Almeida, Bahia, 21 ago. 1840.

2. A identificação do "Guilherme" das cartas de Esmeria com Guilherme Martins do Nascimento, escrivão do testamento de Joaquim de Almeida, foi possível após comprovar que a caligrafia desses documentos era a mesma.

3. HCPP, 1843 [484], Class C, fourth enclosure in n. 24, Commander Christie to Gouvernement de la Guyane Française, 28 set. 1841, pp. 17-19; twenty-third enclosure in n. 24, Extrait d'un report de mer par M. Dejoi, 8 mar. 184, p. 54. Verger, *Fluxo*, p. 456.

4. Apeb, Colonial, Livro de Passaportes 5884, fl. 53.

5. Apeb, Tribunal de Relação, 03/1228/1697/13, Testamento de Joaquim de Almeida, 1857, fl. 5; *Correio Mercantil*, 20 dez. 1844, p. 4; Apeb, Colonial, Livro de passaportes 5887, fls. 213, 234.

6. Apeb, Judiciário, Livro de notas 281, fl. 21. Agradeço a Lisa Castillo por indicar essa fonte.

7. Apeb, Judiciário, Livro de notas 257, fl. 88.

8. TNA, FO 315/48/48, caso *Gratidão*, doc. 136, Mathias a Antônio Caetano Coelho, Bahia, 11 ago. 1840.

9. BBRIC, Freguesia da Conceição da Praia, Livro de batismos 1824-6, fl. 17v.

10. Apeb, Colonial, Livro de passaportes 5883, fl. 106.

11. Apeb, Colonial, Livro de passaportes 5887, fl. 235. *Correio Mercantil*, 17 e 18 dez. 1844, p. 3.

12. *Correio Mercantil*, 20 dez. 1844, p. 4.

13. TNA, FO 315/44/32, caso *Empreendedor*, doc. 33, Felicidade a Ifigênia da Cruz, Bahia, 9 abr. 1839. Em 11 de julho de 1830, Luiza Francisca Gonçalves, irmã de Ifigênia, batizou sua cativa Felicidade, nagô, de trinta anos (BBRIC, Freguesia da Conceição da Praia, Livro de batismos, 1826-34, fl. [ilegível]).

14. Apeb, Colonial, Livro de passaportes 5886, fls. 126, 278; Verger, *Fluxo*, pp. 466-7, 474, 489.

15. Apeb, Colonial, Livro de passaportes 5886, fl. 301; Livro de passaportes 5887, fls. 150. Sobre o *Brazilienze*: HCPP, 1847 [855], Class B, enclosure 1 in n. 160, 162, 163, List of vessels which have entered the port of Bahia, 1846, pp. 271, 273, 275.

16. Apeb, Colonial, Livro de passaportes 5886, fl. 351; Livro de passaportes 5887, fls. 25, 64.

17. Law, "A comunidade brasileira de Uidá", p. 56.

18. AHU, Semu, STP, cx. 487, doc. 2, Tenente Líbano ao governador de São Tomé, Uidá, 13 mar. 1844.

19. AMNE, 2º piso, A15, cx. 1139, Reclamações francesas, São João Baptista de Ajudá, fl. 211v; Augusto Sarmento, *Portugal no Dahomé*, p. 61; António Marques Esparteiro fala em ordem para a "reocupação do forte" em 1838 (*Portugal no Daomé*, p. 6).

20. Law, *Ouidah*, p. 190. Jean-Claude Nardin, "La reprise de relations franco-dahoméennes", p. 60; Pierre Trichet, "Victor Régis, l'armateur marseillais", pp. 155--7; Soumonni, "The Compatibility of the Slave", pp. 84-8.

21. AHU, Semu, STP, cx. 487, doc. 125, Governador de São Tomé ao ministro e secretário de Estado dos Negócios da Marinha e Ultramar (doravante ministro da Marinha), 5 fev. 1844. Carlos Eugênio Corrêa da Silva, *Uma viagem ao estabelecimento portuguez de S. João Baptista de Ajudá*, pp. 78-9.

22. Law e Mann, "West Africa", p. 328.

23. AHU, Semu, STP, cx. 487, Conde de Thomar ao ministro e secretário de Estado dos Negócios da Marinha e Ultramar, 17 jan. 1846; Livro 465, Lisboa, Portaria n. 496, 23 jan. 1846, fl. 141v. Costa e Silva, *Francisco Félix de Souza*, pp. 112-3.

24. AHU, Semu, STP, cx. 488, doc. 23, Governador de São Tomé ao ministro da Marinha, 7 set. 1847.

25. Mann, *Slavery*, pp. 48-9; Sorensen-Gilmour, *Badagry 1784-1863*, p. 260--76.

26. Jones e Sebald, *An African Family Archive*. Ver, por exemplo: doc. 1124, pp. 118-9. Duncan, *Travels in Western Africa*, I, pp. 93, 102-3.

27. Strickrodt, *Afro-European Trade in the Atlantic World*, p. 177 (cf. TNA, PRO, CO96/2, enclosure in Thomas Hutton, Cape Coast, 24 out. 1843, Chiefs of Ahguay, Ahguay, 8 out. 1843). Strickrodt sugere que o cabeceira falecido podia ser o chefe da cidade portuguesa, representado após sua morte por Felipe da Costa. O cabeceira Toyi (Yaovi Siko) teria reinado entre 1835 e 1844 [1843] (Pélofy, "Histoire d'Agoué", pp. 6-7).

28. Duncan, *Travels in Western Africa*, I, pp. 91-2; Forbes, *Dahomey*, I, p. 102.

29. Strickrodt, *Afro-European Trade in the Atlantic World*, pp. 176-7 (cf. WMMSA, Special Series Biographical, West Africa, Papers of Thomas Birch Freeman, T. B. Freeman Journal, pp. 164-6).

30. Strickrodt, *Afro-European Trade in the Atlantic World*, pp. 177, 180 e "'Afro-Brazilians' of the Western Slave Coast", p. 219.

31. Duncan, *Travels in Western Africa*, I, pp. 122-3; também citado por Law, *Ouidah*, p. 200.

32. Verger, "Influence du Brésil au Golfe du Bénin", p. 72 (cf. carta n. 42).

33. Ibid., pp. 72-4 (cf. cartas n. 43, 44, 49). Sobre Querino Antonio, ver: Verger, *Fluxo*, pp. 489-90.

34. Apeb, Judiciário, 04/1445/1914/05, Inventário de Joaquim de Almeida, 1857-65, fls. 3-9; BBRIC, Freguesia da Sé, Livro de batismos 1840-53, fl. 247v, 16 maio 1842.

35. Verger, "Influence du Brésil au Golfe du Bénin", pp. 62, 68, 69 (cf. cartas n. 8, 27, 32).

36. Ibid., pp. 72, 75-6 (cf. cartas n. 43, 52, 54).

37. Law, *Ouidah*, pp. 178-9.

38. Ibid., p. 200.

39. Edouard Foà, *Le Dahomey*, p. 23, apud Law "A comunidade brasileira de Uidá", pp. 46-7; Costa e Silva, *Francisco Félix de Souza*, pp. 156-7; Strickrodt, "'Afro-Brazilians' of the Western Slave Coast", p. 221. Ver também Reynier, "Ouidah", p. 63.

40. Byll-Cataria, *La Diaspora dahoméenne*, v. 3, pp. 1053-78 (trata-se de um anexo de sua tese de doutorado; cf. Tovalou Houenou, "Origine de la famille Houenou", *Bodje*, 7 dez. 1917).

41. Jones e Sebald, *An African Family*, pp. 24-5, 94, 111, 115; cf. n. 1.163: George Latty Lawson, New London, Popo, 14 ago. 1848; n. 1.204: Andreas Malm a senhor J. G. Baeta, Popo, 3 jan. 18[49]; n. 1.216: George Latty Lawson a Mr. Joaquin Almada, New London, Popo, 21 mar. 1849. Sobre Baeta: HCPP, 1850 [1238], Papers respecting the Danish possessions on the coast of Africa, n. 1,

Journal of Governor Winniett, 10-11 mar. 1850, pp. 5-7; Adam Jones, "Little Popo and Agoué", p. 129; Strickrodt, "'Afro-Brazilians' of the Western Slave Coast", p. 221.

42. Entrevista de Marina de Almeida, Abomey Calavi, fev 2014; Lazare de Almeida, "Générations 'Zoki-Azata'", documento inédito, 2014.

43. Jones e Sebald, *An African Family*, p. 111, grifos meus; cf. n. 1.204: Andreas Malm a sr. J. G. Baeta, Popo, 3 jan. 18[49].

44. HCPP, 1850 [53], Report from the Select Committee, Sir Charles Hotham to Secretary of the Admiralty, 10 jan. 1849, p. 426; HCPP 1850 [1291], Class B, enclosure in n. 109, Return of vessels captured on the ground of slave trade or piracy, during the year 1848, p. 180. Nesse documento J. A. Vianna aparece como capitão e J. A. Fr[?]ou, como proprietário.

45. Law, *Ouidah*, p. 200; cf. HCPP, 1850 [1291], Class B, n. 7, Vice-Consul Duncan to Viscount Palmerston, Whydah, 22 set. 1849, p. 9.

46. Law, *Ouidah*, pp. 178-9; cf. Duncan, *Travels Western Africa*, II, p. 264; Foà, *Le Dahomey*, p. 26.

47. HCPP, 1850 [1291], Class B, enclosure 10 in n. 9, Lieutenant Forbes to Commodore Fanshawe, *Bonetta*, at sea, 5 nov. 1849, p. 22.

48. Forbes, *Dahomey*, I, pp. 94, 117, 151.

49. Ibid., I, p. 102

50. HCPP, 1851 [1424], Class A, enclosure 3 in n. 198, Lieutenant Forbes to Commodore Fanshawe, *Bonetta*, at sea, 6 abr. 1850, p. 285. Ver também: Law, *Ouidah*, p. 216.

51. Costa e Silva, *Francisco Félix de Souza*, p. 123; Lazare de Almeida, "Générations 'Zoki-Azata'", documento inédito, 2014.

52. Verger, *Os libertos*, p. 46; e "Les nouveaux Brésiliens", p. 328.

53. Law, *Consul John Beecroft's Journal*, 16 maio 1850, pp. 11, 47.

54. Forbes, *Dahomey*, II, p. 72, tradução minha.

55. Sorensen-Gilmour, *Badagry 1784-1863*, pp. 11, 60, 247.

56. Ibid., pp. 60, 249.

57. CRL, CA2 085, Journal of H. Towsend, set. 1845, pp. 10-1; CA2 031, Journal of Samuel Crowther, fev. 1845, pp. 42-3.

58. Para Pequeno Popo: Forbes, *Dahomey*, I, p. 98; Jones, "Little Popo", pp. 125-6. Pierucci menciona os traficantes trocando suas mercadorias com os produtores de dendê, os *palmistes* ("Agoué", p. 11). Para Badagri: Sorensen-Gilmour, *Badagry*, pp. 208-9. Para as plantações de dendê dos "portugueses" em Agoué: Strickrodt, "'Afro-Brazilians' of the Western Slave Coast", p. 227.

59. Eltis, *Economic Growth*, pp. 57-60, 83-4.

60. Agradeço a Robin Law e Kristin Mann por me alertar sobre esse ponto.

61. Law, *Consul John Beecroft's Journal*, 16 maio 1850, p. 9, 10. Tratava-se

da escuna *Santo Antônio Vencedor*, de 35 toneladas, apresada em 15 de maio. Ela pertencia a um negro chamado "José", residente em Agoué.

62. Para um estudo detalhado sobre o debate parlamentar que levou à promulgação da Lei Eusébio de Queirós: Chalhoub, *A força da escravidão*. Ver também: Bethell, *A abolição*; Mamigonian, *Africanos livres*; Parron, *A política da escravidão*.

63. HCPP, 1851 [1424-II], Class B, n. 9, Consul Beecroft to Viscount Palmerston, ilha de Príncipe, 22 jul. 1850, pp. 11-4. Nardin, "La reprise de relations franco-dahoméennes", pp. 76, 86-7, 103-4; Law, *Ouidah*, p. 218.

64. AHU, Semu, STP, cx. 490, doc. 1, Isidoro Félix de Souza ao governador de São Tomé, 20 set. 1851; doc. 74, Governador de São Tomé ao ministro da Marinha, 12 dez. 1851. Silva, *Uma viagem ao estabelecimento portuguez*, pp. 81-2.

65. Sorensen-Gilmour, *Badagry*, pp. 288-315; Mann, *Slavery*, pp. 93-4.

66. Verger, *Fluxo*, pp. 462-7, 602, 608.

67. HCPP, 1852 [1455], Papers relative to the reduction of Lagos, n. 69, Consul Beecroft to Viscount Palmerston, Lagos, 3 jan. 1852, pp. 187-90. TNA, FO 84/920, Kings of Lagos, Gollmer, Lagos, 2 set. 1853, fls. 349-351. Verger, *Fluxo*, pp. 602-5, 607; Mann, *Slavery*, pp. 95-7.

68. TNA, FO 84/920, Kings of Lagos, Gollmer, Lagos, 2 set. 1853, fls. 349--351.

69. TNA, FO 84/893, enclosures n. 4 and 6 in n. 65, Forbes to Commander Bruce, *Philomel*/Uidá, 5 fev. 1852, 7 jul. 1852, fls. 110, 128-138.

70. TNA, FO 84/893, enclosure n. 2 in n. 65, Forbes to Commander Bruce, *Philomel*/Uidá, 18 jan. 1852, fls. 104-06.

71. AHU, Semu, STP, cx. 490, Notification of blockade, 6 dez. 1851; Comandante Bruce ao governador de São Tomé, 15 jun. 1852; Isidoro Félix de Souza ao governador de São Tomé, 22 dez. 1851; 9 mar. 1852; 8 set. 1852.

72. AHU, Semu, STP, cx. 490, docs. 99, 100, 102, 104, 125, 143, Governador de São Tomé ao ministro da Marinha, 28 e 29 mar., 31 maio, 5 jun., 2 jul. e 23 set. 1852. Silva, *Uma viagem ao estabelecimento portuguez*, pp. 62, 81-2, 120; António Marques Esparteiro, *Três séculos*, v. 15, p. 71; Sarmento, *Portugal no Dahomé*, p. 62; Law, *Ouidah*, pp. 218-9.

73. AHU, Semu, STP, Livro 359, Portaria n. 902, p. 37. Sobre Domingos José Martins: Ross, "The Career of Domingo Martinez". Em Angola, quem bancava os portugueses era um traficante brasileiro chamado Francisco Antonio Flores (Ferreira, *Dos sertões ao Atlântico*, pp. 33-45).

74. TNA, FO 84/920, Kings of Lagos, Gollmer, Lagos 2 set. 1853, fl. 351; HCPP, 1854 [0.6], Class A, enclosure 1 in n. 137, Consul Campbell to Rear--Admiral Bruce, Lagos, 5 nov. 1853, pp. 195-6; Mann, *Slavery*, p. 95.

75. CMS, CA2-05/15, Gollmer to Captain Phillips, Lagos, 14 jun. 1853; TNA, FO 84/920, Amadie to Louis Fraser, Lagos, 27 maio 1853, fls. 155-6.

76. HCPP, 1854 [0.6], Class A, n. 123, Commander Phillips to the Admiralty, Polyphemus/Uidá, 23 jun. 1853, pp. 173-9; enclosure 1 in n. 137, Consul Campbell to Rear-Admiral Bruce, Lagos, 5 nov. 1853, p. 195. Comentado também por Verger, *Fluxo*, p. 608.

77. HCPP, 1854 [0.6], Class A, n. 133-38, correspondência entre Rear-Admiral Bruce, Commander Phillips e o Admiralty, entre 5 out. 1853 e 24 nov. 1853, pp. 188-98; em particular, enclosure 1 in n. 137, Consul Campbell to Rear-Admiral Bruce, Lagos, 5 nov. 1853, pp. 195-6. A referência à "confederação portuguesa" está na p. 193. TNA, FO 84/920, Consul Campbell to Earl of Clarendow, Lagos, 31 out. 1853, fls. 420-22. AHU, Semu, STP, cx. 491, doc. 93, governador de São Tomé e Príncipe ao ministro dos Negócios da Marinha e Ultramar, 4 ago. 1854; em particular anexos ao doc. 12, Isidoro Félix de Souza ao Governador de São Tomé e Príncipe, Uidá 18 fev. 1854.

78. BNDB-HDB, *O Commercio*, 13 jan. 1843, p. 4.

79. Apeb, Judiciário, 04/1445/1914/05, Inventário de Joaquim de Almeida, 1857-65, fls. 35-36. Agradeço a Lisa Castillo e a João Reis pela generosa ajuda com a transcrição do manuscrito.

80. HCPP, 1854 [0.6], Class A, enclosure in n. 128, Journal kept by C. G. Phillips, 25 abr. 1853, p. 183.

81. TNA, FO 84/920, Consul Campbell to Secretary of State for Foreign Affairs, Lagos, 31 out. 1853, fls. 424-25. HCPP, 1854 [0.6], Class A, enclosure 3 in n. 137, to Consul Campbell, Badagri, 1º nov. 1853, p. 196.

82. Verger, *Fluxo*, p. 505. Miguel da Silva Pereira partiu para a Costa da África em dezembro de 1843, no auge das viagens dos portugueses, em companhia do seu escravizado Francisco, africano (Apeb, Judiciário, Livro de passaportes 5886, fl. 276). Em 1849, aparece mencionado na correspondência do rei Kosoko como credor de outro comerciante (HCPP, 1852-3 [0.2], Class A, n. 203, Schedule of letters found in the house of Kosoko, letter n. 18, Domingos Gomes Bello, Lagos, 14 nov. 1849, p. 339). Um ano depois, em 1850, comprou a quinta do Castelo de Faria, situada na freguesia do mesmo nome, em Portugal (Cartório Notarial de Barcelos, livro de notas 2598, escritura de 4 mar. 1850).

83. Apeb, Judiciário, 04/1445/1914/05, Inventário de Joaquim de Almeida, 1857-65, fl. 34.

84. Apeb, Colonial, Livro de passaportes 5896, fl. 301.

85. Em 16 de julho solicitou passaporte o português Antônio José Marques Marinho (um dos mortos em Lamoê); em 31 de agosto, o brasileiro Pedro Martins Jambo; e em 9 de novembro seu irmão, Anselmo Martins Jambo. Em 22 de novembro foi habilitado para viajar o crioulo Pantaleão Lopes Villas Boas;

em 17 de dezembro, o baiano Francisco Gil de Aguiar (outro dos mortos em Lamoê); e, dois dias depois, o português Joaquim José Ferreira, o malferido (Apeb, Colonial, Livro de passaportes 5896, fls. 297, 299, 301, 304). Para Vilas Boas: Livro de passaportes 5894, fl. 78.

86. Apeb, Judiciário, 04/1445/1914/05, Inventário de Joaquim de Almeida, 1857-65, fl. 34. Para o deslocamento de Amadie a Agoué: TNA, FO 84/920, Fraser to Commander Phillips, Lagos, 19 jun. 1853, fl. 177; HCPP, 1854 [0.6], Class A, enclosure in n. 128, Journal kept by C. G. Phillips, 25 abr. 1853, p. 183.

87. Apeb, Judiciário, 04/1445/1914/05, Inventário de Joaquim de Almeida, 1857-65, fl. 33.

88. Ver a esse propósito: C. W. Newbury, "Credit in Early Nineteenth Century West Africa Trade"; Robin Law, "Finance and Credit in Pre-Colonial Dahomey"; Cunha, *Negros estrangeiros*, p. 154.

89. Verger, "Influence du Brésil au Golfe du Bénin", pp. 73, 75-77; cf. cartas n. 44, 51, 52, 53.

90. Bruno Latour e Vincent Antonin Lépinay, *La economía, ciencia de los intereses apasionados*, p. 92.

91. Ibid., p. 42. Nesse sentido, Tarde seria um pioneiro das teorias econômicas substantivistas desenvolvidas, décadas depois, por Karl Polanyi.

92. Gabriel Tarde, *Psychologie économique*, I, p. 376, apud Latour e Lépinay, *La economía, ciencia de los intereses apasionados*, p. 61, tradução minha.

93. Latour e Lépinay, *La economía, ciencia de los intereses apasionados*, p. 41; cf. Tarde, *Psychologie économique*, I, p. 116.

94. Latour e Lépinay, *La economía, ciencia de los intereses apasionados*, p. 61.

95. Reis, *A morte é uma festa*, p. 96.

96. TNA, FO 315/91/196, caso *Plant*, doc. 8C14, Mazorra a Madail, Havana, 22 abr. 1840.

97. Verger, "Influence du Brésil au Golfe du Bénin", pp. 72, 76-7; cf. cartas n. 43, 52, 54. Ver ainda: Law, "Finance and Credit".

98. Agradeço a Joseph C. Miller por essa observação em comunicação pessoal, Salvador, 17 mar. 2017.

99. Forbes, *Dahomey*, I, p. 106.

100. Sobre a escravização por dívida ou *pawnship*: Toyn Falola e Paul Lovejoy, *Pawnship in Africa*; Law, "Finance and Credit", pp. 30-1.

101. Para o *esusu* ver Reis, *Rebelião escrava no Brasil*, pp. 365-67. Para o contexto do Daomé: Law, "Finance and Credit", pp. 33-34.

102. Sobre as palavras e as disputas afro-portuguesas na Costa da Mina: Carlos Francisco da Silva Junior, "Uma grande palavra". Para outra instituição

jurídica africana reguladora de conflitos, no contexto de Angola: Ferreira, *Cross-Cultural Exchange*, cap. 3.

103. Sobre o pacto de sangue no Daomé, ver: Hazoumé, *Le pacte de sang au Dahomey*, p. 4-5.

104. Ver Parés, *O rei, o pai e a morte*, pp. 138, 284, 305.

105. Turner, "*Les Brésiliens*", pp. 135-6.

106. Bouche, *Sept ans en Afrique Occidentale*, pp. 302-3; TNA, FO 84/893, enclosure n. 6 in n. 65, Forbes to Comander Bruce, *Philomel*/Uidá, 5 fev. 1852, fls. 135-36, apud Strickrodt, *Afro-European Trade in the Atlantic World*, p. 181. Souza, *La famillle de Souza du Bénin-Togo*, p. 38.

107. APEBa, Auto cível, 48/1726/4, Antônio Vieira da Silva *vs* Manoel Durães Lopes Vianna (1858), recibo de frete, Bahia, 15 fev. 1853. Agradeço a Lisa Earl Castillo pelo achado e identificação desse documento e pelo envio de cópia digital.

108. HCPP, 1854 [0.6], Class A, n. 73, Commissioners to Earl of Clarendon, Luanda 18/08/1853; enclosure 6 in n. 77, Captor's arguments, Luanda, 15/9/1853, pp. 88-9, 94-95.

109. Verger, "Influence du Brésil au Golfe du Bénin", p. 64: cf. carta n. 14.

110. Para a venda ao retalho de azeite na casa de José dos Santos: Forbes, *Dahomey*, I, p. 114.

111. Verger, *Fluxo*, pp. 593-4; Reid, *Warrior Aristocrats in Crisis*, pp. 127, 155-8, 161; Law, *Ouidah*, pp. 204-5.

112. HCPP, 1851 [1424], Class A, enclosure 3 in n. 198, Lieutenant Forbes to Commodore Fanshawe, *Bonetta*, at sea, 6 abr. 1850, p. 285. Ver ainda Law, *Ouidah*, p. 208.

113. Forbes, *Dahomey*, I, pp. 114-5; Reid, *Warrior Aristocrats in Crisis*, pp. 176-8; Verger, *Fluxo*, pp. 595-6; Law, *Ouidah*, pp. 206-7. Outros retornados, em Agoué, como o nagô Antônio de Almeida, e africanas esposas de retornados, como Iya Francisca Mondukpe, também entraram no negócio (Strickrodt, "The Brazilian Diaspora", p. 57).

114. TNA, FO 84/893, enclosure n. 2 in n. 65, Forbes to Commander Bruce, *Philomel*/Uidá, 18 jan. 1852, fls. 104-06. Law, *Ouidah*, pp. 223-6; Le Herissé, *L'ancien royaume du Dahomey*, pp. 87, 90.

115. Law, "A comunidade brasileira de Uidá", p. 75.

116. Duncan, *Travels in Western Africa*, I, pp. 138-9, 185, 278.

117. S. E. Carter et al., "Introduction et diffusion du manioc en Afrique", p. 16.

118. Alexis Adandé, "Les espaces non bâtis dans les concessions aguda".

119. Forbes, *Dahomey*, I, p. 123.

120. Ibid., I, p. 122.

121. Reid parece sugerir essa possibilidade: *Warrior Aristocrats in Crisis*, p. 214.

122. Ibid., pp. 178-9, 197, n. 220.

123. Forbes, *Dahomey*, i, p. 115.

124. Jones e Sebald, *An African Family*, pp. 24-5, 115; n. 1216, George Latty Lawson a Mr. Joaquin Almeida, New London, Popo, 21 mar. 1849. Sobre o capitão Marmon ver: Jones e Sebald, *An African Family*, p. 23.

125. Turner, *"Les Brésiliens"*, p. 104.

126. Para outras "aldeias de escravos" em volta das plantações de dendezeiros: Forbes, *Dahomey*, i, p. 115.

127. Agbanon ii, *Histoire de Petit Popo*, p. 87, n. 207. Gayibor é o editor responsável pelas notas na edição do texto de Agbanon. Pazzi diz que essas fazendas de escravizados eram chamadas *kôji* (Pazzi, *Introduction à l'histoire de l'aïre culturelle ajatado*, pp. 95-6). Sobre "aldeias de escravos" e a concessão de terras aos escravizados, em Lagos, ver: Mann, *Slavery*, pp. 73, 245.

128. apa, Livro École de la Mission Catholique d'Agoué, 1874-1914, fls. 12.

129. Comunicação pessoal, professor N'buéké Adovi Goeh-Akue, e-mail em 4 mar. 2014. O professor Goeh-Akue produziu sobre o assunto um documentário intitulado *Le Chaînon manquant*.

130. "Togo, Afrique, Brésil: La famille retrouvée festival des divinités noires 6 Décembre 2012". Disponível em: http://bernard.desjeux.free.fr/article.php3?id_article=449. Acessado em 29 fev. 2020. Pierre Verger, por exemplo, documenta a presença do vodum Hlàn, de origem mahi: fpv, 1-1 22 a 051.

131. Hopkins, *An Economic History of West Africa*.

132. Coquery-Vidrovitch, "De la traite d'esclaves"; Law, *From Slave Trade*, p. 5, 12, e *Ouidah*, p. 210.

133. Para uma análise minuciosa desse processo em Lagos, ver: Mann, *Slavery*, pp. 237-76.

134. Documento transcrito e assinado na Residência Portuguesa de São João Baptista de Ajudá, em 2 jan. 1952, assinado pelo residente português em Uidá Antônio João Telles Pereira de Vasconcellos. Agradeço a Olivier de Almeida pela cessão, em Agoué (3 fev. 2012), de cópia desse documento, por ele preservado em fotocópia autenticada de 1º set. 1987.

135. Um primeiro acordo de protetorado francês em Porto Novo foi assinado em 1863, mas no final de 1864 ficou sem efeito. Após acordos subsequentes pouco efetivos, o protetorado foi oficialmente instaurado em 1882 (G. François, *Notre colonie du Dahomey*, pp. 3-4).

136. Ver, por exemplo: Borghero, *Journal de Francesco Borghero*, pp. 46-7.

7. O CATOLICISMO E A GRANDE FAMÍLIA AFRICANA [pp. 248-87]

1. Bonfils, *La mission*; Law, "Religion Trade and Politics on the 'Slave Coast'"; Parés, "Catolicismo em disputa".
2. Abade J. Laffite, *Le pays des nègres*, p. 45. A referência a sua estada em 1862 está na p. 48. Laffite, porém, publicou seu relato só em 1876, mais de uma década depois, e cita autores que o sucederam nas suas visitas a Agoué, mas que publicaram anteriormente.
3. Cunha, *Negros estrangeiros*. Ver também Turner: *"Les Brésiliens"*; Guran, *Agudás*.
4. Pélofy, "Histoire d'Agoué", pp. 7, 13; Pierucci; "Agoué"; Pazzi, "Introduction à l'histoire", p. 90; Verger, *Os libertos*, pp. 43-8; Costa e Silva, "Os habitantes brasileiros em Lagos", pp. 9-12.
5. Peel, *Religious Encounter*.
6. Borghero, *Journal de Francesco Borghero*, pp. 123-4, 251. APA, Livro de batismos n. 1, 1846-74, fls. 248-255.
7. APA, Livro de batismos n. 2, 1864-86, fls. 18-21. Thillier, "Lettre de M. Thillier", p. 267; citado também em Laffite, *Le pays des nègres*, pp. 49-50.
8. Bouche, *Sept ans en Afrique Occidentale*, pp. 266-7. Reiterado por Pélofy, "Histoire d'Agoué", p. 7; Pierucci; "Agoué", p. 11.
9. Asma, 12/80200, n. 20897, Bouche ao Superior Planque, 12 set. 1874, fls. 1v-2, tradução minha.
10. *La Croix du Dahomey*, abr. 1946, p. 7; Bonfils, *La mission*, p. 38.
11. Asma, 12/80200, n. 20897, Bouche ao Superior Planque, 12 set. 1874, fls. 1v-2. Para a versão publicada: Bouche, *Sept ans en Afrique Occidentale*, p. 266. Pélofy localiza a primeira capela no bairro Fonkome, e Pierucci em Hauçakome: Pélofy, "Histoire d'Agoué", p. 7; Pierucci; "Agoué", p. 9. Seguindo Anne-Marie Clementine Sanvi, Régina Byll-Cataria, editora do texto de Pélofy, identifica a "cristã" fundadora da primeira capela como Venussa de Jesus (Anne-Marie Clementine Sanvi, *Les métis et les Brésiliens dans la colonie du Dahomey*, p. 132); Byll-Cataria in Pélofy, "Histoire d'Agoué", p. 7, n. 5; Guran, *Agudás*, p. 93; Costa e Silva, *Francisco Félix de Souza*, p. 123. Ora, Venussa era uma cabra nascida no Brasil, chegada em Agoué em 1836, ainda criança, o que invalida essa hipótese.
12. TNA, FO 315/48/48, caso *Gratidão*, doc. s/n, Jorge Nabuco de Araújo a Thereza Caetana de Jesus, 13 jul. 1840.
13. Strickrodt, "'Afro-Brazilians' of the Western Slave Coast", p. 228; cf. TNA: CO 96/2, enclosure in W.B. Hutton & Sons, [Londres], 20 dez. 1843: J. H. Akhurst, Ahguay, 3 out. 1843.
14. Roberto Pazzi, *Introduction à l'histoire de l'aïre culturelle ajatado*, p. 90.

15. Claude Prudhomme, "Missions catholiques et *padroado* portugais", pp. 17-8, 20; Parés, "Catolicismo em disputa".

16. AHU, Semu, STP, cx. 487, doc. 2, 145, 313, Governador de São Tomé ao ministro e secretário de Estado dos Negócios da Marinha e Ultramar, 12 abr. 1844, 14 out. 1845; Julião Pires ao governador de São Tomé, 12 mar. 1844, 7 set. 1845; Tenente Líbano ao governador de São Tomé, 13 mar. 1844. Uma fonte posterior diz que uma inscrição na porta da igreja rezava que as obras haviam se iniciado em 4 de novembro de 1845 e terminado em agosto de 1846 (Asma, 2E-11, Courdioux, Journal d'un missionaire, 1856-63, fl. 11).

17. Ele foi ordenado em 1842, aos 35 anos (AHU, Semu, STP, cx. 492, mapa dos eclesiásticos da ilha de São Tomé, 15 set. 1854).

18. J. F. Ade Ajayi, *Christian Missions in Nigeria*, pp. 31-42; Mann, *Slavery*, p. 92; Law, *Breecoft Journal*, p. xxxiv.

19. Law, *Ouidah*, pp. 182-3; cf. Freeman, *Journal*, p. 242; Duncan, *Travels in Western Africa*, I, pp. 139, 186. A WMMC só fundou uma missão em Uidá em 1854, mas teve uma influência pequena na cidade (Law, *Ouidah*, pp. 226-7).

20. Forbes, *Dahomey*, I, pp. 93, 118-19.

21. A WMMS só estabeleceu missões na parte ocidental da Costa da Mina na década de 1850. Em 1854 abriu uma escola em Pequeno Popo e pretendia abrir outra em Heve, perto de Grande Popo (Strickrodt, *Afro-European Trade in the Atlantic World*, pp. 175-6, 205; cf. WMMSA, West Africa Correspondence, box 262, Joseph Dawson, Little Popo, 23 fev. 1855. Pierucci, "Agoué", p. 12).

22. Pélofy, "Histoire d'Agoué, pp. 19, 23; Paul Marty, *Études sur l'Islam au Dahomey*, p. 119. Para a viagem de retorno de Daniel da Glória e seu filho Adriano, junto com sua antiga senhora, Maria da Glória São José, ver: Castillo, "The Exodus of 1835", pp. 14-5. Bouche, *Sept ans en Afrique Occidentale*, p. 302; Strickrodt, "'Afro-Brazilians' of the Western Slave Coast ", p. 226.

23. Reynier, "Ouidah", pp. 44-5; Marty, *Études sur l'Islam au Dahomey*, p. 108-9; Law, *Ouidah*, p. 182. Em 1849 já havia uma mesquita em Uidá e outra em Abomé (Forbes, *Dahomey*, I, p. 33).

24. Yai, "The Identity", pp. 75, 77.

25. Para uma discussão acerca dessa temática ver: Parés e Castillo, "José Pedro Autran", pp. 33-4.

26. APA, Livro de batismos n. 1, 1846-74.

27. Apeb, Colonial, Livro de passaportes 5883, fls. 123v, 136v. Para seu envolvimento em navios negreiros: HCPP, 1828 [542], Class A, n. 49, Hamilton to Secretary Canning, Serra Leoa, 26 out. 1826, p. 46.

28. APA, Livro de batismos n. 1, 1846-74, p. 19.

29. Apeb, Colonial, Livro de passaportes 5883, fl. 136v.

30. APA, Livro de batismos n. 1, 1846-74, pp. 1-20.

31. APA, Livro de batismos n. 1, 1846-74, pp. 6-7, 11-2, 16-9.

32. APA, Livro de batismos n. 1, 1846-74, pp. 1, 19.

33. Micer Gonçalos sofria de lepra, que lhe roía os dedos das mãos e dos pés, e faleceu por volta de 1870 (APA, Livro *École de la Mission Catholique d'Agoué, 1874-1914*, fl. 4; Bouche, *Sept ans en Afrique Occidentale*, p. 267; Antônio Joaquim de Macedo Soares, "Portugal e Brasil na África", p. 131; Pélofy, "Histoire d'Agoué", pp. 7, 13, 22; Pierucci, "Agoué", p. 12). Entre os participantes do batismo de 1846 figura Gonçalo José Gomes Laranjeira, inclusive como padrinho dos filhos de Ifigênia da Cruz. Em 1860, esse Gonçalo José Gomes aparece, com Eleutério, como signatário de uma carta dirigida ao cônsul inglês em Lagos (TNA, FO 84/1115, incl. in Slave Trade n. 30, Letter from the inhabitants and merchants of Agoué, Agoué, 5 mar. 1860). Não fica claro, porém, se este seria o mesmo "Micer Gonçalos". Ver ainda: Pélofy, "Histoire d'Angoué", p. 19; Strickrodt, "'Afro-Brazilians' of the Western Slave Coast", pp. 232, 243.

34. Sobre catequistas seculares e a admissão de negros como missionários no século XIX: Asma, 12/802.00, n. 20227, Cloud a Planque, Porto Novo, 4 jul. 1866; Cunha, *Negros estrangeiros*, pp. 197-9, 216-21; Turner, *"Les Brésiliens"*, pp. 169-74. Sobre o clero indígena: António Ambrósio, *Subsídios para a história de São Tomé e Príncipe*, pp. 13-6. Renzo Mandirola e Pierre Trichet, *Lettres du Dahomey*, pp. 161, 174-5. Para um panorama mais amplo: Marcussi, "A formação do clero africano nativo".

35. Pierucci, "Agoué", p. 12.

36. Forbes, *Dahomey*, I, pp. 118-9.

37. AHU, Semu, STP, cx. 492, Relação nominal dos reverendos eclesiásticos desta Ilha, 1854; mapa dos eclesiásticos existentes na ilha de São Tomé, 1854. Pierucci, "Agoué", p. 12; Turner, *"Les Brésiliens"*, p. 158; Bonfils, *La mission*, pp. 36-7.

38. A quantificação dos batismos de cada padre em Uidá é aproximada, pois a fonte disponível apenas lista o nome dos batizados em cada ano astronômico (janeiro a dezembro). O critério seguido foi atribuir a cada padre a totalidade dos batismos do ano de sua partida: Asma, 2H-50, Liber Baptismalis Ajudae 1861, fls. 150-162. Para o período anterior de 1828-43 constam mais 229 batismos, com alguns anos sem qualquer registro.

39. AHU, Semu, STP, cx. 491, doc. 6, Governador de São Tomé ao presidente do Conselho Ultramarino, 14 jul. 1853.

40. Silva, *Uma viagem ao estabelecimento portuguez*, pp. 78-80, 96. P. H. Dupuis, "Séjour des premiers missionnaires au fort portugais de Ouidah", pp. 7, 11. Na ausência, desde 1800, de um bispo efetivo na diocese de São Tomé, o máximo responsável pela escolha dos curas destinados a Uidá era o vigário procapitular (Ambrósio, *Subsídios*, pp. 12, 15).

41. Para o grau de controle da comunidade afro-brasileira sobre os padres católicos: Turner, "Les Brésiliens", p. 156; Cunha, *Negros estrangeiros*, p. 230.

42. AHU, Semu, STP, cx. 495, Traslado de documentos no processo do padre Faustino de Andrade, 18 abr. 1855, doc. 8, abaixo-assinado da comunidade agudá, 16 abr. 1855. Law, "A comunidade brasileira em Uidá", pp. 55-7.

43. Parés, "Afro-Catholic Baptism", p. 647.

44. Apeb, Judiciário, 04/1445/1914/05, Inventário de Joaquim de Almeida, 1857-65, fls. 35-36.

45. APA, Livro de batismos n. 1, 1846-74, p. 20.

46. Verger (*Os libertos*, p. 47) contabiliza apenas 22 filhos e desconsidera o primogênito.

47. Para os distintos tipos de aliança no Daomé: Le Herissé, *L'ancien royaume du Dahomey*, pp. 203-26; Abdou Serpos Tidjani, *Notes sur le mariage au Dahomey*.

48. Turner, "Les Brésiliens", p. 135.

49. Havia dois ou três Ignácios Félix de Souza. Um aparece como padrinho na Bahia em 1821 e era, provavelmente, irmão do Chachá I (Parés, "Cartas do Daomé", pp. 394-5). Um segundo Ignácio (nascido em 1812) foi traficante proeminente, com o irmão Antônio, nomeado Chachá III, mas que, acusado de ter delatado aos ingleses a saída de um navio negreiro, desapareceu por volta de 1860. O terceiro Ignácio nasceu *c.* 1835 e devia ter vinte anos em 1855. Em 1863 ele se tornou capelão da igreja do forte português em Uidá (Souza, *La famille de Souza du Bénin-Togo*, pp. 150-1, 203, 221).

50. Tradições orais de Pequeno Popo sustentam que Joaquim era bom amigo de Chico, que sucedeu o irmão Isidoro como Chachá em 1858 (Agbanon II, *Histoire de Petit Popo*, p. 81).

51. APA, Livro de batismos n. 1, 1846-74. A identidade "americana" de Herpin aparece no registro n. 429 deste livro. Para sua atividade marítima, ver: *Diário do Rio de Janeiro*, 26 nov. 1847, p. 4. Para suas atividades como traficante: HCPP, 1862 [2904], Correspondence Relating to the Attack on Porto Novo, n. 1, Consul Foote to Lord J. Russell, Lagos, 8 mar. 1861, p. 2.

52. APA, Livro de batismos n. 1, 1846-74. Em 1857, eles atuaram ainda como padrinhos do filho do traficante Faustino Herpin e do filho do mahi Luiz Alves Ribeiro (Pelófy, "Histoire d'Agoué", p. 26).

53. Embora Agostinho de Freitas tenha solicitado um passaporte para África em novembro de 1835, ele só se instalou de forma permanente em Agoué depois de sua viagem em março ou abril de 1843 (Apeb, Colonial, Livro de passaportes 5883, fl. 124; Livro de passaportes 5884, fl. 393).

54. Esse foi o caso, por exemplo, de Apollinario do Rego, que aparece assim designado em 1877 (APA, Livro *École de la Mission Catholique d'Agoué*,

1874-1914, fls. 20, 25). Ver também: Borghero, *Journal de Francesco Borghero*, pp. 285-6.

55. Cunha, *Negros estrangeiros*, pp. 193, 227.

56. Yai, "The Identity", p. 74.

57. Cunha, *Negros estrangeiros*, p. 195; cf. Borghero, *Journal de Francesco Borghero*, p. 45.

58. Bouche, *Sept ans en Afrique Occidentale*, p. 264. Na festa da Epifania, um jegue e uma mula desfilavam pelas ruas, na festa que tem sido interpretada como uma referência ao folguedo da *burrinha* (Verger, *Os libertos*, pp. 45-6).

59. Para a expressão "cristãos só de nome", ver: Bouche, *Sept ans en Afrique Occidentale*, p. 264. Forbes, anos antes, falava em *nominal christians*: Forbes, *Dahomey*, I, p. 118.

60. Para a expressão "religião sem fé", ver: Yai, "The Identity", p. 77.

61. Turner, *"Les Brésiliens"*, pp. 185-90. Ver também: Cunha, *Negros, estrangeiros*, pp. 189-90.

62. Thillier, "Lettre à M. Thillier", p. 263.

63. Velho, "Missionization", p. 44.

64. Peel, *Religious Encounter*.

65. Silke Strickrodt, *Afro-European Trade Relations*, pp. 215-6; cf. WMMSA, West Africa Correspondence, box 263, William West, Cape Coast, 6 jun. 1859.

66. Velho, "Missionization", p. 44.

67. Borghero, *Journal de Francesco Borghero*, pp. 93, 150, 251; Cunha, *Negros estrangeiros*, pp. 213, 221. Já na década de 1870, em Uidá, várias crianças de pais "pagãos" eram batizadas (APU, Livro de batismos 1866-84).

68. Borghero, *Journal de Francesco Borghero*, p. 150.

69. Cunha, *Negros estrangeiros*, pp. 99, 189, 224-5.

70. Borghero, *Journal de Francesco Borghero*, p. 150; Cunha, *Negros estrangeiros*, pp. 189, 220.

71. Cunha, *Negros estrangeiros*, p. 226.

72. Borghero, *Journal de Francesco Borghero*, p. 150; Cunha, *Negros estrangeiros*, p. 225. "No Daomé em particular, chama-se branco a todos os cristãos, mesmo sendo pretos como o ébano" (Borghero, *Journal de Francesco Borghero*, p. 251, apud Bouche, *Sept ans en Afrique Occidentale*, p. 267).

73. James Sidbury, *Becoming African in America*, pp. 6-9. Para o contexto de Serra Leoa: Reis, Gomes e Carvalho, *O alufá Rufino*, pp. 207-40.

74. Forbes, *Dahomey*, I, p. 33. Law, *Consul John Beecroft's Journal*, pp. 54, 74-5, 83.

75. Yai, "The Identity", p. 75.

76. Borghero, *Journal de Francesco Borghero*, pp. 248-9, 251, apud também Bouche, *Sept ans en Afrique Occidentale*, p. 267; Verger, *Fluxo*, p. 633.

77. Sidbury, *Becoming African in America*, p. 9.

78. Borghero, *Journal de Francesco Borghero*, p. 285. Na década de 1860 os missionários europeus compraram e batizaram escravizados para trabalhar na missão de Uidá que, em última instância, foram libertos (ibid., pp. 111, 113); Turner, *"Les Brésiliens"*, pp. 159-60; cf. Asma, 12/802.00, n. 17 301, Journal de Courdioux, Uidá, set. 1862.

79. Esse padrão se reproduz em Agoué no período mais extenso de 1846 e 1874. De um total de 801 batizados, 203 eram escravizados, e, destes, só nove eram homens e só três foram batizados após de 1861.

80. APA, Livro de batismos n. 1, 1846-74.

81. Por exemplo, no Daomé, as crianças recém-nascidas são submetidas a um ritual em que o seu *joto* ou guardião ancestral é identificado pelas velhas tias da coletividade familiar: Souza, *La famille de Souza du Bénin-Togo*, pp. 75-6.

82. Vincent Crapanzano, "Introduction", p. 10.

83. Parés, "Milicianos, barbeiros e traficantes".

84. Borghero, *Journal de Francesco Borghero*, p. 290.

85. Bouche, *Sept ans en Afrique Occidentale*, p. 264, apud também Cunha, *Negros estrangeiros*, pp. 188-9; cf. Asma, 12/802.00, n. 21 147, Bouche a Planque, Lagos, ago. 1863.

86. Entre os filhos batizados em março de 1857, acrescentei duas filhas, Laura e Maria, cuja filiação não consta no Livro de batismos de Agoué por mim consultado, que é uma cópia do original. Para tal me baseei nas notas de Pierre Verger, que parece ter consultado o Livro de batismos original (Fundação Pierre Verger, doravante FPV, Notas de Pierre Verger e Casimir de Almeida sobre os filhos de Joaquim de Almeida, 1959-62). Agradeço a Lohic de Almeida por ceder cópias digitais desses documentos.

87. Para Monteiro de Carvalho ver: Strickrodt, "'Afro-Brazilians' of the Western Slave Coast ", pp. 222-3.

88. FPV, Notas de Pierre Verger e Casimir de Almeida sobre os filhos de Joaquim de Almeida, Liste 1, 13 out. 1959; Les fils de Joaquim d'Almeida, 16 mar. 1962. Pelo menos três desses nomes (Prudência, Perpetua e Francisco) poderiam corresponder a indivíduos batizados como escravizados de Joaquim.

89. Verger, *Os libertos*, p. 47. Reiterado por Guran, *Agudás*, p. 86. Infelizmente não tive acesso aos Livros de batismo de Lagos, nem conheço os túmulos conferidos por Verger; mas nos livros de batismo de Uidá (APU, livros de batismos 1861-92 e 1866-84) não achei nenhum registro de filhos de Joaquim. Aliás, em 1962, Verger contabilizava apenas 55 filhos, havendo nessa lista vários nomes que ele contabilizava como filhos e que eram na realidade escravizados

(FPV, Notas de Pierre Verger e Casimir de Almeida sobre os filhos de Joaquim de Almeida). Uma análise dos livros de batismo de Agoué, Uidá e Porto Novo (APA, Livros de batismo 1846-74 e 1864-86; APU, Livros de batismos 1861-92 e 1866--84; APPN, livro de batismos 1861-97) permite identificar, entre batizados, pais e padrinhos, 336 indivíduos com o sobrenome Almeida (216 em Agoué, 88 em Uidá e 32 em Porto Novo), aparecendo alguns repetidos nas distintas freguesias. A maioria pode ser identificada, positivamente, com algum dos 34 filhos conhecidos, com membros das famílias de Pedro Félix de Almeida ou de Antônio de Almeida, com crianças nascidas após a morte de Joaquim ou com o sobrenome Almeida sem relação de parentesco com ele. Restam 110 casos de pessoas de origem desconhecida com o sobrenome Almeida, mas dificilmente quase cinquenta seriam filhos de Joaquim não reconhecidos, sendo mais provavelmente alguns deles seus netos, antigos escravizados que passaram a usar seu nome ou membros das outras famílias Almeida.

90. Apeb, Judiciário, 04/1445/1914/05, Inventário de Joaquim de Almeida, 1857-65, fl. 10.

91. BBRIC, Freguesia da Sé, Livro de batismos 1840-53, fl. 247v. Nesse registro, a mãe Felismina figura como "forra", embora só tenha sido alforriada por verba testamenteira do senhor em 1844.

92. Apeb, Judiciário, 04/1445/1914/05, Inventário de Joaquim de Almeida, 1857-65, fl. 6v-7, 88-89, 130. O herdeiro "suplente" de Suterio era Thomazia de Souza Paraíso, e o de Benedita, Manoel Joaquim de Almeida.

93. Felisberto devia ter treze anos na época do seu batismo. Se ele nasceu em 1841, era mais velho que Suterio.

94. Entrevista de Marina de Almeida, Abomey Calavi, fev. 2014, min. 27. Ver também: Verger, "Les nouveaux Brésiliens", p. 328.

95. Barber, "Como o homem cria Deus na África Ocidental", p. 151.

96. Yai, "The Identity", p. 75. Parés, *O rei, o pai e a morte*, cap. 1.

97. Asma, 12/80200, n. 20897, Bouche ao Superior Planque, 12 set. 1874, fls. 1v-2, tradução minha.

98. APA, Livro École de la Mission Catholique d'Agoué, 1874-1914, fls. 30, 12.

99. Para uma dinâmica semelhante no contexto dos libertos africanos na Bahia, ver: Parés, "Libertos africanos", pp. 17-8.

100. Verger, *Os libertos*, p. 48.

101. Entrevista de Marina de Almeida, Abomey Calavi, fev. 2014, min. 28.

102. Segundo essa fonte, além de Gu e Dan (Han), Joaquim de Almeida teria importado de Hoko e do Brasil outros voduns, como Sakpata, Hevioso, Legba e Mami (Wata). Ver: Lazare de Almeida, "Générations 'Zoki-Azata'", documento inédito, 2014. O vodum Hlàn está associado ao rio Hlàn, afluente do

Ouemé e aos voduns *tohosu* de Abomé (Parés, *O rei, o pai e a morte*, pp. 244-5, 410-1).

103. A expressão é de Kristin Mann, em comunicação pessoal, 4 fev. 2015.
104. Cunha, *Negros estrangeiros*, p. 22.
105. Parés, "Catolicismo em disputa", p. 662.
106. A expressão "paganização do cristianismo" é de Velho, "Missionization", p. 44.

EPÍLOGO: A MORTE E O ESPÓLIO [pp. 288-300]

1. Pélofy, "Histoire d'Agoué", p. 13. Entrevista de Marina de Almeida, Abomey Calavi, fev. 2014, min. 28.
2. João da Silva Campos, "Ligeiras notas sobre a vida íntima, costumes e religião dos africanos na Bahia", pp. 291-4.
3. Agbanon II, *Histoire de Petit Popo*, p. 81; Turner, *"Les Brésiliens"*, pp. 135--6; Guran, *Agudás*, pp. 86-7.
4. Apeb, Livro entrada de passageiros 1855-89, 16 nov. 1858; Apeb, Colonial, maço 5963, Polícia do porto, registro da saída de embarcações 1858-61, 14 abr. 1859.
5. Para uma análise pormenorizada da guerra entre Agoué e Pequeno Popo, ver: Strickrodt, *Afro-European Trade in the Atlantic World*, pp. 184-94.
6. TNA, FO 84/1115, enclosure in n. 33, Nós abaixo assignados negociantes e habitantes desta praça..., Agoué, 5 mar. 1860, pp. 206-7.
7. Pélofy, "Histoire d'Agoué", p. 13.
8. Para descrições dos rituais funerários no Daomé, ver: Le Herissé, *L'ancien royaume du Dahomey*, pp. 165-75; Melville J. Herskovits, *Dahomey, an Ancient West African Kingdom*, I, pp. 352-402.
9. Verger, *Os libertos*, p. 48.
10. Apeb, Judiciário, 04/1445/1914/05, Inventário de Joaquim de Almeida, 1857-65, fl. 8v, 65.
11. Apeb, Judiciário, 04/1677/2147/03, Inventário de Manoel Joaquim de Almeida 1854-68, fls. 6v, 7. Para o testamento: Apeb, Judiciário, 05/2191/2660/38; transcrito, em parte, em Verger, *Os libertos*, pp. 114-6.
12. Apeb, Judiciário, 04/1445/1914/05, Inventário de Joaquim de Almeida, 1857-65, fls. 12-32v, 33-36, 37ss, 41v, 79ss, 82, 141-42. Para o leilão dos escravizados, ver Verger, *Fluxo*, p. 540.
13. BBRIC, Freguesia de Santana, Livro de batismos 1865-78, fl. 10v. Agradeço a Lisa Castillo por me indicar esse registro.

14. Hendrik Kraay, "Os companheiros de Dom Obá", p. 132; cf. Apeb/SACP, maço 3674, Suterio Joaquim de Almeida ao Presidente, Salvador, 23 fev. 1866.

15. AHU, Semu, STP, CX. 495, Relatório do tenente Francisco de Assis e Silva sobre a comissão de Ajudá do *Cabo Verde*, 25 jun. 1859.

16. O último registro dela é um batismo em 27 de setembro de 1860, em que atuou como madrinha (APA, Livro de batismos n. 1, 1846-74). Sobre o enterro dela em Agoué, ver: Verger, *Os libertos*, p. 48.

17. Le Herissé, *L'ancien royaume du Dahomey*, pp. 84-5, 242-54.

18. Pélofy, "Histoire d'Agoué", p. 13. Pedro Santos dificilmente teria viajado a Lisboa, já que em 1855 estava com apenas dois anos de idade. Maximiano deve ser Martiniano, conforme consta nos livros de batismo.

19. APA, Livro de batismos 1846-74 e 1864-86; APU, Livro de batismos 1861-92 e 1866-84; APPN, Livro de batismos 1861-97.

20. Entrevista de Marina de Almeida, Abomey Calavi, fev. 2014, min. 31.

21. Entrevista de Marina de Almeida, Abomey Calavi, fev. 2014, min. 31.

22. Pélofy, "Histoire d'Agoué", p. 22.

23. Entrevista de Marc Nascimento, Uidá, 6 nov. 2016.

24. Borghero afirma que vários dos filhos de Joaquim de Almeida frequentaram a escola de Uidá, onde a família tinha uma grande casa (Borghero, *Journal de Francesco Borghero*, p. 123). Isso deve ter acontecido após a morte de Joaquim, e ainda é possível que Borghero esteja se confundindo com a família de Antônio de Almeida.

25. *Diário do Governo*, n. 57, 7 mar. 1823, p. 452; *Almanak Estatístico de Lisboa 1848*, Lisboa, 1848, p. 155.

26. HCPP, 1845 [632], Class A, n. 268, Comissioners to the Earl of Aberdeen, Luanda, 10 ago. 1844, pp. 357-68. Na p. 368 consta o histórico do navio com sua compra em março de 1841 por parte de Nunes. Ver ainda: Eduardo dos Santos (Org.), *Angolana*, pp. 94-105, 194, 265, 301, 462, 484, 492, 537, 567, 619-20, 623, 646.

27. Fernando Manoel Carvalho da Mota, *As eleições e o poder municipal em Lisboa entre 1851 e 1867*, p. 141, anexos 10a, 10b, 11. Em 1862, Nunes comprou um moinho de maré na Verderena, na desembocadura do rio Tejo (disponível em: <https://patrimoniobarreiro.wordpress.com/publicacoes/artigos/os-antigos-moinhos-de-mare-da-verderena/>; acesso em: 6 jun. 2020). Na década de 1870, ele aparece como dono de uma padaria, ainda na rua Velha de Alcântara (*Diario Illustrado*, Lisboa, n. 739, 15 out. 1874, p. 2).

28. Paul Gilroy, *O Atlântico negro*, pp. 95-7. Agradeço a Fernando Baldraia pela sua contribuição nessa referência a Gilroy.

Bibliografia

ADAMS, Captain John. *Remarks on the Country Extending from Cape Palmas to the River Congo*. Londres: [s.n.], 1823.

ADANDÉ, Alexis. "Les Espaces non bâtis dans les concessions aguda: Jardin d'agrement, verger et potager". In: ADANDÉ, A. et al. (Orgs.). *Du Brésil au Bénin: Contribution à l'étude des patrimoines familiaux aguda au Bénin*. Cotonou: Les Editions Plurielles, 2019, pp. 87-92.

AGBANON II, Fio. *Histoire de Petit Popo et du Royaume Guin (1934)*. Lomé: Haho; Paris: Karthala, 1991.

AGBO, Casimir. *Histoire de Ouidah du XVI au XX siècle*. Avignon: Les Presses Universelles, 1959.

AJAYI, J. F. Ade. *Christian Missions in Nigeria 1841-1891: The Making of a New Elite*. Evanston: Northwestern University Press, 1965.

ALANAMU, Temilola. "Church Missionary Society Evangelists and Women's Labour in Nineteenth-Century Abẹ́òkúta". *Africa*, v. 88, n. 2, pp. 291-311, 2018.

ALBUQUERQUE, Aline Emanuelle de Biase. *De "Angelo dos Retalhos" a visconde de Loures: A trajetória de um traficante de escravos (1818-1858)*. Recife: UFPE, 2016. Dissertação (Mestrado em História).

ALBUQUERQUE, Wlamyra R. *O jogo da dissimulação: Abolição e cidadania negra no Brasil*. São Paulo: Companhia das Letras, 2009.

ALENCASTRO, Luiz Felipe de. *O tratado dos viventes: Formação do Brasil no Atlântico Sul*. São Paulo: Companhia das Letras, 2000.

ALMEIDA, Kátia Lorena Novais. *Alforrias em Rio de Contas, Bahia (século XIX)*. Salvador: EDUFBA, 2012.

AMBRÓSIO, António. *Subsídios para a história de S. Tomé e Príncipe*. Lisboa: Livros Horizonte, 1984.

AMOS, Alcione. "Afro-Brazilians in Togo: The Case of the Olympio Family, 1882--1945". *Cahiers d'Études Africaines*, n. 162, pp. 293-314, 2001.

ANDRADE, Maria José de Souza. *A mão de obra escrava em Salvador, 1811-1860*. Salvador: Corrupio, 1988 [1975].

ANDRÉS, Marcelino. *Relación del viaje de Marcelino Andrés por las costas de África, Cuba e isla de Santa Elena (1830-1832) publicado ahora por vez primera por el P. Agustín Jesús Barreiro (agustino)*. Madri: Imprenta del P. de H. de Intendencia e Intervención Militares, 1932.

ANSTEY, Roger. "The Profitability of the Slave Trade in the 1840^s". In: RUBIN, Vera; TUDEN, Arthur (Orgs.). *Comparative Perspectives on Slavery in New World Plantation Societies*. Nova York: New York Academy of Sciences, 1977.

ARAÚJO, Ana Lucia. *Mémoires de l'esclavage et de la traite des esclaves dans l'Atlantique sud: Enjeux de la patrimonialisation au Brésil et au Bénin*. Québec: Faculté des Lettres de l'Université Laval, 2007. Tese (Doutorado em História).

_____. "Aquele que 'salva' a mãe e o filho". *Tempo*, n. 29, pp. 43-66, 2010.

ARAÚJO, Fernando. "Fome de ouro e fama da obra: Antônio da Costa Peixoto e a 'Obra Nova de Lingoa Geral de Mina' — alianças, proximidades e distâncias de um escritor português no Brasil colonial do século XVIII". Texto inédito, 2013.

ARAÚJO, Ubiratan Castro de. "1846, um ano na rota Bahia-Lagos: Negócios, negociantes e outros parceiros". *Afro-Ásia*, n. 21/22, pp. 83-110, 1998-9.

BARBER, Karin. "Como o homem cria Deus na África Ocidental: Atitudes dos Yoruba para com o òrìsà". In: MOURA, Carlos Eugênio Marcondes de (Org.) *Meu sinal está no teu corpo: Escritos sobre a religião dos orixás*. São Paulo: Edicon; Edusp, 1989, pp. 142-75.

BARNES, Julian A. "Redes sociais e processo político". In: FELDMAN-BIANCO, Bela (Org.). *Antropologia das sociedades contemporâneas: Métodos*. São Paulo: Global, 1987, pp. 159-94.

BAY, Edna. *Wives of the Leopard: Gender, Politics, and Culture in the Kingdom of Dahomey*. Londres: University of Virginia Press, 1998.

BERLIN, Ira. "From Creole to African: Atlantic Creoles and the Origins of African--American Society in Mainland North America". *The William and Mary Quarterly*, v. 52, n. 3, pp. 251-88, 1996.

BETHELL, Leslie. *A abolição do comércio brasileiro de escravos*. Trad. de Luís A. P. Souto Maior. Brasília: Senado Federal; Conselho Editorial, 2002 [1970].

BLACKBURN, Robin. *The American Crucible: Slavery, Emancipation and Human Rights*. Londres: Verso, 2011.

BONFILS, Jean. *La mission catholique en République du Bénin*. Paris: Karthala, 1999.

BORGHERO, Francesco. *Journal de Francesco Borghero, premier missionnaire du Dahomey (1861-1865)*. Paris: Karthala, 1997.

BOSCHI, Caio. *Os leigos e o poder: Irmandades leigas e política colonizadora em Minas Gerais*. São Paulo: Ática, 1986.

BOUCHE, Pierre (abade). *Sept ans en Afrique Occidentale: La Côte des Esclaves et Dahomey*. Paris: Plon, Nourrit et Cie, 1885.

BOURDIEU, Pierre. "L'Illusion biographique". *Actes de la Recherche en Sciences Sociales*, v. 62-3, pp. 69-72, 1986. [Ed. bras.: "A ilusão biográfica". In : AMADO, Janaína; FERREIRA, Marieta de Moraes. *Usos e abusos da história oral*. Rio de Janeiro: Editora FGV, 2006, pp. 183-91.]

BOWEN, Rev. T. J. *Grammar and Dictionary of the Yoruba Language. With an Introductory Description of the Country and People of Yoruba*. Washington: Smithsonian Institute, 1858.

BRITO, Luciana da Cruz. *Temores da África: Segurança, legislação e população africana na Bahia oitocentista*. Salvador: EDUFBA, 2016.

BURNS, Kathryn. *Into the Archive: Writing and Power in Colonial Peru*. Durham; Londres: Duke University Press, 2010.

BURTON, Jean-Dominique. *Chasseurs Nagô du Royaume de Bantè*. Cotonou: Fondation George Arthur Forrest; Fondation Zinsou, 2012.

BURTON, Richard. *A Mission to Gelélé King of Dahome*. Londres: Tinsley Brothers, 1864.

BYLL-CATARIA, Régina. *La Diaspora dahoméenne en A. O. F. (Senegal, Côte d'Ivoire, Haute-Volta et Guinée)*. Porto Novo: Université Nationale du Bénin, 1998. Tese (Doutorado em História). 3 v.

CALDAS, Jozé Antonio. *Notícia geral de toda esta capitania da Bahia desde o seu descobrimento até o prezente anno de 1759*. Organização de: LOSE, Alícia Duhá; MAZZONI, Vanilda Salignac de Sousa; PEÑAILILLO, Perla Andrade. Salvador: Memória e Arte, 2017.

CAMPOS, João da Silva. *Procissões tradicionais da Bahia*. 2. ed. rev. Salvador: Conselho Estadual de Cultura, 2001 [1941].

_____. "Procissões tradicionais da Bahia". *Anais do Arquivo Público da Bahia*, v. 27, pp. 252-517, 1941.

_____. "Ligeiras notas sobre a vida íntima, costumes e religião dos africanos na Bahia". *Anais do Arquivo Público da Bahia*, v. 29, pp. 291-309, 1943.

CAPO, Hounkpati B. C. *Comparative Phonology of Gbe*. Berlim; Nova York: Foris Publications, 1991.

CARDOSO, Fernando Henrique. *Capitalismo e escravidão no Brasil meridional: O negro na sociedade escravocrata do Rio Grande do Sul*. Rio de Janeiro: Civilização Brasileira, 2003 [1962].

CARTER, S. E. et al. "Introduction et diffusion du manioc en Afrique". *Guide de Recherche de l'IITA*, n. 49. Ibadan: International Institute of Tropical Agriculture, 1994.

CARVALHO, Marcus J. M. "Trabalho, cotidiano, administração e negociação numa feitoria do tráfico no rio Benim em 1837". *Afro-Ásia*, n. 53, pp. 227--73, 2016.

CARVALHO, Meynardo Rocha de. "O culto à Santa Cruz em Minas do Ouro: Religiosidade popular no Bispado de Mariana 1745-1830". Texto apresentado no XXIII Simpósio Nacional de História (ANPUH). Londrina, 2005.

CASTELNAU-L'ESTOILE, Charlotte de. *Páscoa et ses deux maris: Une esclave entre Angola, Brésil et Portugal au XVIIe siècle*. Paris: PUF, 2019.

CASTILLO, Lisa Earl. "The Exodus of 1835: Àguda Life Stories and Social Networks". In: BABAWALE, Tunde; ALAO, Akin; ONWUMAH, Tony (Orgs.). *Pan--Africanism and the Integration of Continental Africa in Diaspora Africa*. Lagos: Centre for Black and African Arts and Civilization, 2011. v. 2.

_____. "Mapping the Nineteenth-Century Brazilian Returnee Movement: Demographics, Life Stories and the Question of Slavery". *Atlantic Studies*, v. 13, n. 1, pp. 25-52, 2016.

CASTILLO, Lisa Earl; PARÉS, Luis Nicolau. "Marcelina da Silva e seu mundo: Novos dados para historiografia do candomblé ketu". *Afro-Ásia*, n. 36, pp. 111--51, 2007.

_____. "Profils biographiques de quelques familles aguda dont le retour du Brésil peut être situé dans les années 1830 et 1840". In: ADANDÉ, Alexis et al. (Orgs.). *Du Brésil au Bénin: Contribution à l'étude des patrimoines familiaux aguda au Bénin*. Cotonou: Les Editions Plurielles, 2018, pp. 51-74.

CASTRO, Yeda Pessoa de. *A língua mina-jeje no Brasil: Um falar africano em Ouro Preto do século XVIII*. Belo Horizonte: Fundação João Pinheiro; Secretaria de Cultura do Estado de Minas Gerais, 2002.

CHALHOUB, Sidney. *Visões da liberdade: Uma história das últimas décadas da escravidão na Corte*. São Paulo: Companhia das Letras, 1990.

_____. "Precariedade estrutural: O problema da liberdade no Brasil escravista (século XIX)". *História Social*, n. 19, pp. 33-62, 2010.

_____. *A força da escravidão: Ilegalidade e costume no Brasil oitocentista*. São Paulo: Companhia das Letras, 2012.

_____. "The Politics of Ambiguity: Conditional Manumission, Labor Contracts, and Slave Emancipation in Brazil (1850-1888)". *International Review of Social History*, n. 60, pp. 161-91, 2015.

COHEN, Abner. "Cultural Strategies in the Organization of Trading Diasporas". In: MEILLASSOUX, Claude (Org.). *The Development of Indigenous Trade and Markets in West Africa*. Londres: Oxford University Press for the International African Institute, 1971, pp. 266-81.

CONRAD, Robert Edgar. *Tumbeiros: O tráfico de escravos para o Brasil*. São Paulo: Brasiliense, 1985.

COQUERY-VIDROVITCH, Catherine. "De la Traite des esclaves à l'exportation de l'huile de palme et des palmistes au Dhomey". In: MEILLASOUX, Claude (Org.). *The Development of Indigenous Trade and Markets in West Africa*. Londres: Oxford University Press, 1971, pp. 107-23.

COSTA, Soledade Martinho. "Dia da Santa Cruz". In: *Festas e tradições portuguesas*, v. 4. Lisboa: Círculo de Leitores, 2002.

COSTA E SILVA, Alberto da. "Os habitantes brasileiros em Lagos". In: _____. *O vício da África e outros vícios*. Lisboa: João Sá da Costa, 1989, pp. 9-12.

_____. *Francisco Félix de Souza, mercador de escravos*. Rio de Janeiro: Nova Fronteira, 2004.

_____. "Cartas de um embaixador de Onim". *Cadernos do CHDD*, v. 4, n. 6, pp. 195-205, 2005.

CRAEMER, Willy de; VANSINA, Jan; FOX, Renée. "Religious Movements in Central Africa: A Theoretical Study". *Comparative Studies in Society and History*, v. 18, n. 4, pp. 458-75, 1976.

CRAPANZANO, Vincent. "Introduction". In: CRAPANZANO, Vincent; GARRISON, Vivian (Eds.). *Case Studies of Spirit Possession*. Nova York: John Wiley, 1977.

CUNHA, Manuela Carneiro da. *Negros estrangeiros: Os escravos libertos e sua volta à África*. 2. ed. rev. e ampl. São Paulo: Companhia das Letras, 2012 [1985].

DALZEL, Archibald. *The History of Dahomey, an Inland Kingdom of Africa, Compiled from Authentic Memoirs*. Londres: Frank Cass & Co. Ltd, 1967 [1793].

DEAN, Warren. *Rio Claro: A Brazilian Plantation System, 1820-1920*. Stanford: Stanford University Press, 1976.

DEJUNG, Christof; MOTADEL, David; OSTERHAMMEL, Jürgen. *The Global Bourgeoisie: The Rise of the Middle Classes in the Age of Empire*. Princeton: University Press, 2019.

"DEVASSA do levante de escravos ocorrido em Salvador em 1835". *Anais do Arquivo Público da Bahia*, v. 38, pp. 1-142, 1968; v. 54, pp. 9-322, 1996.

DOURADO, Bruna Iglesias Motta. "Categorias comerciais e distinção social: O papel do comércio de grosso trato na consolidação do Estado imperial brasileiro, Pernambuco". *Anais do VII Encontro de Pós-Graduação em História Econômica; 5ª Conferência Internacional de História Econômica*. Rio de Janeiro: UFF, 2014.

DUCH, Lluís. *Sortida del laberint: Una trajectòria intelectual.* Barcelona: Fragmenta, 2018.

DUNCAN, John. *Travels in Western Africa in 1845 and 1846 Comprising a Journey from Whydah, through the Kingdom of Dahomey, to Adofoodia, in the Interior.* Londres: Richard Bentley, 1847. 2 v.

DUPLAISSIS, Robert. "Mercadorias globais, consumidores locais: Têxteis no mundo atlântico nos séculos XVII e XVIII". *Afro-Ásia*, n. 41, pp. 9-55, 2010.

DUPUIS, P. H. "Séjour des premiers missionnaires au fort portugais de Ouidah". *La Croix du Benin,* 19 out. 1990.

ELTIS, David. *Economic Growth and the Ending of the Transatlantic Slave Trade.* Nova York: Oxford University Press, 1987.

EQUIANO, Olaudah. *The Interesting Narrative of the Life of Olaudah Equiano.* Nova York: Norton, 2001.

ESPARTEIRO, António Marques. *Portugal no Daomé (1471-1961).* Lisboa: Agência Geral do Ultramar, 1962.

_____. *Três séculos no mar: 1640-1910.* Lisboa: Ministério da Marinha, 1972-86. 32 v.

ESSIEN, Kwame. *Brazilian-African Diaspora in Ghana: The Tabom, Slavery, Dissonance of Memory, Identity, and Locating Home.* East Lansing: Michigan State University Press, 2016.

FALHEIROS, Elaine Santos. *Luís e Antônio Xavier de Jesus: Mobilidade social de africanos na Bahia oitocentista.* Salvador: UFBA, 2014. Dissertação (Mestrado em História).

_____. "De escravo a retornado: A trajetória do africano Luís Xavier de Jesus, Bahia-Golfo do Benim, século XIX". *Veredas da História* [on-line], ano 7, ed. 1, pp. 86-117, 2014.

FALOLA, Toyin; LOVEJOY, Paul. *Pawnship in Africa*: Debt Bondage in Historical Perspective (*African Modernization and Development Series*). San Francisco; Oxford: Westview Press, 1994.

FERREIRA, Roquinaldo Amaral. *Dos sertões ao Atlântico: Tráfico ilegal de escravos e comércio lícito em Angola, 1830-1860.* Rio de Janeiro: UFRJ, 1997. Dissertação (Mestrado em História).

_____. "Dinâmica do comércio intracolonial: Geribitas, panos asiáticos e guerra no tráfico angolano de escravos, século XVIII". In: FRAGOSO, João et al. (Orgs.). *O antigo regime nos trópicos: A dinâmica imperial portuguesa (séculos XVI-XVIII).* Rio de Janeiro: Civilização Brasileira, 2001, pp. 339-78.

_____. *Cross-Cultural Exchange in the Atlantic World: Angola and Brazil during the Era of the Slave Trade.* Nova York: Cambridge University Press, 2012.

FLETCHER, James C.; KIDDER, Daniel P. *Brazil and the Brazilians Portrayed in*

Historical and Descriptive Sketches. Boston: Little Brown and Company, 1868 [1857].

FLORENTINO, Manolo. *Em costas negras: Uma história do tráfico entre a África e o Rio de Janeiro (séculos XVIII e XIX)*. São Paulo: Companhia das Letras, 1997.

FOÀ, Édouard. *Le Dahomey: Histoire, géographie, mœurs, coutumes, commerce, industrie, expéditions françaises (1891-1894)*. Paris: Hennuyer, 1895.

FORBES, Frederick E. *Dahomey and the Dahomans, Being the Journals of Two Missions to the King of Dahomey, and Residence at his Capital, in the Years 1849 and 1850*. Londres: [s. n.], 1966 [1851]. 2 v.

FORESTIER, Albane. "Principal-Agent Problems in the French Slave Trade: The Case of Rochelais Armateurs and Their Agents, 1763-1792". *Working Paper*, n. 13/05, Department of Economic History, London School of Economics, 2005.

FRAGA FILHO, Walter. *Encruzilhadas da liberdade: Histórias de escravos e libertos na Bahia (1870-1910)*. Campinas: Ed. da Unicamp, 2006.

FRANÇOIS, G. *Notre colonie du Dahomey*. Paris: Larose, 1905.

FREEMAN, Thomas Birch. *Journal of Various Visits to the Kingdoms of Ashanti, Aku and Dahomi in Western Africa*. Londres: Frank Cass, 1968 [1844].

GAVOY, Marcel. "Note historique sur Ouidah par l'administrateur Gavoy (1913)". *Études Dahoméennes*, n. 13, pp. 45-74, 1955.

GENOVESE, Eugene. *Roll, Jordan, Roll: The World the Slaves Made*. Nova York: Vintage, 1976.

GHOBRIAL, Jean Paul A. "Introduction: Seeing the World Like a Microhistorian". *Past and Present*, v. 242, supl. 14, pp. 1-22, 2019.

GILROY, Paul. *O Atlântico negro: Modernidade e dupla consciência*. Rio de Janeiro: Universidade Cândido Mendes, Centro de Estudos Afro-Asiáticos, 2001.

GINZBURG, Carlo; PONI, Carlo. "O nome e o como: Troca desigual e mercado historiográfico". In: GINZBURG, Carlo; CASTELNUOVO, Enrico; PONI, Carlo (Orgs.). *A micro-história e outros ensaios*. Lisboa: Difel, 1989, pp. 169-78.

GOMES, Flávio; COSTA, Valeria. "Dos tripulantes da história: O africano Duarte José Martins da Costa entre a 'rede miúda' do tráfico atlântico (Rio de Janeiro--Angola-Recife-Benim, séc. XIX). *Afro-Ásia*, n. 65, pp. 203-45, 2022.

GONZÁLEZ, Jorge Felipe. *Foundation and Growth of the Cuban-Based Transatlantic Slave Trade, 1790-1820*. East Lansing: Michigan State University, 2019. Tese (Doutorado em História).

GRADEN, Dale T. "O envolvimento dos Estados Unidos no comércio transatlântico de escravos para o Brasil (1840-1858)". *Afro-Ásia*, n. 35, pp. 9-36, 2007.

_____. *Disease, Resistance, and Lies: The Demise of the Transatlantic Slave Trade to Brazil and Cuba*. Baton Rouge, LA: Louisiana State University Press, 2014.

GRAHAM, Richard. *Alimentar a cidade: Das vendedoras de rua à reforma liberal (Salvador 1780-1860)*. São Paulo: Companhia das Letras, 2013.

GRENDI, Edoardo. "Micro-analisi e storia sociale". *Quaderni storici*, v. 35, n. 2, pp. 506-20, 1977.

GRINBERG, Keila. *O fiador dos brasileiros: Cidadania, escravidão e direito civil no tempo de Antônio Pereira Rebouças*. Rio de Janeiro: Civilização Brasileira, 2002.

GUIZELIN, Gilberto da Silva. "A última embaixada de um monarca africano no Brasil: Manoel Alves Lima, um embaixador do Reino de Onim na Corte de D. Pedro I". *Anos 90*, Porto Alegre, v. 22, n. 42, pp. 325-51, 2015.

GURAN, Milton. *Agudás: Os "brasileiros" do Benim*. Rio de Janeiro: Nova Fronteira, 1999.

GUYER, Jane I. "Wealth in People, Wealth in Things: Introduction". *Journal of African History*, n. 36, pp. 83-90, 1995.

_____. *Marginal gains: Monetary Transactions in Atlantic Africa*. Chicago: University of Chicago Press, 2004.

HAZOUMÉ, Paul. *Le pacte de sang au Dahomey*. Paris: Institut d'Ethnologie, 1937.

HAWTHORNE, Walter. "'Sendo agora, como se fôssemos, uma família': Laços entre companheiros de viagem no navio negreiro *Emília*, no Rio de Janeiro e através do mundo atlântico". *Revista Mundos do Trabalho*, v. 3, n. 6, pp. 7-29, 2011.

HEGEL, Georg Wilhelm Friedrich. *Fenomenologia do espírito*. Trad. de Paulo Meneses; Karl-Heinz Efken. Petrópolis: Vozes, 1992.

HERSKOVITS, Melville J. *Dahomey, an Ancient West African Kingdom*. Nova York: J. J. Augustin, 1938. 2 v.

HICKS, Mary E. "Transatlantic Threads of Meaning: West African Textile Entrepreneurship in Salvador da Bahia, 1770-1870". *Slavery & Abolition*, DOI: 10.1080/0144039X.2020.1793531, 2020, 28 p.

HOPKINS, Anthony G. *An Economic History of West Africa*. Londres: Longman, 1973.

HORNE, Gerald. *O Sul mais distante: Os Estados Unidos, o Brasil e o tráfico de escravos africanos*. Trad. de Berilo Vargas. São Paulo: Companhia das Letras, 2010.

INGOLD, Tim. "Anthropology is not Ethnography". *Proceedings of the British Academy*, n. 154, pp. 69-82, 2008.

JESUS, Paulo César Oliveira de. *O fim do tráfico de escravos na imprensa baiana 1811-1850*. Salvador: UFBA, 2004. Dissertação (Mestrado em História).

_____. *Mantendo o curso: Restrições, subterfúgios e comércio da escravatura na Bahia (1810-1817)*. Salvador: UFBA, 2017. Tese (Doutorado em História).

JOHNSON, Marion. "The Ounce in Eighteenth-Century West African Trade". *The Journal of African History*, v. 7, n. 2, pp. 197-214, 1966.

JONES, Adam. "Little Popo and Agoué at the End of the Slave Trade: Glimpses from the Lawson Correspondence and Other Sources". In: *Ports of the Slave Trade (Bights of Benin and Biafra)*, University of Stirling, Occasional Papers, n. 6, 1999, pp. 122-34.

JONES, Adam; SEBALD, Peter (Orgs.). *An African Family Archive. The Lawsons of Little Popo/Aneho (Togo) 1841-1938*. Oxford: Oxford University Press, 2005.

KOSTER, Henry. *Travels in Brazil 1809-1815*. Londres: Longman, Hurst, Rees, Ormes and Brown, 1817. 2 v.

KRAAY, Hendrik. *Race, State, and Armed Forces in Independence-Era Brazil: Bahia, 1790s-1840s*. Stanford: Stanford University Press, 2001.

_____. "Os companheiros de Dom Obá: Os zuavos baianos e outras companhias negras na Guerra do Paraguai". *Afro-Ásia*, n. 46, pp. 121-61, 2012.

LAFFITE, Aade J. *Le pays des nègres et la Côte des esclaves*. Tours: Alfred Mame et Fils, 1876.

LARA, Silvia Hunold. *Campos da violência: Escravos e senhores na capitania do Rio de Janeiro, 1750-1808*. Rio de Janeiro: Paz e Terra, 1988.

LATHAM, Anthony J. H. "Price Fluctuations in the Early Palm Oil Trade". *The Journal of African History*, v. 19, n. 2, pp. 213-8, 1978.

LATOUR, Bruno; LÉPINAY, Vincent Antonin. *La economía, ciencia de los intereses apasionados: Introducción a la antropología económica de Gabriel Tarde*. Buenos Aires: Manantial, 2009.

LAW, Robin. "Dahomey and the Slave Trade: Reflections on the Historiography of the Rise of Dahomey". *The Journal of African History*, v. 27, n. 2, pp. 237--67, 1986.

_____. "Computing Domestic Prices in Precolonial West Africa: A Methodological Exercise from the Slave Coast". *History in Africa*, v. 18, pp. 239-57, 1991.

_____. "Religion, Trade and Politics on the 'Slave Coast': Roman Catholic Missions in Allada and Whydah in the Seventeenth Century". *Journal of Religion in Africa*, v. 21, n. 1, pp. 42-77, 1991.

_____. "Finance and Credit in Pre-Colonial Dahomey". In: STIANSEN, Endre; GUYER, Jane I. (Orgs.). *Credit, Currencies and Culture: African Financial Institutions in Historical Perspective*. Estocolmo: Nordiska Afrikainstitutet, 1999, pp. 21-43.

_____. *The Slave Coast of West Africa 1550-1750: The Impact of the Atlantic Slave Trade on an African Society*. Oxford: Clarendon Press, 2002 [1991].

_____. "Dahomey at the End of the Atlantic Slave Trade". *Working Papers in African Studies*, n. 65, Center of African Studies, Boston University, 1992.

_____. (Org.). *From Slave Trade to "Legitimate" Commerce: The Commercial Transition in Nineteenth-Century West Africa*. Cambridge: Cambridge University Press, 1995.

LAW, Robin. "The Evolution of the Brazilian Community in Ouidah". *Slavery & Abolition*, v. 22, n. 1, pp. 3-21, 2001.

_____. "A comunidade brasileira de Uidá e os últimos anos do tráfico atlântico de escravos, 1850-66". *Afro-Ásia*, n. 27, pp. 41-77, 2002.

_____. "Francisco Félix de Souza in West Africa, 1800-1849". In: CURTO, José C.; LOVEJOY, Paul E. (Orgs.). *Enslaving Connections: Western Africa and Brazil during the Era of Slavery*. Amherst, NY: Humanity Books, 2004.

_____. *Ouidah: The Social History of a West African Slaving Port, 1727-1892*. Athens: Ohio University Press, 2004.

_____. (Org.). *Consul John Beecroft's Journal of his Mission to Dahomey, 1850*. Oxford: The British Academy by Oxford University Press, 2019.

LAW, Robin; MANN, Kristin. "West Africa in the Atlantic Community: The Case of the Slave Coast". *William and Mary Quarterly*, v. 56, n. 2, pp. 307-34, 1999.

LAW, Robin; LOVEJOY, Paul (Orgs.). *The Biography of Mahommah Gardo Baquaqua: His Passage from Slavery to Freedom in Africa and America*. Princeton: Markus Wiener Publishers, 2007.

LE HERISSÉ, Auguste. *L'ancien royaume du Dahomey: Mœurs, religion, histoire*. Paris: Émile Larose, 1911.

LEVEEN, E. Phillip. *British Slave Trade Suppression Policies, 1821-1865: Impact and Implications*. Nova York: Arno Press, 1977.

LEVI, Giovanni. "Frail Frontiers?". *Past and Present*, v. 242, supl. 14, pp. 36-49, 2019.

LIMA, Henrique Espada. "No baú de Augusto Mina: O micro e o global na história do trabalho". *Topoi*, v. 16, n. 31, pp. 571-95, 2015.

LIMA, Ivana Stolze. "A voz e a cruz de Rita: Africanas e comunicação na ordem escravista". *Revista Brasileira de História*, v. 38, n. 79, pp. 41-63, 2018.

LINDSAY, Linda. "To Return to the Bosom of their Fatherland: Brazilian Immigrants in Nineteenth-Century Lagos". *Slavery & Abolition*, v. 15, n. 1, pp. 22-50, 1994.

LINDSAY, Linda; SWEET, John (Orgs.). *Black Atlantic Biography*. Filadélfia: University of Pennsilvania Press, 2013.

LOPES, Edmundo Correia. "Os trabalhos de Costa Peixoto e a língua evoe no Brasil". In: SILVEIRA, Luis (Org.). *Obra nova de língua geral de Mina de Antônio da Costa Peixoto*. Lisboa: Agência Geral das Colônias, 1945 [1741], pp. 41-66.

LOPES, Gustavo Acioli. *Negócio da Costa da Mina e comércio atlântico: Tabaco, açúcar, ouro e tráfico de escravos, Pernambuco (1654-1760)*. São Paulo: USP, 2008. Tese (Doutorado em História Econômica).

LOVEJOY, Paul. *Karavans of Kola: The Hausa Kola Trade, 1700-1900*. Zaria: Ahmadu Bello University Press, 1980.

LOVEJOY, Paul; RICHARDSON, David. "The Initial 'Crisis of Adaptation': The Impact of British Abolition on the Atlantic slave trade in West Africa, 1808--1820". In: LAW, Robin (Org.). *From Slave Trade to "Legitimate" Commerce: The Commercial Transition in Nineteenth-Century West Africa*. Cambridge: Cambridge University Press, 1995, pp. 32-56.

_____. "British Abolition and its Impact on Slave Prices Along the Atlantic Coast of Africa, 1783-1850". *The Journal of Economic History*, v. 55, n. 1, pp. 98-119, 1995.

LYNN, Martin. "Change and Continuity in the British Palm Oil Trade with West Africa, 1830-55". *The Journal of African History*, v. 22, n. 3, pp. 331-48, 1981.

_____. *Commerce and Economic Change in West Africa: The Palm Oil Trade in the Nineteenth Century*. Cambridge: Cambridge University Press, 1997.

MAIA, Moacir Rodrigo de Castro. *De reino traficante a povo traficado: A diáspora dos Courás do golfo de Benim para as minas de ouro da América Portuguesa (1715-1760)*. Rio de Janeiro: UFRJ, 2013. Tese (Doutorado em História).

MAMIGONIAN, Beatriz Gallotti. "Os direitos dos libertos africanos no Brasil oitocentista: Entre razões de direito e considerações políticas". *Revista de História*, São Paulo, v. 34, n. 2, pp. 181-205, 2015.

_____. *Africanos livres: A abolição do tráfico de escravos no Brasil*. São Paulo: Companhia das Letras, 2017.

MANDIROLA, Renzo; TRICHET, Pierre. *Lettres du Dahomey: Correspondance des premiers pères de la Société des Missions Africaines (avril 1861-avril 1862)*. Paris: Karthala, 2011.

MANN, Kristin. *Slavery and the Birth of an African City. Lagos 1760-1900*. Indianapolis: Indiana University Press, 2007.

MANNING, Patrick. *Slavery, Colonisation and Economic Growth in Dahomey, 1640-1960*. Cambridge; Nova York: Cambridge University Press, 1982.

MARCUSSI, Alexandre Almeida. "A formação do clero africano nativo no Império português nos séculos XVI e XVII". *Temporalidades*, v. 4, n. 2, pp. 38-61, 2012.

_____. *Cativeiro e cura: Experiências religiosas da escravidão atlântica nos calundus de Luzia Pinta, séculos XVII-XVIII*. São Paulo: USP, 2015. Tese (Doutorado em História).

MARQUES, Leonardo. *The United States and the Transatlantic Slave Trade to the Americas, 1776-1867*. New Haven; Londres: Yale University Press, 2017.

_____. "Um último triângulo notório: Contrabandistas portugueses, senhores cubanos e portos norte-americanos na fase final do tráfico transatlântico de escravos, 1850-1867". *Afro-Ásia*, n. 53, pp. 45-83, 2016.

MARQUESE, Rafael de Bivar. "Capitalismo & escravidão e a historiografia sobre a escravidão nas Américas". *Estudos Avançados*, v. 26, n. 75, pp. 341-54, 2012.

MARQUESE, Rafael de Bivar; PARRON, Tâmis Peixoto. "Internacional escravista: A política da segunda escravidão". *Topoi, Revista de História*, v. 12, n. 23, pp. 97-117, 2011.

MARTY, Paul. *Études sur l'Islam au Dahomey: Le Bas Dahomey-Le Haut Dahomey*. Paris: Ernest Leroux, 1926.

MATTOS, Hebe Maria; GRINBERG, Keila. "Lapidário de si mesmo: Antônio Pereira Rebouças e a escrita de si". In: CASTRO GOMES, Angela de (Org.). *Escrita de si, escrita da história*. Rio de Janeiro: FGV Editora, 2004.

MATTOSO, Kátia M. de Queirós. "A propósito de cartas de alforria: Bahia 1779--1850". *Anais de História*, n. 4, pp. 23-52, 1972.

_____. *Bahia: A cidade do Salvador e seu mercado no século XIX*. São Paulo: Hucitec; Salvador: Secretaria Municipal de Educação e Cultura, 1978.

_____. *Bahia, século XIX: Uma província no Império*. Rio de Janeiro: Nova Fronteira, 1992.

MOTA, Fernando Manuel Carvalho da. *As eleições e o poder municipal em Lisboa entre 1851 e 1867*. Lisboa: Universidade Nova de Lisboa, 2016. Dissertação (Mestrado em História).

MOTT, Luiz. *Rosa Egipcíaca: Uma santa africana no Brasil*. São Paulo: Companhia das Letras, 2023.

MOURA FILHO, Heitor Pinto. "Câmbio de longo prazo do mil-réis: Uma abordagem empírica referente às taxas contra a libra esterlina e o dólar (1795--1913)". *Cadernos de História*, Belo Horizonte, v. 11, n. 15, pp. 9-34, 2010.

MURRAY, David R. *Odious Commerce: Britain, Spain and the Abolition of the Cuban Slave Trade*. Cambridge: Cambridge University Press, [1980] 2002.

MUVLEY, Patricia. *The Black Lay Brotherhoods on Colonial Brazil*. Nova York: Columbia University, 1976. Tese (Doutorado em História).

NARDIN, Jean-Claude. "La Reprise de relations franco-dahoméennes au XIXe siècle: La mission d'Auguste Bouët à la cour d'Abomey (1851)". *Cahiers d'Études Africaines*, v. 7, n. 25, pp. 59-126, 1967.

NASCIMENTO, Anna Amélia Vieira. *Dez freguesias da cidade de Salvador, aspectos sociais e urbanos do século XIX*. Salvador: EDUFBA, 2007.

NERÍN, Gustau. *Traficants d'ànimes: Els negrers espanhols a l'África*. Barcelona: Portic, 2015.

NEWBURY, C. W. "Credit in Early Nineteenth Century West Africa Trade". *Journal of African History*, v. 13, n. 1, pp. 81-95, 1972.

NISHIDA, Mieko. "As alforrias e o papel da etnia na escravidão urbana: Salvador, Brasil, 1808-1888". *Estudos Econômicos*, São Paulo, v. 23, n. 2, pp. 227-65, 1993.

_____. *Slavery and Identity: Etnicity, Gender, and Race in Salvador, Brazil, 1808-1888*. Indianapolis: Indiana University Press, 2003.

NORRIS, Robert. *Memoirs of the Reign of Bossa Ahádee King of Dahomy an Inland Country of Guiney*. Londres: Frank Cass & Co., 1968 [1789].

NORTHRUP, David. "The Compatibility of the Slave and Palm Oil Trades in the Bight of Biafra". *Journal of African History*, v. 17, n. 3, pp. 353-64, 1976.

OLIVEIRA, Maria Inês Cortes de. *O liberto: Seu mundo e os outros (Salvador, 1790-1890)*. Salvador: Corrupio, 1988.

_____. "Viver e morrer no meio dos seus: Nações e comunidades africanas na Bahia do século XIX". *Revista USP*, n. 28, pp. 174-93, 1995-6.

OLIVEIRA, Renata Soraya Bahia de. *Tribunal da relação eclesiástica da Bahia: Memória, normatização e controle social (1846-1869)*. Jequié: Universidade Estadual do Sudoeste da Bahia, 2016.

OTERO, Solimar. *Afro-Cuban Diasporas in the Atlantic World*. Rochester: University of Rochester Press, 2010.

PARÉS, Luis Nicolau. *A formação do candomblé: História e ritual da nação jeje na Bahia*. Campinas: Ed. da Unicamp, 2006.

_____. "Cartas do Daomé: Uma introdução". *Afro-Ásia*, n. 47, pp. 295-395, 2013.

_____. "Milicianos, barbeiros e traficantes numa irmandade católica de africanos minas e jejes (Bahia, 1770-1830)". *Tempo*, v. 20, pp. 1-32, 2014.

_____. "Afro-Catholic Baptism and the Articulation of a Merchant Community, Agoué 1840-1860". *History in Africa*, n. 42, pp. 165-201, 2015.

_____. *O rei, o pai e a morte: A religião vodum na antiga Costa dos Escravos na África Ocidental*. São Paulo: Companhia das Letras, 2016.

_____. "Entre Bahia e a Costa da Mina, libertos africanos no tráfico ilegal". In: RAGGI, Giuseppina; FIGUEIRÔA-REGO, João; STUMPF, Roberta (Orgs.). *Salvador da Bahia: Interações entre América e África (séculos XVI-XIX)*. Salvador: EDUFBA; Cham, 2017, pp. 13-50.

_____. "Catolicismo em disputa: A comunidade agudá e a geopolítica colonial (Uidá 1844-1866)". *Topoi (On-line): Revista de História*, v. 18, pp. 639-65, 2017.

_____. "Libertos africanos, comércio atlântico e candomblé: A história de uma carta que não chegou ao destino". *Revista de História*, São Paulo, n. 178, pp. 1-34, 2019.

_____. "Custos e expectativas de lucro no tráfico negreiro na carreira da Costa da Mina à Bahia, no período ilegal (1830-1850)". In: GREEN, Toby; REIS, João José; SILVA JUNIOR, Carlos (Orgs.). *Poder e dinheiro na era do tráfico: Escravidão e outros laços econômicos entre África e Brasil*. No prelo, 2024.

_____. "O sítio Dagomé: um candomblé rural no século XIX (Salvador, Bahia)", *Afro-Ásia*, n. 66, pp. 116-64, 2022.

PARÉS, Luis Nicolau; CASTILLO, Lisa Earl. "José Pedro Autran e o retorno de Xangô". *Religião e Sociedade*, v. 35, n. 1, pp. 13-43, 2015.

PARRON, Tâmis Peixoto. *A política da escravidão no Império do Brasil, 1826--1865*. Rio de Janeiro: Civilização Brasileira, 2011.

PAZ, Marcelo de Oliveira. *Companhia da Pescaria das Baleias nas costas do Brasil (1765-1801): A caça ao leviatã dos mares*. Lisboa: Universidade de Lisboa, 2015. Dissertação (Mestrado em Estudos Brasileiros).

PAZZI, Roberto. *Introduction à l'histoire de l'aïre culturelle ajatado*. Lomé: Université du Bénin, Institut National des Sciences Humaines, 1979.

PEEL, John D. J. *Religious Encounter and the Making of the Yoruba*. Indianapolis: Indiana University Press, 2000.

PÉLOFY, Père Isidore. "Histoire d'Agoué, République du Bénin". In: BYLL-CATARIA, Régina. *Histoire d'Agoué, République du Bénin, par le Révérend Père Isidore Pélofy*. Institut für Afrikanistik History and Culture Series, n. 8, pp. 1-37, 2002.

PIERUCCI, Jean. "Agoué: Village de liberté de l'origine en 1953". Texto datilografado, ed. por Telemark, 1953.

POLANYI, Karl. *Dahomey and the Slave Trade*. Seattle: University of Washington Press, 1966.

PRUDHOMME, Claude. "Missions catholiques et *padroado* portugais: Pour de nouvelles approches". *Histoire, Monde & Cultures Religieuses*, n. 31, pp. 17-34, 2014.

PUTNAM, Lara. "To Study the Fragments as Hole: Microhistory and the Atlantic World". *Journal of Social History*, v. 39, n. 3, pp. 615-30, 2006.

QUINTÃO, Antonia. *Lá vem o meu parente: As irmandades de pretos e pardos no Rio de Janeiro e em Pernambuco no século XVIII*. São Paulo: Annablume; Fapesp, 2002.

REDIKER, Marcus. *O navio negreiro: Uma história humana*. Trad. de Luciano Vieira Machado. São Paulo: Companhia das Letras, 2011.

REGINALDO, Lucilene. *O Rosário dos Angolas: Irmandades de africanos e crioulos na Bahia setecentista*. São Paulo: Alameda, 2011.

REID, John. *Warrior Aristocrats in Crisis. The Political Effects of the Transition from the Slave Trade to Palm Oil Commerce in the Nineteenth-Century Kingdom of Dahomey*. Stirling: Stirling University, 1986. Tese (Doutorado em História).

REIS, João José. "O '*rol dos culpados*': Notas sobre um documento da rebelião de 1835". *Anais do Arquivo do Estado da Bahia*, n. 48, pp. 109-32, 1985.

_____. "Nas malhas do poder escravista: A invasão do candomblé do Accú na Bahia, 1829". *Religião e Sociedade*, v. 13, n. 3, pp. 108-27, 1986.

_____. *A morte é uma festa*. São Paulo: Companhia das Letras, 1991.

REIS, João José. *Rebelião escrava no Brasil: A história do levante dos malês em 1835*. São Paulo: Companhia das Letras, 2003.

_____. *Domingos Sodré: Um sacerdote africano*. São Paulo: Companhia das Letras, 2008.

_____. "Cor, classe, ocupação etc.: O perfil social (às vezes pessoal) dos rebeldes baianos, 1823-1833". In: REIS, João José; ACEVEDO, Elciene (Orgs.). *Escravidão e suas sombras*. Salvador: EDUFBA, 2012, pp. 279-320.

_____. "De escravo a rico liberto: A trajetória do africano Manoel Joaquim Ricardo na Bahia oitocentista". *Revista de História*, São Paulo, n. 174, pp. 15--68, 2016. Disponível em: <http://dx.doi.org/10.11606/issn.2316-9141.rh.2016.108145>.

_____. "Tráfico, escravidão, revolta: Os africanos na Bahia oitocentista". Texto inédito, 2017.

_____. "'Por sua liberdade me oferece uma escrava': Alforrias por substituição na Bahia, 1800-1850". *Afro-Ásia*, n. 63, pp. 232-90, 2021.

REIS, João José; GOMES, Flávio dos Santos; CARVALHO, Marcus J. M de. *O alufá Rufino: Tráfico, escravidão e liberdade no Atlântico negro (c. 1822-c.1853)*. São Paulo: Companhia das Letras, 2010.

REYNIER. "Ouidah. Organisation du Commandement". *Mémoire du Bénin*, n. 2, pp. 29-73, 1993 [1917].

RIBEIRO, Alexandre Vieira. "Eram de Cabinda e de Molembo? Uma análise sobre as viagens negreiras do norte de Angola para a Bahia nas primeiras décadas do século XIX presentes no banco de dados The Trans-Atlantic Slave Trade". In: RIBEIRO, Alexandre V.; GEBARA, Alexsander; BITTENCOURT, Marcelo (Orgs.). *África passado e presente: II Encontro de Estudos Africanos da UFF* [recurso eletrônico]. Niterói: PPG História-UFF, 2010, pp. 65-73.

RODRIGUES, Jaime. *O infame comércio: Propostas e experiências no final do tráfico de africanos para o Brasil (1800-1850)*. Campinas: Ed. da Unicamp, 2000.

_____. *De costa a costa: Escravos, marinheiros e intermediários do tráfico negreiro de Angola para o Rio de Janeiro (1780-1860)*. São Paulo: Companhia das Letras, 2005.

ROSS, David A. "The Career of Domingo Martinez in the Bight of Benin, 1833--1864". *Journal of African History*, v. 4, n. 1, pp. 79-90, 1965.

RUSSELL-WOOD, Anthony J. R. "Aspectos da vida social das irmandades leigas da Bahia no século XVIII". In: *O bicentenário de um monumento bahiano*. Salvador, 1971. Coleção Conceição da Praia, v. 2

SALVADOR, Frei Vicente. *História do Brasil: 1500-1627*. São Paulo: Edusp, 1982.

SANTOS, Eduardo dos (Org.). *Angolana (documentação sobre Angola): 1845.*

Luanda; Lisboa: Instituto de Investigação Científica de Angola; Centro de Estudos Históricos Ultramarinos, 1976. 3 v.

SANTOS, Flávio Gonçalves dos. *Economia e cultura do candomblé na Bahia: O comércio dos objetos litúrgicos afro-brasileiros, 1850-1937*. Ilhéus: Editora da UESC, 2013.

SANTOS, Silvana Andrade dos. "Traficantes e capitalistas: Reflexões a partir da trajetória de Antônio Pedroso de Albuquerque (1798-1878)". Texto apresentado ao IX Encontro Escravidão e Liberdade no Brasil Meridional, Florianópolis (UFSC), 14-18 maio 2019.

SANVI, Anne-Marie Clémentine. *Les métis et les Brésiliens dans la colonie du Dahomey, 1880-1920*. Cotonu: Université Nationale du Bénin, 1977. Dissertação (Mestrado em História).

SARMENTO, Augusto. *Portugal no Dahomé*. Lisboa: Tavares Cardoso & Irmão, 1891.

SCARANO, Julita. *Devoção e escravidão: A irmandade de Nossa Senhora do Rosário dos Pretos no Distrito Diamantino no século XVIII*. São Paulo: Editora Nacional, 1978.

SCHAUMLOEFFEL, Marco Aurelio. *Tabom: A comunidade afro-brasileira de Gana*. São Paulo: Geração Editorial, 2014.

SCHNAPPER, Bernard. *La politique et le commerce français dans le Golfe de Guinée de 1838-1871*. Paris: Mouton, 1961.

SCHULER, Monica. "Enslavement, the Slave Voyage, and Astral and Aquatic Journeys in African Diaspora Discourse". In: CURTO, José C.; SOULODRE-LAFRANCE, Renée (Orgs.). *Africa and the Americas: Interconnections during the Slave Trade*. Trenton, NJ: Africa World Press, 2005, pp. 185-214.

SCHWARTZ, Stuart B. "A manumissão dos escravos no Brasil colonial: Bahia 1684-1745". *Anais de História*, n. 6, pp. 71-114, 1974.

SCOTT, Rebecca J. "Small-Scale Dynamics of Larger-Scale Processes". *The American Historical Review*, v. 105, n. 2, pp. 472-9, 2000.

SCOTT, Rebeca; HÉBRARD, Jean. *Papeles de libertad: Una odisea transatlántica en la era de la emancipación*. Bogotá: Universidad de los Andes; Instituto Colombiano de Antropología e Historia, 2012.

SIDBURY, James. *Becoming African in America: Race and Nation in the Early Black Atlantic*. Oxford; Nova York: Oxford University Press, 2007.

SILVA, Carlos Eugenio Corrêa da. *Uma viagem ao estabelecimento portuguez de S. João Baptista de Ajudá na Costa da Mina em 1865*. Lisboa: Imprensa Nacional, 1866.

SILVA, Angela Fileno da. *"Que eu vou na terra" dos negros: Circularidades atlânticas e a comunidade brasileira na África*. São Paulo: USP, 2010. Dissertação (Mestrado em História).

SILVA, Angela Fileno da. *Vozes de Lagos: Brasileiros em tempos do Império Britânico, Costa da Mina, 1840-1900*. São Paulo: USP, 2016. Tese (Doutorado em História).

SILVA JUNIOR, Carlos Francisco da. "Interações atlânticas entre Salvador e Porto Novo (Costa da Mina) no século XVIII". *Revista de História*, São Paulo, n. 176, 2017. Disponível em: <http://dx.doi.org/10.11606/issn.2316-9141.rh.2017.113621>.

_____. "'Uma grande palavra, ou condenação': Pluralismos legais na era do tráfico". Texto inédito, 2019.

SILVEIRA, Luis (Org.). *Obra nova da língua geral de Mina, António da Costa Peixoto*. Lisboa: Agência Geral das Colônias, 1945 [1741].

SIMONSEN, Roberto C. *História econômica do Brasil, 1500-1820*. Brasília: Edições do Senado Federal, v. 34, 2005.

SLENES. Robert Wayne. "Senhores e subalternos no Oeste paulista". In: NOVAIS, Fernando A.; ALENCASTRO Luiz Felipe de (Orgs.). *História da vida privada no Brasil*, v. 2. São Paulo: Companhia das Letras, 1997, pp. 236-67.

_____. *Na senzala uma flor: Esperanças e recordações na formação da família escrava, Brasil Sudeste, século XIX*. Rio de Janeiro: Nova Fronteira, 1999.

SOARES, Antônio Joaquim de Macedo. "Portugal e Brasil na África: Vestígios portugueses nas línguas do Ocidente e do ocidente da África, colônias brasileiras na costa ocidental". *Revista do Instituto Histórico Geográfico Brasileiro*, v. 177, pp. 124-43, 1942 [1886].

SOARES, Carlos Eugênio Líbano. "'Instruído na fé, batizado em pé': Batismos de africanos na Sé da Bahia na primeira metade do século XVIII, 1734-1742". *Afro-Ásia*, n. 39, pp. 79-113, 2010.

SOARES, Mariza de Carvalho. *Devotos da cor*. Rio de Janeiro: Civilização Brasileira, 2000.

_____. "Comércio dos Wangara e as mantas mandês no Daomé (1810)". *Abe-África: Revista da Associação Brasileira de Estudos Africanos*, v. 1, n. 1, pp. 15--40, 2018-9.

SORENSEN-GILMOUR, Caroline. *Badagry 1784-1863: The Political and Commercial History of a Pre-Colonial Lagoonside Community in South West Nigeria*. Stirling: University of Stirling, 1995. Tese (Doutorado em História).

SOUMONNI, Elisée. "Dahomean Economic Policy under Ghezo, 1818-1858: A Reconsideration". *Journal of the Historical Society of Nigeria*, v. 10, n. 2, pp. 1-11, 1980.

_____. "The Compatibility of the Slave and Palm Oil Trades in Dahomey, 1818-1856". In: LAW, Robin (Org.). *From Slave Trade to 'Legitimate' Commerce: The Commercial Transition in Nineteenth-Century West Africa*. Cambridge: Cambridge University Press, 1995, pp. 78-92.

SOUZA, Daniele Santos de. *Tráfico, escravidão e liberdade na Bahia nos "anos de* ouro" *do comércio negreiro (c. 1680-c. 1790)*. Salvador: UFBA, 2018. Tese (Doutorado em História).

SOUZA, Mônica Lima e. *Entre margens: O retorno à África de libertos no Brasil, 1830-1870*. Niterói: UFF, 2008. Tese (Doutorado em História).

_____. "Histórias entre margens: Retornos de libertos para a África partindo do Rio de Janeiro no século XIX". *Revista de História Comparada*, v. 7, n. 1, pp. 67-114, 2013.

SOUZA, Simone de. *La famille de Souza du Bénin-Togo*. Cotonou: Les Éditions du Bénin, 1992.

SPARKS, Randy J. *The Two Princes of Calabar: An Eighteenth-Century Odissey*. Cambridge: Harvard University Press, 2009.

STEIN, Robert Louis. "The Profitability of Nantes Slave Trade, 1783-1792". *The Journal of Economic History*, v. 35, n. 4, pp. 779-93, 1975.

STRATHERN, Marilyn. "Cutting the Network". *Journal of the Royal Anthropological Institute*, v. 2, n. 3, pp. 517-35, 1996.

STRICKRODT, Silke. *Afro-European Trade Relations on the Western Slave Coast, 16th to 19th Centuries*. Stirling: University of Stirling, 2002. Tese (Doutorado em História).

_____. "'Afro-Brazilians' of the Western Slave Coast in the Nineteenth Century". In: CURTO, José C.; LOVEJOY, Paul E. (Orgs.). *Enslaving Connections: Changing Cultures of Africa and Brazil during the Era of Slavery*. Amherst, NY: Humanity Books, 2004, pp. 213-44.

_____. "The Brazilian Diaspora to West Africa in the Nineteenth Century". In: PHAF-REINBERGER, Incke; PINTO, Thiago de Oliveira (Orgs.). *Afrika-Amerika: Atlantische Konstruktionen*. Frankfurt: Vervuert, 2008.

_____. *Afro-European Trade in the Atlantic World: The Western Slave Coast, c.1550-c.1885*. Suffolk (GB); Rochester (NY): James Currey, 2015.

SWEET, James. *Domingos Alvares, African Healing, and the Intellectual History of the Atlantic World*. Chapel Hill: University of North Carolina Press, 2011.

TARDE, Gabriel. *Psychologie économique*. Paris: Felix Alcan, 1902. 2 v.

THILLIER. "Lettre de M. Thillier, missionnaire apostolique, à M. Planque, Supérieur de la Société des Missions Africaines, Lyon, mars 1872". *Annales de l'Association de la Propagation de la Foi. Recueil périodique des lettres des évêques et des missionnaires des missions des deux mondes*, pp. 264-70, jan. 1872.

THORNTON, John K. *The Kongolese Saint Anthony: Dona Beatriz Kimpa Vita and the Antonian Movement, 1684-1706*. Cambridge: Cambridge University Press, 1998.

TIDJANI, Abdou Serpos. *Notes sur le marriage au Dahomey*. Yaoundé: Éditions Nouvelles du Sud, 1998.

TOMICH, Dale. *Pelo prisma da escravidão: Trabalho, capital e economia mundial*. Trad. de Antonio de Padua Danesi. São Paulo: Edusp, 2011.

_____. "A escravidão no capitalismo histórico: Rumo a uma história teórica da segunda escravidão". In: MARQUESE, Rafael; SALLES, Ricardo (Orgs.). *Escravidão e capitalismo histórico no século XIX*. Rio de Janeiro: Civilização Brasileira, 2016, pp. 55-97.

TOMICH, Dale; ZEUSKE, Michael. "Introduction, The Second Slavery: Mass Slavery, World-Economy, and Comparative Microhistories". *Review*, Fernand Braudel Center, v. 31, n. 2, pp. 91-100, 2008.

TRICHET, Pierre. "Victor Régis, l'armateur marseillais qui voulait une mission catholique à Ouidah". *Histoire, Monde et Cultures Religieuses*, n. 18, pp. 149--81, 2011-2.

TRINDADE, Cláudia Moraes. *Ser preso na Bahia no século XIX*. Belo Horizonte: Ed. da UFMG, 2018.

TURNBULL, David. *Travels in the West: Cuba: With Notices of Porto Rico, and the Slave Trade*. Londres: Longman, Orme, Brown, Green, 1840.

TURNER, Michael Jerry. "Escravos brasileiros no Daomé". *Afro-Asia*, n. 10-1, pp. 5-23, 1970.

_____. *"Les Brésiliens": The Impact of Former Brazilian Slaves upon Dahomey*. Boston: Boston University, 1975. Tese (Doutorado em História).

VELHO, Otávio. "Missionization in the Postcolonial World: A View from Brazil and Elsewhere". In: CSORDAS, Thomas (Org.). *Transnational Transcendence: Essays on Religion and Globalization*. Berkeley; Los Angeles: University of California Press, 2009, pp. 31-53.

VERGER, Pierre. "Influence du Brésil au Golfe du Bénin". In: *Les Afro-américains*, Mémoires de l'Institut Français d'Afrique Noire, n. 27, Dakar, Ifan, pp. 11--100, 1952.

_____. *Notas sobre o culto aos orixás e voduns na Bahia de Todos os Santos, no Brasil, e na antiga Costa dos Escravos, na África*. Trad. de Carlos Eugenio Marcondes de Moura. São Paulo: Edusp, 1999 [1957].

_____. *Notícias da Bahia,1850*. Salvador: Corrupio, 1981.

_____. "Les nouveaux Brésiliens dans le golfe du Bénin: Un métissage culturel et biologique". *Cultures Africaines*, Documentos da reunião de especialistas sobre Les Apports Culturels des Noirs de la Diaspora à l'Afrique, Cotonou, Bénin. Paris: Unesco, pp. 307-37, 1983.

_____. *Fluxo e refluxo do tráfico de escravos entre o Golfo do Benim e a Bahia de Todos os Santos: Dos séculos XVIII a XIX*. 4. ed. rev. Salvador: Corrupio 2002 [1987].

_____. *Os libertos: Sete caminhos na liberdade de escravos*. Salvador: Corrupio, 1992.

VERGOLINO, José Raimundo O. et al. "Preços de escravos e produtividade do trabalho cativo: Pernambuco e Rio Grande do Sul, século XIX". *Anais do XLI Encontro Nacional de Economia*. Foz do Iguaçu: Associação Nacional dos Centros de Pós-Graduação em Economia (Anpec), 2013.

VILHENA, Luis dos Santos. *A Bahia no século XVIII*. Salvador: Itapuã, 1969 [1802]. 3 v.

VRIES, Jan de. "Playing with Scales: The Global and The Micro, the Macro and the Nano". *Past and Present*, v. 242, supl. 14, pp. 24-36, 2019.

WETHERELL, James. *Brazil. Stray Notes from Bahia: Being Extracts from Letters, &c., During a Residence of Fifteen Years*. Liverpool: William Hadfield, 1860.

WILLIAMS, Eric. *Capitalismo e escravidão*. Trad. de Denise Bottmann. São Paulo: Companhia das Letras, 2012 [1944].

XIMENES, Cristiana Ferreira Lyrio. *Joaquim Pereira Marinho: Perfil de um contrabandista de escravos na Bahia, 1828-1887*. Salvador: UFBA, 1999. Dissertação (Mestrado em História).

_____. *Bahia e Angola: Redes comerciais e o tráfico de escravos 1750-1808*. Niterói: UFF, 2012. Tese (Doutorado em História).

YAI, Olabiyi Babalola. "Texts of Enslavement: Fon and Yoruba Vocabularies from Eighteenth-and Nineteenth-century Brazil". In: LOVEJOY, Paul (Org.). *Identity in the Shadow of Slavery*. Londres; Nova York: Continuum, 2000, pp. 102-12.

_____. "The Identity, Contributions and Ideology of the Aguda (Afro-Brazilians) of the Gulf of Benin: A Reinterpretation". In: MANN, Kristin; BAY, Edna G. (Orgs.). *Rethinking the African Diaspora: The Making of a Black Atlantic World in the Bight of Benin and Brazil*. Londres: Frank Cass, 2001, pp. 72-82.

ZÜTPHEN, C. H. van. *Tagebuch einer Reise von Bahia nach Afrika*. Düsseldorf: bei J.H.E. Schreiner, 1835.

Obras de referência

ARQUIVO DO ESTADO DA BAHIA. "Tombo dos bens das Ordens Terceiras, Confrarias e Irmandades da Cidade do Salvador em 1853". *Publicações do Arquivo do Estado da Bahia*, v. 7. Salvador: Imprensa Oficial, 1948.

HCPP, 1825 [011].* Class A, Correspondence with the British commissioners, at

* A numeração entre colchetes das referências do HCPP corresponde ao código utilizado no site on-line, que, por sua vez, consta na parte inferior das primeiras páginas das edições originais da House of Commons.

Sierra Leone, the Havannah, Rio de Janeiro, and Surinam, relating to the Slave Trade, 1824-5.

HCPP, 1828 [542]. Correspondence with the British Commissioners. Sierra Leone, (General).

HCPP, 1831 [004]. Class A, Correspondence with the British Commissioners, at Sierra Leone, the Havana, Rio de Janeiro, and Surinam, relating to the Slave Trade, 1830; Class B, Correspondence with Foreign Powers relating to the Slave Trade, 1830.

HCPP, 1836 [006]. Class B, Correspondence with Foreign Powers relating to the Slave Trade, 1835.

HCPP, 1837 [s/n]. Class B, Correspondence with Foreign Powers relating to the Slave Trade, 1836.

HCPP, 1838 [124]. Class A, Correspondence with the British Commissioners, at Sierra Leone, the Havana, Rio de Janeiro, and Surinam, relating to the Slave Trade, 1837.

HCPP, 1838 [s/n]. Class B, Correspondence with Foreign Powers relating to the Slave Trade, 1837.

HCPP, 1839 [180]. Class A, Correspondence with the British Commissioners, at Sierra Leone, the Havana, Rio de Janeiro, and Surinam, Relating to the Slave Trade. From May 1st, 1838, to February 2nd, 1839, inclusive.

HCPP, 1839 [188]. Class A (Further series), Correspondence with the British Commissioners at Sierra Leone, the Havana, and Rio de Janeiro, relating to the Slave Trade. From February 2 to May 31, 1839.

HCPP, 1839 [189]. Class B (Further series), Correspondence with Spain, Portugal, and Brazil, relative to the Slave Trade. From February 2, 1839, to May 31, 1839.

HCPP, 1840 [265]. Class A, Correspondence with the British Commissioners at Sierra Leone, the Havana, Rio de Janeiro, and Surinam, relating to the Slave Trade. From June 30th to December 31, 1839.

HCPP, 1840 [268]. Class D, Correspondence with foreign powers, not parties to conventions giving right of search of vessels suspected of the slave trade. From June 1st to December 31, 1839, inclusive.

HCPP, 1841, Session 1 [330]. Class A. Correspondence with the British Commissioners at Sierra Leone, the Havana, Rio de Janeiro, and Surinam, relating to the Slave Trade. From May 11th to December 31, 1840, inclusive.

HCPP, 1842 [402]. Class A, Correspondence with the British Commissioners at Sierra Leone, the Havana, Rio de Janeiro, and Surinam, relating to the Slave Trade. From January 1st to December 31, 1841, inclusive.

HCPP, 1842 [403]. Class B, Correspondence with Spain, Portugal, Brazil, the

Netherlands, Sweden, and the Argentine Confederation, relative to the Slave Trade. From January 1st to December 31, 1841, inclusive.

HCPP, 1842 [551]. Report from the Select Committee on the West Coast of Africa, together with the Minutes of Evidence, Appendix, and Index. Part I.

HCPP, 1843 [482]. Class A, Correspondence with British Commissioners relating to the Slave Trade.

HCPP, 1843 [484]. Class C, Correspondence with Foreign Powers, relative to the Slave Trade.

HCPP, 1845 [632]. Class A, Correspondence with the British commissioners at Sierra Leone, Havana, Rio de Janeiro, Surinam, Cape of Good Hope, Jamaica, Loanda, and Boa Vista, relating to the slave trade, from January 1st to December 31, 1844, inclusive.

HCPP, 1845 [633]. Class B, Correspondence on the Slave Trade with Foreign Powers, Parties to Treaties under which Captured Vessels are to be tried by Mixed Tribunals, from 1st January to 31 December 1844 inclusive.

HCPP, 1846 [724]. Class B, Correspondence on the Slave Trade with Foreign Powers, Parties to Treaties under which Captured Vessels are to be tried by Mixed Tribunals, 1845.

HCPP, 1847 [855]. Class B, Correspondence on the Slave Trade with Foreign Powers, Parties to Treaties under which Captured Vessels are to be tried by Mixed Tribunals, from January 1st to December 31, 1846, inclusive.

HCPP, 1850 [1238]. Papers respecting the Danish possessions on the coast of Africa.

HCPP, 1850 [53]. Report from the Select Committee of the House of Lords, Session 1849. Report from the select committee of the House of Lords, appointed to consider the best means which Great Britain can adopt for the final extinction of the African slave trade and to report thereon to the House, together with Minutes of Evidence, Appendix and Index Thereto, Session 1849.

HCPP, 1850 [1291]. Class B, Correspondence with British Ministers and Agents in Foreign Countries, and with Foreign Ministers in England, Relating to the Slave Trade. From April 1st, 1849, to March 31, 1850.

HCPP, 1851 [1424]. Class A, Correspondence with the British Commissioners at Sierra Leone, Havana, the Cape of Good Hope, Jamaica, Loanda, and the Cape Verd Islands; and reports from British Vice-Admiralty Courts, and from British naval officers, relating to the Slave Trade. From April 1st, 1850, to March 31, 1851.

HCPP, 1851 [1424-II]. Class B, Correspondence with British Ministers and Agents in Foreign Countries, and with Foreign Ministers in England, relating to the Slave Trade. From April 1st, 1850, to March 31, 1851.

HCPP, 1852 [1455]. Papers relative to the reduction of Lagos by Her Majesty's forces on the West Coast of Africa.

HCPP, 1852-53 [0.2]. Class A, Correspondence with the British Commissioners at Sierra Leone, Havana, the Cape of Good Hope, Jamaica, Loanda, and the Cape Verde Islands; and Reports from British Vice-Admiralty Courts, and from British Naval Officers, relating to the Slave Trade. From April 1st, 1851, to March 31, 1852.

HCPP, 1854 [0.6]. Class A, Correspondence with the British Commissioners at Sierra Leone, Havana, the Cape of Good Hope, and Loanda; and Reports from British Vice-Admiralty Courts, and from British Naval Officers, relating to the Slave Trade. From April 1st, 1853, to March 31, 1854.

HCPP, 1862 [2904]. Correspondence Relating to the Attack on Porto Novo by Her Majesty's Naval Forces on the West Coast of Africa, July 26, 1861.

HCPP, 1865 [3503]. Class A. Correspondence with the British Commissioners at Sierra Leone, Havana, the Cape of Good Hope, Loanda, and New York; and Reports from British Vice-Admiralty Courts, and from British Naval Officers, relating to the Slave Trade from January 1st to December 31, 1864.

HCPP, 1865 [3503-I]. Class B, Correspondence with British Ministers and Agents in Foreign Countries, and with Foreign Ministers in England, relating to the Slave Trade.

Sites

BBRIC: Brasil, Bahia, Registros da Igreja católica, 1598-2007; site da Igreja de Jesus Cristo dos Santos dos Últimos Dias. Disponível em: <https://familysearch.org>.

BNDB: Biblioteca Nacional Digital Brasil. Disponível em: <http://acervo.bndigital.bn.br/sophia/index.html>.

BNDB, HDB: Hemeroteca Digital Brasileira. Disponível em: <http://memoria.bn.br/hdb/periodico.aspx>.

Câmara dos Deputados: <https://www2.camara.leg.br/atividade-legislativa/legislacao>.

HCPP: House of Commons Parliamentary Papers. Disponível em: <https://parlipapers.proquest.com/parlipapers>.

TSTD: The Trans-Atlantic Slave Trade Database. Disponível em: <http://www.slavevoyages.org>.

Jornais/Coleções

Almanak Administrativo Mercantil, e Industrial da Bahia, 1854-63

Almanak Estatístico de Lisboa 1848
Correio Mercantil, Jornal Político Commercial e Litterario (BA) 1836-49
Idade d'Ouro do Brasil
Correio da Bahia
Diário Rio de Janeiro
Diario Illustrado, Lisboa
Diário do Governo, Lisboa

Lista de imagens

MAPAS

MAPA 1. *Freguesias da cidade de Salvador da Bahia de Todos os Santos.* Reprodução de Carlos Augusto Weylle. *Mappa topographica da cidade de S. Salvador e seus suburbios* (detalhe). Stuttgart: Ferd. Glocker, c. 1851.

MAPA 2. *Costa da Mina, século XIX.*

MAPA 3. *A região do reino de Glidji, séculos XIX e XX* (*detalhe*). Agbanon II, *Histoire de Petit Popo*, p. 88 (detalhe).

FIGURAS

FIGURA 1. *Navio negreiro capturado pelos cruzadores britânicos.* Pintura de Nicholas Matthews Condy. Royal Naval Museum, 1829.

FIGURA 2. *Transporte de escravizados a bordo de um navio negreiro.* Reprodução de *L'Illustration: Journal Universel*, v. 37, Paris, 1861, p. 345. Disponível em: <http://slaveryimages.org/s/yorubadiaspora/item/2558>.

FIGURA 3. *Árvore genealógica (parcial) do rei de Glidji.* Reprodução a partir de Agbanon II, *Histoire de Petit Popo*, pp. 46-7, 193.

FIGURA 4. *Diversos tipos de embarcação.* Reprodução de William Falconer, *A New Universal Dictionary of the Marine*, Londres, 1815.

FIGURA 5. *Sobrado na esquina da rua dos Adobes com a rua dos Quinze Mistérios e a ladeira do Boqueirão, possível morada e venda de Joaquim de Almeida.* Foto: Luis Nicolau Parés.

FIGURA 6. *Paço Municipal, Salvador.* Foto: Benjamin Mulock, c. 1860. Coleção Gilberto Ferrez, IMS.

FIGURA 7. *São José dos Bem Casados, Barbalho, Salvador.* Autor não identificado, 1810 (detalhe). Instituto Moreira Salles, Coleção Martha e Erico Stickel. Disponível em: <http://www.cidade-salvador.com/seculo19/salvador-1810.htm>.

FIGURA 8. *Assinatura de Joaquim de Almeida na venda da casa de Thomazia, 1835.* Apeb, Judiciário, Livro de notas 251, fl. 66.

FIGURA 9. *Embarque de escravizados pela barra na África Ocidental.* Reprodução de *The Church Missionary Intelligencer: A Monthly Journal of Missionary Information*, v. 7, 1856, p. 241. Disponível em: <http://www.slaveryimages.org/s/slaveryimages/item/2059>.

FIGURA 10. *Agoué, vista do mar.* Desenho de autor não identificado, c. 1870. Reprodução de Asma, 3E 31, livro *Souvenir de Mission*, p. 117.

FIGURA 11. *Baiana com panos da costa amarrados na cintura e por cima do ombro, Rio de Janeiro.* Quadro atribuído a Jean-Baptiste Debret, c. 1817-29. Aquarela e lápis, 14,1 × 20,7 cm. Rio de Janeiro: Museus Castro Maya, IPHAN/MinC.

FIGURA 12. *Ex-voto do falucho* Bayhano *escapando do vapor de guerra inglês* Ydra, *1846.* Ex-voto da ermita Mare de Déu de la Cisa, Premiá de Dalt. Museu Marítim de Barcelona, referência n. 619F.

FIGURA 13. *Fabricação do azeite de dendê (Daomé).* Desenho de autor não identificado, c. 1870. Fonte: Asma, 3E 31, *Souvenir de Mission*, p. 114.

FIGURA 14. *Mausoléu na entrada da residência de Almeida.* Foto: Luis Nicolau Parés, Agoué, 2014.

GRÁFICO 1
Número de cativos embarcados na Costa da Mina, 1825-60.

TABELAS

TABELA 1. Escravizados desembarcados na Bahia, 1821-35.

TABELA 2. Pedido de alvará de licença para navegar, 1826.

TABELA 3. Comparativo de obtenção de cartas de alforria e habilitações de passaporte para a Costa da África entre a população africana, Salvador, 1802-37.

TABELA 4. Habilitação de passaportes para a Costa da África do entorno social de Joaquim de Almeida, 10-26 set. 1836.

TABELA 5. Famílias de libertos africanos vindos do Brasil em Uidá.

TABELA 6. Valores de compra e venda de mercadorias enviadas por Tobias Barreto Brandão, em Ajudá, a Manoel Cardozo de Bittencourt, na Bahia, 1839.

TABELA 7. Número e destino dos cativos embarcados na Costa da Mina, 1826-60.

TABELA 8. Padres enviados a São João Baptista de Ajudá pelo governo de São Tomé e Príncipe e número de batismos realizados, 1844-60.

TABELA 9. Naturalidade dos viajantes para a Costa da África no período de 1835-56.

TABELA 10. Sexo e idade dos viajantes para a Costa da África no período de 1835-56.

TABELA 11. Filhos batizados de Joaquim de Almeida.

Índice remissivo

Números de páginas em *itálico* referem-se a mapas, tabelas e ilustrações.

abdicação de d. Pedro I (1831), 70, 122
Abeokuta, 41, 136, 138-9, 129, 212, 222-4, 226, 255
Aberdeen Act (1845), 222; *ver também* Equipment Act (ou Palmerston Act, 1839); proibição do tráfico atlântico de escravizados
abolição do tráfico de escravizados, debates sobre, 36, 101, 224; *ver também* Lei Feijó-Barbacena (1831); Lei Eusébio de Queirós (1850); proibição do tráfico atlântico de escravizados; tratados anglo-portugueses de 1815 e 1817
abolicionismo/abolicionistas, 13, 36-7, 77, 123, 177, 194, 220, 222, 225, 300
Abomé, 52, 129, 137, 143, 149, 165, 216, 219, 221-2
Abreu, Joaquim José Pereira de, 181, 183
Abreu & Mazorra (companhia cubana), 181-5, 189
acori (coral azul), 162
Acra, 14, 135-6, 147, 244
açúcar (economia açucareira), 36, 102, 149, 161, 167-8, 177-8, 206, 299
acumulação de capital, 46, 177, 287; *ver também* capitalismo/capitalistas
Adandozan, rei do Daomé, 52, 78, 117, 136-7, 218
adesão e da iniciação, teologia da, 269, 272
adji (*aji/ayó*, jogo de tabuleiro), 288
Adjido, aldeia de (Togo), 78, 142, 212-3, 217
Adjovi, família, 241
Adobes, rua dos, 91
"afiliação" religiosa, 269
África: Central, 38, 99, 107, 178, 193; Ocidental, 11-3, 73, 80, 99, 100-1,

409

125, 127, 157, 161, 193, 223, 236, 245, 248, 288, 296
africanos: "africano atlântico", figura do, 20; africano novo/recém-chegado, 45; centrais, 38, 100; ocidentais, 38, 40, 50, 55, 100, 193
"africanos livres", 82-3; *ver também* Lei Feijó-Barbacena (1831); proibição do tráfico atlântico de escravizados
afro-catolicismo, 69, 73, 81-2, 114, 120, 250-1, 270-1
agiotagem e especulação financeira, 68
agonlis, 47, 146
Agostinho (afilhado de Joaquim de Almeida) *ver* Freitas, Agostinho de (mahi)
Agoué, 11-3, 16, 23, 69, 72, 110, 112, 114, 117, 125, 128-36, 140, 143-7, 149, 157, 164-5, 174-5, 185, 202, 204, 208-10, 212-3, 216-8, 220-1, 224-6, 229-30, 232, 238-9, 241-2, 244, 246, 248-50, 252-61, 263-5, 267, 269, 271, 273, 275-6, 278-80, 282-3, 288-90, 293-7, 317; bairros (*kome*) de, 138-9, 141, 143; capelas de, 13, 69, 110, 114, 130, 248-53, 286, 373*n*; *duunvirato* em, 132-3; fundação de (séc. XIX), 132, 140; rivalidade entre Uidá e Agoué, 249; vista do mar (1870), *134*
Agouégan, *133*, 141, 244-5
agricultura dos retornados à África, 242, 244-5
Água Brusca, ladeira da, 118
aguardente, 46, 149, 154, 172-4, 179, 184, 189, 198, 207, 246
agudás (famílias "brasileiras" na costa africana), 12-6, 21, 135, 149, 242, 249-50, 256-7, 263, 266, 268-75, 285-6, 289; elite, 14, 296; identidade, 249; "vermelhos" (descendentes de portugueses e mestiços luso-africanos), 273
Águia (bergantim espanhol), 179
Águia (palhabote), 239
Aguiar, Francisco Gil de, 210, 225-6, 229, 370*n*
Ahosi, princesa de Glidji, 78
Ahzom, Alica de, 246
Aité (africano "João Coparan"), 133, 337*n*
Ajenia (Aginea, Ajamié, chefe africano), 212
Akitoyé, *obá* de Lagos, 211-2, 223-6, 230, 232
Akué (aristocrata de Glidji), *79*
alaafin (rei de Oyó), 41; *ver também* Oyó, reino de
alacar, 166-7; *ver também* panos da costa
Alada, reino de (África Ocidental), 136
aladas, 48
Albuquerque, Antônio Pedroso de, 40, 42, 172
Alcântara, bairro de (Lisboa, Portugal), 298
Alfaiate, o (traficante de escravizados) *ver* Santos, José Francisco dos
Alfândega da Bahia, 117
alforria, cartas de, 27-61, *99*, 109, 171, 205, 296-7, 301-3
algodão, plantações e tecidos de, 110, 149, 163-5, 177, 190, 242, 246
Aliança (brigue), 110, 116, 130, 132
Aljube, cadeia do, 88, 90, 93, 340*n*
Almeida, Aguiar de (gun), 142
Almeida, Antônio de (iorubá), 12, 140
Almeida, Casimir de (neto de Joaquim), 280, 317
Almeida, família, 11-3, 52, 110, 218
Almeida, Feliciano Luiz de, padre, 70

Almeida, João de (nagô, escravizado de Joaquim de Almeida), 201

Almeida, Joaquim de: abrasileiramento de, 19, 283-4; afilhados de, 76-7, 267-8, 279; alforria de, 29, 45, 70, 301-3; "Azata" (apelido de Joaquim de Almeida), 141; "bons serviços prestados" por, 31, 45-6; Brasil, chegada ao, 52-3; "burguês", como, 20, 300; "carneirada" (malária), com, 150; carta de 1853, 227-40; casa em Uidá, 141, 381*n*; casa matriz em Agoué, 13; casas em Salvador, *91*, 292; comerciante de miudezas, 92; devoção católica de, 13, 19; "empresário", 20; escravização de, 52, 330*n*; escravizados de (testamento de 1844), 18, 201; espólio de, 288, 293-4; excepcionalidade de, 23, 25, 285; filhos batizados de, *313*, 378*n*; filhos, número de, 281; fortuna acumulada por, 198-203; herdeiros de, 202; *homme d'affaires atlantique* (homem de negócios atlântico), 202; mausoléu em memória de, 245, *290*; morte (1857), 237, 288, 290; mulheres do entorno social de, 108-20, *111-2*; pecúlio acumulado por, 59; polígamo, 248, 300; processo-crime contra, 82, 93, 95; rede social de, 74, 76, 108-9, *111*, 123, 143, 201; riqueza de, 198-203; tanoeiro, 46; testamento (Bahia, 1844), 15, 18, 191, 200, 202, 291, 303-10; traficante de escravizados, 92, 149-51, 156, 173, 175, 185-6, 188, 191, 194, 198-9, 201, 203, 209-21, 249, 300; Zoki Zata (nome africano), 12, 131, 141, 289-90

Almeida, Manoel Joaquim de ("Manoelo", senhor de Joaquim de Almeida), 12-3, 27, 29, 34-5, 37, 43, 45-6, 51-3, 57, 59, 75-6, 78, 89, 109, 161, 170, 172, 174, 176, 182-5, 199, 201, 203, 206, 259, 267, 291-2, 299

Almeida, Manoel José de, 182, 187

Almeida, Marina de (tataraneta de Joaquim), 284, 295

Almeida, Miguel de (filho de Joaquim), 276, 295

Almeida, Ojo de (chefe dos escravos de Joaquim), 245, 283

Almeida, Pedro Félix de (mina), 12, 78-9, 267, 379*n*

Almeida & Costa (firma baiana), 172, 182-5, 187, 356*n*, 358*n*

Almirante, El (brigue espanhol), 35

alufás (sacerdotes islâmicos iorubás), 96; *ver também* Revolta dos Malês (1835); Rufino, alufá

alvarás de licença para navegar, 39

Álvares, José Bento, 166

Alves, Antônio de Oliveira, 109

Alves, Thomé José (nagô), 104

Amadie, Augusto, 210, 225-6, 230-2, 234

Amangá (chefe de Agoué), 133

Amaral, Venâncio do (mahi), 268, 280

América portuguesa, 64, 142

Amussú (tio do rei Guezo), 137

Ana (nagô, escravizada de Joaquim de Almeida), 83

Ana Roza (jeje, liberta de Thomazia), 116, 118

Anastásio (bebê alforriado no batismo), 70

Andrade, Faustino Dias de, padre, 257, 261-4

Andrade, Joaquim Coimbra de, 75

André (filho da hauçá Henriqueta), 70
Aneho, 12, 78, *129*, 224; *ver também* Pequeno Popo
anglicanos, missionários, 136, 255
Angola, *39*, 71, 107-8, 115, 119, 131, 176, 195, 261
angolas, 27, 96, 99-100, 117, 258
Anibal e Oriente (goleta), 106
Aniceto (afilhado de Joaquim de Almeida), 74
antilusitanismo, 122
Antônio (filho de Chachá), 79
apadrinhamento e compadrio, relações de, 66, 69, 71-80, 82, 206, 214, 258, 267-8, 277; *ver também* batismo (sacramento batismal); "consenhorio"
apátridas, libertos brasileiros como, 20, 121-3, 272
apropriação africana de ritos católicos, 69, 71, 73, 81-2, 120, 250-1, 270-1
Araújo, Jorge Nabuco de (jeje), 114, 252
Araújo, Manoel Gonçalves de, 150, 173
Araújo, Ubiratan Castro de, 187, 360*n*
aristocracia africana, 78-9, 212, 219, 241, 245
articulação, conceito de, 277
ascensão social, 18-9, 23-4, 121, 279, 300
Ásia, 254
Assembleia Legislativa da Bahia, 100
assens (altares votivos na cultura vodum), 283, 291
Assis e Silva, Francisco de, 293, 295
Associação Comercial de Pernambuco, 185
Atlântico negro (Gilroy), 300
Atoéta (aldeia perto de Agoué), 244-5, 283-4, 296

Atoko (aldeia), 216, 221
Aureliano (filho de Joaquim de Almeida), 295, 313
Autran, José Pedro (nagô), 104, 110, 139-40, 158
ayinon (chefes locais, donos da terra), 138
ayó (*adji/ajì*, jogo de tabuleiro), 288
azeite de dendê *ver* dendê
Azima, família, 50

Baba Olougbon (Joaquim da Silva Lisboa), 139, 256
Badagri, 41, *129*, 134-6, 142-3, 174, 212, 219-20, 222-3, 231, 241, 255, 267
Baeta, João Gonçalves, 216, 267, 280, 316-7
Bahia (bergantim), 39
Bahia, José Ignácio, 291
Bahia, porto da, 47, 53
Baltimore, 178, 181
Banguê, livro do, 48
barbas (etnia africana), *99*
barbeiros, 23, 37, 56, 59, 65-6, 86, 89
Barber, Karin, 73, 282
Barroquinha, candomblé da, 104
Batefolhas, fazenda, 115
batismo (sacramento batismal), 15, 69, 71, 73-5, 77, 80, 91, 130, 249-50, 253-4, 257-64, *261*, 266-8, 272-3, 275-80, 285, *313*, *317*, 375*n*, 378*n*; batismos coletivos, 70-2, 112, 253, 257, 263-4, 279-80, 286; *ver também* registros de batismo
Bayhano (falucho), *196*
Beecroft, John, 219, 222-3, 273
Behanzin, rei do Daomé, 52, 330*n*; viúva do, 52, 330*n*
Benedita (escravizada de Joaquim de Almeida), 74

412

Benedita (nagô, escravizada de Francisco Simões), 202, 281, 292, 305, 307-8
Benguela (Angola), 67, 107, 119
benguelas, 99
Benim, reino de, 15-6, 35, 44, 135, 192; República do, 11-2, 92, 132, 174, 244
benins, 99
Bernardina (filha de Thereza Caetana), 111, 113
Bibi Sokpa (irmão mais velho de Joaquim de Almeida), 52, 92
biografia: "biografias coletivas", conceito de, 23; paradigma biográfico (*biographical turn*), 22; temporalidade da, 22
Bittencourt, Manoel Cardozo de, 152
Black Joke, HMS (navio britânico), 35
Blezil ("Brasil", bairro de Uidá), 138-9, 216
Boa Hora (navio), 53, 57
"boçal" (africanos recém-chegados), 72, 85, 284
Bom Jesus da Redenção *ver* Senhor Bom Jesus das Necessidades e Redenção
Bom Sucesso (escuna), 216
Bomfim, Henriqueta Joaquina do (hauçá), 70, 76, 116
Bonetta (navio), 218
Boqueirão, ladeira do, 91, 170
Borghero, Francesco, padre, 250, 269, 273, 330*n*, 381*n*
bornus, 96, 99, 139-40, 143, 206, 219
Bouche, Pierre, padre, 250, 252, 279, 282
Bouet, Auguste, 222
Boya-Ganve (bairro de Uidá), 139-40
Branco, Faustino Herpin, 267-8, 280

"brancos", 12, 135, 138, 143, 272-3, 284, 300
Brandão, Rosa Cândida da Costa, 146
Brandão, Tobias Barreto (jeje), 146-55, 152, 163-4, 166-7, 172, 194, 198, 202, 209, 234
Brasil Colônia, 29, 49, 68, 71, 122, 157
Broadhead, Henry, 189
búzios, 51, 147-8, 150, 173-5, 188-90, 215, 235, 271, 351*n*

Cabinda, 38, 40, 53
cabindas, 99-100
Cabo Verde (escuna), 293
Cabra, O (Francisco das Chagas), 62
café (economia cafeeira), 36, 101-2, 168, 177-8, 299
Cais das Amarras, 84
calabares, 99
camarões, 99
Campbell, Bejamin, 226, 230
canada (medida de volume), 152, 158-9, 353*n*
cana-de-açúcar *ver* açúcar (economia açucareira)
candomblé, 92, 104, 115, 158, 162, 165, 167
capela do Corpo Santo, 62, 66, 278, 291
"capela portuguesa" de Agoué, 252, 373*n*
capitães negreiros da Bahia, 46
capitalismo/capitalistas, 18, 21, 42, 57, 68, 169, 176-7, 185, 191, 233, 246, 278, 283, 299, 356*n*
Cardozo, Manoel Guilherme (negro de origem norte-americana), 112-5
Caribe, 203
Caridade (navio negreiro), 39
Carllota (escuna), 39
Carlota (brigue sardo), 226

413

carmelitas da Bahia, padres, 251
Carvalho, Elias Domingo de, 147
Carvalho, José Pereira Monteiro de, 187, 280
Carvalho, Marcus Joaquim de, 18
"casa" como comunidade política, 279-87
cassanges, 99
Castillo, Lisa Earl, 16, 324*n*, 336*n*, 341*n*, 348*n*, 371*n*
catolicismo, 13, 15, 67-9, 73, 80-2, 114, 120, 135, 139-40, 142, 248-51, 253, 256-7, 270-2, 274, 278-9, 283-6; *ver também* afro-catolicismo; Igreja católica
Cerqueira, João Pinto de, 65
Chachá (traficante de escravizados) *ver* Souza, Francisco Félix de
Chachá II *ver* Souza, Isidoro Félix de
Chagas, Ângelo Custódio das, 139, 225
Chalhoub, Sidney, 75, 101, 368*n*
Chaves, João Antônio da Silva, 214
Chaves, Maria Teixeira, 259
chefias africanas, modelo de, 20
Church Missionary Society (CMS, missão anglicana), 255
Cidade Alta, 92
Cidade Baixa, 62, 92, 199
"cidade inglesa" (bairros anglófonos dos portos da Costa da Mina), 142, 212, 223, 255, 265
"cidade portuguesa" (bairros lusófonos dos portos da Costa da Mina), 142, 212, 223, 258, 264, 271, 289
Cipriano (nagô, escravizado de Joaquim de Almeida), 82-4, 86-93, 108, 119, 335*n*, 339*n*
Cirineu, Simão, 63
"clero indígena", 254, 261
clientelismo, 144, 259, 286
coartação, regime de, 31, 33

Código Criminal do Império, 85
Codjo Landjekpo, Pedro (descendente do rei de Glidji) *ver* Silveira, Pedro Pinto da
Coelho, Antônio Caetano (jeje), 72, 74, 95, 102, 106-8, 115, 120-1, 123, 128, 144, 147, 150, 202, 204-6, 268, 277
Coelho, Antônio Ferreira, 55, 57, 179
Coelho, José Mendes da Costa, 88
Cohen, Abner, 168, 355*n*
"coimplicação" entre escravidão e liberdade, 33
cola, frutos de (noz-de-cola, *obi*), 161-2, 291
colonialismo, 21, 169, 187, 246, 256
"comerciantes" (*traders*) e "intermediários" (*brokers*), distinção entre, 56, 199, 221
comércio: atlântico, mulheres luso-africanas no, 155-69; bilateral entre o Brasil e a África, 176; graúdo, 92, 170-203; miúdo (*small trade*), 14, 43, 92, 129-69, *152-3*, 198, 241
Comissão Mista Inglaterra-Brasil (tribunal de combate ao tráfico de escravizados), 176, 239
commodities, valores de, 148, 188; *ver também* mercadorias
compadrio *ver* apadrinhamento e compadrio, relações de
Companhia de Fábricas Úteis, 199
"comunidade atlântica", 20, 80, 168
comunidade mercantil atlântica, 15, 68, 157, 232, 250, 271, 277, 300
Conceição da Praia, freguesia da *ver* Nossa Senhora da Conceição da Praia, freguesia de
Conceição, Alexandrina Francisca da, 76

Conceição, Joaquina Maria da (jeje), 66
Conceição, José da, 110
Conceição, Maria Caetana da (comerciante africana), 158, 161-2, 166
Conceição, Roza Maria da (mãe de Iyá Nassô), 159
"confederação portuguesa" dos traficantes, 221-6, 230, 232
confiança no tráfico e no comércio atlântico, 233-4, 236-7
Congo, 71, 195
Congo, rio, 58
congos, 99-100
"consenhorio", 71-2, 74, 76, 258, 268
consignatários, 43, 56, 80, 149, 158-9, 184-5, 199, 214, 239
Constança (filha de Francisca Mondukpê), 268
Constança (liberta hauçá), 109, 206
Constantino, imperador romano, 63
Constituição do Império (1824), 19, 121
convenção anglo-brasileira de 1826, 36-7, 123
"conversão" religiosa, 36, 67-8, 269
Coque, João da Cruz, 293
corais, 154, 161-3, 166
coral azul (*acori*), 162
Corão, 256, 296
Correio Mercantil (jornal), 207
Cortes Gerais (Espanha), 194
Cosme (filho da liberta Roza), 113
Costa da África, 57-9, 66, 80, 95, 98-9, *99*, 103, 105, 107-8, 113, 120, 146, 181-3, 201, 205-6, 208, 231, *311-2*
Costa da Mina, 14, 16, 23, 34, 36-8, 40-1, 47, 53, 58, 69, 77-8, 80, 89-90, 92, 110, 115, 117, 126-7, *129*, 133-6, 145, 148, 154-6, 159-62, 167, 169, 173, 176, 178, 182, 186, 188, 192-5, *194*, 197-8, 200, 202, 204, 208-14, 220-4, 230, 240, 246, 248-51, 253, 255, 257, 290, 298-300; bloqueio marítimo de Uidá e da Costa da Mina (1850-2), 222, 224, 261
Costa, Antônio da (jeje), 105, 132, 246, 316
Costa, Antônio José da, 172, 182, 356*n*, 358*n*
Costa, Benedito Martins da (mina), 259
Costa, Bento Martins da (jeje), 74, 107
Costa, Felipe da ("Philip Decorsa"), 212
Costa, Joaquim José Ferreira, 210, 225-6
Costa, Nicolau Tolentino da, 159
Costa Junior, João da, 43, 147
Costumes, cerimônias dos (Abomé), 137, 143, 219-22, 273
Couto, Joaquim José de, 210, 225-6, 229, 231, 280
Crapanzano, Vincent, 277
crédito e confiança, relação entre, 233-4, 236-7
crianças traficadas ilegalmente, aumento de, 44
crioulos (negros nascidos no Brasil), 96, 141, 207-9, 256, 263-4, 273, 311
cristianismo/cristandade, 68, 71, 81, 131, 249, 255, 270-2, 274-5, 286; adesão de escravizados e libertos ao, 68, 257, 269, 272, 283; "cristãos muçulmanos", 256, 269; "cristãos só de nome", 270, 377*n*; "cristianismo paganizado", 81, 271; *ver também* catolicismo; "conversão" religiosa; irmandades de homens pretos
Cristo *ver* Jesus Cristo

Cruz, Ifigênia da (jeje), 110-3, 132, 154, 163, 166, 208, 259, 375*n*
Cruz, Luiza da (nagô), 113
Cruz, Roza da (jeje), 113
Cruz Rios, Joaquim Alves da, 42-3, 151, 199-201, 203, 210, 214, 227-8, 239
Cruz Rios, José Alves da, 40, 42, 199-200, 231, 239, 304-7
cruz, simbologia da, 63
cruzadores britânicos (na repressão ao tráfico de escravizados), 15, 34-6, *35*, 40, 43, 85, 124-5, 136-7, 147, 154, 158, 168, 174, 176, 180, 184, 193, 195, *196*, 205, 216, 298
Cuba, 13, 55, 127, 135, 137, 177-83, 185-6, 191, 193-5, 199, 201, 203, 210, 214, 222, 249, 254, 262, 278, 362*n*
Cuesta, Manzanal y Hermano (firma cubana), 55, 179
Cunha, Manuela Carneiro da, 14, 31, 44, 121, 187, 249, 271, 285
"custo africano" (*African cost*) versus "custo do feitor" (*factor cost*), 150-1, 171, 199

d'Etra, José Antônio, 66
d'Etra, Manoel José, 159
Dagomé, sítio (candomblé jeje), 115
dagomés, 47, 99; *ver também* fons
Dalzel, Archibald, 48
Damião (filho da liberta Roza), 113
Dan (vodum serpente), 162, 284
Daomé, 46-50, 125, 136-8, 143, 160, 165, 213, 217, 219-20, 222, 235-6, 242, *243*, 245, 248, 250, 266, 276, 282, 284, 294, 299
daomeanos, 48, 216, 221, 223, 241
Dassá, 112

David (nagô, escravizado de Joaquim de Almeida), 200, 202, 305
Defensor Feliz (patacho), 106
dendê: azeite de, 40, 92, 142, 145, 152, 155-6, 158-61, 165-8, 190, 200, 220, 224, 238, 240-7, *243*, 263, 286; dendezeiros/palmeiras de dendê, 141, 155, 241-2, 244, 246-7, 275
deportação de libertos para a África, 90, 95, 97-8, 100-1, 103-7, 109-10, 120-1, 123, 138, 206, 340*n*; *ver também* retornados à África
"descentralização" ou "dispersão geográfica" do tráfico clandestino, 124-5, 136, 143, 186
"diáspora mercantil" (*trading diaspora*), 168, 355*n*
Diata ou Idi-Ata (bairro de Agoué, Daomé), 131, 141, 256, 269
Diligência (escuna), 58-9
direito natural, 37
disputas alfandegárias entre o rei daomeano e os traficantes, 214, 236
Djidjiabou (esposa de Chachá), 79
dobrões espanhóis e mexicanos (moedas de ouro), 147
doce de araçá, 155, 161, 168
Docemo, *obá* de Lagos, 226
Domingos (escravizado do jeje Benedito), 70
doté (cabeceira), 212
Duarte, Brothers & Co. (companhia britânica), 183, 359*n*
Duch, Lluís, 33
Duncan, John, 165, 213, 216-7, 255
"dupla consciência", 300
Duquesa de Bragança (veleiro), 181, 186

Eccomi (Kumi Aguidi, cabeceira), 289
economia: do tráfico de escravizados,

56, 141, 157, 191, 247, 299; escravagista, 60, 177-8
egbás, 41, 223, 226, 255
Elaeis Guineensis (palmeira), 155; *ver também* dendê
elite mercantil africana, 278
Elmina, 149, 224; castelo/porto de São Jorge de Elmina, 14, 173, 175, 188-9
Eltis, David, 43, 126
Emília (afilhada de Manoel de Almeida), 76
Emília (escuna sarda), 200-1, 207, 251
Empreendedor (brigue), 159, 174, 182
Epe, *129*, 225-6, 231
equador, linha do, 36, 38, 40, 53, 83, 179
Equipment Act (ou Palmerston Act, 1839), 124, 126, 174, 180, 194-5, 211, 222; *ver também* Aberdeen Act (1845); proibição do tráfico atlântico de escravizados
"era da confusão" na África Ocidental, 41
escalas intermediárias entre o indivíduo e o coletivo, 22
escambo, 124, 126, 147-8, 150, 175, 177, 187-90, 197, 246
Escola da Missão Católica de Agoué, 1874-1914 (livro dos missionários franceses), 130
escravizados desembarcados na Bahia, *38*
Espanha, 180
Esperança (hiate), *39*
Esperança (polaca), 228, 231
Estado dos Negócios da Marinha e Ultramar, 210-1
Estados Unidos, 112, 114, 154, 177-8, 181-2, 272
estaleiros norte-americanos, 178, 181

Eusebio (filho de Joaquim de Almeida), 295, 314
evangélicos *ver* protestantes
"excepcional normal" (conceito de Grendi), 24
exclusão social dos libertos, 20, 121-3, 127

Falcão (bergantim), 179
Famílias Atlânticas: Redes de Sociabilidade entre Bahia e Benim (projeto), 16, 341*n*
famílias poligâmicas, 19, 266, 269, 283; *ver também* "grande família" africana, modelo da
famílias reais africanas, 78, 212, 219
Faria, José da Costa (jeje), 154
fazendas (tecidos), 163-4, 177
federalismo, 122
feitiçaria, 266, 289
feitores/feitorias, 33, 47, 51, 55-7, 72, 74, 124, 126-7, 149, 151, 171-2, 179-80, 184-5, 190, 198-9, 203, 212-3, 220, 226, 238, 240-1, 250, 255, 330*n*
Feliciano (nagô, escravizado de Joaquim de Almeida), 202, 305
Felicidade (angola, escravizada de Thomazia), 117
Felicidade (nagô, afilhada de Manoel Joaquim Ricardo), 76, 113
Felicidade (nagô, liberta de Luiza Gonçalves), 208
Felipe (filho de Joaquim de Almeida), 295, 313
Felipe (nagô, escravizado de Joaquim de Almeida), 202, 305
Felisberto (filho de Joaquim de Almeida), 265, 281, 295, *313*
Felismina (mina, escravizada de Joaquim de Almeida), 202, 266, 281, 305, 307-8, 313, 350*n*, 379*n*

Fernando Pó, ilha de, 223
Ferraz, Marcos Borges, 210, 223-6
Ferreira, João Luiz (jeje), 112, 115-6, 120
Ferreira, Roquinaldo, 80, 178
Fidel, Miguel João, 88
Filadélfia, 178
Fío (no *duunvirato* de Agoué), 133
firmas ou sociedades dedicadas ao tráfico de escravizados, 43, 57-8
Firmeza (brigue), 150, 152, 159, 166-7, 172-3, 175-6, 182-3, 356*n*
Flor do Tejo (brigue português), 298
Flora (deusa romana), 63
Fonkome (bairro de Agoué, Daomé), 130-1, 141-2, 260, 282
fons, 47-8, 141, 256, 264, 282
Forbes, Frederik E., 138, 148, 217-9, 224, 236, 242, 255, 260, 262
Forbes, Thomas George, 224
"força da escravidão", 101
fortunas baianas, 56
França, 52, 124, 160, 211
França, Caetano Alberto da, 46, 201, 232, 281, 291-2, 310
França, João Pereira de Araújo, 58
Francisco (afilhado de Joaquim de Almeida), 76, 116
Franco, Francisco da Costa, 88
Fraser, Louis, 225
Freeman, Thomas Birch, 213, 255
Freetown, 34, 272, 274
freguesias de Salvador (BA), *28*
Freitas, Agostinho de (mahi), 77, 130, 132, 142, 155, 268, 279-80, 376*n*
fulanis, 41, 73, 96, 149
Funchalense (brigue), 106
funerais na cultura vodum, 290, 295

Gabão, 12
gabões, 99
galés (pena de trabalhos forçados), 97, 104
Galgo (navio), 182
Galiza, Benedito Fernandes (jeje), 70-1, 74, 76, 155, 202, 251
Gana, 11, 14, 136, 216
Gantois, Edouard, 174
gari (farinha de mandioca), 245
Gayibor, Nicoué, 244
gbe (família linguística), 47-9, 100, 160, 260
Gilroy, Paul, 300
Glele, rei do Daomé, 294
Glidji, reino de, 78, *79*, *129*, 132, *133*, 141, 212, 218, 244-5
global bourgeoisie, 20
Gloria (brigue), 109, 132
Glória, Adriano da (imã de Agoué), 269
Glória, Daniel da (Saidou, imã de Agoué), 256, 269
Glória São José, Maria da (nagô), 268
Gobir, reino de, 41
Godinho, Joaquim Antônio da Silva, 76
Godomey (Daomé), 125, 143
Goeh-Akue, N'buéké Adovi, 372*n*
Gomes, Flávio dos Santos, 18
Gomes, José Manoel Antônio (hauçá), 204
Gonçalos, Micer, 260, 265, 296, 375*n*
Gonçalves, Augusto Antônio (tapa), 112, 114
Gonçalves, Luiza Francisca (jeje), 112-3, 166-7, 208
"grande família" africana, modelo da, 20, 248, 276, 281-3, 297
Grande Popo, 125, *129*, 135, 143, 184-5, 188, 218, 221, 224, 230
Gratidão (navio), 147, 153-5, *153*, 164, 198

Gregório XVI, papa, 254
Grendi, Edoardo, 24
Gu (vodum do ferro), 93, 284, 288
Guarda Nacional, 122
guens, 132; *ver também* minas
guerra civil (África Ocidental), 220, 223, 289
Guerra do Paraguai (1864-70), 293
Guerra, José Moreira, 83
Guezo, rei do Daomé, 41, 52, 117, 125, 136-8, 144, 148, 195, 214-9, 222, 224, 230, 236-7, 241, 245, 294
Guimarães, Francisco Lopes, 214
Guimarães, Manoel José Barboza, 89
guns, 47, 142, 223

Haiti, 97
Han (ou Hlàn, vodum), 284
Hauçakome (bairro de Agoué), 141, 256
hauçás, 70, 73, 76, 96, 99, 109, 113, 116, 139, 141, 143, 159, 161, 166-7, 204, 206, 256, 296
Havana, 18, 55, 105, 171, 176, 178-86, 189, 191, 198-9, 201, 214, 305
Hegel, Georg Wilhelm Friedrich, 32
Henriques, milicianos do terço dos, 65
Henriqueta (bergantim), 39
Heroína (escuna), 39
Hevioso (vodum), 379*n*
Hoko, aldeia de (Mahi), 50, 282, 284
Hopkins, Anthony, 156-7, 245
Horta, Luiz José Pereira, 293
horticultura dos retornados à África, 242, 244-5
Houénou, Azanmado (Quénum), 215-6, 218
huedas, 47-8
hulas, 132, 223
Hutton & Co (feitoria de azeite), 213, 219-20

Hutton, Thomas, 142, 213, 219-21, 238, 240, 255

Ibadan, 41, 139
Idewu, *obá* de Lagos, 42, 135
Ignácio (filho de Chachá) *ver* Souza, Ignácio Félix de
Igreja católica, 63, 66, 71, 274; *ver também* afro-catolicismo; catolicismo
igrejas: de Nossa Senhora do Pilar, 70; de São José dos Bem Casados, *118*; do Rosário das Portas do Carmo, 291
Ijebu, reino de, 174, 225-6
ilari, 41
ilegalidade do comércio de escravizados *ver* tráfico de escravizados, ilegal
Ilorin, reino de, 41
"ilusão biográfica", riscos da, 22
Império Britânico, 124
Império do Brasil, 19, 37, 55, 121-2, 127
impostos cobrados aos libertos (1835), 97
incêndios em Agoué, 238, 264
Independência do Brasil, 37, 253
Independência dos Estados Unidos, 176
Índia, 163
inflação, 148, 191, 241, 351*n*
Inglaterra, 37, 160, 176-7, 180, 183-4, 211, 223
Inocêncio (liberto), 57-9
inventários post mortem, 15, 40, 54, 58
iorubá (família linguística), 40, 50, 138, 166, 288
iorubalândia, região da, 42, 135
iorubás, 40-1, 219, 236, 244, 249, 282; *ver também* nagôs

irmandades de homens pretos, 63-4, 67-9; Irmandade de Nossa Senhora do Rosário, 63-4, 291; Irmandade de Santo Elesbão e Santa Ifigênia (Rio de Janeiro), 47; Irmandade de São Benedito, 64; Irmandade do Bom Jesus das Necessidades e Redenção (IBJNR), 13, 63, 65-9, 112, 154, 251, 278, 291
Isabel (escravizada de Antônio Santana), 74
islã/islamismo, 41, 73, 100, 104, 139-40, 249, 253, 256, 268, 270; *ver também* muçulmanos
Iyá Nassô (Francisca da Silva), 104, 110, 121, 139, 158-60

Jambo, Anselmo Martins, 210, 369*n*
Jambo, Pedro Martins, 225, 369*n*
Javier Sicó (Yaovi Siko), 144, 212
jejes, 17, 23, 29, 48-9, 55, 57, 65-6, 70, 72, 74-7, 82-4, 89, 91, 96, 99, 100, 102-3, 105, 107-8, 110-7, 132, 139-40, 143, 146, 154-5, 200, 202, 204, 206, 208, 258-60, 268, 278, 281, 292, 296
Jesus Cristo, 62-4, 250-1, 257, 274; *ver também* Senhor Bom Jesus das Necessidades e Redenção
Jesus, Antônio Xavier de (nagô), 17
Jesus, Feliciana Thereza de, 132, 259
Jesus, Luiz Xavier de (jeje), 17, 66, 103, 106, 121
Jesus, Maria Angélica do Coração de, 55
Jesus, Prudência Thereza de, 132, 259
Jesus, Thereza Caetana de (jeje), 110-5, 132, 162, 167, 252, 259
Jesus, Venussa Thereza de, 132, 373*n*
Jezuina (nagô, escravizada de Joaquim de Almeida), 202, 305

jihad (guerra religiosa do islã), 41, 73, 256
Joanito (polaca sarda), 200-1, 304
João (escravizado tapa mudubi), 161, 163
Joaquim (liberto hauçá) *ver* Ricardo, Manoel Joaquim (hauçá)
Joaquina (escravizada do jeje Benedito), 70
joto (guardião ancestral), 378*n*
Joze de Guezou, 137
juros em empréstimos, cobrança de, 66, 68, 198
Justina (afilhada de Joaquim de Almeida), 76
Justina (escravizada de Antônio Coelho), 74

Kakanfono Afonjá, 41
Keta, 143, 216, 221, 284
Kinkin (Joaquim, filho de José Pereira), 260, 296
kome (bairros de Agoué e Uidá), 138-9, 141-3
Komlagan (fundador de Agoué), 132-3, 141, 212
Kosoko, príncipe e *obá* de Lagos, 135-6, 174, 212, 223-6, 230-2, 369*n*
krus, 149

"ladinização", conceito de, 20, 24, 49
ladinos, escravizados, 45, 84, 86
Lafayette (escuna portuguesa), 182
Laffite, abade, 248, 250
Lagos, 14-5, 34-5, 41-3, 52, 55, 57, 59, 74, 89, 115, 125, *129*, 135-6, 145, 164, 170-6, 178-80, 182-5, 187, 189, 201, 206, 209-12, 223-6, 230-2, 246, 269, 281, 289
Lagos, rio, 14

Lamoê, praia de, 226, 229-31, 280, 369-70*n*
Laranjeira, Gonçalo José Gomes, 375*n*
Law, Robin, 20, 80, 156, 160, 168, 187, 210-1, 213, 215, 217, 241, 262
Lawson Júnior, George, 244
Lawson, George, 212, 216
Legba (vodum), 221, 379*n*
Lei Eusébio de Queirós (1850), 195-6, 221, 223, 368*n*; *ver também* repressão ao tráfico de escravizados
Lei Feijó-Barbacena (1831), 36-7, 82, 90, 101-2, 108, 123, 193, 195, 338*n*; *ver também* proibição do tráfico atlântico de escravizados; tráfico de escravizados, ilegal
levantes de escravizados, 95, 98, 102, 106; *ver também* Revolta dos Malês (1835)
Líbano, José Joaquim, 211, 253
liberalismo, 122
liberdade com restrições, 31; *ver também* alforria, cartas de
Libéria, 149
libertas luso-africanas no comércio de panos da costa, 164-7; *ver também* panos da costa
libertos africanos, 11, 13-4, 17, 19, 23, 62, 65, 70-2, 77, 82, 90, 97-9, 101, 120-2, 126, 137-8, *139*, 158, 240, 242, 263, 273, 298; nacionalidade brasileira vedada aos, 121-2
"ligação nominativa", metodologia da, 22
Lima, Domingos José de Almeida, 53, 55, 57, 179
Lima, José de Cerqueira, 39-40, 42, 170-1, 173-4, 185
Lima, José Joaquim de Britto, 224-6
Lima, Marcelino dos Santos, 76

"língua geral", 29, 45, 47-51, 75, 94, 221, 297, 329*n*
línguas africanas, 47, 50, 104; *ver também* gbe; iorubá
Lisboa, 65, 211, 293-5, 297-8, 381*n*
Lisboa, Joaquim da Silva (Baba Olougbon), 139, 256
Liverpool, 178, 183, 359*n*
Londres, 178, 180
Lopes, Antônio José, 84
Lopes, Manoel Pereira, 58, 332*n*
Luanda (Angola), 67, 107, 239
Luiza (escravizada de Inocêncio de Araújo Santana), 70
lusofonia, 15, 135, 249, 273, 276, 286, 296
"lusotropia" agudá, 269

Macedo, Manoel (jeje), 132
Machado, Joaquim Pereira, 225, 228, 230-1, 280, 316
Madail, Felix Cosme, 184-6, 189, 235
Magarão, José Francisco Gomes, 92
Mahi, país, 48, 50, 52, 92, 142, 146, 216-7, 284
mahigbe, idioma, 47, 50
mahis, 47-8, 77, 99, 130, 141-2, 202, 242, 245, 254, 256, 259-60, 264, 268, 280, 282
Maia, Emanuelle Moreira, 341*n*
Mami (Wata, vodum), 379*n*
mancala (jogo de tabuleiro), 288
mandioca, 173, 238, 242, 245; *gari* (farinha de mandioca), 245
Mann, Kristin, 20, 41, 80, 168, 211
Manning, Patrick, 188
Manoel (afilhado de Joaquim de Almeida), 76
"Manoelo" (senhor de Joaquim de Almeida) *ver* Almeida, Manoel Joaquim de

manteiga de karité, 92
Marabout (brigue francês), 205
Maranhão, 261
Marcelina (incêndio em Agoué, 1851), 238
Marcelino (jeje, escravizado de Joaquim de Almeida), 200, 202, 206-7, 305
Maria, santa, 63-4, 344*n*
Maria (jeje, escravizada de Joaquim de Almeida), 202, 305
Maria (menina jeje, afilhada de Luiza Gonçalves), 113
Maria da Gloria (galera), 39
Maria Damiana (goleta), 103, 106, 120, 138
Maria Francisca (escravizada fugida), 49
Maria ii, rainha de Portugal, 211
Maria Luiza (mulher do entorno de Joaquim de Almeida), 111, 113
Marinho, Antônio José Marques, 225-6, 229, 369*n*
Marinho, Joaquim Pereira, 42-3, 107, 189
Maro (bairro de Uidá), 138, 256, 297
Marques, José Maria, 211, 224
Martins, Domingos José, 136, 156, 200, 218-9, 224-5, 230, 241, 273, 286
Martins, Ojo, 225
Massougbodji, Marina de Almeida, 11
Matheus (filho de Thomazia), 268
Mathias (liberto nagô), 205-6
Mattoso, Katia, 56
Maximiano (filho de Joaquim de Almeida), 295, 315, 381*n*
Mazorra, José, 181, 183, 201, 235
Memória para Onim (escrita por um traficante espanhol), 50-1
Menezes, Andreza Maria de (jeje), 331*n*

Menezes, Felisberto de Matos Telles de, 187
mercado cubano de escravizados, 55, 180, 210
"mercado de trabalhadores", tráfico de escravizados como, 60
mercadorias: importadas da Bahia, 147-9, 163-4, 167-8; importadas da Costa da Mina, 66, 124, 127, 152-3, 164-5; *ver também* commodities, valores de
mesquitas: de Diata (Agoué), 269; de Maro (Uidá, Daomé), 256
miçangas, 154, 161, 163, 166-7
micro-história, 21, 24
milho, 174, 176, 242
milícias negras, 65, 122
minas, 47-9, 54, 74, 99, 110, 116-7, 132, 149, 179, 202, 239, 259
Minas Gerais, 47
mineração de ferro, 177
Minerva (navio), 36
Mino ("nossa mãe"), 117
missionários católicos e protestantes na África, 130-2, 136, 212-3, 220, 222, 224, 249, 255, 257, 269-72, 275, 286, 288, 322*n*, 378*n*; anglicanos, 136, 255; metodistas, 136, 255; wesleyanos, 136, 255, 265, 374*n*
mobilidade social, 17, 19, 68, 81, 300
moçambiques, 99
moedas de ouro, 147, 188-9; *ver também* dobrões espanhóis e mexicanos
Molembo (Angola), 38-40
mondobis, 58
Mondukpê, Francisca, 268
monetarização do tráfico de escravizados, 187-9
monjolos, 99

Montevidéu (Uruguai), 183
Moreira, Manoel Francisco, 39-40, 161
Moreira, Margarida Francisca (nagô), 161
muçulmanos, 96-7, 99-100, 104, 256, 268-9; *ver também* islã/islamismo
mulattos, 149
mulheres: do entorno social de Joaquim de Almeida, 108-20, *111-2*; luso-africanas no comércio atlântico, 155-69

Na Agotimé (mãe do rei Guezo), 218
nagôs, 17, 40, 48, 58, 71-2, 74-5, 83, 87, 96, *99*, 100, 104, 110, 141, 143, 158, 161, 200-2, 205, 245, 256, 264, 268-9; *ver também* iorubás
Nascimento, Esmeria Maria do (jeje), 115, 204, 206
Nascimento, Guilherme Martins do, 204-5, 207, 266-8, 277, 296-7, 309, 313-5
Nascimento, Marc, 297
navalhas, 163
navios negreiros (tumbeiros), 15, 17, 38, *39*, 40, 42, *44*, 46, 57, 66, 84, *85*, 124-6, 134, 136, 179-80, 183, 185, 193-4, 199-200, 221, 242, 244-5, 259, 299-300; degradação das condições nos, 44; proprietários de, *39*, 40, 57
Neves, Joaquim das (hauçá), 139, 161, 163, 213, 215
Níger, rio, 139, 192
Nigéria, 14
Nimrod (navio), 105, 120, 132, 259
Nobre, João Antônio de Souza, 224
nome cristão de africanos batizados, 79
Nordeste brasileiro, 177-8, 202

Nossa Senhora da Conceição da Praia, freguesia de, 54, 62, 66, 112
Nossa Senhora da Guia (escuna), 34-5, 52
Nossa Senhora do Carmo, devoção a, 344*n*
Nossa Senhora do Rosário, devoção a, 64
Nova Viagem (escuna), 39
noz-de-cola (*obi* ou *orobó*), 161-2, 291
Nunes, Vicente Ferreira, 293, 297
nupes, 138; *ver também* tapas (etnia africana)

obás (reis de Lagos), 42, 55, 135, 174, 211-2, 223-4; *ver também* Lagos
obi ou *orobó* ver noz-de-cola
Ogum (orixá), 93
Oliveira, Antônio Martins de, 201, 228, 231-2
Oliveira, Francisco José de (jeje), 89, 91, 205
Oliveira, João Barboza de, 65-6
Oliveira, João de (nagô), 17
Oliveira, Joaquim José de, 34, 36, 39-40, 42
Oliveira, José Marques de, 65-6, 107, 209
Oluwolé, *obá* de Lagos, 174, 212
onça comercial (*trade ounce*), 147-8, 351*n*
Onim (atual Lagos), 50-1, *129*, 135, 159
oprimidos, introjeção de ideologia hegemônica por, 19, 60
Ordem de Cristo, 211
Ordenações Filipinas, 71
orixás, 92-3, 104, 163, 245, 249, 256-7
Osinlokun, *obá* de Lagos, 42, 55
Ouemé, rio, 50, 216
ouro, 40, 116, 131, 147, 161-2, 188-90

Ouro Preto, 47
Ouseley, William Gore, 98, 105-6
Oyó, reino de, 41, 135, 137-8, 165, 193

Paço Municipal, 95, *96*
"pacto de sangue" (instituição jurídico-religiosa), 137, 237
padres negros de São Tomé, 260, *261*, 262
padrinhos e madrinhas *ver* apadrinhamento e compadrio, relações de
padroado de Portugal, 253-4
Paio, José de S., 39
Paixão, José Pereira da (jeje), 70, 72, 91, 107, 112, 116, 131-2, 142, 259-60, 267, 277, 296
palabre (instituição africana para resolução de conflitos), 236
Paladino, José Antônio de Souza, 173-4
palmeiras de dendê *ver* dendê
panos da costa, 40, 152, 158, 161, 164-8, *165*, 171, 190
Paquete da Bahia (navio), 36
Paraíso, Ana de Souza, 117
Paraíso, Francisca de Souza, 117
Paraíso, Francisco de Souza (presidente da província da Bahia), 98, 102, 117
Paraíso, João Francisco de Souza (traficante de escravizados), 117
Paraíso, Thomazia de Souza (mina), 110, 116-9, *119*, 130, 132, 142, 144, 202, 206, 213, 218, 259, 268, 277, 280, 291, 294; casas de Thomazia em Salvador, 118-9, *119*
Parlamento brasileiro, 37
Parron, Tâmis, 101
passaportes, 38-40, *39*, 79, 98, *99*, 103, 107-9, *111*, 112-3, 116, 124, 146, 181, 207-8, 299, 311-2, 340-1*n*

paternalismo, 31, 76, 274
Paulo (filho da escravizada Justina), 74
Paulo (liberto cabinda), 107, 109
Pazzi, Roberto, padre, 253
Pedro I, d., 70, 122
Peel, John D. Y., 41, 249
Peixoto, Antônio da Costa, 47
Pélofy, Isidore, padre, 46, 290, 295
Pequeno Popo, 12, 54, 78-9, 117, 125, 129-32, 134-6, 140, 142-3, 165, 184, 212, 216-8, 220-1, 224, 230, 239, 241, 255, 267, 288-9, 374*n*, 376*n*
pequenos mercadores *ver* comércio miúdo (*small trade*)
Pereira, Francisco da Silva (fon), 130, 267-8, 280, 315
Pereira, Geraldo Rodrigues, 45, 54-9, 66, 82, 89, 179, 202, 268
Pereira, Gonçalo dos Santos, 119
Pereira, Miguel da Silva, 200, 227, 231, 267, 292, 369*n*
Pereira Neto, Gregório Alves, padre, 261
Pernambuco, 17-8, 131, 185, 191, 194, 198, 201-2, 254, 261, 305
peso espanhol (ou dólar de prata), 147-8, 189-90; *ver também* moedas de ouro
pidgin, 49
Pierucci, Jean, padre, 46, 260
Pinto, Pedro (filho de Joaquim de Almeida), 295, 315
Pio de Santa Eulália, Antônio José, padre, 70
Plant (brigue), 181, 184
plantation, sistema de, 177, 191, 243
poligamia/famílias poligâmicas, 19, 248, 266, 269, 283, 300; *ver também* "grande família" africana, modelo da

poliglotismo entre africanos ocidentais, 50
"política de realização" (*politics of fullfilment*), 300
Pontam, rei (*obá* Osinlokun), 55, 331-2*n*
Popo *ver* Grande Popo; Pequeno Popo
Porto Novo, 41, *129*, 135-6, 142, 174, 209, 218, 221, 223, 225, 230, 241, 246, 267, 281, 315, 372*n*
Porto Seguro, *129*, 224, 230
Portugal, 137, 176, 200, 211, 253, 295, 297, 313-6
Possu (Iposu, Apellu, Kpelu, chefe africano), 212, 224, 226
prata, 55, 62, 147-8, 188
Prata, rio da, 100
preços de escravizados, 150-1, 171, 199
prime cost versus *trade cost*, 148
Príncipe de Guiné (navio), 36, 172
proibição do tráfico atlântico de escravizados, 13, 36-8, 82, 101, 177; *ver também* Aberdeen Act (1845); Equipment Act (ou Palmerston Act, 1839); Lei Eusébio de Queirós (1850); Lei Feijó-Barbacena (1831); tratado anglo-espanhol de 1835; tratado anglo-português de 1810; tratados anglo-brasileiros de 1826 e 1830
Propaganda Fide (Vaticano), 254
propriedade privada da terra, 246
protestantes (evangélicos), 136, 142, 212-3, 220, 223, 240, 253-5, 260
Provedoria dos Resíduos e Capelas, 68

Quarvil, John, 212
Quénum (cabeceira Azanmado Houénou), 215-6, 218
Quénum, família, 241

Querino Antônio (capitão português), 200, 214, 281, 292, 313
Quinze Mistérios, rua dos, 74, 88, 91-3, *91*, 142; igreja dos, 93

Rafael (bebê escravizado de Benedito Galiza), 70
Ramos e Silva, Manoel Joaquim, 185
Raposo, Manoel Ferreira, 149
Rebouças, André Pinto, 77
Rebouças, Antônio Pereira, 77
Recife (PE), 17, 67, 184-6
Recôncavo baiano, 96, 146, 180
redes de troca dinâmicas, 169, 175
reescravização, risco de, 32, 105-6
Regência (1831-40), 101, 122
Régis (firma francesa), 222, 241, 286
Régis, Louis, 211
Régis, Victor, 211
registros de batismo, 16, 47, 52, 71, 73, 76-7, 82, 86-7, 93, 109, 114, 117, 258, 280-1, 295, 323*n*, 378*n*, 381*n*; *ver também* batismo (sacramento batismal)
Rego, João Antônio do (bornu), 140, 206
Regresso Conservador (movimento político), 122
Reid, John, 124, 188, 190
Reino Unido, 15; *ver também* Inglaterra
Reis, João José, 18, 20
Relação, cadeia da, 95-7, *96*, 103, 340*n*
Relâmpago (escuna), 223
"religião secular", afro-catolicismo como, 81; *ver também* afro-catolicismo
religiões africanas e afro-brasileiras, 249, 269; *ver também* candomblé; orixás; vodum, cultura/religião
Remédios, João de Deus dos, 166-7

425

reparação para as populações afrodescendentes, 17
"repatriação" dos libertos africanos *ver* deportação de libertos para a África
repressão ao tráfico de escravizados, 34, 108, 123, 127, 157, 178, 181, 187, 190-1, 193, 195, 197, 203, 262; *ver também* proibição do tráfico atlântico de escravizados
retornados à África, 14-5, 100, 120, 133, 135-6, 138-41, *139*, 143, 156, 212, 219-20, 223, 242, 249-50, 256-7, 260, 264, 269, 271-4, 286, 296
retorno à África, movimentos de, 14, 19-20, 81, 95-128, 272
Revolta dos Malês (1835), 12, 90, 93, 95, 97, 102-4, 108, 110, 121, 126, 133, 146, 204, 206, 256
Revolução Francesa (1789), 32, 176
Revolução Haitiana (1791-1804), 97
Revolução Industrial, 160, 177
Ribeiro, Luiz Alves (mahi), 268, 280, 316
Ricardo, Manoel Joaquim (hauçá), 76, 113, 159, 166-7
Rio de Janeiro (a Corte), 47, 67, 75, 100, *165*, 176, 178, 205, 208, 210, 221
Rio de Janeiro, província do, 261
Rio Grande do Sul, 83-4, 89-90, 92
Rio Grande, vila de, 83
Rio Vermelho, 66
roca de fiar, 165
Rodrigues, Bento, 57-9, 268
Rodrigues, Jaime, 82-3
Roma, 254; *ver também* Vaticano
Romana (filha de Antônio dos Santos), 268
Romana (filha de Roza, nagô), 171

Rosário, Francisca Floriana do (jeje), 111, 113, 115, 162
Rota dos Escravos, A (projeto da Unesco), 245, 284
Roza (escravizada nagô, afilhada de Ifigênia da Cruz), 113
Roza (nagô, escravizada de Manoel de Almeida), 171
Rozalia (escuna), 39
Rufino, alufá, 17-8

S. João Voador (sumaca), 39
Sá, João Ferreira de Bittencourt, 54
sabão da costa (sabão negro), 92, 158, 161
Sabé, reino de, 50
Sabinada, guerra da, 122, 208
Sakpata (vodum), 379*n*
Salvador, 13, 15, *28*, 37-8, 40, 53-4, 63, 67, 70, 84, *91*, *96*, 104, 114-6, *118*, 128, 137, 170, 178, 182, 242, 249, 251, 291
Sampaio, José Moreira, 184
Santa Anna (escuna), 43, 210
Santa Cruz, dia da, 63
Santa Efigênia (escuna), 39
Santana, Antônio de Araújo, 58-9, 74, 89, 107
Santana, Inocêncio de Araújo, 57-9, 70, 74, 82, 107, 128, 202, 209
Santo Antônio Além do Carmo, freguesia de, 27, 29, 53, 86, 91, 115, 117, 142, 292
Santos, Antônio Pereira dos (nagô), 110, 268
Santos, Antônio Vieira dos, 147, 149, 151
Santos, João Cardozo dos, 84-5
Santos, José Francisco dos (o Alfaiate), 159, 200, 214-5, 233, 236, 239, 241, 267, 316

Santos, Julião Pires dos, padre, 211, 253-4, 257-8, 260-1, 264
Santos, Manoel Cardozo dos, 39-40, 46
Santos, Pedro (filho de Joaquim de Almeida), 295, 316, 381*n*
São Benedito (galera), 34-5, 59
São João Baptista de Ajudá, forte português de (Uidá), 134, 210, 248, 253, *261*, 264, 322*n*
São Jorge de Elmina, castelo/porto de, 14, 173, 175, 188-9
São José dos Bem Casados, rua Direita de, 118-9, *118*
São José Triunfante (escuna), 83-4, 88
São José, Maria da Glória de, 110
São Luís, forte francês de (Uidá), 211, 241
São Tomé e Príncipe, 159, 189, 211, 223-4, 253-4, 258, 260-2, 264, 266, 286, 293-4, 296
saros, 136, 142, 212, 226, 240, 254-5, 265, 278
Savalu, reino de, 50, 282
savalus, 47, 99
Schnapper, Bernard, 156
Secco, 230
segi (*jeni*, contas azuis), 162
"segunda escravidão", 18, 21, 176-8
Sekpon (*aputaga*, chefe de embarque de escravizados), 78
Senegal, 12
Senhor Bom Jesus das Necessidades e Redenção: capela de Agoué, 13, 69, 110, 114, 130, 248-53, 286; devoção ao, 13, 69, 114, 130, 249, 252, 286; imagem do, 62, 251, 257; Irmandade do Bom Jesus das Necessidades e Redenção (IBJNR), 13, 63, 65-9, 112, 154, 251, 278, 291

senhor e escravizado, relação entre, 33-4, 277
Serra Leoa, 34, 85, 136, 142, 176, 183, 193, 212, 220, 223, 240, 254-5, 272, 274, 278
servus vicarius ("escravo do escravo", instituição romana), 33
Silva, Antônio Manoel da, 131-2
Silva, Antônio Simões da, 103
Silva, Carlos Eugenio Corrêa da, 262
Silva, Domingos da (nagô), 104
Silva, Fausta Ana da (jeje), 259
Silva, Francisca da (Iyá Nassô), 104, 110, 121, 139, 158-60
Silva, Francisco Fernandes da, padre, 257, 261, 279-80
Silva, Joaquim José Duarte, 183
Silva, José Pereira da, 109
Silva, Vicente de Paula, 39-40
Silveira, André Pinto da, 43, 46, 55, 66, 77-80, 96, 179-80, 182-3, 209, 239, 267, 288, 299
Silveira, Pedro Pinto da (Codjo Landjekpo), 77-8, 80, 140, 239, 267-8, 288-9, 315
Simões, Antônio José (chefe de polícia), 93
Simões, José (nagô), 158
sincretismo afro-católico dos agudás, 270; *ver também* afro-catolicismo
Soares, Carlos Antônio da Silva, 85
sociedade escravocrata brasileira, 17, 30, 33, 60, 73, 94, 256
Société des Missions Africaines (SMA), 248-9, 251, 257, 322*n*
Sokoto, califado de, 41
Soumonni, Elisée, 11, 16
Souza Martins, Francisco de, 98
Souza, Antônio Félix de, 154, 211, 219
Souza, família, 184, 213, 217, 224, 241-2, 263, 277

Souza, Felipa de (crioula liberta), 116
Souza, Francisco Alves de (mahi), 47
Souza, Francisco Félix de (Chachá), 78-80, *79*, 134, 137-8, 144, 154, 174, 180, 182-4, 210-8, 224-5, 236-7, 254, 259, 262, 267, 273, 282, 286, 294, 299, 315-6, 337*n*, 361*n*, 376*n*
Souza, Ignácio Félix de, 79-80, 219, 267, 315-6, 376*n*
Souza, Isidoro Félix de (Chachá II), 79-80, *79*, 184, 212-3, 217-9, 223-5, 267
Souza, João André de, 201, 309
Souza, Joaquim José de, 84
Souza, José Félix de, 259, 267, 314, 316
Souza, José Pinheiro de (o Itaparica), 224, 226
Souza, José Santana de (jeje), 132, 142, 280
Souza, Luiz de Campos, 69, 112
Souza, Pedro Félix de, 267, 315
Souza Jr., Francisco Félix de (Chico, filho de Chachá I), 80, 267, 289, 376*n*
Strickrodt, Silke, 213, 252
Sudeste brasileiro, 102, 178, 193
suicídio ritual de reis (na cultura política iorubá), 42
Sul dos Estados Unidos, 177-8
Suterio (filho e herdeiro de Joaquim de Almeida), 202, 214, 266, 281, 292-3, 308, 313, *317*, 350*n*
Sweet, James, 20

tabaco, 47, 55, 110, 130, 147-9, 154-5, 165, 172-5, 179-80, 182, 188-9, 198, 200, 207, 219, 239, 246, 251, 264
tapas (etnia africana), *99*, 114, 138, 161, 163
Tarde, Gabriel, 233
Tchade, lago, 139

tecidos (fazendas) exportados para a África, 163-4, 177
testamento de Joaquim de Almeida (Bahia, 1844), 15, 18, 191, 200, 202, 291, 303-10
Thillier, M., padre, 250
Thomazia *ver* Paraíso, Thomazia de Souza (mina)
Titi, Josefa, 276
Togo, 11-2, 78, 132, 136, 244
Tometin (irmão do rei Guezo), 148, 151
Tomich, Dale, 60
towns (bairros de Uidá), 138; *ver também kome* (bairros de Agoué e Uidá)
trade cost versus *prime cost*, 148
tradições orais africanas, 16, 52, 78, 92, 116, 216, 218, 237, 244-5, 281, 295
Trafalgar (brigue), 59
traficantes de escravizados, 16, 23, 34, 37, 43-4, 67, 78, 82, 95-6, 100-2, 106-8, 115, 123-7, 143, 149, 157, 160, 181, 187, 195, 200-1, 206, 209-11, 215-6, 219-26, 230-1, 235-6, 241, 243, 254, 262, 265, 277-8, 286, 299; Joaquim de Almeida como traficante, 92, 149-51, 156, 173, 175, 185-6, 188, 191, 194, 198-9, 201, 203, 209-21, 249, 300
tráfico de escravizados: "argumentos" clássicos a favor do, 36, 68; "democratização" do tráfico ilegal, 36, 43-4, 187; deslocamento dos portos negreiros, 41; escravizados desembarcados na Bahia, *38*; fim do tráfico britânico (1807), 136, 177; ilegal, 16-7, 23, 36, 42-3, 67, 75, 80, 90, 92-3, 101, 107-8, 119-20, 123-6, *125*, 137, 147, 156, 160,

162, 168, 172, 178, 181, 184, 186-8, 191-2, 195, 203, 209, 211, 213, 220, 230, 249, 275, 284, 286, 299-300, 362n; lucro do, 14, 44, 127, 137, 150, 152-4, 160, 168, 172, 181, 191, 197-8, 203, 215, 299, 362-3n; mortalidade de escravizados durante a travessia, 44, 197; número de embarcados na Costa da Mina, *192*; repressão ao, 34, 108, 123, 127, 157, 178, 181, 187, 190-1, 193, 195, 197, 203, 262

Trans-Atlantic Slave Trade – Database (TSTD), 34-5, 37, 38, 40, 192, *194*, 327n

tratado anglo-espanhol de 1835, 124, 126, 180-1; *ver também* proibição do tráfico atlântico de escravizados

tratado anglo-português de 1810, 36; *ver também* proibição do tráfico atlântico de escravizados

tratados anglo-brasileiros de 1826 e 1830, 36-7, 123, 174, 193; *ver também* proibição do tráfico atlântico de escravizados

tratados anglo-portugueses de 1815 e 1817, 36, 38, 179-80; *ver também* proibição do tráfico atlântico de escravizados

Três Manoelas (escuna espanhola), 180

triangular, comércio (Brasil, Portugal e África), 176

triângulo Havana, Bahia, Lagos, 176-86

tributos cobrados pelos reis e chefes africanos, 51, 138, 214, 236

Triumpho (brigue), 159

tumbeiros *ver* navios negreiros

uatchis, 132

Uidá, 12, 48, 59, 79, 125, 128, *129*, 134-8, 140, 143-6, 148, 157-9, 161, 163, 166-7, 175, 182-3, 185, 188, 194-5, 202, 206, 209-19, 221, 224-6, 230, 240-2, 245, 248-9, 251, 253-6, 258, 260-3, 265, 267, 271, 273, 275, 279, 281-2, 286, 294-5, 297, 313-5; bairros (*kome*) de, 138-9, 141, 143; Blezil ("Brasil", bairro), 138-9, 216; porto de, 16, 136-7, 174, 194-5, 224, 230, 293; rivalidade entre Uidá e Agoué, 249; São João Baptista de Ajudá, forte português de, 48, 134, 210, 223, 248, 253, *261*, 264, 322n

Umbelina (escuna), 84

Unesco (Organização das Nações Unidas para a Educação, a Ciência e a Cultura), 245, 284

Uruguai, 100

vale do Paraíba, 177

Vasconcellos, Eleutério da Silva (jeje), 131-2, 259-60, 280

Vaticano, 248-9, 254, 272, 322n

Velho, Otávio, 81, 271

Venus (veleiro), 181-3, 186

Verger, Pierre, 15, 19, 40, 162, 218, 280-1, 283, 291, 378-9n

"vermelhos", agudás (descendentes de portugueses e mestiços luso-africanos), 273

Verônica, santa, 63

vestimenta feminina afro-baiana, 164-5, *165*; *ver também* panos da costa

viajantes atlânticos saindo da Bahia para Costa da África (1835-56), *311-2*

Vianna, Francisco Antônio Rodrigues, 201, 206

Vicariato Apostólico do Daomé, 248, 250

vicariatos apostólicos, 254

Victor (escravizado), 66
Victoria (escuna), 39
Viegas, João Monteiro (jeje), 105, 132
Vieira, Ignácio (crioulo), 114
Vila Rica, 47
Villaça, José Alves, 227-9, 231
Villas Boas, Pantaleão Lopes, 226, 369*n*
Virgem Maria, 63-4, 344*n*
Vitória (brigue), 39
vodum, cultura/religião, 11, 221, 283-4, 288, 290, 295, 378*n*; voduns, 93, 115, 120, 162-3, 237, 245, 249-50, 253, 256-7, 284, 288, 379*n*

Wesleyan Methodist Missionary Society (WMMS), 255, 374*n*; *ver também* missionários católicos e protestantes na África
Williams, forte (Uidá), 240

Xavier, Vicente (hauçá), 109, 206

Yai, Olabiyi Babalola, 47, 256, 273
Ydra (navio inglês), *196*
Yovogan (representante do rei Guezo), 138, 214-5

Zangroni (irmãos cubanos), 183
zanus, 47
zenli (tambores fúnebres), 291
Zoki Zata (nome africano de Joaquim de Almeida), 12, 131, 141, 289-90; *ver também* Almeida, Joaquim de
Zokikome (bairro de Agoué), 130-1, 141, 145, 260
Zomai (bairro de Uidá), 139-40, 217
Zuavos, Companhia de, 293

ESTA OBRA FOI COMPOSTA POR ACOMTE EM MINION E IMPRESSA EM OFSETE
PELA LIS GRÁFICA SOBRE PAPEL PÓLEN NATURAL DA SUZANO S.A.
PARA A EDITORA SCHWARCZ EM NOVEMBRO DE 2023

A marca FSC® é a garantia de que a madeira utilizada na fabricação do papel deste livro provém de florestas que foram gerenciadas de maneira ambientalmente correta, socialmente justa e economicamente viável, além de outras fontes de origem controlada.